北川羌族自治县年鉴

2023

北 川 羌 族 自 治 县 人 民 政 府　主办
中共北川羌族自治县委党史研究室　　编

方志出版社
Publishing House of Local Records

图书在版编目（CIP）数据

北川羌族自治县年鉴．2023 / 中共北川羌族自治县委党史研究室编.—北京：方志出版社，2023.12

ISBN 978-7-5144-5979-1

Ⅰ．①北… Ⅱ．①中… Ⅲ．①北川羌族自治县—2023—年鉴 Ⅳ．①Z527.14

中国国家版本馆 CIP 数据核字（2023）第 249088 号

责任编辑：张　颢
责任校对：张玉霞
责任印制：梅中英
出 版 者：方志出版社
地　　址：北京市朝阳区潘家园东里 9 号（国家方志馆4层）
邮　　编：100021
网　　址：http://www.zgfzcb.cn
发　　行：方志出版社图书营销中心（010-67110500）
印　　刷：四川天娇印务有限公司
开　　本：889毫米×1194毫米　1/16
印　　张：23.25
字　　数：570千字
版　　次：2023年12月第1版
印　　次：2023年12月第1次印刷
定　　价：180.00元

1月24日，全县党史学习教育总结会议召开

1月9日，中共北川羌族自治县委五届二次全体会议暨县委经济工作会议召开

2月23日，北川羌族自治县第五届人民代表大会第二次会议召开

2月22日，中国人民政治协商会议北川羌族自治县第五届委员会第二次会议召开

2月15日，中国共产党北川羌族自治县第五届纪律检查委员会第二次全体会议召开

1月8日，北川羌族自治县“五大攻坚行动”动员会召开

1月29日，“奋进新征程 建功新时代”， 北川—柯城两地新春联欢晚会

3月15日，“羌食荟”北川羌族自治县农产品区域公用品牌发布会举行

3月11日，北川羌族自治县2022年第一季度项目集中签约暨重大项目集中开工仪式

4月23～24日，“海纳北川 才聚羌山”2022年招才引智活动首场在成都开展

4月27日，“品北川味道 过羌调生活”——首届北川白山羊美食文化活动暨第二届厨艺大赛

①

②

③

①5月18日，2021年绵阳市暨北川羌族自治县“新时代好少年”先进事迹发布活动

②6月13日，“绵品出川”厦门展，北川12家企业受邀参展

③6月11日，2022年文化和自然遗产日宣传展示暨乡村枇杷采摘节举行

7月3日，海峡两岸（北川）投资推介会暨项目集中签约仪式

7月4日，第四届海峡两岸大禹文化交流活动暨2022年（壬寅）大禹诞辰祭祀活动

10月25日，曲山镇石椅羌寨羌年庆祝活动

12月10日，“天府乡村”公益品牌产品推荐销售周（衢州分会场）暨“绵品出川”衢州行开幕

9月29日，北川羌族自治县中航科技无人机产业园等重大项目集中签约暨开工仪式

11月9日，地理标志产品北川苔子茶标准及形象产品“旗羌”发布会举行

12月2日，《少年禹传奇》北川城市超级IP启动仪式

绵阳飞行职业学院

在建中的北川通用航空机场

“北川造”无人机

浙川通航配套产业园区

擂鼓镇盖头村苔子茶基地

坝底镇高山缓季节生态蔬菜种植基地

永昌镇高安村稻鱼基地

陈家坝镇四坪村肉牛养殖场

永昌镇金龟村莫尼山庄猕猴桃采摘

开坪乡西羌幽谷

通泉镇双紫村望山民宿

编辑说明

一、《北川羌族自治县年鉴》以马克思列宁主义、毛泽东思想、邓小平理论、“三个代表”重要思想、科学发展观、习近平新时代中国特色社会主义思想为指导，坚持辩证唯物主义和历史唯物主义的立场、观点和方法，全面、翔实、系统地记述中共北川羌族自治县委、县人民政府团结带领全县人民推进经济社会高质量发展进程中的新部署、新举措、新成果，充分展现全县自然、政治、经济、文化、社会新貌，为各级党政部门和单位决策及制定发展规划提供依据；为北川科学发展、跨越发展提供历史和现实借鉴；为广大读者了解北川、认识北川、研究北川提供资料。

二、1997 年开始编撰出版的《北川年鉴》是《北川羌族自治县年鉴》前身。2003 年北川羌族自治县成立后，《北川年鉴》更名为《北川羌族自治县年鉴》。《北川羌族自治县年鉴（2023）》是其第 24 卷，记述时间原则上从 2022 年 1 月 1 日起，至 12 月 31 日止，特殊情况做必要上溯或下延。

三、《北川羌族自治县年鉴(2023)》采取类目、分目、条目三级篇目，个别分目与条目之间设有子分目。全书设置特载、大事记、县情概览、中共北川羌族自治县委、北川羌族自治县人民代表大会、北川羌族自治县人民政府、中国人民政治协商会议北川羌族自治县委员会、纪检监察、工商联和人民团体、法治、军事、工业、农业农村、交通运输·邮政、商贸服务业、金融、科学技术、文化、旅游、教育·体育、卫生与健康、综合管理与监督、应急管理、城乡建设与管理、生态环境保护、社会生活、乡镇、人物、附录、索引 30 个部分。

四、本卷年鉴所用统计资料由北川羌族自治县统计局提供，正文数据由县级各部门、各乡镇提供。因统计口径等原因，有关部门所用个别数据与“统计资料”中的数据不尽一致，引用时以《北川羌族自治县国民经济和社会发展统计公报》为准。统计部门没有的，使用有关部门提供的数据(为尊重史实，有时两种数据并存)。地名、单位名称使用当时称谓，机构名称在编纂委员会中使用全称，在正文中常使用简称。“县”特指“北川羌族自治县”，“市”特指“绵阳市”，“省”特指“四川省”。

《北川羌族自治县年鉴》编辑部

2023 年 9 月

编纂委员会

顾　　问　李昊天　李光辉　王　军

主　　任　周福兰

副 主 任　杨　勇　王良波

成员单位

县纪律检查委员会监察委员会	县委办公室	县政府办公室
县人大常委会办公室	县政协办公室	县委组织部
县委宣传部	县委统一战线工作部	县委政法委员会
县委机构编制委员会办公室	县委目标绩效管理办公室	县民政局
县委巡察工作领导小组办公室	县发展和改革局	县民族宗教事务局
县工业信息化和科技局	县教育和体育局	县财政局
县公安局	县司法局	县住房和城乡建设局
县人力资源和社会保障局	县自然资源局	县商务和经济合作局
县交通运输局	县农业农村局	县退役军人事务局
县文化广播电视和旅游局	县卫生健康局	县市场监督管理局
县应急管理局	县审计局	县信访局
县统计局	县乡村振兴局	县综合行政执法局
县医疗保障局	县行政审批局	擂鼓镇
永昌镇	永安镇	陈家坝镇
曲山镇	通泉镇	漩坪乡
桂溪镇	都贯乡	开坪乡
白坭乡	禹里镇	片口乡
小坝镇	桃龙藏族乡	白什乡
坝底乡	马槽乡	青片乡

编 辑 部

主　编　王良波

副主编　谢雁萍

编　辑　袁　丽　全理强　谢晓艳

目　录

特　载

县委常委会工作报告…………………………… 1
县人大会常委会工作报告……………………… 7
县政府工作报告………………………………… 13
县政协工作报告………………………………… 24

大事记

1月……………………………………………… 31
2月……………………………………………… 31
3月……………………………………………… 32
4月……………………………………………… 33
5月……………………………………………… 33
6月……………………………………………… 34
7月……………………………………………… 34
8月……………………………………………… 35
9月……………………………………………… 35
10月……………………………………………… 36
11月……………………………………………… 36
12月……………………………………………… 37

县情概览

自然地理…………………………………………… 38
位置面积………………………………………… 38
地势地形………………………………………… 38
山脉……………………………………………… 38
河流水系………………………………………… 39
气候……………………………………………… 39
行政区划与历史沿革……………………………… 39
行政区划………………………………………… 39
历史沿革………………………………………… 40
人口与民族成分………………………………… 40
人口……………………………………………… 40
民族成分………………………………………… 40
人文历史………………………………………… 40
大禹故里………………………………………… 40
羌族风情………………………………………… 41
主要景区景点…………………………………… 41
北川羌城旅游区………………………………… 41
九皇山风景区…………………………………… 42
药王谷风景区…………………………………… 42

维斯特农业休闲旅游区 42
寻龙山风景区 43

中共北川羌族自治县委

概　述 44
概况 44
产业发展 44
开放合作 44
民生保障 45
社会发展与安全 45
党的建设 45
重要会议 45
中共北川羌族自治县委第五届委员会第二次全体会议暨县委经济工作会 45
县委五届三次全会 45
县委五届第15次常委会会议 45
县委五届第16次常委会会议 46
县委五届第17次常委会会议 46
县委五届第18次常委会会议 47
县委五届第19次常委会会议 47
县委五届第20次常委会会议 47
县委五届第21次常委会会议 47
县委五届第22次常委会（扩大）会议 48
县委五届第23次常委会会议 48
县委五届第24次常委会会议 48
县委五届第25次常委会（扩大）会议 48
县委五届第26次常委会（扩大）会议 49
县委五届第27次常委会会议 49
县委五届第28次常委会（扩大）会议 50
县委五届第29次常委会（扩大）会议 50
县委五届第30次常委会（扩大）会议 51
县委五届第31次常委会（扩大）会议 51
县委五届第32次常委会（扩大）会议 51
县委五届第33次常委会（扩大）会议 52
县委五届第34次常委会（扩大）会议 52
县委五届第35次常委会（扩大）会议 53
县委五届第36次常委会（扩大）会议 53
县委五届第37次常委会（扩大）会议 53
县委五届第38次常委会（扩大）会议 54
县委五届第40次常委会（扩大）会议 54
县委五届第41次常委会（扩大）会议 55
县委五届第42次常委会（扩大）会议 55
县委五届第43次常委会（扩大）会议 56
县委五届第44次常委会（扩大）会议 57
县委五届第45次常委会（扩大）会议 57
县委五届第46次常委会（扩大）会议 58
县委五届第47次常委会（扩大）会议 58
县委五届第48次常委会（扩大）会议 58
县委五届第49次常委会（扩大）会议 59
县委五届第52次常委会（扩大）会议 60
县委五届第53次常委会（扩大）会议 60
县委综合事务 60
综合协调 60
深化改革 61
政策研究 61
保密工作 61
公务接待 61
目标督查 62
组织工作 62
概况 62
干部选拔任用 62
公务员管理 63
基层党组织建设 63
城乡基层治理 63
人才队伍建设 63
干部人事档案工作 64
打造“红星耀羌山”党建品牌 64
货车司机试点党建 64
“晒、比、评”基层党建拉练活动 64
“海纳北川 才聚羌山”招才引智活动 64
宣传思想工作 64
概况 64
思想理论武装 65

新闻宣传…………………………………… 65
宣传阵地建设……………………………… 65
文化事业发展……………………………… 65
党的二十大精神宣传……………………… 66
北川城市超级IP《少年禹传奇》正式发布… 66
政法工作………………………………… 66
概况………………………………………… 66
风险化解…………………………………… 67
市域社会治理现代化试点………………… 67
政法改革…………………………………… 67
政法队伍建设……………………………… 68
精神文明建设…………………………… 68
文明城市创建……………………………… 68
文明实践阵地建设………………………… 68
文明细胞培育……………………………… 69
统一战线工作…………………………… 70
概况………………………………………… 70
非公有制经济工作………………………… 70
对台工作…………………………………… 70
民族宗教工作……………………………… 70
机构编制………………………………… 71
概况………………………………………… 71
重点领域改革……………………………… 71
两项改革“后半篇”文章………………… 71
行权清单管理……………………………… 72
机构编制管理……………………………… 72
事业单位登记管理………………………… 73
机关党建………………………………… 73
政治建设…………………………………… 73
机关党组织建设…………………………… 73
党建引领促发展…………………………… 73
巡察工作………………………………… 73
概况………………………………………… 73
做实巡察工作提质增效…………………… 73
巡察基础建设……………………………… 74
巡察整改落实……………………………… 74
老干部服务……………………………… 74
概况………………………………………… 74
思想政治建设……………………………… 74
老干部服务管理工作……………………… 75
“银发生辉·心耀羌山”志愿服务………… 75
档案工作………………………………… 75
概况………………………………………… 75
档案查询利用……………………………… 75
档案宣传…………………………………… 75
党史编研………………………………… 76
概况………………………………………… 76
中国共产党历次全国代表大会光辉历程展览
………………………………………… 76
中共北川羌族自治县委执政实录（2021）
出版……………………………………… 76
干部培训………………………………… 77
干部培训工作……………………………… 77
科（调）研咨政工作……………………… 77
理论宣讲…………………………………… 77
应急管理培训学院建设…………………… 77
打造红色培训基地………………………… 78

北川羌族自治县人民代表大会

概　述………………………………… 79
概况………………………………………… 79
人大代表工作……………………………… 79
乡镇人大工作……………………………… 80
重要会议………………………………… 80
县五届人大常委会第2次会议………………80
县五届人大常委会第5次会议………………80
县五届人大常委会第6次会议………………80
县五届人大常委会第7次会议………………81
县五届人大常委会第8次会议………………81
县五届人大常委会第9次会议………………81
县五届人大常委会第10次会议………………81

县五届人大常委会第11次会议……82
重要活动……82
立法工作……82
调研视察工作……82
监督工作……83
选举任免……83
讨论决定重大事项……83

北川羌族自治县人民政府

概　述……84
概况……84
产业发展……84
改革开放……85
城乡发展……85
社会民生……85
安全生产……86
重要会议……86
县政府五届第一次全体会议……86
县政府五届第二次全体会议……86
县政府五届第6次常务会议……87
县政府五届第7次常务会议……87
县政府五届第8次常务会议……87
县政府五届第9次常务会议……87
县政府五届第10次常务会议……87
县政府五届第11次常务会议……88
县政府五届第12次常务会议……88
县政府五届第13次常务会议……88
县政府五届第14次常务会议……88
县政府五届第15次常务会议……89
县政府五届第16次常务会议……89
县政府五届第17次常务会议……89
县政府五届第18次常务会议……89
县政府五届第19次常务会议……90
县政府五届第20次常务会议……90
县政府五届第21次常务会议……90
县政府五届第22次常务会议……90
县政府五届第23次常务会议……91
县政府五届第24次常务会议……91
县政府五届第25次常务会议……91
县政府五届第26次常务会议……91
县政府五届第27次常务会议……92
县政府五届第28次常务会议……92
县政府五届第29次常务会议……92
县政府五届第30次常务会议……92
政府综合事务……92
综合协调……92
办文办会……93
政务信息……93
公共机构节能……93
公务用车管理……93
国有资产管理……94
人力资源……94
概况……94
干部人事档案工作……94
高校毕业生登记和档案管理……94
事业单位工作人员流动管理……94
工资福利与退休管理……95
信访工作……95
概况……95
《信访工作条例》学习宣传……95
矛盾化解……95
重复信访治理……95
建立乡镇联席会议机制……95
政务网建设与管理……95
概况……95
政府信息公开……96
政务新媒体监管……96
“尔玛云”云办公系统应用……96
行政审批……96
审批事项……96
政务服务……96
公共资源交易……97
镇村便民服务……97
智慧政务建设……97

地方志工作 …… 97
第一批镇村志出版 …… 97
史志阅览室建设 …… 97
《北川羌族自治县年鉴（2022）》出版发行 …… 98

中国人民政治协商会议北川羌族自治县委员会

概　述 …… 99
概况 …… 99
首个“委员联合工作室”成立 …… 99
重要会议 …… 100
县政协五届二次全体会议 …… 100
县政协五届第3次常委会议 …… 100
县政协五届第4次常委会议 …… 100
县政协五届第5次常委会议 …… 100
县政协五届第6次常委会议 …… 100
县政协五届第7次常委会议 …… 100
县政协主席扩大会议 …… 101
重要活动 …… 102
提案提交 …… 102
提案办理 …… 102
“双减”政策落实情况开展视察 …… 102
全省51个少数民族县经济社会发展情况调研 …… 102
中华大熊猫动植物园建设项目视察 …… 102
“积极推动优质医疗资源和医保服务事项最后‘一米线’建设”协商 …… 103
“推动落实残疾人水、电、气价格优惠政策”对口协商 …… 103
文史工作 …… 103
《北川民间故事丛书系列之二——小坝有故事》出版 …… 103

纪检监察

概况 …… 104
中共北川羌族自治县第五届纪律委员会第二次全体会议 …… 104
压实两个责任 …… 104
基层监督 …… 104
作风建设 …… 105
案件查办 …… 105
廉政教育 …… 106
队伍建设 …… 106
“扣好人生第一粒扣子——羌山‘青’廉说”诵读活动 …… 106

人民团体

北川羌族自治县工商业联合会 …… 107
县工商业联合会（总商会）第五次代表大会 …… 107
光彩事业 …… 107
东西部协作 …… 107
北川羌族自治县总工会 …… 107
概况 …… 107
职工文体系列活动 …… 108
劳动竞赛和技能培训 …… 108
基层工会组织建设 …… 108
工会帮扶工作 …… 108
职工合法权益保障 …… 109
工会会员普惠服务 …… 109
工会经费管理 …… 110
户外劳动服务站点建设 …… 110
北川羌族自治县工会第五次代表大会召开 …… 110
共青团北川羌族自治县委 …… 110
概况 …… 110
团组织工作 …… 110
青年服务工作 …… 111
志愿者工作 …… 112
“青农羌市”公益助农项目 …… 112
社区青春“5+”行动 …… 112
羌山“领头羊”科技人才培养项目 …… 112
北川羌族自治县妇女联合会 …… 113
概况 …… 113

妇女创业就业……113
关爱妇女儿童……113
妇女儿童维权……114
家庭文明建设……114
“女干部打call北川”活动……114

法　治

概　述……115
概况……115
依法执政……115
科学立法……115
司法公正……116
法治社会建设……116
行政执法监督……117
行政复议应诉……117
构建“1319”多元化矛盾纠纷化解机制……117
平安北川建设……117
概况……117
反诈工作……118
法治宣传……118
公　安……118
概况……118
维护社会稳定……118
打击刑事犯罪……118
安全监管……119
执法规范化建设……119
智慧交通运输管理系统试运行……119
“火案智慧预警”系统建成……120
公安监所运行……120
公安派出所运行管理……120
检　察……120
概况……120
公益诉讼……121
助力营造法治化营商环境……121
服务“三大攻坚战”……121
未成年人司法保护……121
社会面治理……122
社会监督……122
听证员库建立……122
公益诉讼检察助推传统村落保护……123
法　院……123
概况……123
刑事案件审理……123
民商事案件审理……124
执行案件办理……124
服务中心大局……124
诉源治理……124
优化群众诉讼体验……125
深推重大改革项目……125
法治宣传……125
接受监督……126
智慧法院建设……126
司法行政……126
立法与执法监督……126
普法与依法治理……126
合法性审查指导……126
社区矫正与安置帮教……127
人民参与和促进法治……127
公共法律服务……127
劳动人事争议仲裁和劳动保障监察……127
概况……127
劳动保障法规宣传……128

军　事

人民武装……129
概况……129
党管武装……129
练兵备战……129
兵员征集……129
国防教育……130
参治参建……130
抢险救灾……130

退役军人事务……130
概况……130
优抚政策落实……131
烈士纪念设施提升……131
就业创业扶持……131
双拥褒扬纪念……131
退役军人权益保障……131
“2022·奋进·清明祭英烈”活动……132
2022年烈士公祭活动……132
人民防空……132
概况……132
人防宣传与警报试鸣……132

工　业

概　述……133
概况……133
产业结构调整……133
企业培育……133
支持民营企业发展……133
工业产业……134
矿产砂石加工产业……134
农产品加工产业……134
新材料产业……134
电子信息产业……134
装备制造产业……135
水电气产业……135
四川北川经济开发区……135
概况……135
“一中心 多组团”经济指标……135
基础设施建设……135
重点项目建设……136
向上争取……136
孵化器平台建设……136
园区企业服务中心……136
园区综合改革……137
“园区提质　企业满园”行动……137
绵阳科技城（北川）通航产业园……137
概况……137
园区基础设施项目投资情况……138
招商引资……138
空域管理……138
北川通航产业园实现无人机整机制造……138

农业农村

概　述……140
概况……140
农业产业基地建设……140
农产品产业链建设……140
现代农业园区建设……141
省三星级茶叶生猪种养循环现代农业园区……141
农业品牌创建……141
茶产业发展……141
集体经济发展……142
美丽乡村建设……142
种植业……143
概况……143
农作物种业……143
大豆种植……143
茶叶种植……143
高山果蔬（含食用菌、魔芋）种植……144
中药材种植……144
蚕桑种植……144
林　业……144
概况……144
林业资源综合管理……144
绿化绵州行动……144
林业产业发展……144
林长制工作……145
北川羌族自治县林业草原发展中心成立……145
古树小微公园建设……145
北川被确定为省林草局直接联系的国家储备林建设县……145

水　利……………………………………………… 145
概况……………………………………………… 145
苏宝河擂鼓镇田坝村防洪治理工程………… 146
水土保持………………………………………… 146
节水型社会建设………………………………… 146
河道管理………………………………………… 146
水利重点工程………………………………… 146
唐家山水库工程………………………………… 146
"引通济安"工程……………………………… 147
绵阳科技城第二水源开茂水库水厂及配套管网工程……………………………………… 147
开茂水库工程…………………………………… 147
北川抽水蓄能电站项目……………………… 148
畜牧和水产业………………………………… 148
概况……………………………………………… 148
生猪养殖………………………………………… 148
白山羊养殖……………………………………… 148
家禽养殖………………………………………… 148
规模养殖场建设………………………………… 149
水产业…………………………………………… 149
稻渔现代农业园区……………………………… 149
农业机械化管理……………………………… 149
概况……………………………………………… 149
农机安全宣传…………………………………… 149
农业病虫害防治……………………………… 150
概况……………………………………………… 150
流行病学调查工作……………………………… 150
非洲猪瘟防控工作……………………………… 150
统防统治………………………………………… 150
农产品监管检疫……………………………… 150
农产品检测……………………………………… 150
植物检疫………………………………………… 150

交通运输·邮政

交通运输……………………………………… 152
概况……………………………………………… 152
基础设施建设…………………………………… 152
任禹路危隧改造工程竣工……………………… 153
黄江大桥病害处置及荷载提升完工………… 153
抢通保通………………………………………… 153
公路养护………………………………………… 153
道路安全生产…………………………………… 154
汽运管理………………………………………… 154
九绵高速北川段建设…………………………… 154
邮　政………………………………………… 154
概况……………………………………………… 154
文传业务………………………………………… 154

商贸服务业

概　述………………………………………… 155
概况……………………………………………… 155
"羌食荟"农产品区域公用品牌发布会举行… 155
首届北川白山羊美食文化活动暨第二届厨艺大赛……………………………………… 156
招商引资……………………………………… 156
概况……………………………………………… 156
招商形式创新…………………………………… 156
园区营商环境改善……………………………… 156
重大招商活动…………………………………… 157
烟草专卖……………………………………… 157
概况……………………………………………… 157
烟草市场监管…………………………………… 157
现代零售终端建设……………………………… 157
供销合作……………………………………… 157
概况……………………………………………… 157
永昌福田蓝莓现代农业园区建设…………… 158
为农服务………………………………………… 158
供销改革………………………………………… 158
电子商务……………………………………… 158
概况……………………………………………… 158
特色电商活动…………………………………… 159
农村电商培训…………………………………… 159

物流快递业······159
概况······159
"统仓共配"山区快递费降幅······159

金 融

概 述······160
概况······160
稳健货币政策······160
金融风险防范······160
金融综合管理······161
金融为民行动······161
银行业······161
农业发展银行北川支行······161
中国工商银行北川支行······162
中国建设银行北川支行······162
中国银行北川支行······162
绵阳市商业银行北川支行······162
北川羌族自治县农村信用合作联社······163
中国邮政储蓄银行北川支行······163
四川北川富民村镇银行······163
保险业······164
中国人寿保险有限公司北川分公司······164
中国人民财产保险有限公司北川分公司······164
中航安盟财产保险有限公司北川支公司······164
天安保险有限公司北川支公司······164

科学技术

科技工作······165
概况······165
高科技产业化······165
科技人才与人才培养······165
科技活动······165
科普示范······165
事业单位人事管理及工资福利······166
概况······166
事业单位职级晋升······166
科学普及······166
概况······166
组织参加绵阳市第37届青少年科技创新大赛······166
全县"最美科技工作者"评选活动······166
全国科普日系列活动······166
召开北川科协第五次代表大会······167
"天府科技云"平台建设······167
气象监测和服务······167
概况······167
气象灾害风险普查······167
人工影响天气作业······168
通信技术服务······168
概况······168
中国移动北川分公司······168
中国联通北川分公司······168

文 化

概 述······169
概况······169
新闻出版与版权······169
北川羌族民俗博物馆······169
第四届海峡两岸大禹文化交流活动暨2022年大禹诞辰祭祀······170
首届"大禹杯"文化旅游创意大赛······170
非遗保护······172
概况······172
北川非物质文化遗产保护协会成立······172
"寻找绵阳最美非遗"首站走进北川······172
禹羌文化研究······175
概况······175
学术交流······176
禹羌文化研究成果转化······176
文艺创作······176
主题文艺活动······176

乡村文化振兴活动……176
文艺创作……177
社会科学……177
概况……177
禹羌文化普及……178
城乡文化……178
概况……178
文化惠民……178
奋进新征程 建功新时代——北川、柯城两地新春联欢会……178
公共图书馆……179
概况……179
全民阅读……179
融媒体……179
概况……179
融合媒体打造……180
深化体制改革……180
专题专栏宣传报道……180

旅 游

概 述……181
概况……181
项目建设……181
巴拿恰入选全国非遗与旅游融合发展优选项目名录……181
旅游资源……182
概况……182
旅游精品线路……182
文旅品牌创建……182
旅游市场推广……182
概况……182
“悦享北川·游购羌城”2022秋冬文旅推介会……183
参加“绵阳出川”厦门行……183
5·12汶川特大地震纪念馆……187
概况……187
抗震救灾精神宣讲团……187
“地震纪念馆杯”系列品牌活动……187
北川老县城地震遗址保护……187

教育·体育

概 述……188
概况……188
教育项目建设……188
深化教育改革……188
实施“一校一品、一校一特”学校特色建设……189
铸牢中华民族共同体意识教育……189
东西部扶贫协作教育人才交流……189
教育管理……190
师资队伍建设……190
教育信息化建设……190
学校安全管理……190
学校后勤服务监管……191
基础教育……191
概况……191
学校布局调整……191
学前教育……192
义务教育……192
普通高中教育……192
职业教育……192
概况……192
北川七一职业中学“双示范”建设……193
北川七一职业中学“三名工程”建设……193
招生考试……193
普通高考……193
中考……193
成人高考与自学考试……193
高等教育……193
概况……193
绵阳飞行职业学院……194

教育与教学……194
科研工作……195
校企合作……195
体 育……195
概况……195
学校体育……195
群众体育……195
竞技体育……195
体育产业……196

卫生与健康

概 述……197
概况……197
医疗技术……197
概况……197
HPV民生项目……197
卫生防疫……197
传染病管理……197
预防接种……198
慢性非传染性疾病管理……198
地方病防治……198
卫生监测工作……198
中羌医……199
概况……199
中羌医药推广……199
妇幼健康……199
概况……199
县人民医院成功创建产前筛查机构……199
妇幼公共卫生项目……199
基层卫生……200
概况……200
基层医疗服务能力提升……200
卫生行政管理……200
概况……200
基础设施建设……200
卫生人才队伍建设……201
医院等级能力提升……201
巩固拓展健康扶贫成果同乡村振兴有效衔接……201
爱国卫生运动……201
概况……201
卫生创建工作……202
病媒生物防治工作……202
人口与计划生育……202
概况……202
计生惠民……202
托育工作……202
大型医院简介……202
北川羌族自治县人民医院……202
北川羌族自治县中羌医医院……203
北川羌族自治县第三人民医院……204
北川羌族自治县妇幼保健院……204

综合管理与监督

发展与改革……205
概况……205
专项行动……205
优化营商环境……206
深化开放合作……206
项目审批和备案……206
项目建设和储备……206
粮油购销……206
物价管理……206
审 计……207
概况……207
财政审计……207
投资审计……207
经责资环审计……207
专项审计……207
财 政……207
概况……207
重点支出情况……207

脱贫攻坚与乡村振兴财政投入……208
助企纾困工作……208
政策奖补工作……208
财政资金监管……208
税　务……208
概况……208
减税降费……208
纳税服务……208
发票电子化改革……209
税收治理……209
市场监督管理……212
市场主体登记……212
知识产权保护……212
市场秩序监管……212
市场执法监督……212
食品药品监督……212
质量技术监督……212
自然资源规划管理……213
概况……213
自然资源保护……213
地质灾害防治……213
国土资源管理……213
科学划定“三区三线”……214
国资公司经营与管理……214
概况……214
国资公司管理……214
禹羌投资集团有限公司……214
概况……214
国有资产管理和处置……214
小额贷款和贷款担保……214
项目融资……215
项目建设……215
国有企业改革……216
北川禹创三元发展集团有限公司……216
概况……216
国有资产管理和处置……216
项目融资……216
项目建设……216
禹泉文旅集团有限公司……217
概况……217
国有资产管理和处置……217
项目建设……217
新开发研学项目运营……217
走北川·赏云朵上的尔玛民俗体验剧……218
统　计……218
概况……218
2021年县域经济分析……218
统计工作制度解读……218
企业升规入统……218
统计数据质量核查……218
统计调查……219
概况……219
住户调查大样本轮换……219
农作物对地抽样调查样本轮换……219
北川企业复工复产情况调研……219
卫生执法监督管理……219
概况……219
医疗卫生监督检查……219
学校卫生监督检查……219
职业、放射卫生监督检查……220
生活饮用水卫生监督检查……220
公共场所卫生监督检查……220
综合行政执法监管……220
概况……220
文化旅游领域行政执法……220
交通运输领域行政执法……220
农业水务领域行政执法……221
城市管理领域行政执法……221
大气污染防治及道路扬尘治理行政执法……221
“十年禁渔”专项整治行动……221

应急管理

概　述……222
概况……222

防灾减灾……222
安全应急产业发展……223
科技赋能防灾减灾……223
安全生产管理……223
概况……223
防火防汛应急准备……224
地震监测与预警……224
概况……224
地震监测……224
公共卫生应急处置……224
概况……224
公共卫生事件监测预警和处置……225
“7·16”突发山洪灾害……225
概况……225
人员及家庭财产损失……225
产业损失……225
基础设施损失……226
公共服务设施设备损失……226
抢险救灾……226
火灾防控……227
概况……227
消防安全专项治理……227
消防知识宣传……227
森林草原防灭火……227
2022年森林草原灭火应急演练……228

城乡建设与管理

城乡基础设施建设……229
概况……229
S216北川墩上乡至青片乡灾毁修复整治工程……229
S313北川开坪乡至片口乡灾毁修复整治工程……229
北川中华大熊猫动植物园项目……230
羊角花开工程……230
污水处理厂灾毁恢复工程……230
省道S107安昌至永安绕场镇改线工程……230
乡村振兴实训基地人才服务中心项目……230
安江干渠工程（北川段）……230
北川文化提升项目——大禹文化陈列馆……230
千佛山战役遗址公园项目马槽红三十一军总医院旧址、北川红军纪念馆展陈提升及“三防”建设和马槽红三十一军总医院旧址环境整治项目……230
北川羌族自治县无人机产业园1#、3#楼1层装修改造及室外环境提升项目……231
S107线北川老县城地震遗址段公路黑化工程……231
北川郊野公园及配套工程……231
金船山公墓异地迁建项目……231
建筑业管理……231
概况……231
房地产开发……231
概况……231
瑞弘锦博樾……232
越众·悦府……232
卓信·北川智慧农贸广场……232
住房保障……232
概况……232
保障性住房日常维护……232
住房公积金管理……232
概况……232
住房公积金缴存政策调整……232
住房公积金提取政策调整……233
住房公积金贷款政策调整……233
住房公积金贷款风险防控工作……233
住房公积金审批人制度……233
住房公积金政策法规宣传……233
智慧城市建设……234
数字化城市管理……234
天网工程……234

城乡综合服务 234
城市供水 234
城市供气 234
电力管理 234
概况 234
电网建设 235
安全管理 235
电力保供 235
市政设施管理 235
概况 235
城市卫生与绿化 236
概况 236
城市交通管理 236
概况 236
道路交通违法惩处 236
户籍管理 237
城乡户政管理 237
出入境管理 237
城市消防 237
概况 237
消防监督 237
消防宣传 238
城乡环境综合治理 238
概况 238
污水治理 238
园　林 238
概况 238
友谊园简介 238
尔玛园简介 239

生态环境保护

生态资源 240
土地资源 240
矿产资源 240
野生动植物资源 240
四川小寨子沟国家级自然保护区 241
概况 241
森林防灭火 241
自然教育开展 241
重点项目推进 242
环境质量监测与保护 242
概况 242
空气质量 242
地表水饮用水环境质量 242
声学环境质量 242
污染源监督性监测 242
污染防治 243
环境监管监测 244
环境执法 244
环保问题整改 244
“千村示范工程”污水治理 244

社会生活

民生实事 245
概况 245
民生工程建设 245
民生实事宣传工作 245
乡村振兴 246
概况 246
资金项目管理 246
人居环境治理 246
东西部协作 246
概况 246
产业协作 247
数字化转型 247
消费协作 247
乡村建设 248
社会保障 248
社会保险 248
概况 248

社保基金征收……248
社保待遇发放……248
社保基金风险防控……248
社保降费……248
医疗保障……248
概况……248
补充保险参保……249
医疗保险转移……249
医疗救助……249
异地就医登记备案……249
医保基金监管……249
医疗保障基金总额控制……249
医保改革工作……249
社会救助……249
概况……249
城乡低保……249
特困人员救助……249
临时救助……250
设立“禹羌情”专项救助基金……250
社会福利……250
概况……250
养老项目建设……250
社会捐赠……250
县红十字会……250
县慈善总会……251
社会事务……251
概况……251
儿童关爱保护保障……251
金船山公墓异地迁建项目建设……251
城乡居民生活……252
概况……252
创业就业……253
概况……253
就业援助……253
援助稳岗……253
东西部劳务协作……253
农民工服务……253
概况……253
农民工稳岗就业……253
农民工返乡创业……254
建设村级农民工综合服务站……254
社区管理……254
概况……254
社区排查和志愿服务保障……254
社团管理……254
概况……254
社会组织助力社区治理和乡村振兴……254
社会组织年检工作……254
社会组织党建工作……255
民族宗教……255
概况……255
民族团结进步工作……255
民族类资金项目……255
宗教工作……255
老龄工作……255
概况……255
老龄健康服务……255
残疾人服务……256
概况……256
基层残联组织改革……256
开办残疾人文化活动中心……257
消费者权益保护……257
概况……257
“3·15”国际消费者权益日宣传活动……257
推进放心舒心消费环境建设……257
网络消费环境整治……257
志愿服务……257
概况……257
文明实践阵地建设……258
志愿服务品牌项目……258
彩票公益基金……258
概况……258

乡　镇

永昌镇……260
概况……260
文明城市创建……261
白山羊美食文化活动……262
永安镇……262
概况……262
四川纳森户外运动有限公司创建“三心三力”党建品牌……264
元门党员积分制建设……264
擂鼓镇……264
概况……264
创建绵阳市食品安全示范乡镇……265
擂鼓镇盖头村现代茶叶产业园区建设……266
曲山镇……266
概况……266
387亩苔子茶获国家绿色食品认证……267
石椅村被命名为天府旅游名村……267
通泉镇……268
概况……268
永庆竹海上榜省级翠竹长廊……269
合伙人招募项目……270
陈家坝镇……270
概况……270
西河村范家坝大桥开工建设……271
黎山村获评2022年度乡村振兴重点帮扶优秀村、全省合并村集体经济融合发展试点先进村……271
桂溪镇……272
概况……272
探索设立“院落管家”促进农村环境共管共治……273
羌山农牧农业综合体项目建设……273
都贯乡……273
概况……273
举办“大爱吾羌·古蜀茶文化”活动……274
建立“都坝河”文旅产业微官网……274
打造瓦壶沟“不语书院”民宿……274
漩坪乡……275
概况……275
绵阳大峡谷漂流项目……275
联合便民服务站建设……276
白坭乡……276
概况……276
建设白坭大方岭黑猪繁育场……277
实施党建引领城镇建设……277
禹里镇……278
概况……278
禹里·夏舍民宿完成建设并投入运营……279
打造生猪优势产业……279
开坪乡……280
概况……280
全域旅游示范带建设……281
北川以工代赈案例在全省推广……281
小坝镇……282
概况……282
开展社工站试点项目……283
金凤村建设高山缓季节枇杷基地……283
桃龙藏族乡……283
概况……283
民族院落班邦积分制管理……284
人居环境整治……285
片口乡……285
概况……285
区域协作建立大熊猫公园自然保护队伍……286
构建白草河流域防汛应急响应体系……286
坝底乡……286
概况……286
坝底乡防止“非粮化”整治经验被《中国组织人事报》报道……287

水田新村建设…………………………………… 287
马槽乡………………………………………………… 287
概况………………………………………………… 287
红色美丽村庄建设……………………………… 288
城乡环境综合提质“点长制” ……………… 289
白什乡………………………………………………… 289
概况………………………………………………… 289
地质灾害预警体系建设……………………… 290
“7·16”突发山洪灾害……………………… 291
青片乡………………………………………………… 291
概况………………………………………………… 291
举办第四届沙朗节、红叶节活动…………… 292
羌文化传习所建设……………………………… 293

人　物

2021年“最美绵阳人物” ……………………… 294
荣立二等功以上的北川籍官兵简介…………… 294

附　录

2022年北川羌族自治县国民经济和社会发展统计公报………………………………………… 295
2022年度获厅局级及以上表彰与奖励的先进集体和先进个人一览表…………………… 302
2022年度获厅局级及以上表彰与奖励的先进个人统计表……………………………………… 306
2022年北川羌族自治县党政群团机关及其工作部门主要领导干部名录…………………… 309
2022年县委、县政府重要文件目录…………… 313

索　引

主题词索引…………………………………… 319
图表索引……………………………………… 329

▶特　载

县委常委会工作报告

在中共县委五届四次全会暨县委经济工作会第一次全体会议上

中共北川羌族自治县委书记　李昊天

县委五届二次全会以来，县委坚定以习近平新时代中国特色社会主义思想为指导，深入学习宣传贯彻党的二十大和习近平总书记来川视察重要指示精神，全面落实省第十二次党代会、省委十二届二次全会、市委八届五次全会精神，完整、准确、全面贯彻新发展理念，坚持稳中求进工作总基调，团结带领全县各族群众踔厉奋发、勇毅前行，全省民族地区高质量发展先行县建设取得显著成果，各项事业取得新成效。

大事难事见担当，危难时刻显本色。面对前进道路上的各种风险挑战，县委坚决贯彻落实党中央大政方针和省委、市委部署要求，凝心聚力、克难攻坚，集中精力狠抓了五件关乎全局、利在长远的大事。

第一，深入学习宣传贯彻党的二十大和习近平总书记来川视察重要指示精神，全面落实省第十二次党代会、省委十二届二次全会、市委八届五次全会精神。及时传达学习习近平总书记来川视察重要指示精神，研究制定《贯彻落实习近平总书记来川视察重要指示精神细化措施分工方案》。党的二十大闭幕后迅即召开县委常委会会议、县委理论学习中心组学习会专题传达学习，邀请党的二十大代表陈云珍同志作主题宣讲。把学习宣传贯彻党的二十大精神同贯彻省第十二次党代会、省委十二届二次全会、市委八届五次全会精神结合起来，广泛开展宣传宣讲，开设“二十大时光”系列专栏69个，推出、转载系列新闻稿件600余篇(条)，开展分层分类宣讲141场次，在全县上下迅速掀起学习贯彻热潮。

第二，通航产业蓄势腾飞。通用机场加快建设，以超常力度和过硬举措推进通用机场建设，安州区红线征地拆迁取得突破进展，机场跑道、航站楼主体工程分别完成75%、50%，机场取证有序推进，预计今年6月全面建成投运，奠定了通航产业发展的基础。产业布局全面优化，围绕建成“西部通航产业创新高地”目标，按照“产城一体”[1]和全产业链要求，中规院、中航通飞运营团队牵头开展“一主一特”[2]产业规划、河西片区通航产业园控制性详细规划编制，实现与“一中心，多组团[3]”提升规划的有效衔接、有机统一，全面拓展通航产业发展空间。合作平台更加广阔，与省知识产权服务促进中心、省创新驱动发展中心、国防工业企业协会、省高科技产业化协会、北京航空航天大学无人机研究院等建立长期战略合作关系，签约落地中国科技城（绵阳）无人机产业园等重大项目，总投资25亿元的卓翼大型吨级无人机生产线项目即将投产，顺丰丰鸟无人机等8家通航企业成功入驻，通航产业实现多点突破。

第三，重大项目取得关键突破。一大批事关北川长远发展的重大项目取得突破性进展。投资98.23亿元的盐茂高速开始编制工可报告，涉及北川段49.12千米，2023年将进入招商阶段，预计“十四五”内全面开工建设。投资65亿元的安北高速纳入省高速公路网布局规划，涉及北川段32.5千米，已提前启动工可和勘察设计。投资65亿元的抽水蓄能电站纳入省政府电源电网发展规划，列入省发展改革委核准计划，“十四五”内将开工建设。投资26.35亿元的唐家山水库工程纳入省“十四五”规划及专项规划，已全面启动地勘和前置专题报告编制。投资9.68亿元的国家储备林项目建设方案取得省林草局审查同意，计划实施储备林10万亩，北川被确定为省林草局直接联系的国家储备林建设县。

第四，有力有序应对“7·16”“8·19”山洪灾害，高效推进灾后恢复重建。强化系统思维、前瞻思考，一手抓应急抢险救援，一手抓防灾减灾能力提升。全面做好洪灾抢险救援，扎实抓好“7·16”“8·19”山洪灾害应急抢险、群众转移安置等工作，全年汛期累计转移24.29万余人次，发放受灾群众过渡期生活补助290.7万元。对符合最低生活保障条件的困难群众全部纳入低保范围，发放御寒物资4915套、生活物资40余吨，全力保障受灾群众正常生活需求。高效构建防汛指挥体系，统筹防汛、地灾防治、应急等力量，组建实体化运行防汛减灾联合指挥部，按照“信息收集—会商研判—指令发布—指挥调度—情况汇总”的流程高效运转。实施防灾减灾工作责任追究办法，实行预警提级响应，有效应对“8·19”等10次暴雨蓝色及以上预警。系统提升防灾减灾能力，制定《关于进一步强化防灾减灾的实施意见》，从风险管控、预警监测等9个方面强化措施，提升防灾减灾能力。与水利部共同编制北川山洪灾害防御能力提升规划和实施方案，建设提升观察哨、雨量监测站、水位（视频）监测点等，人防技防物防水平全面加强。加快推进灾后恢复重建，按照“搬迁场镇居民，保留场镇基本功能”思路，全面恢复白什乡政府办公、医疗保障等公共服务。出台《高风险地区异地搬迁政策》，危险区域内455户群众已完成异地重建搬迁，发放补助资金1292.6万元。积极开展对上争取和融资贷款，包装谋划重建项目338个，总投资15.86亿元，启动灾后急需重建项目38个，已完工6个。

在重点抓好上述四件大事的同时，县委认真落实党中央大政方针和省委“讲政治、抓发展、惠民生、保安全”总思路、市委“五市”战略部署要求，全力以赴做好改革发展稳定各项工作，县域经济高质量发展取得积极成效。

一是县域经济承压上行。坚持稳中求进工作总基调，前三季度实现地区生产总值65.68亿元、增长2.9%，预计全年GDP增长5.5%，城乡居民人均可支配收入、进出口总额等指标增速列全市第一方阵。地方一般公共预算收入占GDP比重达5.96%，位列全市第一，高质量发展综合绩效评价进入全市“好”的档次。农业产业提档升级，以实施“三品”[4]工程为引领，发布推广“羌食荟”农产品区域公用品牌，获评省级“菜篮子”工程冷链设施示范县、四川省有机产品认证示范区。以北川苔子茶为原料的“黄大茶”“尔玛凰羽”分别获“蒙顶山杯”第七届中国黄茶斗茶大赛特别金奖和金奖。1～10月，完成第一产业投资4.09亿元、增长77.3%，位列全市第二。工业经济平稳增长，大力实施“园区提质”“企业满园”行动，盘活利用闲置厂房25.7万平方米，升级改造园区道路、管网10千米。开设园区企业服务中心，开展“面对面听取意见、实打实解决问题”活动，全年新增规上工业企业9户、省级“专精特新”企业3户，预计实现规上工业总产值59.2亿元。现代服务业升温回暖，创作《走北川》实景体验剧，发布《少年禹传奇》城市超级IP，巴拿恰入选全国非遗与旅游融合发展优选项目名录，羌城旅游区被认定为省级体育旅游示范基地。擦亮天府旅游名县金字招牌，创建省级乡村旅游重点村2个、天府旅游名村1个，全县A级景区接待游客331.79万人次，实现旅游综合收入12.75亿元。开展“悦享北川·游购羌城”消费促进活动，拉动餐饮住宿等消费5000余万元。发展“电商飞地经济”，东西部协作“年货羌先购”直播节实现销售额3000余万元。在2022中国县域旅游发展潜力百强县中排名32位，较去年上升15位。项目投资持续扩大，实施《北川羌族自治县投资促进条例》，要素保障部门提前介入招引项目评估研判，一季度项目前期工作入围全省50强，获省市激励资金300万元。年度实施项目154个、总投资181亿元，4个市重点项目预计完成投资超年度任务32.52%。全年预计完成固定资产投资57.5亿元、增长10.4%。

二是改革开放蹄疾步稳。坚持对内靠改革、对外靠开放，充分激发释放发展活力。扎实推进重点领域、关键环节改革，以供给侧结构性改革为主线，高质量完成国资国企、农业农村、财税金融等195项改革事项，“科技治超”赋能智慧交通建设等60余项改革创新经验被国省主流媒体宣传报道，社区青春“5+”[5]行动等7项经验做法入选国省改革案例。全面深化对外合作开放，加速融入成渝地区双城经济圈、中国科技城建设，全面推进区域协同发展，与市内游仙、安州、经开区等地协同发展事项加速落地见效。强化与山东友好城市对口合作，持续深化东西部协作和省内定点帮扶，东西部协作年度考核进入全省“好”的行列。开放型经济取得新成效，全年预计实现对外贸易进出口总额4200万元，增长15%。精准开展招商引资，实施“招商突破年行动”，开展招商“云洽谈”，推进“5+X”[6]精准招商，全年签约项目25个，金额124亿元，其中5亿元及以上项目8个。组织企业积极参与“绵品出川”等活动，现场签订购销协议达3亿元。

三是城乡协调融合发展。强化政策支撑，发挥基础设施建设先导作用，推动城乡区域协调发展。“外联内畅”交通体系加速成形，实施交通设施建设攻坚行动，禹里隧道改造提升全面完工、S216全线通车，S313已完工60%，新建农村公路安防设施94千米，全县通车里程达到3610千米。全年预计完成交通投资17亿元，同比增长60%，投资总额位列全市第一，在建项目规模、完成投资为北川近十年最高。巩固脱贫攻坚成果同乡村振兴有效衔接，严格落实“四不摘”要求，开发“乡村振兴保”，“5+4+N”[7]防止返贫监测帮扶机制在全省推广。全面推进乡村振兴，创建省级乡村振兴先进乡镇1个、示范村2个。累计发布乡村振兴合伙人招募令6期17个，盘活闲置资产、撂荒地等15宗，相关做法被《中国经济时报》报道。探索实施乡村振兴资金项目“A+B”[8]轮动推进机制，争取各级衔接项目95个8599万元。脱贫攻坚和脱贫成效巩固工作连续六年进入全省“好”的行列。基层治理效能显著提升，实施基层治理能力提升攻坚行动，建立七级小区疫情防控体系，设立74个临时党组织，动员1500余名党员“双报到”[9]助力疫情防控和全国文明城市创建等工作。高质量完成100个村集体经济“消薄”任务，202个村集体经济收入同比增长128%。“心沐计划”牵手“银龄计划”老年反诈宣传、志愿服务被新华社、中央文明办刊发点赞。永昌镇被授予全省基层治理示范镇，马槽乡红星村成为全市唯一的中组部红色美丽村庄试点。

四是民生保障温暖有力。始终践行以人民为中心的发展思想，把群众天天有感的关键小事一件一件办好办实。全力以赴稳定就业，出台实施稳岗就业十七条措施，组织开展专场招聘活动16场次，累计转移农村劳动力4.83万人。开展“关爱天南地北绵阳人”行动，及时兑现企业吸纳就业补助、就业见习补贴，城镇登记失业率2.72%，低于省控目标1.28个百分点，获评全省返乡入乡创业示范县。用心办好民生事业，统筹安排资金3.68亿元，高质量推进11件民生实事。完成医疗卫生建设项目固定资产投资1.65亿元，县人民医院内儿科大楼建成，第三人民医院门诊医技综合楼住院楼投用，传染病专科医院和集中留观隔离中心项目基础完工。“诊间支付”模式被全市推广，全省首家“心电一张网”在北川启动。持续推进教育普惠化，适龄学生入学率、贫困学生资助率、中心校建设达标率均达到100%，获全省“学前学普试点县”，幸福小学三(3)中队被共青团中央、教育部、全国少工委表彰为“全国优秀少先队集体”。兜牢困难群体生活底线，设立200万元“禹羌情”专项救助基金，已救助6户19人、救助金额18.8万元，兜牢特殊困难群体基本保障。做好因洪灾、疫情等出现返贫风险群众的监测和帮扶工作，全年发放低保、特困、临时救助等补助资金3000余万元、受益9万余人，人民生活更有品质、更加幸福、更有保障。

五是民主法治纵深推进。始终坚持党的领导、人民当家作主和依法治县有机统一，县委统揽全局、协调各方的领导核心作用充分发挥。支持县人大及其常委会行使职权，做好立法、监督、任免、代表等工作，完成《城市管理综合行政执法条例》《矿产资源管理条例》二审，全面启动防灾减灾立法工作。在全省民族地区率先颁布实施《投资促进条例》，被中国经济时报、省人大网等媒体宣传报道。支持县政协依章程履行职能，全力支持政协委员围绕五大攻坚行动、区域协同发展等开展协商议政活动，持续深化“有事来协商”平台探索实践，擦亮“尔姆孜巴”议话坪品牌，推动政协协商与基层协商、社会治理有机统一。充分发挥统一战线作用，积极开展铸牢中华民族共同体意识教育，成功举办第四届海峡两岸大禹文化交流活动，受到省委台办主要领导肯定性批示。成立县侨联，搭建联系团结归侨侨眷和海外侨胞新平台。支持科协做好“四个服务”[10]，推动“天府科技云”助力高质量发展。发挥工青妇等群团组织桥梁纽带作用，积极构建大统战工作格局。深入推进依法治县，优化公共法律服务，推动镇村公共法律服务工作站(室)与司法所共建共享，实现刑事案件援助全覆盖。开展规范性文件制定及行政复议应诉培训，行政涉诉案件行政机关负责人出庭应诉率100%。县人民政府被省委、省政府通报表扬为“七五”普法先进单位。

六是思想文化蓬勃发展。自觉肩负举旗帜、聚民心、育新人、兴文化、展形象使命任务，宣传思想文化工作守正创新、再开新局。巩固壮大主流思想舆论，举办“喜迎二十大 建功新时代”等主题活动100余场次，乡村振兴、产业发展等工作被人民日报等央省级主流媒体报道1500余篇，外宣总量位列全市第一方阵。严格落实意识形态工作责任制，强化舆情分析研判会商处置，全年无重大负面网络舆情发酵事件。持续推进精神文明建设，印发实施全面拓展新时代文明实践中心(所、站)建设工作方案，新时代文明实践工作经验被中宣部报道。扎实推进全国文明城市创建，开展“全域大清扫、全体总动员、共创文明城”专项行动，解决城市“顽瘴痼疾”5000余个。促进文化事业繁荣发展，启动第二批县级乡村文化振兴样板村镇建设，创建省级样板村(镇)1个，市级样板村(镇)3个。推动以羌绣为代表的传统文化变富民产业，“羌食荟”五个一特色产品获2022年四川天府旅游名县特色旅游商品网络大赛金奖，县民族艺术团获评全国基层文艺院团先进集体。

七是生态环境持续向好。认真践行“绿水青山就是金山银山”理念，坚定“生态立县”发展思路不动摇。统筹生态系统保护修复，推进山水林田湖草系统治理，全面推行河湖长制和林长制。加快推进大熊猫国家公园建设，加强小寨子沟国家级自然保护区、千佛山国家级自然保护区和片口省级自然保护区保护。制定《北川羌族自治县生态保护红线内矿业权分类退出工作方案》，加快推进绿色矿山建设。高效统筹生态保护和经济发展，率先在全市发布590.03亿元的GEP（生态系统生产总值）核算报告。打好污染防治攻坚战，深化区域联防联控合作，与茂县、安州、江油、平武签订生态环境污染防治联防联控合作协议。全年空气优良天数率92.9%，同比增长0.8个百分点。国考、省考断面水质优良率均为100%，1～9月地表水环境质量位列全省第六，较上年同期上升4位。扎实推进城乡人居环境整治，深入推进城乡环境综合提质三年行动，按照市委村社“五清”、场镇“四定”、城区“四化”工作要求，以“扫干净、摆整齐、清杂去乱”为主攻方向，安排2000万资金，开展“红黄旗”季度评比、现场拉练，通泉镇、永昌镇获季度“全市十佳乡（镇）”，微景观“口袋公园”被央视新闻联播点赞报道。

八是社会大局和谐稳定。以“时时放心不下”的责任心，统筹抓好发展与安全两件大事，全力守护好人民群众生命财产安全。严守安全生产底线，认真落实安全生产15条硬措施，打好安全生产专项整治三年行动“收官战”，制作安全曝光片3部、警示教育片3部，排查整治一般安全生产隐患762个，全年安全生产事故起数、死亡人数均下降33.3%。全力做好信访维稳，深入开展“减存量、遏增量、防变量”专项行动，建立“14+N”风险排查化解机制，中央、省两批交办的29件“治重化积”案件全部化解销号。扎实推进平安北川建设，强化社会管理创新、社会矛盾化解和社会公共安全防控体系建设，严厉打击各类违法犯罪活动，完成县乡村三级综治中心规范化提档升级，推进“天网”“雪亮”视频监控整合运行。平安建设群众满意度测评连续5年位列全市第一，获评省、市平安建设先进县。

九是党的建设全面加强。坚持把党的政治建设摆在首位，深刻领会“两个确立”的决定性意义，不断增强“四个意识”、坚定“四个自信”、做到“两个维护”。不断加强和改进党的领导，始终在政治立场、政治方向、政治原则、政治道路上同以习近平同志为核心的党中央保持高度一致，把党的领导贯彻和体现到改革发展稳定各个领域。推选出陈云珍作为全省唯一的羌族基层党代表参加党的二十大。《羌山红军行》入选中组部全国党员干部教育专题教材制播库。纵深推进反腐倡廉，始终保持正风反腐高压态势，探索“三三制”工作法，一体推进不敢腐、不能腐、不想腐，处置问题线索249件，立案173件，开展党风廉政建设集体约谈1次。党风廉政建设社会评价群众满意指数连续5年位居全省前列、全市第一。驰而不息抓作风建设，认真践行“一线工作法”，按照“新、快、实、真、严”要求，不断加强干部作风建设。认真整治“群众最不满意的十件事”，深入开展“听音问廉绵州行”，累计收集问题1603个，已解决1373个。深化党对人才工作的全面领导，坚持党管人才工作原则，成立县高端人才服务中心，出台《激励人才十六条措施》等系列政策措施，筹建人才公寓80套。县领导带队赴成都等9地开展“海纳北川 才聚羌山”招才引智活动，招录到岗394人，其中硕士研究生37名，超过近五年招录人数总和。

一年来，县委常委会高度重视自身建设，坚持以上率下、率先垂范，努力为全县各级党组织和广大党员干部树好标杆、做好表率。我们带头讲政治，坚定以习近平新时代中国特色社会主义思想指导工作，不折不扣执行上级各项决策部署，严格落实重大事项请示报告制度，坚持民主集中制，召开县委常委会会议35次，做到有事多商量、定了一起干，心往一处想、劲往一处使。我们带头转作风，认真落实县级领导联系片区、联系乡镇、联系重点项目工作机制，亲力亲为，下深水、抓具体，既当指挥员又当战斗员，把时间和精力用在抓工作落实上，察实情、出实招、办实事、求实效。我们带头严纪律，严格执行中央八项规定及其实施细则精神，遵守廉洁从政各项规定，带头管好身边工作人员和家属，坚持依法用权、秉公用权、按规矩办事，始终保持清清爽爽的同志关系、规规矩矩的上下级关系和“亲”“清”的政商关系。

同志们，发展日新月异，北川未来可期。这些成绩的取得，是习近平新时代中国特色社会主义思想指引的结果，是党中央和省委、市委坚强领导的结果，是全县各级党组织和广大党员干部拼搏实干的结果，是全县各族人民齐心协力、共同奋斗的结果！在此，我代表县委常委会，向同志们表示衷心的感谢！

在总结工作的同时，县委常委会也清醒认识到工作中还存在一些不足和短板。经济结构性矛盾和素质性矛盾依然突出，民生领域和社会治理还有不少短板，一些基层党组织的战斗堡垒作用还需进一步提升，干部奋发有为的精气神还需要进一步激发，等等。这些问题和不足，我们将在今后的工作中切实加以解决。

名词解释

1. 产城一体：产业功能、城市功能、生态功能融为一体。

2. 一主一特：通用航空主导产业、食品医药特色产业。

3. 一中心，多组团：以北川—山东产业园和中国科技城〈北川〉通用航空产业园为中心，以通泉组团、永安组团、擂鼓组团、永昌组团为支撑的“一中心、多组团”空间布局新格局。

4. “三品”工程：品种改良、品质提升、品牌打造。

5. 社区青春“5+”：“党建＋团建”，构筑行动保障；“整合＋赋能”，打造团青阵地；“自愿＋志愿”，组建服务队伍；“需求＋服务”，完善工作项目；“积分＋激励”，汇聚治理力量。

6. 5+X 精准招商：通用航空、茶、文化旅游、食品医药和安全应急产业五大主导产业＋其他。

7. “5+4+N”防止返贫监测帮扶机制：“5”：“强排查、防漏测、固帮扶、保兜底、提成效”五个目标；“4”：“四线预警、四必核查、四定走访、四项处置、四类督导”运行机制；“N”：防返贫动态监测和帮扶工作“N”个举措。

8. 乡村振兴资金项目“A+B”轮动推进制：安排跨年(2023 年)储备项目(B 类项目)，与 2022 年拟实施项目(A 类项目)同时下达，在项目实施过程中，A、B 类项目可根据实际及时进行调度、替换的推进模式。

9. 双报到：机关部门或企事业单位的党员，其组织关系在机关部门或企事业单位，同时又到其家庭所在地的社区居委党组织“报到”。

10. 四个服务：为科技工作者服务、为创新驱动发展服务、为提高全民科学素质服务、为党和政府科学决策服务。

县人大会常委会工作报告

在北川羌族自治县第五届人民代表大会第三次会议上

北川羌族自治县人大常委会主任　李光辉

2022年工作回顾

2022年以来，在县委的坚强领导下，县人大常委会高举中国特色社会主义伟大旗帜，坚持以习近平新时代中国特色社会主义思想为指导，深入学习贯彻党的十九大及十九届历次全会、党的二十大、省委十二届二次全会、市委八届五次全会、县委五届四次全会精神，全面贯彻落实中央和省市县委人大工作会议精神，坚持党的领导、人民当家作主、依法治国有机统一，深入践行“深度融入中心，全方位服务大局”的工作取向，依法履职尽责，主动担当作为，不断加强和改进立法、监督、决定、任免和代表等工作，积极践行全过程人民民主，持续推动人大工作由重程序向重程序和重质量并举转变，为加快建成全省民族地区高质量发展先行县和社会主义现代化北川贡献了人大力量。全年召开常委会会议10次，主任会议12次，听取、审议、审查“一府一委两院”专项工作报告21个，开展专题视察调研10次、执法检查5次、专题询问1次、满意度测评4次，形成专题调研报告9个，提出审议审查意见建议55条，依法作出决议决定5个、任命国家机关工作人员41人，圆满完成了县五届二次人代会确定的各项工作任务。

一、坚持党的全面领导，始终把牢人大工作正确政治方向

常委会深刻认识和把握坚持党的全面领导这一最高政治原则，深刻领悟“两个确定”的决定性意义，增强“四个意识”，坚定“四个自信”，做到“两个维护”，始终在思想上政治上行动上同以习近平同志为核心的党中央保持高度一致，始终沿着习近平总书记指引的方向坚定前行。

（一）持续强化党的创新理论武装。坚持以习近平新时代中国特色社会主义思想统揽和指导人大工作，深入学习贯彻习近平法治思想、习近平总书记关于坚持和完善人民代表大会制度的重要思想，全面、系统、深入学习党的二十大精神，切实将党的二十大精神落实到人大工作的各方面全过程。全年通过召开党组会议、党组理论学习中心组学习会议、党支部会议、常委会会议、干部职工会议集体学习8次，开展个人学习研讨50余人次，常委会主任收看党的二十大感言被中国民族报刊载；组织班子成员、机关干部、代表深入乡镇、企业、村（社区）宣传宣讲160余次。

（二）坚持党对人大工作的全面领导。县委高度重视人大工作，年初召开了县委人大工作会议，制定出台了《新时代坚持和完善人民代表大会制度加强和改进人大工作的实施意见》，为人大工作指明了方向。设立了人大常委会机关党组、机关信息中心，机构设置更加合理和完善。坚持在县委领导下谋划和推动工作，严格落实重大事项请示报告制度，全年向县委请示报告48件次，切实做到了县委工作重心在哪里，人大工作就跟进到哪里、力量就汇集

到哪里、作用就发挥到哪里。

（三）切实履行常委会党组政治责任。充分发挥常委会党组把方向、管大局、保落实的领导作用，完善党组会议议事规则，全年召开常委会党组会议30次，及时研究重大事项、部署推动重点工作，建立常态化听取机关党组、党支部工作汇报机制，推动基层党建工作有序开展，人大各级党组织的整体作用得到有效发挥。

二、围绕中心大局助力加劲，持续推动经济社会高质量发展

常委会围绕县委提出的加快建成全省民族地区高质量发展先行县和社会主义现代化北川的决策部署，积极融入全县经济社会发展大局，建言献策，担当尽责，贡献了人大智慧和人大力量。

（一）重点工作任务全面落实。按照县委安排，常委会班子成员联系片区1个（涵盖5个乡镇）、乡镇4个、行政村1个、重点企业18家、重点项目8个，深入开展调研70余次，协调解决困难问题26个，推动联系区域的产业发展、重点项目建设、防汛减灾、森林防灭火、脱贫攻坚成效巩固、乡村振兴、助企纾困等各项工作扎实开展。桂溪镇凤凰村驻村帮扶扎实推进，县人大机关驻村干部获评全县优秀第一书记；禹森实业等公司的纾困工作进入了实质性阶段；吉娜羌寨环境整治提升取得实效；自治县成立20周年庆祝活动申报工作有序推进；机关党员干部参加“双报到”活动，让文明城市创建、疫情防控、法治宣传等阵地上飘起了一抹靓丽的人大“志愿红”。

（二）积极参加灾后处置及重建工作。“7·16”山洪灾害发生后，在县委的领导下，人大常委会班子成员主动担当，第一时间赶赴联系片区、乡镇参与抢险救援，各级人大代表切实履责，奋战在抗洪抢险和灾后重建一线。按照市委、县委的工作要求，助力完成了“7·16”山洪灾害的抢险救援、过渡安置等工作，完成了白什场镇及周边地质灾害评估和行洪论证，全县灾后恢复和重建工作稳步推进。

（三）助力产业倍增取得实效。参与全县茶产业高质量发展，全年新增标准化茶叶基地5000亩，茶叶成品产量1250吨，较2021年增长7.3%，茶叶综合产值4.53亿元，较2021年增长33%，带动群众增收8600余万元。“尔玛红”等5款茶产品在2022年第十一届四川国际茶业博览会“金熊猫奖”茶叶评优活动中荣获特别金奖、金奖。《北川全链发力推动“小茶叶”变身“大产业”》等经验做法被市委《绵阳改革动态》推广使用，央视、学习强国、中国茶产业周刊等媒体宣传报道北川茶产业发展56次。助力白山羊产业发展、都坝河片区农旅融合发展、桃龙乡康养产业发展、马槽乡红色旅游产业发展、曲山镇三产融合发展，推动不同地区、不同行业在实施产业倍增攻坚行动上跑出了加速度。

三、依法履行人大职能职责，深入践行全过程人民民主

常委会深入学习贯彻习近平法治思想，在依法行使立法权、决定权、任免权、监督权过程中深入践行全过程人民民主，推动民主法治建设不断健全，人大工作质效不断提升。

（一）立法工作成效显著。坚持科学立法、民主立法、依法立法，以良法促善治保发展，纵深推进法治北川建设。发挥人大在立法中的主导作用，认真组织开展国家宪法日、宪法宣传周主题活动，全年开展立法调研40余次，8月在全省民族地区率先颁布实施《北川羌族自治县投资促进条例》，有力助推我县投资促进工作，被中国经济时报、省人大网、绵阳日报等媒体宣传报道；完成《北川羌族自治县矿产资源管理条例》二审、《北川羌族自治县城市管理综合行政执法条例》三审，启动了防灾减灾立法工作。提高立法工作的科学性和精准度，制定出台了《县五届人大常委会立法规划》及年度立法计划，出台了《北川羌族自治县人大常委会基层立法联系点工作办法》《北川羌族自治县人大常委会立法和备案审查咨询专家库管理办法》，曲山社区、尔玛社区被市人大常委会确定为基层立法联系点，搭建了立法选题问需于民、法律制定问计于民、法规实施问效于民的工作平台。听取和审议“七五”

普法工作情况及“八五”普法工作安排情况的报告，依法作出《关于开展第八个五年法制宣传教育的决议》，推动“八五”普法实现良好开局。组织对《道路交通安全法》《村民委员会组织法》等5部法律法规开展执法检查，有力推动了有关法律法规的贯彻实施。听取了2022年度备案审查工作情况的报告，向市人大常委会报备规范性文件6件，依法对37件规范性文件开展备案审查，做到了有件必备、有备必审、有错必纠。

（二）监督工作扎实有力。坚持正确监督、有效监督、依法监督，全面提升监督质效。聚焦上下联动监督，与省、市人大常委会对《科学技术普及法》贯彻实施、民族团结进步等工作开展上下联动监督6次，推动相关工作在我县取得了实效。聚焦县委中心工作重点监督，开展了2020年灾后重建项目、文旅产业、卫生防疫、交通运输、经济指标完成等重点工作的监督，提出了工作建议14类41项，得到了县委领导的肯定性批示。人大助推民族团结进步示范创建《选好发力点，全方位服务大局》等经验做法获省、市人大常委会领导的肯定性批示，被省人大常委会机关刊物《民主法制建设》刊载；《在铸牢中华民族共同体意识中践行全过程人民民主》的经验做法受邀在绵阳、广安、重庆北碚区人大常委会与西南大学联合举办的全过程人民民主基层实践路径研讨会上作交流发言。聚焦群众关注的热点难点问题精准监督，听取了2022年人大代表票决民生实事项目推进情况的报告，开展了对民族团结进步、乡村振兴促进、防灾减灾、“双减”政策落实、打击治理电信网络新型违法犯罪等工作的专项监督，推动解决了一批群众急难愁盼的民生问题。聚焦监察与司法专项监督，首次听取了县监察委员会关于开展扶贫领域腐败和作风问题专项治理工作情况的报告，督促有关部门持续整治相关问题；组织对法检“两院”基层人民法院建设、公益诉讼检察等重点工作开展专项监督，支持和监督“两院”忠实履行法定职责，推进司法为民、公正司法。聚焦县人大常委会任命干部任后监督，出台了对县人大常委会任命的“一府一委两院”国家机关工作人员开展履职评议相关制度，对61名“一府一委两院”国家机关工作人员开展了履职满意度测评，对县发改局、县交通运输局等5个政府组成部门的主要负责人开展工作询问，提高了履职评议对象的法治意识、公仆意识和为民情怀，达到了既红脸出汗，又助推工作的效果。

（三）决定任免严谨规范。聚焦全县经济社会发展依法作出决议决定，听取和审查了2021年国民经济和社会发展计划执行情况及2022年计划草案报告，2021年财政预算执行和其他财政收支的审计报告，2021年决算报告，2022年1至6月预算执行情况报告，关于2022年县级预算调整方案的报告，依法批准了2021年县级决算、2022年县级预算调整方案；作出了关于开展第八个五年法治宣传教育的决议等决议决定5个。坚持党管干部原则和人大依法任免相统一，审议人事任免议案6件，依法任免国家机关工作人员41人，规范了任前法律知识考试、宪法宣誓、颁发任命书等工作。

四、持续深化拓展代表工作，代表的主体作用得到充分发挥

常委会坚持“尊重代表的权利就是尊重人民的权利，保障依法履职就是保证人民当家作主”理念，着力加强代表能力建设，着力强化代表服务保障，充分发挥代表作用，切实做到“民有所呼，我有所应”。

（一）代表联系群众主题活动更具特色。不断丰富代表联系人民群众的内容和形式，代表与群众的关系更加紧密，代表在接地气、察民情、聚民智、惠民生上的履职作用更加有力。在全市范围内率先推行以“民生实事代表票决、民事纠纷代表协商、乡风民情代表恳谈”为主要内容的“三民工作法”，全年共票决民生实事项目48个；参与矛盾纠纷调解694件次，解决问题1537个；开展以片区为单元的村庄规划等民情恳谈96次。我县各级人大代表“家站”联系选民及群众的做法被省

人大作为经验在四川日报宣传报道。《“三民”工作让代表履职载满民意》《北川:各级人大代表加油鼓劲助推小茶叶成为乡村振兴大产业》等经验做法得到了上级领导的肯定性批示,被学习强国、省市人大网、绵阳日报等媒体宣传报道。依法开展代表集中视察和专题调研活动,组织代表视察调研开茂水厂、引通济安、任禹路隧道病害治理等项目建设120余人次。组织19个选区小组和经济发展、法治、民族宗教等5个专业小组共188名代表开展小组视察调研活动72次。持续深化“三联三助”代表实践活动,组织全县各级人大代表联系群众、服务企业,走访群众8万余人次、企业168家,推动解决问题7541个。县乡两级代表在推动全员核酸检测、助残扶弱、助企纾困等工作上取得积极成效。县人大常委会及基层人大代表在全市“我为群众办实事、人大代表在行动”现场会上作经验交流。

(二)代表履职服务保障更加强化。进一步完善制度机制,推动代表工作制度化,履职规范化、活动常态化。积极搭建代表履职平台,建成“代表之家”“代表联络站”23个,评选出了永昌镇、马槽乡、通泉镇等6个有阵地、有人员、有制度、有内容、有鲜活案例的代表履职示范阵地。开展好代表小组活动,充分运用代表活动阵地,开展好代表接待选民、代表小组学习、代表向选民述职等活动,让代表动起来、活起来、热起来。加强代表履职培训,围绕学习宣传贯彻党的二十大精神等课题举办专题学习班、履职能力提升培训班,全年共培训各级代表240余人次。建立完善代表履职激励机制,评选了年度优秀人大代表15名、代表优秀建议15件、优秀人大工作者10名。积极做好全国人大代表、省人大代表的考察推荐工作,我县的余绍容当选全国人大代表,牛钰、王蓉当选省人大代表,依法补选缺额代表6名。

(三)代表意见建议办理更有质效。推行代表意见建议办理销号制、重点建议常委会主任牵头督办制,着力提升代表建议质量和有关部门的办理质效。实施会前调研审查、归口跟踪督办、答复落实督办。制定县人大各专委会、常委会各工作委员会督办对口联系部门代表意见建议办理工作方案,推动代表意见建议办理工作由重满意率向重满意率和办成率并重转变。全年列入重点督办10件,对县五届人大一次、二次会议以来代表建议、批评和意见办理工作进行了督办和满意度测评,全部111件代表意见建议办理情况的综合测评结果为满意,其中已解决或基本解决29件,正在解决或列入规划逐步解决68件,因条件暂不成熟,供有关部门参考14件。

五、对标“四个机关”定位要求,全面加强常委会自身建设

常委会按照习近平总书记关于建设“四个机关”要求,以党的政治建设为统领,着力巩固和提升自身建设水平。

(一)坚持把政治建设摆在首位。贯彻落实新时代党的建设总要求,牢牢把握政治机关属性,常态化开展党史学习教育,强化做好新时代人大工作的职责使命。全面贯彻落实中央的大政方针和省、市、县委的决策部署,把学习宣传贯彻党的二十大精神作为首要政治任务,全面贯彻省委十二届二次全会、市委八届五次全会、县委五届四次全会精神,组织开展专题学习培训、宣讲宣传等工作,结合人大职能找准定位、推动落实。全年开展理论学习、专题学习36次,“三会一课”43场次。切实履行全面从严治党政治责任,严肃党内政治生活,增强政治性、时代性、原则性和战斗性。严格落实意识形态工作责任制,坚决守好人大意识形态主阵地,全年专题研究意识形态工作6次。

(二)持续加强履职能力建设。健全并坚持会前学法制度,全年组织会前学法14次,深入学习《中华人民共和国宪法》《中华人民共和国监察法》《中华人民共和国乡村振兴促进法》等法律法规,不断提升依法履职、依法办事的能力。切实加强机关干部业务培训,全年共组织各类业务培训80余人次,提升了人大机关干部的政治素质和理论水平。精心指导乡镇人大工作,落实常委

会领导分片联系乡镇人大工作制度，召开了乡镇人大工作推进会议，定期或不定期组织交流讨论，印发了经验交流资料汇编，营造了“比、学、赶、超”的浓厚氛围。

（三）持续加强制度建设。出台了《县人大常委会主任会议议事规则》《县人民代表大会议事规则》等制度5项，修订完善了《县人大常委会人事任免办法》《县人大常委会议事规则》《宪法宣誓实施办法》等制度4项。所有制度依法公开，主动接受人大代表和人民群众的监督，进一步提升了人大工作的科学化、规范化、制度化水平。进一步完善和改进人大信访工作机制，开设了“民情民意联系点”和“为发展献计、为民生代言”公共信箱，全年共办理群众来信14件，接待群众来访7批次110余人次。

（四）持续加强纪律和作风建设。加强党风廉政建设，全年专题研究党风廉政建设工作16次，开展警示教育28次、廉政谈话47人次。从严从细落实中央八项规定精神，驰而不息正风肃纪。切实改进工作作风，落实“一线工作法”，倡导“五干精神”，对标“政治坚定、服务人民、尊崇法治、发扬民主、勤勉尽责”要求，建设忠诚担当干净的人大干部队伍，助力营造风清气正的良好政治生态。

一年来，县人大常委会积极向省、市人大常委会汇报工作，开展上下联动监督、征求法律草案意见等工作，能力素质得到了提升；加强同景宁畲族自治县、柯城区等县区人大常委会的沟通交流，工作水平得到提升；加强和改进人大宣传工作，筹建了“北川人大”微信公众号，全年在中央、省、市媒体发表新闻宣传及经验交流文章9篇，展示了新时代北川人大工作的新气象。

2023年主要任务

今年是全面贯彻落实党的二十大精神的开局之年。县人大常委会工作的总体要求是：高举中国特色社会主义伟大旗帜，坚持以习近平新时代中国特色社会主义思想为指导，深入学习宣传贯彻党的二十大精神以及中央、省、市、县委人大工作会议精神，全面落实省委十二届二次全会、市委八届五次全会、县委五届四次全会精神，坚持党的领导、人民当家作主、依法治国有机统一，深入践行“深度融入中心、全方位服务大局”的工作取向，依法履职尽责，真抓实干，不断加强和改进立法、监督、决议决定、代表等工作，深入践行全过程人民民主，持续推动人大工作由重程序向重程序与重质量并举转变，不折不扣推动党中央大政方针和省、市、县委的决策部署落地落实，为加快建成全省民族地区高质量发展先行县和社会主义现代化北川作出更大的人大贡献。

一、深入学习宣传贯彻习近平总书记春节前夕视频连线看望慰问基层干部群众重要讲话精神和党的二十大精神

把学习宣传贯彻习近平总书记春节前夕视频连线看望慰问基层干部群众重要讲话精神和党的二十大精神作为首要政治任务，用以武装头脑、指导实践、推动落实。要纳入重要日程加强学习领悟。组织全县人大干部进一步深学细悟，深刻领悟重大政治意义、精神实质，作为常委会党组理论学习中心组、机关党员干部学习、代表履职培训的重要内容，推动学习走深走实。要融入日常工作加强宣传宣讲。紧密结合视察调研、执法检查、代表工作等，广泛深入地开展宣讲宣传，将总书记重要讲话精神和党的二十大精神传达至各级人大代表、基层一线、千家万户，助力形成统一思想、鼓舞斗志、推动落实的强大合力。要紧扣人大职能深入贯彻落实。持续在全面学习、全面把握上下功夫，自觉把思想和行动统一到总书记重要讲话精神和党的二十大战略部署上来，融入立法、监督、决定、任免、代表等工作深入贯彻落实。

二、始终坚持党对人大工作的全面领导

切实把坚持党的领导作为人大工作的最高政治原则和根本政治保证，深刻领悟“两个确定”的决定性意义，增强“四个意识”、坚定“四个自信”、做到“两个维

护”。始终坚持在县委领导下谋划和推进人大工作，严格落实重大事项请示报告制度，确保县委的各项决策部署在人大工作中得到全面贯彻落实。充分发挥常委会党组把方向、管大局、保落实的领导作用，不断增强凝聚力和战斗力，确保人大工作的正确政治方向。

三、持续提升人大工作质量和水平

按照宪法和法律规定，紧扣人大工作的新形势新任务新要求和县委中心工作依法履职。坚持高质量立法保善治。发挥人大在立法工作中的主导作用，认真组织实施《县五届人大常委会立法规划》及2023年年度实施计划，抓好基层立法联系点、立法专家咨询库的建设和运行，让立法工作成为全过程人民民主的生动实践，推动《城市管理综合行政执法条例》《矿产资源管理条例》的报批以及防灾减灾立法工作有序开展。坚持高质量监督保落实。遵循正确监督、有效监督、依法监督的原则，围绕县委的重大决策部署和人民群众密切关注的热点难点问题，聚焦“五大攻坚行动”“五大产业链”“园区提质”“企业满园”行动、乡村振兴、营商环境改善、民生事业发展、统筹发展与安全、自治县成立20周年庆祝活动等重点工作科学制定监督议题，综合运用听取和审议专项报告、视察调研、执法检查等方式精准打出人大监督的“组合拳”，提高监督的针对性和实效性。坚持高质量决定任免增合力。围绕重大性、全局性事项，依法作出决议决定，切实把中央和省市县委的重大决策部署通过法定程序转化为全县人民的共同意志和统一行动。坚持党管干部原则与人大依法行使选举权任免权相统一，严格执行选举任免程序，圆满实现市委、县委人事安排决策。

四、持续深化拓展代表工作

深化“三联三助”“三民工作法”等代表履职活动，规范和加强“代表之家”“代表联络站”的建设运行，进一步密切同人大代表、人民群众的联系。高质量做好代表建议办理和督办工作，持续推动办理工作由重满意率向重办成率转变。支持和保障代表依法履职，加强对代表的学习培训和履职管理，不断提升代表能力素质。认真组织开展代表视察调研和小组活动，进一步提高代表活动质量，更好发挥代表的主体作用。

五、持续加强常委会自身建设

牢牢把握“四个机关”定位要求，持续加强常委会自身建设。加强政治机关建设，深入学习贯彻习近平总书记关于坚持和完善人民代表大会制度的重要思想，自觉对标对表党的基本理论、基本路线、基本方略，对标对表中央和省、市、县委的决策部署，切实做到党和国家工作重心转移到哪里，人大工作就跟进到哪里，力量就汇聚到哪里，作用就发挥到哪里。加强地方国家权力机关建设，充分发挥人民代表大会制度作为实现全过程人民民主的重要制度载体作用，把民主选举、民主协商、民主决策、民主管理、民主监督各个环节贯通起来，更好支持和保证人民当家作主。加强工作机关建设，紧扣县委的重大决策部署，紧贴人民群众的急难愁盼，依法履职尽责，进一步健全完善人大工作制度、组织制度和议事程序，提高依法履职效能。加强代表机关建设，把维护最广大人民群众的根本利益作为人大工作的出发点和落脚点，充分发挥代表来自人民、联系广泛的特殊优势，强化对代表履职的服务保障，完善人大的民主民意表达平台和机制，最大限度地吸纳民意、汇聚民智，依法维护人民权益、增进人民福祉。加强向全国人大、省市人大的工作汇报，密切与兄弟县（市、区）人大和县乡人大的联系协作，增强人大工作整体质效。

县政府工作报告

在北川羌族自治县第五届人民代表大会第三次会议上

中共北川羌族自治县委副书记、县人民政府县长 周福兰

2022年工作回顾

过去一年，我们坚定以习近平新时代中国特色社会主义思想为指导，认真学习贯彻党的二十大精神和习近平总书记来川视察重要指示精神，在县委的坚强领导下，坚定贯彻落实“疫情要防住、经济要稳住、发展要安全”重要要求，围绕“生态立县、文旅兴县、工业富县、开放活县、城乡融合”发展思路，深入推进“五大攻坚行动”，较好完成了县五届人大二次会议确定的目标任务，“稳”的格局在巩固，“进”的动力在增强，“好”的势头在显现。

一年来，我们真抓实干、狠抓落实，推动党的二十大精神落地生根。把学习贯彻党的二十大精神与习近平总书记对四川特别是对绵阳重要指示精神作为首要政治任务，同贯彻省第十二次党代会、省委十二届二次全会、市委八届五次全会精神结合起来，确保各项工作始终沿着正确方向前行。深入践行“一线工作法”，大力发扬“新、快、实、真、严”工作作风，在全县政府系统开展“三晒三亮”[1]活动，鲜明实干导向，狠抓工作落实，干事创业、比学赶超的氛围更加浓厚。

一年来，我们负重奋发、顶压前行，全力巩固经济回稳向好基本面。面对多重超预期因素叠加给经济带来的严重不利影响，把稳增长放在更加突出位置。新增退税减税降费1.08亿元，办理留抵退税3313万元、缓交税费4020万元。缓征企业社保费517.77万元，发放稳岗补贴255.44万元。帮助企业办理贷款延期及续贷1.46万笔、金额22.06亿元。千方百计助企纾困，及时兑现各类奖励扶持资金6500余万元，全力保障企业稳产达产。出台《激励乡镇抓经济发展工作措施（试行）》，增加试点乡镇工作经费。全年实现地区生产总值94.47亿元、增长4.6%，地方一般公共预算收入5.64亿元、增长8.3%，城乡居民人均可支配收入增速高居全市第一，获评全市县域经济发展先进县，经济运行在重压之下呈现出坚强韧性。

一年来，我们保持定力、矢志不移，推进五大攻坚行动步入快车道。产业倍增蓄势发力，五大产业链[2]“链长制”深入推进，明确园区“一主一特”[3]主攻方向，8家通航企业落地入驻，投资50亿元的中航科技无人机产业园、投资25亿元的卓翼大型吨级无人机生产线加快建设，通航整机制造实现“零突破”。交通体系日趋完善，总投资390亿元、北川范围内投资近100亿元的盐茂高速开始编制工可报告，总投资101亿元、北川范围内投资65亿元的安北高速纳入省高速公路网布局规划，启动工可和勘察设计招标，G347任禹路危隧改造、S216墩青路全线通车，S107永安绕场镇改线工程即将落地开建。城镇建设纵深推进，羊角花开、桂花河公园、九洲湖等重点项目如期开工，全国文明城市测评前两年平均位居全省第4。美丽乡村

展现新颜，大力实施城乡环境综合提质三年行动，通泉、永昌入选全市人居环境季度评比“十佳乡镇”。基层治理更加有为，成功获评全省平安建设先进县，全县村级集体经济收入全面“消薄”。北川发展在关键一年中迈出重要一步。

一年来，我们万众一心、守望相助，打响应对严峻风险考验保卫战。全力应对“7·16”“8·19”山洪灾害，各级党员干部逆行出征、日夜奋战，社会各界伸出援手、倾力相助，人民警察、武警官兵、消防救援和民兵预备役不畏艰难、冲锋在前，成功转移被困人员527人，汛期累计转移安置24.29万人次，确保受灾群众有饭吃、有衣穿、有安全住所，严保大灾之后无大疫。出台灾后住房异地重建工作实施办法等政策，鼓励全县威胁区群众应搬尽搬，截至目前已搬迁455户、1688人，财政补助达1292.6万元，提供贴息贷款3582.4万元。咬紧牙关落实新阶段疫情防控策略，全力保健康、防重症，广大医务工作者用坚守和付出筑牢人民的健康堡垒，全县干部群众共克时艰，全面恢复生活生产秩序。经过艰苦卓绝的努力，我们战胜了前所未有的困难和挑战，每个人都不容易！

艰难困苦，玉汝于成。一年来，我们主要做了以下方面工作。

（一）坚定不移抓转型、促升级，产业发展成势见效。

农业产业实现“好”的突破。建成高标准农田1.26万亩，完成粮食播面29.26万亩，生猪出栏24.5万头，被认定为第一批省级种子（苗）生产基地，入选省级“菜篮子”工程冷链设施建设示范县、省级有机产品认证示范区。发布推广“羌食荟”农产品区域公用品牌，茶产业现代农业园区晋级省级园区，北川茶叶屡屡摘得国际大赛金奖。农村居民人均可支配收入首次超过全省平均水平、增速连年保持全市第一，第一产业增加值增速达4.6%、居全市第3位。工业产业实现“质”的转变。大力实施“园区提质”“企业满园”行动，出台《企业入园管理办法》，建成标准化厂房11.15万平方米、升级改造管网10余千米，新入园企业16家，签约项目21个、总投资82.5亿元，“一主一特”产值占比提高至54.5%。金冠电子搬迁等49个项目竣工投产，全年新增规上工业企业9户，规上工业增加值增长6%。培育省级“专精特新”企业3家，高新技术产业主营业务收入达12亿元。现代服务业实现“稳”的回升。发放“悦享北川 · 游购羌城”消费券230余万元，直接带动市场消费达3000余万元。加快卓信智慧农贸广场等商圈建设，宋喜市入选省级步行街改造提升试点。实施“转企升规”“主辅分离”专项行动，新增规上服务业企业4家、限上商贸单位8家。服务业增加值增长4.8%，实现社会消费品零售总额37.87亿元。文旅发展打开“新”的局面。完成《全国禹羌文化全域旅游目的地战略规划及三年行动计划》编制，制定《文旅产业发展五年行动方案》。打造《走北川》实景体验剧，举办“首届白山羊美食节”等节会活动，成功发布“少年禹传奇”城市超级IP。融资8亿元以上实施大美羌城文旅综合提升、一河两岸项目，沙朗恰民俗文化旅游街主体完工。巴拿恰入选全国非遗与旅游融合发展优选项目名录，石椅村成功创建天府旅游名村，宝城村、玉皇山村入选省级乡村旅游重点村，北川位居“2022年中国县域旅游发展潜力百强县市”第32位、上升15位。项目投资实现“量”的增长。严格执行项目投资“红黑榜”通报机制，要素保障部门提前介入招引项目评估研判，入围全省一季度项目综合考评50强。年度实施项目154个，完成投资57.12亿元、增长9.7%。北川通用机场等4个市重点项目完成投资8.82亿元，超目标任务37.95%。设立1000万元对上争取工作经费，健康食品示范产业园等3个项目成功申报国家政策性开发性金融工具项目。

（二）大刀阔斧抓改革、促开放，发展活力竞相迸发。

重点改革深入推进。高质量完成国资国企、农业农村、财税金融等195项改革事项，“科技治超”赋能智慧交通建设等60余项改革经验被国省主流媒体宣传报道，社区青春“5+”行动等7项经验做法入选国省改革案例。推进经开区全员聘用制改革，干部职工积极性、创造性有效激发。深化园区放权赋能，下放园区54项审批类服务，基本实现企业办事不出园。高标准开展乡镇级片区国土空间规划编制，健全完善全域支撑体系。坚持稳制、分权、搞活原则，大力推进农村承包土地“三权分置”，全县农村土地流转面积达1.57万亩。开放活力有效增强。深入实施“招商突破年行动”，充实驻外招商力量，全年签约项目25个、金额124亿元，引进5亿元及以上项目8个，全年国内省外到位资金20亿元。连续4年成功举办海峡两岸大禹文化交流活动。借力“绵品出川”厦门行、东莞行等活动，销售农特、文旅产品3500万元，现场签订购销协议达3亿元。实现对外贸易进出口总额4200万元、增长15%。发挥“人才十条”新政作用，引进高素质、高学历人才394人，建成人才公寓50套，保障更多人才在北川落地生根。全面推进区域协同发展，与游仙、安州等地协同发展事项加速落地落实。营商环境不断优化。超常规开展“面对面听取意见、实打实解决问题”活动，召开专题座谈会5场次、解决企业诉求49个。设立稳经济政策落实办公室，推动国省市一揽子政策全面落地。大力实施政务服务事项“四减”[4]行动，单一政务服务事项提速96.1%以上、一次办达100%。深入推进“一窗综合受理”提档升级行动，白坭等5个乡镇便民服务中心入选省级示范中心。全年新增各类市场主体2562户、总量达13967户。

（三）统筹兼顾抓建设、促融合，城乡发展日新月异。

乡村振兴成色更足。探索“5+4+N”防止返贫监测帮扶工作机制[5]，推广“乡村振兴保”，脱贫成效进一步巩固。争取衔接资金8599万元、实施项目64个，产业项目资金占比达59%以上。深化东西部协作，项目推进情况位居全省68个帮扶县前列，被浙川两省推荐接受国家检查组现场检查，并获得高度肯定。扎实推进定点帮扶，争取交通、物流、民生等领域项目资金超2.7亿元。入选四川省农民合作社高质量发展示范县、家庭农场信贷直通车试点县。成功创建省级乡村振兴先进乡镇1个、示范村2个、重点帮扶优秀村1个。脱贫攻坚和成效巩固工作连续六年进入全省“好”的行列。城市建设颜值更高。实施城市更新行动，建设垃圾分类示范点，城区面貌得到进一步提升。将禹羌文化融入城市建设，建成“口袋公园”8个、“美丽街角”7处，被中央电视台《新闻联播》报道。全力推进“加梯”便民服务行动、老旧小区改造等民生项目，开工改造15个老旧小区，完成既有住宅电梯增设30部。基础设施能级更强。全年完成交通投资17亿元、增长60%，投资总额位列全市第一，全县通车里程达3610千米。新建4G基站53个，改造开通5G基站69个。黄江35千伏输变电扩建工程顺利投运，擂鼓至禹里35千伏第二回线路建设稳步推进。投资65亿元的抽水蓄能电站纳入省政府电源电网发展规划，投资26.4亿元的唐家山水库工程纳入省“十四五”规划及专项规划，科技城第二水源工程、开茂水库灌区工程加快建设。

（四）尽心竭力抓实事、促实效，民生福祉更加殷实。

民生实事稳步推进。统筹安排资金3.68亿元，高质量推进11件民生实事。实施稳就业攻坚行动，全年新增城镇就业1567人，转移农村劳动力4.89万人，城镇登记失业率2.71%、低于省控目标1.29个百分点，城乡居民人均可支配收入分别达39185元、18676元。发放低保、特困、临时救助等资金3000余万元、受益城乡群众9万余人次。推进全民参保计划，养老保险、工伤保险、失业保险覆盖面稳步扩大。全县城乡居民医保参保缴费18.19万人，参保率达98.37%，基本实现参保全覆盖。设立200万元“禹羌情专项救助基金”，实现特殊困难群体应保尽保。社会事业加快发展。稳步推进学校布局优化，义务教育学校由28所整合为17所，教育资源更加集中。甘孜“富民安康”班顺利开班教学，七一职中蝉联全市技能大赛“十一连冠”，义务教育、职业教育和北川中学均获全市质量评价特等奖。健康北川深入推进，“诊间支付”模式[6]在全市推广，启动全省首家“心电一张网”工程[7]，成功创建省级健康促进县。推进全国居家和社区养老改革试点，对符合条件的老年人进行家庭床位适老化改造。圆满承办“体总杯”三大球中国城市联赛选拔赛，北川民族艺术团被评为全国基层文艺院团先进集体。基层治理持续加强。扎实开展“八五”普法，永昌派出所被共青团中央授予全国“青少年维权岗”。常态化开展扫黑除恶斗争，电信诈骗案件同比下降31.6%。深入开展“治重化积”[8]专项行动，多元分级化解矛盾纠纷，全面完成党的二十大期间信访保障工作。永昌镇入选全省基层治理示范镇，马槽乡红星村成为全市唯一的中组部红色美丽村庄试点，永昌镇尔玛社区获评全省志愿服务十佳社区。

（五）慎终如始抓安全、促稳定，社会大局和谐安定。

密织疫情防线。压紧压实“四方责任”，优化指挥调度体系，实体化运行应急指挥部。扎实推进疫情防控能力补短板“八大攻坚行动”，核酸检测、流调溯源、转运隔离等关键能力显著提升。在全市率先实现全员核酸检测“日清日结”，成功应对“9·29”“10·27”“11·8”等市内疫情扩散蔓延。筑牢安全底线。深刻汲取“7·16”山洪灾害教训，实体化运行防汛减灾联合指挥部，制定《关于进一步强化防灾减灾的实施意见》，投入2000余万元提升人防、物防、技防联动能力。谋划实施灾后重建项目38个，计划总投资6.31亿元。深入开展安全隐患“大排查、大曝光、大整治”行动，未发生较大及以上生产安全事故，生产安全事故起数、死亡人数均下降33.3%。压紧压实食品安全党政同责，成功举办全市食品安全突发事件应急演练。连续35年未发生重特大森林草原火灾。守住生态红线。全年空气质量优良天数率达92.9%，县域主要河流断面水质均达Ⅱ类以上，地表水环境质量位居全省第9位，土壤环境质量保持稳定。巩固退耕还林成果13.38万亩，新增营造林8.3万亩，通口永庆竹海上榜省级翠竹长廊，擂鼓羌王竹海等3个基地成功入选省级现代竹产业基地。坚持“在保护中开发、在开发中保护”，高质量编制第四轮矿产资源总体规划。完成25宗生态保护红线内矿业权退出，有序推进大熊猫国家公园内小水电清理。

（六）持之以恒抓作风、促落实，自身建设不断加强。

坚持把党的政治建设贯穿政府自身建设全过程，衷心拥护“两个确立”、忠诚践行“两个维护”，确保各项事业沿着正确政治方向前进。严格落实向县委请示报告制度，自觉接受人大和政协监督，定期向人大报告工作、向政协通报情况，办理县人大代表建议69件、县政协委员提案91件，办结率、满意率均达100%。法治政府建设全面推进，获评全省“七五”普法先进单位。强化审计监督，实施审计项目20个、审计发现问题158个并全面推动整改，查出并清理各类管理不规范资金16.9亿元，高标准推进巡视巡察和审计反馈问题整改。深入推进党风廉政建设和反腐败斗争，大力整治形式主义、官僚主义，政治生态持续向好。

与此同时，国防动员、国安、退役军人、民族、宗教、人民防空、广播影视、机关事务、档案、保密、通信、气象、水文、邮政、双拥、地方志、住房公积金、供销等工作取得新成效，支持工会、共青团、妇女儿童、工商联、文联、社科联、外事、侨台、科协、老龄、残疾人、慈善、红十字等事业取得新进展。

各位代表！过去一年全县经济社会发展取得的成绩来之不易，这是习近平新时代中国特色社会主义思想科学指引的结果，是省委省政府、市委市政府和县委坚强领导的结果，是县人大及其常委会、县政协和人大代表、政协委员监督支持的结果，是全县广大干部群众团结一心、拼搏奋进的结果。在此，我代表自治县人民政府，向全县各族人民，向人大代表、政协委员、离退休老同志，向各民主党派、工商联、无党派人士、各人民团体，向驻军部队、武警官兵、政法干警、公安干警、消防救援和民兵预备役人员，向所有关心支持北川发展的社会各界人士表示衷心的感谢！

各位代表！过去一年，在疫情防控、疫苗接种、城镇燃气安全整治、抗洪抢险、各类安全隐患排查治理等急难险重工作中，全县广大医务人员、乡镇干部、村（社）工作者、网格员、志愿者和各级领导干部迎难而上、冲锋在前，共同筑牢全县安全底线，巩固基层治理成效，让我们向他们致以崇高的敬意！

回顾过去一年的工作，我们也清醒地认识到，北川发展仍然存在不少问题挑战，主要是：面对复杂多变的外部环境，在推动高质量发展上办法措施不多；产业转型升级不快，乡村道路等领域的民生改善不足；少数干部专业性不强，部分单位部门精气神不足、作风不实，主动适应新形势、新变化、新要求的能力还有所欠缺。对于这些问题，我们已经采取了一系列措施，今后必将更大力度予以解决。

2023年工作安排

2023年是全面贯彻落实党的二十大精神的开局之年，也是建成全省民族地区高质量发展先行县的关键之年，做好今年各项工作意义重大。春节前夕，习近平总书记心系北川发展、情系北川人民，与石椅村视频连线，看望慰问基层干部群众。人民领袖亲切关怀，充分激发全县各族人民对以习近平同志为核心的党中央的衷心拥戴、对中国特色社会主义的坚定自信、对伟大祖国的无比热爱。我们一定牢记嘱托、感恩奋进、乘势而上，全力干出一番无愧于领袖关怀、经得起历史检验的事业！

今年政府工作的总体思路是：坚定以习近平新时代中国特色社会主义思想和习近平总书记对四川工作指示精神特别是视频连线看望慰问基层干部群众时的重要讲话精神为指导，全面贯彻党的二十大、中央经济工作会议，省委十二届二次全会、省委经济工作会议、市委八届五次全会、市委经济工作会议精神，认真落实县委五届四次全会暨经济工作会议决策部署，坚持稳中求进工作总基调，完整、准确、全面贯彻新发展理念，积极服务和融入新发展格局，落实市委“五市战略”，围绕“生态立县、文旅兴县、工业富县、开放活县、城乡融合”发展思路，持续推进“五大攻坚行动”，更好统筹疫情防控和经济社会发展，更好统筹发展和安全，全面深化改革开放，大力提振市场信心，突出做好稳增长、稳就业、稳物价工作，有效防范化解重大风险，推动经济运行整体好转，实现质的有效提升和量的合理增长，以中国式现代化引领推动北川高质量发展，加快建成全省民族地区高质量发展先行县，为社会主义现代化北川建设奠定坚实基础。

今年经济社会发展的主要预期目标是：地区生产总值增长7.5%、总量迈上百亿级台阶，规上工业增加值增长9.0%，全社会固定资产投资增长15%，社会消费品零售总额增长9.5%，地方一般公共预算收入增长与经济发展趋势基本一致，居民人均可支配收入稳步增长，城镇登记失业率控制在4.0%以内，全面完成省市下达的各项目标任务。

要实现上述目标，必须重点抓好以下七个方面工作。

（一）推动现代产业大升级，全面壮大高质量发展实力。

以园区为载体做强工业。深入实施“园区提质”“企业满园”行动，新增产业载体20万平方米，力争规上工业总产值突破65亿元。推动“一中心，多组团”全面发展，确保新入园项目超7个，签约金额超11亿元，力争园区工业总产值突破85亿元。加快主导产业聚集发展，积极推进中航科技无人机产业园、卓翼大型吨级无人机生产线等重大项目建设，力争中航通飞、重庆绿航院等重点项目成功落地。着力打造西部通航产业创新高地，高水平举办首届中国科技城（北川）无人机产业峰会，组建中国（北川）军民融合（无人机）研究院，成立四川省无人机产业联盟，建立无人机创新成果转化中心，迈进通航产业新阶段。深入实施市场主体培育计划，大力支持晟氏生物、百食好、康养健等重点支柱企业，培育宏欣科技等5户以上工业企业升规入统。持续用力矿山综合整治，有序推进矿山整合，探索建立矿产高质高效利用技术研究中心，推动矿产行业高质量绿色发展。

以文旅为重点做大服务业。全力争创国家全域旅游示范区，实施《全国禹羌文化全域旅游目的地战略规划及三年行动计划》，打响"大禹故里、中国羌城、云境北川"品牌，着力构建"一核引领、两园驱动、三线联通、多点互动"[9]新格局。擦亮AAAAA级羌城旅游区全新招牌，加快推进总投资近10亿元的中华大熊猫动植物园、新县城文旅综合提升项目，建好安昌河"一河两岸"美丽水系、禹王桥新业态网红打卡地，支持巴拿恰创建国家级夜间文化和消费集聚区、国家级休闲街区。着力建设科技文创旅游园区、康养休闲旅游园区，推动曲山至桂溪、禹里至青片、漩坪至片口三线联通，打造文旅产业全新爆点。高标准推进石椅村国家AAAA级景区创建工作，全力争创全国乡村旅游重点村，以石椅村一域巨变引领全县乡村旅游蝶变。制定出台《文旅营销激励办法》，建立完善政府、媒体、企业、中介"四位一体"宣传营销体系，让北川风景"活起来"，把更多游客"请进来"。高水平举办自治县成立20周年庆祝活动、羌历新年等节会活动，不断提升民族特色地域品牌影响力。实施服务业提档升级行动，确保新增规上服务业企业4家、限上商贸企业8户。突出抓好恢复和扩大消费，确保沙朗恰民俗文化旅游街、星斓湾等城市商圈开街运营，繁荣电商、夜间等多元化消费场景。

以"三品"为引领做优农业。严格落实粮食安全和耕地保护党政同责，全面推进田长制工作，实施高标准农田建设十年攻坚行动，新建高标准农田0.6万亩，确保粮食播种稳定在28.1万亩以上，粮食总产量不低于8.89万吨，第一产业增加值增长6.2%、继续保持全市靠前。加快推进"菜篮子"工程冷链设施，进一步提升产品附加值。启动羌山生物1万头健康优质生猪核心育种基地建设，实施20万只白山羊种繁工程，确保生猪出栏24万头以上，白山羊特色养殖提量扩面。编制《中羌药材全产业链规划》，着力推动中羌药材全产业链升级。实施品牌行动计划，推动省级茶产业现代农业园区提质升星、苔子茶申报中国重要农业文化遗产，建成茶文旅融合示范产业园，全力争创省级稻鱼综合种养园区。做响"羌食荟"农产品区域公用品牌，注册"石椅子"商标，加快建成国家农产品质量安全县。

（二）推动项目建设大攻坚，不断增强高质量发展动能。

加速扩大有效投资。严格执行项目投资"红黑榜"通报机制，年度计划实施项目176个、总投资297.29亿元，年度计划完成投资68.2亿元。建立重点项目推进专班，压实县级领导每半月解决项目问题工作制度，确保国家储备林建设等总投资113.03亿元的21个市重点项目、城镇供排水一体化等总投资96.29亿元的26个县重点项目快速推进。实施新一轮大规模技术改造，力争工业投资、技改投资分别达13亿元、11亿元以上。出台支持民间投资发展政策措施，力争民间投资增速快于总体投资增速。

加强项目谋划储备。按照"三个有利于"原则，编制三年滚动投资计划，适度超前谋划一批打基础、利长远、惠民生的重大项目。全面用活2000万元项目前期经费，加快储备库总投资68.42亿元的50个项目、策划库总投资129.64亿元的59个项目成熟落地，力争完成投资65.5亿元的抽水蓄能电站合作方招引，不断积蓄未来发展势能。

加大对上争取力度。围绕央省预算、政策性开发性金融工具、专项债券支持方向，抢抓政策窗口期，力争更多项目纳入国省"大盘子"，加快总投资112亿元的颐养中心等4个省重点加快前期项目成功转化为省重点实施项目。用好1000万元对上争取专项经费，确保全年到位上级各类资金2亿元以上。锚定全国文明城市、国家文化产业赋能乡村振兴试点区等170余项国省争创目标冲锋冲刺，全力争取一批重大荣誉落地、一批重大创建成功，努力实现多重目标的动态平衡、一体共赢。

(三)推动改革开放大突破,加速释放高质量发展活力。

延伸对外开放通道。坚持构建“外联内畅”交通体系不动摇,计划实施交通项目18个、年度计划投资超12亿元。加快拓展对外交通走廊,确保通用机场建成投运,九绵高速北川段竣工通车,投资近100亿元的盐茂高速完成招商、力争开工,投资65亿元的安北高速进入工可和勘察设计阶段,S107永安绕场镇改线工程加快推进。提升全域联动通达水平,确保S313北松路全线通车,全面完成“7·16”山洪灾害道路交通恢复重建,实施S107安昌河大桥至金霞洞路面大修工程,启动小桃路恢复重建工程,加快推进青片上午村等美丽乡村路建设,谋划建设石椅隧道,畅通县域循环大通道。全力争创全省“四好农村路”示范县、“金通工程”示范县。

提升开放平台能级。高水平举办第五届海峡两岸大禹文化交流活动,加大“少年禹传奇”城市超级IP应用推广力度,不断扩大北川地域名片影响力。抢抓中欧班列成渝号(绵阳)班次加密契机,搭乘绵阳“三推”活动(10)东风,力争更多羌绣、茶叶等“北川产”“北川造”走出国门,实现对外贸易进出口总额4500万元以上、增长10%以上。高质量编制物流发展规划和物流体系建设方案,加快农产品加工物流产业园等重点项目建设。完善县乡村三级电商交易平台,壮大本土直播带货队伍,力争电商交易额达120亿元以上。更大力度聚才引才,实施“北回归县计划”,引导在外干部人才回乡发展。加快建设人才公寓,力争新建2个博士工作站。

深化重点领域改革。纵深推进“放管服”改革,开展“一网通办”三年行动,确保“一次办”事项占比100%、承诺提速90%以上。不断优化营商环境,开展“面对面听取意见、实打实解决问题”活动12场以上。全面做好第五次全国经济普查工作,坚定不移支持民营经济和民营企业发展壮大。大力实施“转企升规”专项行动,健全支持中小微企业和个体工商户发展政策和服务体系,力争市场主体总量突破1.5万户,“四上”企业总量突破200家。持续推进国资国企改革,确保国有资产保值增值。深化要素市场改革,清理规范供水供电供气行业收费,最大限度助力企业轻装上阵。盘活利用农村闲置宅基地和闲置农房,稳妥审慎推进集体经营性建设用地入市工作。加强新型基层供销社建设,力争乡镇供销社覆盖率达100%。

加大招商引资力度。发挥驻外招商机构作用,开展专业化、精准化、市场化全产业链招商攻坚。聚焦“五大产业链”,借助省知识产权服务促进中心等资源优势,加大通航、食品医药产业龙头企业和链主企业招引培育,推动万丰航空等重点在谈项目成功落地,确保全年新签约项目15个以上,签约资金60亿元以上,引进到位省外资金增长20亿元以上。开展招商引资签约成果回头看,确保签约项目当年开工率超50%。

(四)推动城乡品质大提升,纵深拓展高质量发展空间。

建设宜居宜业美丽乡村。全面实施乡村振兴战略,健全“5+4+N”防返贫监测帮扶工作机制,扎实筑牢返贫致贫防线。推动石椅村加快建成全国实施乡村振兴战略示范村,确保“一年一个样、三年大变样”,打造成为新时代乡村振兴的样板和示范村。推进村级片区国土空间规划编制,确保应编尽编,着力推动“四大发展片区”(11)个性化、协调化、集群化发展。加快乡村振兴实训基地建设,持续推进“圣灯山谷”等一批美丽乡村项目,进一步夯实乡村产业发展基础。聚焦“三出五金”(12)目标,纵深推进东西部协作,抓好定点帮扶年度重点任务落实。深入开展城乡人居环境综合提质三年行动,实施村社“五清”(13)、场镇“四定”(14),力争更多乡镇进入全市评比十佳。扎实推进农村“厕所革命”和农村生活污水示范工程建设。大力发展新型农村集体经济,推动村集体经济持续健康稳定发展。全力争创全省乡村振兴成效显著县,支持永昌等乡镇创建全省乡村振兴先进乡镇。

打造文明靓丽公园城市。以建成全国文明城市为统揽，常态开展“全域大清扫、全体总动员、共创文明城”专项行动，加快建设高品质生活宜居地。新建“口袋公园”4个，改造提升安昌人民公园等城市公园，开工改造老旧小区78个，增设既有住宅电梯20部。实施新县城钻岩子片区排水防涝工程、郊野林二期等重大市政项目，确保羊角花开建成通车，进一步提升城市承载能力。有序推动城镇燃气、供排水等管网更新行动，不断完善城市“毛细血管”功能。扩大乡镇抓经济试点成效，推动项目安排向试点乡镇倾斜，支持擂鼓、桂溪争创第二批全省中心镇。

（五）推动生态环境大改善，深入厚植高质量发展底色。

大力推行绿色低碳发展。积极稳妥推进碳达峰、碳中和，严格执行工业企业环境保护准入规定，落实环境影响评价提前介入项目引入机制。推动全市首个GEP(15)核算报告转化落地，着力打造生态资源价值转化产业园。依托国家“双重”项目(16)建设，不断提升林业发展质量。加快清洁能源开发利用。启动国家“两山”实践创新基地创建工作。

深入打好污染防治攻坚战。打好蓝天保卫战，抓好细颗粒物与臭氧协同控制，治理道路扬尘污染，加强涉VOC(17)企业污染物排放治理，确保环境空气质量优良天数率达92%以上。打好碧水保卫战，推进新县城污水处理厂二期建设，加快推进白什等乡镇污水处理设施灾后恢复重建，确保主要河流断面水质优良水体达标率保持100%，力争安昌河成功创建省级美丽河湖。打好净土保卫战，建设城乡生活垃圾收转运体系，有序推进城镇垃圾分类试点。抓好第二轮中央生态环境保护督察反馈问题整改，做好省生态环境保护督察迎检工作。

强化生态系统保护修复。严格落实生态环境保护“三线一单”(18)制度，统筹推进山水林田湖草系统治理。高质量推进大熊猫国家公园建设，完成北川片区科普陈列馆布展及野外驯化基地建设。全面落实河湖长制，巩固长江十年禁渔和小水电清理整改成果。实施第四轮矿产资源总体规划，按照“谁开采、谁治理”原则，积极推进矿山生态修复。全面落实林长制，持续推进大规模绿化北川，加快近10亿元国家储备林项目建设，全力争创国省森林康养基地。

（六）推动民生福祉大增进，持续提升高质量发展温度。

打牢全民共同富裕基础。坚决落实就业优先政策，持续打好减负稳岗扩就业组合拳，重点做好高校毕业生、退役军人等群体就业工作，力争城镇新增就业1000人以上，转移输出农村劳动力超4万人。全力保障农民工合法权益，确保企业劳动合同签订率达96%以上，拖欠农民工工资举报投诉案件结案率100%。充分运用税收、社会保障、公益慈善等分配调节机制，多渠道增加低收入群体收入、扩大中等收入群体。

更大力度强化民生保障。持续加大民生投入，用心用情办好省市县各级民生实事，确保民生支出占一般公共预算支出比例稳定在65%以上。推进全民参保精准扩面，实施困难群体代缴养老保险政策、分类资助医疗保险政策，力争基本养老保险参保率达95%以上，基本医疗保险参保率超过98%。建立健全分层分类救助体系，适时提高城乡低保和特困人员供养标准。用好“禹羌情专项救助基金”，确保残疾人等困难群体应保尽保。做好重要民生商品保供稳价，确保物价保持总体稳定。

着力社会事业全面发展。办好人民满意教育，启动永昌第三幼儿园建设，规划论证永昌新建义务教育学校。深入推进高考综合改革，进一步提升北川中学办学质量，加快建成全省民族地区高质量名校。大力推进七一职中“三名工程”(19)四星学校建设。推进高等教育提质增效，推动绵阳飞行职业学院二期加快建设。积极促进体教融合，力争更多国省大型体育赛事落地举办。更大力度解决“一老一小”问题，完善未成年人保护中心、保护站点，加快桂溪、坝底、小坝等区域性养老服务中心前期工作。

促进民族文化繁荣兴盛。以铸牢中华民族共同体意识为主线，大力实施“优秀民族文化保护创新工程”，办好用好禹羌文化研究中心、大禹研习所等平台，持续开展“大禹杯”文化旅游创意大赛，推动羌歌、羌舞、羌服、羌俗、羌艺、羌文学等禹羌文化基因全面融入生产生活。深入开展少数民族特色村寨保护工程，着力建设与羌风民俗相融合的特色村寨。支持石椅村打造民族文化活态体验中心，壮大非遗文化传承队伍，逐步形成石椅文化IP。推进公共文化服务补短行动，优化提升图书馆、文化馆等服务功能，高水平建设大禹文化陈列馆，加快民俗博物馆展陈提升。支持“5·12”特大地震纪念馆加强老县城地震遗址保护，统筹爱国主义教育基地与石椅村等周边文旅资源协同发展。

（七）推动平安稳定大护航，坚决筑牢高质量发展底线。

用心用情守护群众健康。加大重大疫情防控救治体系和处置能力建设，确保县人民医院内儿科大楼、传染病专科医院投入使用。推动优质医疗资源扩容下沉和区域均衡布局，加快推进禹里县域医疗次中心建设，启动擂鼓县域医疗次中心前期工作。促进中羌医传承创新发展，完成中羌医医院综合服务能力建设。稳步推进DRG支付方式改革[20]，确保全县符合条件的医疗机构全部实现DRG点数法实际付费。加快实施母婴安全和儿童健康行动计划，全面完成农村妇女“两癌”筛查[21]、在校适龄人群HPV疫苗接种。确保高质量通过国家卫生县城复审，成功创建国家慢性病综合防控示范区。

从严从紧抓好风险防范。坚定不移贯彻总体国家安全观，增强维护国家安全能力，筑牢国家安全人民防线。严格落实安全生产15条硬措施，持续开展安全隐患“大排查、大曝光、大整治”行动，加强道路交通、建筑施工、城镇燃气、自建房、消防等重点行业领域安全监管，严防一般事故、遏制较大事故、坚决杜绝重特大事故。立足“全灾种、大应急”，制定《多灾种叠加应急预案》，成立消防救援局，进一步优化应急管理指挥体系。加强与水利部防洪抗旱减灾工程技术中心合作，全面提升综合防灾减灾能力。建好山洪灾害防治测雨雷达，实施白什、坝底、永安、曲山等地防洪工程建设，开展片口、马槽、漩坪、禹里等地山洪沟治理，完成桃龙等地地质灾害治理工程。实施《灾害恢复重建总体规划》，加快灾后重建项目建设进度，确保威胁区有搬迁意愿的群众汛期前全面完成搬迁。强化智慧防火技术运用和扑火队伍建设，推进森林草原防灭火常态化治理。压实食品安全“两个责任”，开展食品安全放心工程三年攻坚行动，全力守护群众“舌尖上的安全”。加强政府隐性债务风险管理，严厉打击非法金融活动，坚决守住不发生区域性系统性金融风险底线。

精心精细推进社会治理。坚持共建共治共享，完善城乡社区治理体系，加快推进县域社会治理现代化。深入推进“八五”普法，组织开展国省市民主法治示范创建。坚持和发展新时代“枫桥经验”，加强和改进人民信访工作，畅通和规范群众诉求表达、利益协调、权利保障通道。建设更高水平平安北川，强化社会治安整体防控，推进扫黑除恶常态化，严厉打击各类违法犯罪活动。全面贯彻党的民族政策和宗教工作基本方针，巩固民族团结进步创建成果，全面启动“各族青少年交流计划”“各族群众互嵌式发展计划”。加强国防教育和国防动员能力建设，做好退役军人事务保障等工作。

加强政府自身建设

（一）把政治建设摆在首位。推动党的二十大精神全面落地生根，坚持不懈用习近平新时代中国特色社会主义思想凝心铸魂，坚定拥护“两个确立”、坚决做到“两个维护”，始终在政治立场、政治方向、政治原则、政治道路上同党中央保持高度一致。坚持把党的领导贯穿到政府工作全过程和各方面，围绕县委决策部署全面抓好贯彻落实，严格执行重大事项请示报告制度。

（二）把法治建设推向纵深。深入践行习近平法治思想，开展法治政府示范创建，完善法律顾问制度，更好运用法治思维和法治方式推动工作。全面推进严格规范公正文明执法，强化行政执法监督机制和能力建设。深入践行全过程人民民主，认真办理建议提案，自觉接受县人大法律监督、工作监督和县政协民主监督，主动接受社会和舆论监督，强化审计、统计监督。深化政务公开，健全完善网络问政平台功能，及时回应群众关心关切。

（三）把作风建设贯彻始终。深入落实全面从严治党要求，纵深推进政府系统党风廉政建设。大力践行“一线工作法”，持续深化整治“四风”，重点纠治形式主义、官僚主义。深入整治权力集中、资金密集、资源富集领域的腐败问题，坚决整治群众身边的“蝇贪”。坚持政府过“紧日子”，严控“三公”经费，推进节约型机关建设。

各位代表！大道至简，实干为要。让我们更加紧密团结在以习近平同志为核心的党中央周围，牢记嘱托，在县委的坚强领导下，咬定目标、满怀激情、只争朝夕，奋力干出北川发展新天地，加快建成全省民族地区高质量发展先行县，谱写中国式现代化建设的北川新篇章！

名词解释

1. 三晒三亮：晒目标任务、晒项目进度、晒对上争取，亮职能职责、亮措施办法、亮成果成效。

2. 五大产业链：食品医药产业链、安全应急产业链、茶产业链、文旅产业链、通航产业链。

3. 一主一特：通用航空主导产业、食品医药特色产业。

4. 政务服务事项“四减”：减时限、减环节、减材料、减跑动。

5. “5+4+N”防止返贫监测帮扶工作机制：以“强排查、防漏测、固帮扶、保兜底、提成效”为目标，建立“四线预警、四必核查、四定走访、四项处置、四类督导”运行机制，通过防返贫动态监测和帮扶工作“N”个举措，提升监测帮扶实效。

6.“诊间支付”模式：通过“互联网＋医疗”模式，检查、检验、处方等缴费直接在诊室内完成支付，节约患者就诊时间。

7. “心电一张网”工程：通过县、乡、村、患者四级联动，形成全县急救一张网，让基层百姓在自己家门口就可以享受到县级医院的医疗服务。

8. 治重化积：治理重复信访，化解信访积案。

9. 一核引领、两园驱动、三线联通、多点互动：以新县城为核心，以建设科技文创旅游园区（范围包括永昌、永安、通泉、擂鼓、曲山）、康养休闲旅游园区（范围包括桂溪、都贯、白坭、漩坪）为重点，以曲山至桂溪、禹里至青片、漩坪至片口三线联通，以关内小而精体验式项目多点互动，形成全县全域旅游生动局面。

10. 绵阳“三推”活动：城市形象推广、产业项目推介、特色产品推销。

11. 四大发展片区：安昌河新型城镇化发展片区、青片河文旅融合发展片区、白草河精品农业发展片区、都坝河农旅融合发展片区。

12. 三出五金：三出即出成果、出亮点、出模式，五金即产业协作、数字化转型、消费帮扶、文化交流、援派铁军五张金名片。

13. 村社“五清”：路面地面清扫、垃圾堆物清运、水面屋面清洁、广告招牌清理、违章搭建清除。

14. 场镇“四定”：划线定点停车、定时清扫保洁、定期洒水降尘、定位规范经营。

15.GEP: 生态系统生产总值。

16. 国家“双重”项目：全国重要生态系统保护和修复重大工程。

17.VOC: 即挥发性有机化合物。

18. 三线一单：生态保护红线、环境质量底线、资源利用上线和生态环境准入清单。

19. 三名工程：名校、名专业、名实训基地。

20.DRG 支付方式改革：通过将相关疾病划分为一个组，进行打包付费，不再按项目逐项付费。

21. “两癌”筛查：宫颈癌、乳腺癌免费筛查。

县政协工作报告

在政协北川羌族自治县第五届委员会第三次会议上

北川羌族自治县政协主席　王　军

一年来，在中共北川羌族自治县委坚强领导和市政协有力指导下，县政协及其常委会坚定以习近平新时代中国特色社会主义思想为指导，胸怀“两个大局”，心系“国之大者”，深入学习贯彻党的十九大和十九届历次全会、党的二十大精神，全面落实习近平总书记关于加强和改进人民政协工作的重要思想，坚持团结和民主两大主题，团结带领全县政协各参加单位和广大政协委员，切实发挥专门协商机构作用，不断提高政协服务中心大局的贡献率，为加快建成全省民族地区高质量发展先行县和社会主义现代化北川作出了积极贡献。

一年来，县政协及其常委会重点抓了三项工作：

一是以迎庆党的二十大为主线，进一步强化思想政治引领。把迎庆二十大、学习贯彻会议精神作为首要政治任务和凝心聚力的主基调，落实“第一议题”制度，在全县政协系统开展“迎庆二十大·永远跟党走”主题活动，打牢“学”的基础。党的二十大闭幕后迅即召开党组会议、常委会会议专题学习传达，主席会议成员深入联系乡镇宣讲督导；邀请党的二十大代表、县政协委员陈云珍同志向政协委员和基层群众面对面宣讲党的二十大精神，组织各界委员深入群众宣讲20场次；赴中山大学珠海校区开展沉浸式学习，切身感受粤港澳大湾区建设的巨大成就；举办“欢度中秋节、喜迎二十大”书画精品展、读书交流会等系列活动15场，开展“微党课进支部”等各类学习教育活动，进一步统一了思想、凝聚了共识、激发了力量。把贯彻二十大精神与落实习近平总书记对四川工作系列重要指示精神结合起来，与落实省委、市委、县委决策部署结合起来，一体学习、一体贯彻、一体落实，旗帜鲜明讲政治、聚精会神抓发展、用心用情惠民生、坚守底线保安全，团结引导广大委员和各界人士坚定不移跟党走、携手奋进新征程，推动二十大精神走深走实、见行见效。

二是以回头看督导为契机，进一步破解“两个薄弱”。认真开展中央和省委、市委、县委政协工作会议精神“回头看”，坚持党的领导、学习贯彻习近平总书记关于加强和改进人民政协工作的重要思想等22项长期坚持任务在政协的经常性工作中严格落实，得到市委督导组充分肯定。认真落实中央、省委关于加强和改进新时代市、县政协工作相关文件精神，调整充实机关委室和在外人士联络服务中心人员4人，用创新理念谋划工作，用改革精神推进工作，切实把经常性工作常做常新。不断丰富健全“1+2+4+N”协商体系，创新“尔姆孜巴”有事来协商平台建设，实现了界别、乡镇和村(社区)全面覆盖。把提案作为开展经常性监督的重要渠道，突出既要“提得好”更要“办得好”，着力提升提案质量、办理质量和服务质量，在全市率先试行《提案质量和提案办理质量》双向评价制度。“有事来协商”、提案办理等专项工作受到市政协表扬。《关于提高贫困地区均衡性转移支付的建议》

《加强区域协调、助推绵安北经济高质量发展》等被省、市政协表扬为优秀提案。全年，县政协开展各类各层次协商活动124次，受到省市政协表扬6项8人。

三是以做好时代答卷为抓手，进一步彰显使命担当。县政协常委会带领各参加单位、广大委员和政协机关干部积极投身疫情防控斗争和“7·16”“8·19”洪灾抢险救援。县政协领导深入联系乡镇、村（社区）检查督导防汛减灾、森林防灭火、疫情防控工作，推进各项措施落实落细落地。王辉副主席和经济界、科技界等委员统筹企业复工和疫情防控，全力投入“园区提质、企业满园”行动，投身参与“绵品出川”系列活动，推动通航产业突破发展，取得了疫情防控和复工复产双胜利。医卫等界别委员身先士卒，冲锋在抗击疫情第一线，筑牢防线、救助患者，勇当人民生命健康的“守护者”。文艺、教育等界别委员当好政策知识“宣传员”，用文艺作品传递信心和力量。县政协委员和爱心企业踊跃捐款捐物，捐赠大米、矿泉水、方便食品等爱心物资和现金13.46万元，鼓舞了受灾群众战胜困难的信心和决心。政协机关全力投身疫情防控志愿者服务，抽调人员参与山洪灾害应急抢险、群众转移安置等工作。全县政协参加单位和广大政协委员同舟共济、献策出力，各展所长、各尽其能，在全民战“疫”、全民救灾中展现大爱无疆的真情义举，以实际行动展示了家国情怀、担当作为，书写了特殊的“政协作业”，在新时代新征程中展现了政协新担当。

一年来，县政协及其常委会统筹推进了以下工作。

一、围绕中心大局议政建言，积极助推高质量发展

立足新发展阶段，完整准确全面贯彻新发展理念，锚定服务新发展格局，始终坚持县委中心工作推进到哪里、政协履职就跟进到哪里，提高政协服务中心大局的贡献率，以高质量履职促进高质量发展。

聚焦产业提质协商议政。围绕县五次党代会提出的加快建成全省民族地区高质量发展先行县目标，牵头会同相关部门组成调研组，收集整理全省51个少数民族县（市）经济社会发展情况，赴西昌等10个少数民族先进县（市）实地考察学习调研，对我县经济社会发展指标进行了全面比较分析，形成了近5万字的《建成全省民族地区高质量发展先行县调研报告》，为建设全省民族地区高质量发展先行县提供了智力支持，得到县委、县政府主要领导肯定批示，建议意见相关部门积极采纳。聚焦北川中羌医药产业发展，走访中药材加工企业、种植专合社，围绕“大力发展中羌医药产业、助推县域经济高质量发展”开展常委会专题议政协商，针对性提出“坚持政府主导、标准化生产、培育龙头企业、提升药材品质、擦亮羌药品牌、加强人才培养”等意见建议。围绕推广“羌食荟”农产品区域公用品牌，持续关注北川苔子茶、白山羊产业发展，开展专项视察监督，提出意见建议，助推县委县政府出台《北川白山羊产业发展实施意见》《北川羌族自治县茶叶品牌培育实施意见》《北川羌族自治县茶产业链“链主”企业培育实施方案》等文件，为产业发展夯实政策基础。

聚焦重点项目献计出力。围绕“打造全国禹羌文化旅游目的地”“加快‘通航小镇’建设、促进旅游产业特色化发展”“加快新县城温泉资源开发、打造特色温泉旅游度假区”等议题开展主席会议专题协商。组织政协委员赴茂县、汶川、理县等羌民族地区考察学习禹羌文化旅游先进经验。紧盯通用机场、通航小镇、新县城温泉资源开发等重大文旅项目，组织政协委员深入项目视察调研，详细了解招商引资、产业规划、基础设施建设、企业入驻、生产经营、机场建设情况及存在的问题，针对性提出强化开放合作、统筹调度、规划引领、产业集群培育、招商引资等意见建议。充分发挥住北川的市政协委员作用，运用提案、大会发言、社情民意信息等，就推进通用机场加快建设、“抽水蓄能”项目储备、绵安北区域协同发展等重点项目，在市政协全会及专题协商会上主动发声、争取支持，助力项目加快立项。

聚焦绿色发展集思广益。认真践行“绿水青山就是金山银山”理念，聚焦推进美丽宜居乡村建设、发挥北川生态优势，组织政协委员深入“四大片区”中心乡镇调研，围绕“聚焦中心场镇建设、带动区域协同发展”开展常委会专题协商，针对中心场镇竞相发展、特色发展中的困难和短板，提出了强化规划引领、深挖文化资源、优化交通路网、强化产业支撑、完善要素保障等意见建议，协商成果被县委县政府批转有关部门并转化为政策参考。围绕大熊猫国家公园建设开展考察、调研，对区域内北川、茂县、平武协同发展提出建议。围绕推进“城乡环境综合提质三年行动”精准发力，就“巩固整治成果、加快推进绿色矿山建设”开展视察监督，助力编制矿产资产总体规划，督促矿产企业落实“绿色矿山建设方案”，为助推高效统筹生态保护和经济高质量发展把脉问诊。

二、积极深化履职为民，助力推动民生福祉改善

深入践行以人民为中心的发展思想，把群众对美好生活的向往作为履职出发点和落脚点，聚集基层治理，察民情解民忧，办实事暖民心，广泛开展“尔姆孜巴”小微协商，推进解决一批群众身边“关键小事”，促进民生社会事业加快发展。

持续推动民生改善。加强政协协商与基层治理的有效衔接，围绕“完善多元化解机制，提升城乡基层治理水平”开展主席会议专题协商，组织相关部门、政协委员深入乡（镇）、综治中心、司法所和村（社区）开展调研视察，赴米易等地学习先进经验，就整合综治资源、健全工作机制、加强工作保障、构建平台治理“中枢”、扎实推进矛盾纠纷多元化解等提出意见建议，得到县委、县政府主要领导批示，相关部门积极采纳，助推县乡村三级综治中心提档升级。聚焦教育改革，持续推进教育普惠化，就有效减轻义务教育阶段学生过重作业负担和校外培训负担政策落实情况开展视察监督，提出强化“教育双减”督导工作力度等建设性意见。积极推动优质医疗资源下沉，医卫界委员针对医疗资源分布不均、关内应急救援能力不足、人才队伍不稳定、医疗设备更新迭代滞后等问题开展界别协商，提出了坚持改革创新、加大投入、积极打通优质医疗资源和医保服务最后“一米线”等建议意见，为守护人民群众生命健康出力献策。

助力解决民困民忧。综合运用提案督办、专题视察、专项监督、反映社情民意信息等多种形式，持续关注兜牢困难群众生活底线、公共服务均等化等群众急盼热点，推动一批涉及群众利益的问题得到有效解决或逐步解决。围绕“推动落实残疾人水电气价格优惠政策”“着力老旧小区改造、助推中心城镇功能提升”“提升和完善尔玛社区物业管理”“新县城安置房维修”等事关群众切身利益、基层普遍关注关心的热点难点问题，开展对口协商和小微协商，广泛听取意见建议，提出关心关爱残疾人、健全小区业委会规范物业服务、安置房维修建议等专题协商意见，促进相关惠民政策的完善落实。组织政协委员、县级相关部门就“建好中华大熊猫动植物园、打造新县城新名片”开展视察监督，就拓展大熊猫文化及科研科普功能，寓养于教、寓教于乐，做好路网规划、行道景观，扩大园区影响力等提出意见建议，助推项目早建成、早运营、早达效。

全力助推乡村振兴。全县210名各级委员全面参与“双助”专项活动，引进和投资兴业项目74个，帮助脱贫地区销售或代购特色产品5994.97万元，帮助职业技能培训11000余人次，帮助脱贫劳动力稳定就业1300余人次，为群众办实事2000余件，个人捐款104.98万元。常态化开展助学助老、法律咨询、送文化进村社区、文明城市创建等志愿服务活动，扎实开展白草河流域乡镇和小坝镇外白村、金凤村巩固脱贫成果的联系帮扶工作，支持机关联系村产业发展、阵地建设、基础设施配套等帮扶资金60万元。积极开展“引老乡、回故乡、建家乡”活动，县在外人士联谊会积极为1540名在外人士做好联络服务，引入在外人士回乡投

资项目15个，总投资2亿元以上，动员在外人士开展公益志愿服务活动70余次，捐赠各类物资善款84万元。

三、坚持团结民主两大主题，广泛凝聚社会各界合力

深入贯彻发展全过程人民民主、推进协商民主广泛多层制度化发展的新部署、新要求，积极探索实践，政协协商民主制度化、规范化、程序化水平不断提高。

合作共事增进共识。深入学习贯彻《中国共产党统一战线工作条例》和中央、省委、市委统战工作会议精神，准确把握政协在统战工作中的职责任务，积极学习宣传贯彻落实《中国共产党政治协商工作条例》，协力县委做好统一战线工作，切实肩负实现大团结大联合的政治责任。落实主席会议成员联系常委、常委联系委员、委员联系界别群众全覆盖等制度，常态化走访各界委员、群众。认真贯彻党的民族政策和宗教工作基本方针，开展铸牢中华民族共同体意识教育重点视察。围绕“巩固宗教中国化建设成果”“推进民族特色村寨建设”开展协商，为推进北川民族团结进步和共同繁荣发展汇聚智慧和力量。加强与民营企业代表人士、民族宗教界代表人士等的联络联谊，坚持大团结大联合，切实把凝心聚力贯穿调研视察、民主监督、议政建言之中，做到商以求同、协以成事，努力为全县改革发展画好最大同心圆、形成最大凝聚力。

多方联动凝聚共识。着力丰富凝聚共识形式，坚持线上线下协同推进、读书履职相互促进，深化“书香政协”建设，积极打造“悦读——书香政协·文润北川”特色品牌，坚持每周推荐“一本好书”。加强文史资料征编工作，调整充实文史委员会组成人员，加强人才队伍培养，完善收集整理机制，充分发挥存史、资政、团结、育人的重要作用。启动自治县成立20周年文史资料编撰工作。《北川民间故事丛书系列之二——小坝有故事》正式出版。建立政协机关禹羌文化艺术长廊，充分发挥优秀传统文化的“教化”作用；成立县政协书画艺术院及7个创研基地，组织开展书画作品创作展览等活动7次。县政协被市政协表扬为“2022年度‘书香政协’建设暨委员读书活动先进单位”；国家级非遗代表性项目“羌绣”代表性传承人、县政协委员陈云珍获评2022四川非遗年度人物；政协委员李强的书法作品《丹心翰墨书华章》被四川省书法家协会表彰为“四川省第七届书法篆刻作品展优秀作品”。

加强宣传扩大共识。严格落实意识形态工作责任制，坚持正确舆论导向，坚持政协宣传思想与政协履职同步推进，重视发挥政协“两报一刊”等宣传教育阵地作用，加强网站、QQ群、微信群管理，弘扬社会正能量。积极与市政协开展防洪减灾联合调研和联动监督，深化落实走访调研、经验交流、专题研讨等沟通对接机制。探索开展白草河流域两市三县区域协同发展座谈协商。加强与省内少数民族发展先行县、市内兄弟县(市、区)地政协学习交流、联谊交往。唱响政协好声音，向各类媒体报送各类稿件150余篇，人民政协报等国省级主流媒体采用28件，一批特色工作和经验做法被报道宣传，展示了北川政协工作的良好形象。

四、抓牢政协自身建设，全面提高创新履职能力水平

深入贯彻落实《关于加强新时代人民政协党的建设工作的若干意见》等要求，充分发挥政协党组把方向、管大局、保落实的领导作用，以政协党的建设引领政协自身建设不断加强。

自身建设不断强化。坚持把党的政治建设摆在首位，深入贯彻新时代政协党的建设总要求，及时跟进学习习近平总书记最新重要讲话和指示批示精神，更好把握政协履职的科学指引和根本遵循。县政协党组切实履行把方向、管大局、保落实的政治责任，自觉接受县委领导，切实将党的领导落实到政协工作各方面全过程。在带有根本性的制度建设上持续用力发力，修订完善《政协北川羌族自治县委员会议事规则》等11项制度，着力提升服务协商、调查研究、信息化建设、办文办会“四个质量”。纵深推进党风廉政建设，认真践行“一线

工作法”，按照“新、快、实、真、严”要求，驰而不息抓作风建设，扎实开展“作风大整顿、效能大提升、环境大优化”活动，坚持以上率下、率先垂范，做到有事多商量、定了一起干，政协工作制度化、规范化、程序化等功能建设成效明显。

“有事来协商”平台深化拓展。拓展委员履职阵地，建成委员联络站20个、村（社区）“尔姆孜巴”协商工作平台19个、委员工作室8个。发挥专门委员会作用和委员特长，利用乡镇、园区委员联络站组织开展“小微协商”活动53次，推动解决了永昌镇安昌城区闲置土地利用、永安镇乡村道路破损路面修复、坝底乡高山蔬菜营销能力提升、桂溪镇场镇路灯管理维护等80余个问题，有力促进了政协协商与基层协商的有效衔接，让广大群众真正感受到了“政协离我们很近、委员跟我们很亲”，提升了政协“有事来协商”的影响力和知名度。《协商解决“大难题”，企业担责民受益》被评为全省政协2022年典型案例。

委员履职活力明显增强。发挥好委员主体作用，加强委员服务管理和队伍建设，注重正向激励，构建有管理规则、有系统平台、有协同机制、有分析报告、有结果应用的委员履职综合评价体系，根据工作需要动态调整政协委员14人次，更好激发委员履职的积极性。加强对新任政协委员协商水平和履职能力的培养，持续开设5期委员大讲堂，组织开展委员读书活动35次，通过以会代训培训委员300余人次。发挥专委会的基础作用，主动加强与各党派团体、对口党政部门的经常性联系，专委会谋划工作能力和服务委员水平进一步提升。加强对委员的关心关爱，对长期奋战在疫情防控一线的医卫界委员开展慰问，对3名委员的困难予以协调帮助。积极开展政协理论与实践工作创新专项研究，《政协协商同基层治理有效衔接的渠道研究——基于北川“尔姆孜巴”协商平台建设》被市政协2022年度“政协实践创新”研究专项予以表扬；《综合施治、促进农村垃圾分类对口协商工作案例》《书香政协添言质、履职建言显真情——记北川“书香政协建设”》被市政协表扬为2022年度政协工作优秀案例。

各位委员，过去一年县政协工作取得的成绩，根本在于习近平新时代中国特色社会主义思想的科学指引，得益于中共北川羌族自治县委的正确领导和市政协的关心指导，得益于县人大常委会、县政府和县直各部门各单位的鼎力支持，得益于各位老领导、老同志的殷切关怀，利益于历届委员的热忱关心以及社会各界的积极参与，凝结着政协各参加单位和广大委员共同奋斗的心血和汗水。在此，我代表县政协常委会表示衷心的感谢并致以崇高的敬意！

同时，我们也清醒地看到，工作中还存在一些不足和薄弱环节，主要是：专门协商机构制度化、规范化、程序化功能建设还需进一步加强，小微协商的形式还不够丰富，质量有待进一步提高，政协的影响力还需进一步扩大，凝聚共识的载体抓手还不够丰富，民主监督和委员联系界别群众的机制还需进一步健全。这些都需要认真研究改进。

2023年工作建议

2023年，是全面贯彻落实中共二十大精神的开局之年。县政协的指导思想是：坚定以习近平新时代中国特色社会主义思想 为指导，全面贯彻中共二十大精神，特别是习近平总书记在春节前夕视频连线看望基层干部群众时的重要讲话精神，全面落实县委五届四中全会决策部署，在中共北川羌族自治县委坚强领导下，围绕“生态立县、文旅兴县、工业富县、开放活县、城乡融合”发展思路，紧扣深入实施“五大攻坚行动”，坚持发扬民主和增进团结相互贯通、建言资政和凝聚共识双向发力，坚持“坚决维护核心、倾力服务中心、坚守为民初心、广泛凝聚人心”总体思路，积极践行全过程人民民主，推进协商民主广泛多层制度化发展，更好发挥人民政协作为专门协商机构作用，在以中国式现代化引领推动北川高质量发展中不断提高政协服务中心大局的贡献率，为加快建成全省民族地区高质量发展先行县和奋力谱写社会主义现代化北川聚势赋能。

一、坚持强化党的创新理论武装，坚决拥护“两个确立”

要深入学习贯彻习近平总书记在春节前夕视频连线看望慰问基层干部群众时的重要讲话精神，毫不动摇坚持党的全面领导，坚持用习近平新时代中国特色社会主义思想凝心铸魂，深入学习贯彻党的二十大和省委十二届二次全会、市委八届五次全会、县委五届四次全会精神，把坚定维护“两个确立”、坚决做到“两个维护”贯穿政协工作全过程各方面。把学习贯彻习近平总书记关于加强和改进人民政协工作的重要思想作为重要抓手，积极参与人民政协理论与实践研究，构筑起更具时代感、更有影响力、更富号召力的思想理论武装体系，筑牢团结奋斗的共同思想政治基础。发挥政协“重要阵地”“重要平台”“重要渠道”作用，开展“学习新思想、践行新使命、奋进新征程”主题读书与实践活动，做深做实思想政治引领工作。深化委员读书活动，加强书香政协建设，引导广大委员争做习近平新时代中国特色社会主义思想的坚定信仰者、积极传播者、忠实实践者。发挥县政协党组把方向、管大局、保落实的领导作用，全面加强政协系统党的建设，落实意识形态工作和党风廉政建设责任制，拓宽“党建阵地”和“协商平台”一起推进的有效载体，以高质量党建引领政协事业高质量发展。

二、坚持紧扣中心服务大局，打造双向发力新格局

要深入贯彻落实习近平总书记关于新时代乡村振兴的重要要求，坚持县委中心工作推进到哪里，政协履职就跟进到哪里，自觉把政协工作放到全县“一盘棋”中去谋划和推进，切实把政协的“优势”转变为助力北川改革发展的“胜势”。坚持创新引领，围绕“生态立县、文旅兴县、工业富县、开放活县、城乡融合”发展思路，紧扣深入实施“五大攻坚行动”，聚焦建设全省民族地区高质量发展先行县等重点任务，持续加强系统谋划、前瞻研究。围绕乡村全面振兴、农文旅深度融合发展、先进制造业提能升级、加快新型城镇化等开展专题协商、对口协商、界别协商。围绕优化人才发展环境、深入打好污染防治攻坚战、优化营商环境、创建第七届全国文明城市等开展视察监督。围绕推进石椅村高质量发展、矿山生态修复、筑牢长江上游绿色发展屏障等专项监督。探索通口河流域协同发展跨市县协商。围绕基层社会治理及就业、教育、医疗、社会保障等涉及群众切身利益的实际问题，广泛开展小微协商、提案办理协商，通过专题视察、督办提案、小微协商、反映社情民意信息等形式，深入察民情，常态访民意，积极解民忧，不断提高政协贡献率，努力当好服务发展的“高参”、协商监督的“诤友”、反映民意的“桥梁”。

三、坚持践行全过程人民民主，充分发挥专门协商机构作用

要深入贯彻落实习近平总书记关于发展全过程人民民主的重要论述，坚持党的领导、统一战线、协商民主有机结合，积极探索基层协商民主新的实现方式和实践载体，以协商民主的生动实践凸显全过程人民民主的鲜明特征和优势作用。把履职闭环体系作为发挥专门协商机构作用的工作基点，进一步推动协商民主广泛多层制度化发展，整体谋划协商议政、民主监督、凝聚共识、委员履职、党的建设、队伍管理等制度体系建设，加强制度化、规范化、程序化等功能建设，使专门协商机构的形态更加成型、运行更加成熟。把握协商式监督的性质定位，完善人民政协民主监督制度机制，健全会议监督、视察监督、提案监督等机制，加强政协民主监督与县委县政府目标督查、纪委监委专责监督贯通融合，深化民主监督实践，加强民生实事推进情况监督。探索打造多层次立体化的协商议政平台矩阵，拓展政协协商民主的广度深度效度，持续深化“有事来协商”平台实践，擦亮北川“尔姆孜巴”议话坪小微协商品牌，深入推进政协协商与基层协商有效衔接、同基层

社会治理有机结合、同发展全过程民主紧密融合，丰富委员联系界别群众方式，鼓励委员就地就近开展群众工作，进一步实现协商议事常态长效、提质增效，努力把政协制度优势转化为基层治理效能，合力提升基层治理能力现代化水平。

四、坚持广泛凝聚人心共识，汇聚团结奋斗的磅礴力量

要深入贯彻落实习近平总书记关于促进民族团结进步的重要要求，充分发挥统一战线重要法宝作用，坚持大团结大联合，担负起齐众心、汇众力、聚众智的使命。进一步完善和拓展政协凝聚共识工作的理念思路、机制方法、平台载体，健全委员联系界别群众制度机制，拓宽团结面、拉大同心圆。把凝聚共识作为重要职能，融入协商议政、协商建言等各项履职活动中，高质效推进委员联络站、委员工作室、政协大讲堂等扩面提质，强化与无党派人士、人民团体、新经济组织、新社会组织等联合调研、民主协商方面的合作，切实担负起“落实下去、凝聚起来”的政治责任。紧扣人民对美好生活的新期待，聚焦公共服务共享、社会治理创新、灾后恢复重建、提升脱贫质效、兜紧困难群众民生底线等社会关切的难点、热点和苗头性问题，持续用力、久久为功，真正做到协商于民、协商为民，不断激发公民有序政治参与的积极性与主动性。认真贯彻党的民族政策和宗教工作基本方针，以铸牢中华民族共同体意识为主线，鼓励和支持民族宗教界人士为我县改革发展稳定献计出力。深入挖掘弘扬禹羌文化，积极参与海峡两岸大禹文化交流活动，高质量编印自治县成立 20 周年文史资料，面向社会广泛传播共识，不断提升民族特色地域品牌影响力，为持续巩固全国民族团结进步示范县创建成果汇聚智慧和力量。深入开展“引老乡、回故乡、建家乡”活动，加强对北川在外人士的服务，引导共为北川高质量发展献计出力。加强与民族地区、羌族地区的多方位深度交流合作。

五、坚持提升履职能力，切实加强自身建设

要深入贯彻落实习近平总书记关于加强和改进人民政协工作的重要思想，坚持以改革思维、创新引领、务实举措强化自身建设，认真贯彻落实中央和省委、市委关于加强和改进新时代市县政协工作的要求，进一步推动解决“两个薄弱”问题。落实“新、快、实、真、严”要求，大力践行“一线工作法”，办扎实事、做靠谱人。认真梳理总结政协工作经验，把实践证明行之有效的做法上升为制度，切实提高专题调研、视察、学习培训、文史资料、人民政协理论与实践研究、反映社情民意信息等经常性基础性工作质量，不断深化履职成果跟踪问效、工作评价等，努力打造更多的工作精品和特色品牌。深化提案双向评价机制。进一步健全委员履职考核激励机制。常态化制度化开展委员培训，积极参与省市联动培训，提高政治把握、调查研究、联系群众、合作共事能力，建设高素质委员队伍。引导广大委员当好“责任委员”、交好“履职作业”，努力把高质量的“委员作业”写在羌乡大地上，当好人民政协制度的参与者、实践者、推动者。加强学习型、服务型、创新型、智慧型、清廉型机关建设。进一步推进政协系统信息化建设，通过数字赋能推进政协履职现代化。大力营造团结民主、求真务实、担当实干、创先争优的浓厚氛围，推动全县政协工作干在实处、走在全省民族地区前列。

▶大事记

1月

3日　2022年全县安全警示教育会召开，会议通报江油市“1·2”交通事故情况，传达市委书记罗增斌在江油指挥协调事故处置工作时所作的指示精神，安排部署全县安全生产、道路运输及火灾防控工作。

6日　市委宣讲团第十二分团在北川宣讲党的十九届六中全会、省委十一届十次全会及市委八届二次全会精神。

9日　中共北川羌族自治县第五届委员会第二次全体会议暨县委经济工作会议举行。

同日　副市长李栋率队在禹里镇石纽村森林防灭火检查点、国有林场治城工区等地调研森林草原防灭火工作。

10日　第二个中国人民警察节，举办以“公安心向党 护航新征程”为主题的2022年中国人民警察节庆祝活动。现场为荣获全县公安机关“优秀民警”“优秀辅警”“优秀警属”荣誉称号的30名民辅警及其家属颁奖。

11日　省政府副秘书长、浙江省驻川工作组组长王峻到永昌镇福田村蓝莓基地、绵阳泛美飞行职业学院、飞鸿滑草场等地调研东西部协作工作开展情况。

14日“羌风羌韵话北川”——北川旅游专线合作商洽会召开，来自全省30位旅游行业优秀企业代表参会。

16日　云南财经大学精准扶贫与发展研究院院长、省第三方评估组组长杨子生带队到北川开展2021年度巩固脱贫成果后评估省级第三方评估工作。

21日　2022年“年货羌先购”北川年货节直播活动在新县城禹王广场举行。

同日　市委常委、副市长张明来到联系乡镇——坝底乡坪山村，走访慰问部分群众。

24日　以“促进转移就业 支持返乡创业 助力乡村振兴”为主题的线上网络招聘会举行。网上直播发布14家企业66个工种、879个岗位信息。

30日　“奋进新征程 建功新时代”2022年北川—柯城两地新春联欢会在县影剧院举行。

2月

1日　农历大年初一，县委副书记、县长周福兰到县政府总值班室、疫情防控应急值班室、县自来水厂，县融媒体中心看望慰问节日期间坚守岗位的一线工作人员。

7日　春节假期结束后的第一个工作日，县委书记李昊天到四川北川经开区管委会、县商务经合局、县文广旅局、县交通运输局、县工信科技局、县退役军人事务局、县科协等单位走访看望干部职工。

8日　四川北川经济开发区“一中心，多组团”园区基础设施提升项目推进会召开。

9日　人民日报四川分社采编中心主任王明峰一行在北川采访报道新时代文明实践“三队三堂三式”理论宣讲活动。

10日　北川召开全国禹羌文化全域旅游目的地实施规划及三年行动计划沟通会。

15日　中国共产党北川羌族自治县第五届纪律检查委员会第二次全体会议召开。

16日　省委宣传部副部长周青带领省委宣传部创建处、志愿服务处负责人到北川调研全国文明城市创建和深化拓展新时代文明实践中心建设工作。

16日　北川乡镇级片区国土空间规划编制工作专题会召开。

18日上午　33名前往浙江衢州的农民工搭乘返岗复工“点对点”服务专车出发。

22日　中国人民政治协商会议北川羌族自治县第五届委员会第二次会议开幕。

23日　北川羌族自治县第五届人民代表大会第二次会议开幕。

28日　县委书记李昊天带队在擂鼓镇柳林产业园、沙朗恰风情商业街项目建设现场、山东产业园区研指导“开门红”工作。

3月

1日　北川—浙大生态GEP核算视频会议召开。

同日　市人大常委会副主任代顺兴率队到永昌镇蔬菜社区、青片乡上五村西窝羌寨、白什乡白山羊基地、马槽乡代表工作站等地调研县人大代表活动阵地建设情况。

3日　2022年“学雷锋志愿服务活动月”暨“银龄计划”志愿服务项目启动仪式在永安镇九鼎社区新时代文明实践站前广场举行。

同日　县委副书记、县长周福兰到永安镇、擂鼓镇、通泉镇等地督导调研生态环保、交通安全、森林草原防灭火、产业发展等工作。

4日　副市长袁明到北川调研生态环境、交通运输、城市建设等工作。

7日　县委书记李昊天到擂鼓镇、永安镇、永昌镇等地调研人居环境整治、疫情防控、招商引资和“开门红”等工作。

8日　县妇联组织机关女干部开展“最美巾帼风 我为北川代言”活动，走进县内景区、景点、乡村民宿、产业基地进行羌绣技艺展示、羌族民歌联唱，宣传羌乡美景、介绍羌乡巨变，展示巾帼风采。

10日　市交通运输局项目推进暨交通安全工作现场会在北川召开。

11日　2022年一季度项目集中签约暨重大项目集中开工仪式举行，集中开工50个重大项目，涵盖产业发展、基础设施、社会民生等领域，总投资52亿元；集中签约的8个项目，包含现代服务业、现代制造业、特色农产品加工等多个类别，总投资30.05亿元。

14日　县委召开2021年度干部选拔任用工作“一报告两评议”会议。

15日　“羌食荟”农产品区域公用品牌发布会举行，现场发布了农产品区域公用品牌标志、宣传语及授权企业和产品名单。

17日　副省长、市委书记曹立军到S313北川开坪乡至片口乡灾毁修复整治工程、曲山镇石椅村、擂鼓镇盖头村苔子茶基地、北川通用机场和大美羌城泛美航空科技城项目现场等地调研北川经济社会发展情况。

22～28日　第三十五届“中国水周”，县农业农村局到乡镇、学校、企业、社区等地开展“世界水日”“中国水周”系列宣传活动。

23日　县委全面深化改革委员会十三次会议召开，会议传达学习中央全面深化改革委员会第二十四次会议精神，审议有关方案和2022年工作要点、工作台账。

24日　县社会科学界联合会第二次代表大会召开。

26 日　全县道路交通安全以案促改警示教育大会召开。

28 日　市委常委、副市长张明一行到曲山镇石椅羌寨、北川云尖茶业有限公司、永昌镇尔玛社区、永昌小学等地调研民族团结工作。

4月

6 日“园区提质”“企业满园”行动工作推进会议召开。

10 日　省农科院茶叶研究所专家李春华团队一行到北川实地调研茶产业工作，并对茶叶生产工艺流程进行分析与指导。

11 日　以“品北川味道 过羌调生活”为主题的首届北川白山羊美食文化活动暨第二届厨艺大赛正式启动。

15 ~ 21 日　开展宣传主题为“癌症防治 早早行动”第 28 届全国肿瘤防治宣传周活动。

20 日　第 27 个世界读书日，县新时代文明实践中心组织开展红色经典“悦读”暨全民读书活动。

22 日　县残疾人联合会第五次代表大会召开。

同日　大熊猫国家公园绵阳地区跨区域保护协作工作会议召开。

同日　北川首个村级农民工综合服务站在永昌镇新华村揭牌，标志着第一批 13 个村（社区）农民工综合服务站建设工作全面铺开。

25 日　共青团北川羌族自治县第五次代表大会召开。

27 日　北川羌族自治县科学技术协会第五次代表大会召开。

同日　“五一”国际劳动节、“五四”青年节即将来临之际，县委书记李昊天到北川中学、民族艺术团调研，并开展走访慰问活动。

28 日　北川首个政协委员工作室“李颖委员联合工作室”揭牌成立。

29 日　团县委举行“五四”新团员入团仪式。

5月

4 日　县委书记李昊天到永昌镇调研房屋建筑安全隐患排查整治工作。

7 日　省第三产业协会调研组在禹珍实业、盖头山茶产业园和莫朵格依茶业有限公司等龙头企业、现代茶叶产业园区，通泉镇神木寨村等地调研茶产业发展工作。

9 日　全县 2022 年度村（社区）党组织书记培训班开班，全县 254 名村（社区）党支部书记参加培训。

11 日　全县 2022 年职业教育活动周启动仪式在七一职业中学举行。

13 日　全县非物质文化遗产保护协会成立大会召开。

16 日　县委民族工作会议暨全县宗教工作会议召开。

18 日　由中共绵阳市委宣传部、市文明办、市教体局、团市委、市妇联、市关工委主办的 2021 年绵阳市暨北川羌族自治县“新时代好少年”先进事迹发布活动在北川永昌实验学校举行。

19 日　县工商联（总商会）和县人民法院联合设立的县内首家“民营企业涉诉纠纷调解站”挂牌成立，县委常委、统战部部长晁雪飞出席挂牌仪式并为首批入库调解员颁发聘书。

20 日　全县道路安全工作培训会、农村道路交通安全监督工作暨“绵阳市农村道路交通安全管理工作指引”专题推进会召开。

21 日　第三个“国际茶日”，北川开展“品北川苔子茶 传承羌茶技艺”主题系列活动。

23 日　省委教育工委委员、省政府教育督导委专职副主任、教育厅总督学傅明一行到北川调研学前学普工作。

23 ~ 24 日　省人大常委会调研组到北川开展《四川省大熊猫国家公园管理条例》立法调研。

26 日　县慈善总会第一次会员代表大会召开。

27 日　县文联召开文学艺术界联合会第二次代表大会。

同日　“熊猫未士云朵姐姐”北川中学未成年人保护工作站揭牌仪式在北川中学举行。

30 日　四川省第十二次党代表大会选举产生出席党的二十

大代表73名。北川绣娘陈云珍，作为四川羌族地区唯一的党代表入选。

同日　北川县举行“2022年洪涝地灾应急实战演练”，演练共计200余人参加，出动应急车辆23辆，使用相关应急物资120余件。本次演练分为信息接报与应急响应、应对行动、终止响应、集结点评四个阶段，共涉要素保障、抢通便道、楼房搜救等6个演练科目。

6月

1日　北川全域旅游精品线路交流推介会在擂鼓镇吉娜羌寨召开，推出精品旅游线路11条，全域研学产品4种。

同日　2022年绵阳市“贡嘎杯”青少年高中校园排球联赛暨初中小学组总决赛在北川开赛。来自全市各县、市、区、园区、市直属学校的31支代表队共370名运动员参赛。

10日　市人大常委会副主任、民进市委主委李京平率队到北川开展长江生态环境保护民主监督工作调研并召开座谈会。

同日　电商“益启来”助农公益活动举行，现场签订购销协议金额180万元。

13日　北川与厦门大学航空航天学院签订战略合作协议。

15日　在中国(绵阳)科技城厦门推介会上，北川与福建功夫动漫有限公司签署5个亿投资协议。

16日　2022年“科普大篷车进校园”文明实践活动在西苑中学开展。

同日　绵阳市残疾人联合会2022年教就业务工作培训会在北川召开。

18日　北川首个智慧农贸市场——卓信北川智慧农贸广场体验中心开业。

20日　开茂水库完成水源工程交接。

23日　县工商业联合会(总商会)第五次代表大会召开。

29日　大型实景体验剧《走北川》在禹王广场首演。

30日　四川嘉祥教育集团、成都嘉祥教育发展基金会帮扶北川教育高质量发展签约仪式举行。

7月

1日　习近平总书记来川视察重要指示精神和省第十二次党代会精神省委宣讲团报告会在北川举行。

3日　台湾民意代表高金素梅女士助学金发放仪式在北川举行，高金素梅女士通过视频连线全程参加仪式，已连续十四年不间断为资助羌族学生发放助学金。

4日　由省台办和市人民政府主办，市台办和县人民政府承办的第四届海峡两岸大禹文化交流活动暨2022(壬寅)年大禹诞辰4149周年祭祀在北川举行。活动以“寻根大禹故里 传承中华文明”为主题，采取线上线下结合形式、两岸共同祭祀。

6日　市委常委、副市长张明到北川调研产业发展，宣讲习近平总书记来川视察重要指示精神和省第十二次党代会精神。

8日　2022年应对地震灾害综合演练桌面推演会议召开。

14日　全县统筹推进片区乡村国土空间规划编制和两项改革“后半篇”文章暨城乡环境综合提质三年行动工作调度会召开。

15～16日时，北川西部出现强降雨天气过程，桃龙、小坝、青片熊猫广场降水量为106～148毫米，白什69毫米、马槽63毫米，暴雨引发山洪，19个乡镇不同程度受灾，各类基础设施严重受损。

18日　“2022年柯城—北川东西部协作文旅融合发展”专题研讨班在衢州职业技术学院开班。北川40余家文旅、文创企业负责人参加为期7天的培训。

22日　县人民医院远程心电信息智慧平台(简称：心电一张网)项目启动，是四川首个获准加入全国心电一张网项目的建设单位。

29日　庆祝中国人民解放军建军95周年表扬大会召开。会议表彰了2022年度“最美退役军人”“优秀兵支书”“退役军人就业创业之星”“最美兵妈妈和最美军嫂”和“拥政爱民先进个人和最美拥军人物”。

是月　桂溪镇宝城村、曲山镇

玉皇山村上榜四川省文化和旅游厅、四川省发展和改革委员会发布《第三批省级乡村旅游重点村名单》全省共有100个村(社区)上榜。

8月

1日　县退役军人事务局联合县文联开展“喜迎二十大 翰墨庆八一”为主题的双拥活动书画展。

同日　县优抚医院揭牌仪式在县人民医院举行,标志着全县首家优抚医院正式成立。

8日　四川省住房和城乡建设厅公布了第三批四川省绿色社区名单,永昌镇新川社区、禹龙社区、竹林社区,共3个社区入选。

12日　开展“送清凉”活动,县委书记李昊天看望慰问高温酷暑下坚守在重点项目建设一线工人和综合执法、交警大队等一线执法人员,为他们送去防暑降温用品。

20日　四川甘孜藏族自治州“富民安康班”的300名少数民族新生到北川中学开学报到,在这里开启他们崭新的高中学习生活。

23日　北川羌族自治县中药材产业发展协会成立大会召开。

同日　2022年政府残工委联席会议暨第六次全国残疾预防日宣传动员工作会召开。

24日　县委书记李昊天,县长周福兰带队分别前往青片河、白草河流域乡镇督导检查防汛抗旱、地灾防治、森林草原防灭火、疫情防控等工作。

25日　四川省确定了第三批省级步行街改造提升试点项目,宋喜市商业步行街入选。

25～29日　第七届中国非遗博览在山东济南舜耕国际会展中心举行。羌族草编竹编代表绵阳非遗参与本次博览会,在“美好生活”非遗助力乡村振兴展版块展出。

26日　全县精神文明建设暨全国文明城市创建工作会议召开。

29日　在东莞市会展中心,“绵品出川 东莞行”北川特产产销对接会上,北川共签下14个订单,签约金额1.335亿元。

31日　在中国(绵阳)科技城东莞推介会上,北川与深圳盛屯集团有限公司签约10个亿投资协议。

是月　四川省文化和旅游厅、四川省教育厅联合下发通知,公布了2022年度省级研学旅行实践基地(营地)创建单位名单,共75个基地、30个营地入选。九皇山民族文化研学实践教育基地、巴拿恰羌族草编非遗研学旅行实践教育基地、绵阳飞行职业学院航空主题研学基地入选。

9月

1日　浙江省衢州市柯城区工商联(商会)捐赠北川金秋助学活动发放仪式举行,为13名困难学生发放助学金共计4.9万元。

2日　永昌实验小学利用“开学第一课”,开展纪念抗战胜利77周年红色宣讲进校园活动,邀请“死”字旗传人王烈勋到校授课。

3日　市委常委、纪委书记、监委主任唐浪生到工业园区隔离点、防疫医疗物资储备库、永昌农贸市场、乐购超市和维斯特农业科技培训中心隔离点等地调研指导疫情防控和经济社会发展等工作。

5日　全县纪检监察系统重点工作推进会议召开。

8日　2022年“金秋助学”助学金集中发放仪式举行,为15名在档困难家庭子女发放助学金3万元。

9日　全县“优化营商环境面对面”企业用地及财产登记专题座谈会召开。

同日　县政协书画艺术院举行成立仪式,县政协主席王军出席仪式并为书画艺术院授牌。

15日　全县范围内169个点位开展新一轮全员核酸检测工作,全县多支志愿服务队到各村社开展双报到,核酸采样小组进村入户上门检测,筑牢疫情防控网。

16日　全县秋冬季森林草原防灭火工作会议召开。

19日　县委全面依法治县委员会第四次会议召开。

21日,县市场监管局等部门开展“全国质量月”诚信教育文明实践活动。

22 日 市人大调研组到永昌镇裕清村魔芋基地、通泉镇流溪村粮油蔬菜基地、科技城第二水源开茂水厂等地调研 2022 年度市级民生项目建设、重点水利工程建设等情况。

27 日 四川北川经开区放权赋能集中交接仪式举行，放权部门代表与经开区管委会负责人签订了委托协议书，现场向园区移交行政审批专用章，实现“园区事园区办、企业办事不出园”。

28 日 县归国华侨侨眷联合会成立暨第一次代表大会召开。

29 日 北川中航科技无人机产业园等重大项目集中签约暨开工仪式举行。与中国航天工业科学技术咨询有限公司、沈阳卓翼航空科技有限公司、四川珠峰通航科技有限公司等签约项目 3 个、总投资 85 亿元，其中与沈阳卓翼航空科技有限公司、四川珠峰通航科技有限公司签约的年产 200 台大型吨级航空应急救援无人机研发、生产、运营服务总部基地项目标志着北川通航无人机产业实现整机制造“零突破”。

10月

8 日 五届县委第三轮巡察工作动员部署会议召开。

同日 推动“园区提质·企业满园”暨激励乡镇抓经济发展试点工作专题会召开。

10 日 北川县“卫生健康界政协委员工作室”在县人民医院揭牌成立。

16 日 县林业草原发展中心机构成立大会暨挂牌仪式举行。

19 日 绵阳膳典航空食品有限公司与绵阳安福魔芋开发有限公司签约，标志着北川的本土小吃将登上飞机。

24 日 由县委组织部、县委宣传部、县委党史研究室共同举办的“奋进新征程 建功新时代 强国复兴有我——中国共产党历次全国代表大会光辉历程展览”在新生广场开展。

26 ~ 30 日 2022 招才引智活动在厦门举行，主要面向厦门大学学生提供北川机关事业单位、企业共 120 个岗位，吸引了厦门大学多名硕、博士研究生报考。

29 日 县委书记李昊天带队到片口、小坝、桃龙等乡镇宣讲党的二十大精神，并调研全县生物多样性保护、产业发展、安全生产等工作。

31 日 北川县召开创建国家全域旅游示范区动员大会和创建国家全域旅游示范区工作辅导培训会。

是月 通泉镇双紫村，山头地区的“高山泉水稻”试种成功。高山泉水稻跟普通水稻相比，它的生长周期比较短，只需要 120 天左右，抗寒能力强、适应性强，每亩产量比普通水稻高约60千克。

11月

2 日 县人民政府在茶博会期间组织举办地理标志产品“北川苔子茶”标准及形象产品“旗羌”发布会。

4 日 全县 2022 年三季度经济形势分析暨四季度经济运行调度会召开。

8 日 首届“大禹杯”文化旅游创意大赛颁奖典礼活动举行。大赛通过“传统手工创作类”“文旅文创类”“数字文创创作类”三个赛道，面向全国征集参赛作品 448 件，经行业专家评审，三个赛道分别选出金奖 1 名、银奖 2 名、铜奖 3 名、优秀奖 10 名，共 48 件优秀作品。

11 日 市人大常委会副主任李作虎带队到北川调研城市应急供水保障工作情况。

14 日 中央宣传部、中央文明办官方微信公众号“中国文明网”、省委宣传部、省文明办官方微信公众号“文明四川”专刊报道北川新时代文明实践工作经验做法。

15 日 “电商助力乡村振兴”直播大赛开幕，共有 88 个主播报名、8 家供应商的 12 个产品通过筛选纳入直播大赛优选产品。

同日 北川首届手掷纸飞机比赛决赛在永昌中学举行。来自全县 12 所中小学的 91 名学生，分成 6 组进行纸飞机比赛。共评出一等奖 6 名、二等奖 12 名、三等奖 18 名。

21 日 市政协副主席田荣华带队到北川调研“铸牢中华民族共同体意识教育”开展情况。

同日　烈士纪念设施保护中心挂牌成立。

25日　恒运应急救援队挂牌成立，县委副书记唐扬出席并授牌。授牌仪式上，县应急管理局、县石材协会分别与县恒运应急救援队签订了应急救援服务协议。恒运应急救援队现有队员20人，可参与全县生产安全事故、森林火灾、洪涝灾害等抢险救援工作。

是月　北川上榜竞争力智库、北京中新城市规划设计研究院等机构联合发布的《中国县域旅游竞争力报告2022》2022（第五届）中国县域旅游发展潜力百强县市”名单。

是月　中国茶叶流通协会公布第二届世界红茶产品质量推选结果，北川羌山红芽荣获金奖，古羌红冠、古羌红获银奖。

是月　北川巴拿恰入选2022年全国非遗与旅游融合发展优选项目名录“非遗街区”。

12月

2日　县行政审批局颁发首例公益慈善类社会组织公开募捐资格证书。

5～8日　县委组织部组织开展“羌山行——四时有信 走进北川”青年人才感知活动。

7日　2022年度省级茶叶现代农业园区创建现场调研汇报会在北川召开。

同日　四川大学华西公共卫生学院教授、省级健康促进县评估组组长袁萍率省级健康促进县评估专家组到北川开展评估验收工作，并召开创建省级健康促进县工作汇报会。

8日　北川城市IP《少年禹传奇》发布会在绵阳广播电视台举行。现场发布禹、姜小娇、北北、川川、龙马5个IP形象，现场签约城市IP项目2个、总投资8000万元，并同步以“云端签约”形式，与全国各地“少年禹传奇”超级IP授权企业代表签约。

9～10日　县委书记李昊天带队到青片、马槽、坝底、禹里等乡镇，宣讲党的二十大和省委十二届二次全会精神，调研督导森林草原防灭火、基层社会治理、村集体经济发展壮大等工作。

10日　“天府乡村”公益品牌产品推荐销售周（衢州分会场）暨“绵品出川”衢州行在衢州市吾悦广场开幕。北川奕米生态农业有限公司、北川禹珍实业有限公司、北川羌妹子实业有限公司在本次“绵品出川”衢州行共签约1亿元。北川共有16家农特企业和4家文旅企业参展。

23日　县委副书记、县长周福兰带队到经开区调研“园区提质”“企业满园”行动开展情况。

县情概览

自然地理

【位置面积】北川羌族自治县位于四川盆地西北部。地理坐标：北纬31° 33'17"～32° 13'17"，东经103° 45'02"～104° 43'12"。东接江油市，南邻安州区，西靠茂县，北抵松潘、平武，面积3083平方千米。县政府驻地永昌镇，距绵阳市中区38千米，距省会成都市中区133千米。

【地势地形】县境大地构造为扬子准地台与松潘—甘孜地槽褶皱结合部。以桂溪—曲山—苏保一线（即北川大断裂通过地段）为界；东南面属扬子准地台西北边缘龙门山—大巴山台缘凹陷西部的龙门山褶断带；西北面属松潘—甘孜地槽褶皱系巴颜喀喇冒地槽褶皱带东缘的茂汶—丹巴地北斜（即后龙门山褶皱带）。全境皆山，峰峦起伏，沟壑纵横，山脉大致以白什、外白为界，其西属岷山山脉，其东属龙门山脉，境内最高点插旗山海拔4769米，最低点香水渡海拔540米，相对高差4229米。地势西北高，东南低，由西北向东南平均每千米海拔递降46米。密布的溪流分别汇集于湔江、苏保河、平通河、安昌河，顺山势自西北向东南奔流出境。

【山脉】县境皆山，峰峦起伏，山脉大致以白什、外白为界，其西属岷山山脉，其东属龙门山脉。岷山山脉南段从松潘县和茂县延伸入县境西北一隅与西南边缘，分布于白草河西岸和青片河源头一带。主要岭脊自老满山向南延伸，依次为和尚头、插旗山，再折向东南，依次为梯子岩、木鸡包、庙屋基、猫鼻子、铧头嘴、黄土梁、白阳坪、黑沙包、三道拐梁子，至墩上止。另一岭脊自老满山向东南延伸，依次为洗瓦塘、打牛岩窝、筛子背、尖尖山、三道龙池、九道龙池、三神口、马鹿坪、关子门，至黑耳明。县境白什、外白一线以东属龙门山脉。按其走向大体分为两个单元。东北—西南走向呈两列分布于县境:一列自江油市观雾山延入桂溪镇九皇山，分布在都坝河以东、湔江以南，除被平通河、湔江横切割外，走向清晰;主要山岭有挂榜山、吴家后山、莲花山、圆包山、大圆包、牟家大包、佛泉山、石纽山、天麻山、望乡台、千佛山、大木杠梁、三台山、白龙池，在县南西角千佛山出境。另列从平武县延伸至包家山入县境，至禹里塔坪子止。主要山岭有李家山、黑湾梁子、二道坪梁子、椒山梁子、大梁、荣华山、大风岩、曾家山、三面山、望崇山、山崩溜、煞角垭、龙藏梁子、泡花梁子、大尖包、黑槽头、九岭寺、官竹林等。因受河流的深切割，走向极不规则，山河相间，构成典型的峡谷特征。西北—东南走向自县境北部延入，呈梳状排列。与平武县分界的龙安湾梁脊犹如梳背，县境内山岭形同梳齿。包括3列山岭。六角顶列山岭:北起六角顶，经中六角顶、摩天岭,龙池梁子、九根树、三堆灰、鸡公岭、皮家梁子，南至开坪慈竹笼。摩天岭列山岭:北起摩天岭，经冯家尖包，南至开坪雾烟包。卢包树列山岭:北起卢包树，南至金风桃树坪。

【河流水系】 县境内河流属涪江水系，其中，通口河、安昌河、平通河为涪江一级支流，嘉陵江二级支流；白草河、青片河为通口河一级支流；在全县的各支流中，面积100平方千米以上的有10个流域，50平方千米以上的有14个流域。青片河主要由发源于青片乡插旗山的上五河和发源于老满山的正河组成，在青片乡境内汇合后始称青片河。河流流经青片、白什、马槽、坝底、墩上、禹里等乡镇，在禹里镇场镇同白草河汇合后，以下为通口河。青片河全长80.2千米，干流长54.7千米。白草河发源于松潘县岷山东麓桦子林,干流全长102.8千米，落差近3000米,在县内流经片口、小坝、开坪3个乡及禹里镇的部分地区。通口河是涪江右岸的一级支流，属嘉陵江水系右岸的二级支流，地处四川盆地西北边缘山区地带，主要由发源于北川青片乡境内的青片河、发源于松潘县境内桦子林的白草河以及南华沟和都坝河等支流组成，白草河和青片河在禹里镇汇合后，始称通口河并流经禹里、曲山、通口等乡镇，在江油市青莲镇铧嘴汇入涪江。通口河干流全长72千米。安昌河发源于千佛山下天麻山，分为两支，东支为苏宝河流经北川擂鼓镇、永安镇、安昌镇。南支茶坪河流经安州区茶坪、晓坝、桑枣至北川永昌镇与苏宝河相汇后形成安昌河，出永昌镇后在绵阳南山寺从涪江右岸汇入涪江。平通河发源于平武、松潘两县交界处的六角顶东坡，从平武县流入北川县境流经桂溪镇后流入江油市，在江油河西镇汇入涪江。

【气候】 2022年，全县降水量825.9毫米，比常年偏少34%；年平均气温17.1℃，比常年偏高1.0℃，为历史最高年；年日照时数926.0小时，比常年偏多3%。年极端最高气温38.7℃，年极端最低气温-1.5℃。天气气候异常，年降水量偏少且降水时空分布极不均匀，部分乡镇出现一般到严重气象伏旱，西北部部分乡镇暴雨成灾；年平均气温创历史极大值且气温波动大，冬季气温反常变化、春季气温剧烈波动、夏季异常高温热浪突破历史极值、秋季阴雨寡照。

（冯　祥）

行政区划与历史沿革

【行政区划】 2008年7月10日，中共绵阳市委、绵阳市人民政府决定由北川代管安县的永安镇、安昌镇和黄土镇的常乐、红岩、顺义、温泉、红旗、东鱼6个村；2009年2月6日，民政部以民函〔2009〕41号批准“将安县

白草河

的安昌镇、永安镇，黄土镇的常乐、红岩、顺义、红旗、温泉、东鱼6个村划归北川羌族自治县管辖”；2009年11月9日，四川省人民政府以川府民政〔2009〕15号同意将北川羌族自治县安昌镇的常乐、红岩、顺义、温泉、红旗、东鱼6个村所属行政区域析出，设立永昌镇；2010年1月31日，县人民政府举行永昌镇成立庆典。2014年桂溪乡、禹里乡，2016年小坝乡、陈家坝乡经四川省人民政府和绵阳市人民政府批复，撤乡设镇。2019年2月27日，绵阳市人民政府《关于同意北川羌族自治县调整部分乡镇行政区划的批复》同意永昌镇与安昌镇合并设立永昌镇，通口镇和香泉乡合并设立通泉镇，坝底乡和墩上乡合并设立坝底乡，都坝乡和贯岭乡合并设立都贯乡的方案。12月30日召开组织实施工作会议，完成新设立的永昌镇、通泉镇、坝底乡、都贯乡的挂牌和授印工作。至2022年年底，全县设10镇9乡其中桃龙为藏族乡。

【历史沿革】 北周保定四年（564）置北川县，唐贞观八年（634）析北川县地置石泉县，唐永徽二年（651），并北川县入石泉县。北宋政和七年(1117)于石泉县置石泉军，辖石泉、龙安、神泉三县，隶成都府路。南宋宝祐三年（1255），石泉军迁治龙安县。蒙古忽必烈中统五年(1264)，升石泉军为安州，石泉县隶安州。明洪武七年(1374)，降安州为安县，石泉县直隶成都府。明嘉靖四十五年（1566），石泉县改隶龙安府。1913年罢府、厅、州，以道辖县，石泉县隶川西道（次年改称西川道）。1914年，因与陕西省石泉县同名，且彼县设置在先，乃复名北川县。1950年1月，北川解放，隶剑阁专区;1953年3月，隶绵阳专区;1985年5月，隶绵阳市。1987年11月，四川省人民政府批准“自1988年1月起北川按少数民族县待遇”;2003年7月6日，国务院批准设立北川羌族自治县，同年10月25日举行自治县成立庆典。2008年，因“5·12”汶川特大地震县城被毁迁至永昌镇，县人民政府驻所永昌镇云盘北路23号。自建县至2022年已历1458年。

人口与民族成分

【人口】 至2022年年底，全县居民户口总户数78946户，229268人，其中城镇人口69133人，占总人口数的30.15%；乡村人口160135人，占总人口数的69.85%；男性人口117097人，女性人口112171人，男女性别比为104.4；出生1693人，出生率7.38‰；死亡注销2378人，死亡率10.4‰；迁入人口479人，迁出人口1597人；人口自然负增长685人，机械负增长1118人，全县总人口数比2021年总减少1803人。

【民族成分】 2022年，全县有汉族、羌族、藏族、回族、彝族、土家族等33个民族成分。少数民族人口90518人，占全县总人口39.48%,其中羌族人口86082人,占全县总人口的37.55%。

人文历史

【大禹故里】 据史籍记载，北川是大禹的降生之地。早在唐代，禹里南面的石纽山下即建有大禹庙，每年农历六月初六大禹诞辰，都有举行祭祀活动，崇拜大禹的习俗延续至今。在大禹的诞生地禹里镇，唐代李白、明代杨慎、清代姜炳章等历代名人雅士曾对禹里进行实地考察，并留下题字和考证文章。禹里镇至今保存着石纽怀胎、甘泉古迹、跨儿坪、洗儿池、血石、大小禹穴石刻等等大量有关大禹的历史遗迹。“石纽”在今北川羌族自治县禹里镇南一里许。禹里镇南石纽村，有石纽山，山腰石林中有二巨石纽结，石上有阳刻篆书“石纽”二字，每字高、宽各为 40 厘米（今浙江大禹陵“石纽”二字即以此处题刻拓片复制），为扬雄所书。禹穴沟拱桥头，立有一石碑，上有楷书“禹穴”二字，每字高52厘米，宽40厘米，为唐代名臣、著名书法家颜真卿

第一届海峡两岸大禹文化交流活动暨2019（己亥）年大禹诞辰祭祀典礼在北川举行

书。1992年，时任国家主席杨尚昆为北川题写了“大禹故里”牌坊匾额；同年，时任中央顾问委员会委员、常委、副主任的宋任穷为北川题词：“弘扬大禹精神，建设大禹故里”；时任国务院副总理张爱萍也为北川题词：“大禹故里，光耀华夏”。2007年北川成立禹羌文化研究中心，7月6日，北川命名为“中国大禹文化之乡”。2009年6月，北川大禹祭祀习俗被四川省人民政府列为《第二批省级非物质文化名录》。2011年禹的传说被列为第三批国家级非物质文化遗产。2019年大禹诞辰周年祭祀改为政府公祭，至2022年已连续举办四年。

【羌族风情】北川自古就是以羌族为主的少数民族聚居地。汉代以后的文献将其称为“西南夷”“西羌”“茂州蛮”“龙州蛮”“白草番”“青片番”。时任县令姜炳章编撰的清乾隆《石泉县志》中所附“五十八番寨”图，地名清晰，河流生动，重要桥梁津渡、塘汛堡寨均有表现，白草坝、外白寨、大鸭渡、小鸭渡等众多番寨名沿用至今。20世纪80年代初，县内相继建立20个羌族乡和1个羌族藏族乡，占全县31个乡镇的68%。1987年，四川省人民政府批准“自1988年1月起北川按少数民族县待遇”，享受相应的优惠政策。2003年7月6日，国务院国函〔2003〕75号批准建立北川羌族自治县，同年10月25日（羌年农历十月初一），北川羌族自治县入选羌族文化生态保护区。2019年12月，北川羌族文化生态保护区入选国家级文化生态保护区。至2022年年底，县境内有永平堡古城、大寨子遗址、伏羌堡遗址、黑水羌寨民居、梁步禅碉楼等7家羌族文物保护单位，羌年、口弦技艺两项国家级非物质文化遗产。在全县101项非物质文化遗产中有关羌族文化的占到50%，127名非物质文化遗产传承人中羌族文化传承人占比50%。

主要景区景点

【北川羌城旅游区】北川羌城旅游区是绵阳市第一家国家AAAAA级旅游景区，由地震纪念地、大爱文化观赏区和禹羌文化体验区三大部分组成，包含北川老县城地震遗址、5·12汶川特大地震纪念馆（主馆、副馆）、吉娜羌寨、北川羌族民俗博物馆、巴拿恰商业街等景点，面积6.01平方千米。旅游区是

新北城县城巴拿恰羌年活动

大美羌城夜景

一个开放性景区，集纪念缅怀、感恩大爱、禹羌风情和生态休闲于一体，留存有汶川特大地震灾难记忆、传承着羌族悠久的人文历史与民族文化，记载着伟大的抗震救灾精神和无疆大爱文化，是回顾风雨同舟的患难历程、见证浴火重生的北川新貌、领略禹羌文化的独特魅力、欣赏秀美壮丽的旖旎风光的理想旅游目的地。

【九皇山风景区】 系国家AAAA级景区，位于桂溪镇，距绵阳市中区68千米，距成都市中区210千米，距九寨沟风景区230千米，成都至九寨沟的旅游环线穿景区大门而过，交通便利。景区集人文与自然景观于一体，以古朴的西羌文化为主线，完整地保留、真实地展现古老西羌文化遗迹与生活习俗。景区属典型的喀斯特地貌，地质、气象等自然资源丰富多彩。猿王洞溶洞景观、西羌酒店、险山宾馆、松山度假别墅、羌寨风情园度假村、情人桥、溜索、尔玛生态文化艺术墙、中国最大的天然（徒手）狩猎场、云宝顶运动休闲区、羌情园民俗文化区、彭家梁民俗生态休闲区、跳跃式高空管式滑道、天然矿物质温泉洗浴中心等，共同构成了九皇山景区生态多样性与文化多元性、运动休闲性与观光娱乐性有机结合的景区特色。

【药王谷风景区】 系国家AAAA级景区，位于桂溪镇，紧邻九皇山风景区是全国第一个中医药养生主题旅游度假区，秉承“不治已病、治未病”的中华传统医药文化，弘扬“无川药不成方”“天下九福、蜀川药福”的川药文明，依托景区成片的万亩药林和百年古辛夷花药树林等天然资源，形成食疗、气疗、诊疗、浴疗、枕疗、动疗、心疗等系列针对亚健康人群的国医健康调理旅游产品。药王谷位于海拔1500米以上的群山之中，植被丰茂，负氧离子23000个／立方厘米，夏季清凉，四季药花烂漫，溶洞奇险、林森幽幽，是观光休闲避暑胜地。

【维斯特农业休闲旅游区】 系国家AAAA级景区，位于北川新县城西北部，面积33.34公顷。旅游区包括生态农业观光示范园、开心农场、生态采摘园、生态餐厅、休闲中心、天然活氧温泉、恒温游泳馆、酒店等景点，蕴含着高山农业、生态旅游、现代温室大棚等，是一家集农业科普知识与农业产业化经营理

九皇山星空露营地

维斯特农业科技示范园

念于一体的现代农业生态养生休闲度假区。由东部厅、西部厅、开心农场以及生态采摘园四个智能温室区构成，展厅面积为6000～10000平方米。

【寻龙山风景区】 系国家AAAA级旅游景区，位于安昌镇，是龙门山前砾岩喀斯特石林和溶洞地的典型代表，发育于中生代晚侏罗纪时期，距今1.44亿～1.5亿年。景区内的卧龙洞洞内空间30万立方米，洞壁由棕红色砾岩构成，分上、中、下三层，深5～7千米，洞内有长约4千米的暗河。沿洞有岛屿、河流、瀑布、走廊、宫殿，12个景段、百余个景点。景区内的龙隐镇建筑用材及风格为20世纪30～40 年代川西北小镇的特色，是中国西南地区最大影视拍摄基地，具有拍摄影视作品和旅游观光的双重功能。

（谢雁萍）

寻龙山龙隐镇

▶中共北川羌族自治县委

概 述

【概况】 2022年，中共北川羌族自治县委坚定以习近平新时代中国特色社会主义思想为指导，学习宣传贯彻党的二十大和习近平总书记来川视察重要指示精神，全面落实省第十二次党代会、省委十二届二次全会、市委八届五次全会精神，团结带领全县各族群众踔厉奋发、勇毅前行，全省民族地区高质量发展先行县建设取得积极成效。实现地区生产总值94.47亿元、增长4.6%，地方一般公共预算收入占GDP比重5.97%，名列全市第一。高质量发展综合绩效评价进入全市“好”的档次，在2022年中国县域旅游发展潜力百强县中排名上升至32位。脱贫攻坚和脱贫成效巩固工作连续六年进入全省“好”的行列，城乡居民人均可支配收入增速蝉联全市第一。全年空气质量优良天数率达92.9%，地表水环境质量位居全省第9位。党风廉政建设社会评价群众满意指数连续5年位居全省前列、全市第一。

【产业发展】 2022年，大力实施产业倍增发展攻坚行动。实施“三品”工程，发布“羌食荟”农产品区域公用品牌，获评省级“菜篮子”工程冷链设施示范县、四川省有机产品认证示范区，北川茶叶多次摘得国际大赛金奖。通航产业和食品医药产值占比提高至54.5%，新增规上工业企业9户、省级“专精特新”企业3户，实现规上工业总产值59.2亿元、高新技术产业主营业务收入12亿元。新增规上服务业企业4家、限上商贸单位8家。创作《走北川》实景体验剧，发布《少年禹传奇》城市超级IP，巴拿恰入选全国非遗与旅游融合发展优选项目名录。创建省级乡村旅游重点村2个、天府旅游名村1个，全县A级景区接待游客331.79万人次，实现旅游综合收入12.75亿元。开展“悦享北川·游购羌城”消费促进活动，拉动餐饮住宿等消费5000余万元。发展“电商飞地经济”，东西部协作“年货羌先购”直播节实现销售额3000余万元。

【开放合作】 2022年，高质量完成195项改革事项，“科技治超”赋能智慧交通建设等60余项改革创新经验被国省主流媒体宣传报道，社区青春“5+”行动等7项经验做法入选国省改革案例。举办第四届海峡两岸大禹文化交流活动，参加“绵品出川”活动，现场签订购销协议4亿元，主办“绵阳好物 蓉城相荟”优质农产品推介活动亮相成都市宽窄巷子景区，现场签订采购协议超1亿元。实现对外贸易进出口总额4200万元、增长15%。实施“招商突破年行动”，推进“5+X”精准招商，签约项目25个，金额124亿元，其中5亿元及以上项目8个。

【民生保障】 2022年，巩固脱贫攻坚成果同乡村振兴有效衔接，全省东西部协作年度考核蝉联“好”的等次，脱贫攻坚和脱贫成效巩固工作连续六年进入全省“好”的行列。大力推进稳岗就业，转移农村劳动力4.83万人，获评全省返乡入乡创业示范县。在全市率先实现全员核酸检测“日清日结”，成功应对多轮周边疫情扩散蔓延，落实“新十条”防疫政策，药品、医疗物资、生活物资储备充足。推进教育普惠化，获评全省“学前学普试点县”，幸福小学三（3）班中队被共青团中央、教育部、全国少工委表彰为“全国优秀少先队集体”。推进灾后恢复重建，危险区域内群众已搬迁455户，占有意愿搬迁数的63%，其中白什乡场镇144户。包装谋划重建项目338个，总投资15.86亿元，启动灾后急需重建项目38个，已完工6个。设立200万元“禹羌情”专项救助基金，实现特殊困难群体应保尽保。基本实现城乡居民参保全覆盖，全年发放低保、特困、临时救助等补助资金3000余万元、受益9万余人。

【社会发展与安全】 2022年，落实安全生产15条硬措施，全年安全生产事故起数、死亡人数均下降33.3%。深刻汲取“7·16”自然灾害教训，实体化运行防汛减灾联合指挥部，制定《关于进一步强化防灾减灾的实施意见》，与水利部防洪抗旱减灾工程技术研究中心联合编制北川山洪灾害防御能力提升规划和实施方案。推进共享安全生产屋、雨量监测站、观察哨等设施建设。做好信访维稳，“治重化积”案件全部化解销号。完成县乡村三级综治中心规范化提档升级，平安建设群众满意度测评连续5年位列全市第一，获评省、市平安建设先进县。

【党的建设】 2022年，贯彻落实新时代党的建设总要求，统筹抓好党的各项建设。始终保持正风反腐高压态势，党风廉政建设社会评价群众满意指数连续5年位居全省前列、全市第一。强化干部作风建设，认真践行“一线工作法”，挂牌整治“群众最不满意的十件事”。落实“人才兴市”战略，成立县高端人才服务中心，出台《激励人才十六条措施》等系列政策措施，开展“海纳北川 才聚羌山”招才引智系列活动，招录到岗399人，其中硕士研究生42名，是近五年招录人数的3.5倍。

（于龙鲲）

重要会议

【中共北川羌族自治县委第五届委员会第二次全体会议暨县委经济工作会】 1月9日，县委五届二次全会暨县委经济工作会召开。会议学习宣传贯彻党的十九届五中、六中全会，省委十一届十次全会，市第八次党代会，市委八届二次全会精神；听取《关于县委常委会工作的报告》；对《中共北川羌族自治县委关于深入学习贯彻党的十九届六中全会精神巩固党史学习教育成果的决定》《中共北川羌族自治县委关于以实现碳达峰碳中和目标为引领推动经济社会高质量发展的决定》进行说明。

【县委五届三次全会】 1月20日，县委五届三次全会暨县委经济工作会召开。会议对《北川羌族自治县出席党的二十大和省第十二次党代会代表候选人推荐人选提名及构成情况的说明》进行说明，表决通过北川羌族自治县出席党的二十大和省第十二次党代会代表候选人推荐提名人选名单。

【县委五届第15次常委会会议】 1月6日，县委五届第15次常委会会议召开。会议传达学习习近平总书记在中央政治局党史学习教育专题民主生活会上的重要讲话精神，习近平总书记对全国老干部工作作出的重要指示精神，研究北川贯彻落实意见；审议《中共北川羌族自治县委五届二次全体会议暨县委经济工作会议方案（送审稿）》《中共北川羌族自治县委关于深入学习贯彻党的十九届六中全会精神巩固党史学习教育成果的决定（送审稿）》《中共北川羌族自治县委关于以实现碳达峰碳中和目标为引领推动经济社会高质量发展的决定（送审稿）》《关于〈中共北川羌族自治县委关于深入学习贯彻党的十九届六中全会精神巩固党史学习教育成果的决定〉的说明（送审稿）》《关于〈中共北川羌族自治县委关于以实现碳达峰碳中和目标为引领推动经济社会高质量发展的决定〉的说明（送审稿）》《在县委五届二次全会上关于县委常委会工作的报告（送审稿）》《北川羌族自治县2022年经济工作要点（送审稿）》《北川羌族自治县2022年项目名单（送审稿）》《北川羌族自治县领导干部绩效考核负面清单实施办法》《关于农村发展党员违规违纪问题处理意见的方案》《关于加快推进国家监察向园区延伸的实施方案》《关于提交县五届二次人代会票决2022年县级民生实事项目的请示》。

【县委五届第16次常委会会议】 1月9日，县委五届第16次常委会会议召开。会议听取县委五届二次全体会议暨县委经济工作会议各组召集人关于讨论情况的汇报。听取县委五届二次全体会议暨县委经济工作会议秘书处关于《中共北川羌族自治县委关于深入学习贯彻党的十九届六中全会精神巩固党史学习教育成果的决定（讨论稿）》《中共北川羌族自治县委关于以实现碳达峰碳中和目标为引领推动经济社会高质量发展的决定（讨论稿）》《中国共产党北川羌族自治县第五届委员会第二次全体会议决议（草案讨论稿）》《北川羌族自治县2022年经济工作要点（讨论稿）》修改意见的汇报。

【县委五届第17次常委会会议】 1月13日，县委五届第17次常委会会议召开。会议传达学习中央农村工作会议精神，省、市森林草原防灭火工作会议精神和《四川省人民政府2022年森林防火命令》《四川省人民政府2022年草原防火命令》《绵阳市人民政府2022年森林草原防火命令》，传达学习全省消防安全工作紧急电视电话会议精神和《四川省消防安全责任实施办法》，研究北川贯彻落实意见；传达全市出席党的二十大代表候选人推荐提名和省第十二次党代会代表选举工作部署会议精神，研究北川贯彻落实意见；听取县人大常委会党组、县人民政府党组、县政协党组、县纪委监委、县委组织部、县委宣传部、县委政法委、县委统战部、四川北川经开区（绵阳科技城〈北川〉通航产业园）党工委、县人民法院党组、县人民检察院党组关于2021年工作总结及2022年工作计划的报告，安排部署下步工作；听取县委常委班子党史学习教育专题民主生活会筹备情况的汇报；审议《县委常委班子2020年度民主生活会整改措施落实情况的报告》《县委常委班子严肃换届纪律专题民主生活会整改措施落实情况的报告》《县委常委班子2021年度民主生活会征求意见情况报告》《中共北川羌族自治县委常委班子党史学习教育专题民主生活会对照检查材料》《关于新时代坚持和完善人民代表大会制度加强和改进人大工作的实施意见》；审议《四川北川经济开发区综合改革实施意见》《北川羌族自治县文旅产业发展五年行动计划方案》《北川羌族自治县2022年春节走访慰问活动方案》《关于切实加快推进唐家山水库工程前期工作的请示》《关于新建北川羌族自治县乡村振兴实训基地的请示》《关于同意北川禹创三元发展集团有限公司组建北川通航产业发展基金的请示》《关于同意千佛山战役遗址公园建设项目（一期）实施方案的请示》《关于同意拨付2021年度“雪亮工程”购买服务资金的请示》《关于同意兑现沙朗恰双创民俗文化旅游街项目投资补助资金的请示》《关于同意解决2020年新县城和安昌城区市政设施维修维护项目资金的请示》《关于同意解决北川生活垃圾填埋场2017年第三批渗沥液处理费用的请示》《关于同意核销部分隐性债务的请示》《关于同意拨付2021年永昌镇安置小区房屋维修资金的请示》。

【县委五届第18次常委会会议】 1月20日，县委五届第18次常委会会议召开。会议审议《北川羌族自治县出席党的二十大和省第十二次党代会代表候选人推荐人选名单》。

【县委五届第19次常委会会议】 1月20日，县委五届第19次常委会会议召开，各乡（镇）党委、经开区党工委、县属国有企业综合党委、县委教育工委、县委“两新”工委、县住建局党组、县农业农村局党组主要负责人抓基层党建工作现场述职，县委书记李昊天点评。县委常委，县人大常委会主任，县政协主席，不是县委常委的县委党建领导小组成员，不是县委党建领导小组成员的县委办副主任，县纪委副书记，县委组织部副部长，县委宣传部副部长，县委巡察办常务副主任，县委各巡察组组长，基层一线党代表对述职党组织书记进行评议；市委组织部组织四科科长王绪讲话；县委书记李昊天讲话。

【县委五届第20次常委会会议】 1月25日，县委五届第20次常委会会议召开。会议传达学习习近平总书记在省部级主要领导干部学习贯彻党的十九届六中全会精神专题研讨班开班式上的重要讲话精神，习近平总书记在十九届中央纪委六次全会上的重要讲话和十九届中央纪委六次全会精神，习近平总书记关于党史学习教育的重要指示精神和全国、全省、全市党史学习教育总结会议精神，研究北川贯彻落实意见；传达学习四川省第十三届人民代表大会第五次会议、中国人民政治协商会议四川省第十二届委员会第五次会议精神，1月24日市委常委会会议精神，研究北川贯彻落实意见；审议《关于召开北川羌族自治县第五届人民代表大会第二次会议的请示》《关于召开政协北川羌族自治县第五届委员会第二次会议的请示》《关于将〈北川羌族自治县投资促进条例（草案）〉列入县五届人大二次会议审议议程的请示》《北川羌族自治县第四届人民代表大会常务委员会工作报告》《北川羌族自治县四届人民政府工作报告》《政协北川羌族自治县第四届委员会常务委员会工作报告》《北川羌族自治县人民法院工作报告》《北川羌族自治县人民检察院工作报告》《北川羌族自治县人大常委会工作报告（送审稿）》《北川羌族自治县人民政府工作报告（送审稿）》《中国人民政治协商会议北川羌族自治县第五届委员会常务委员会工作报告（送审稿）》《北川羌族自治县人民法院工作报告（送审稿）》《北川羌族自治县人民检察院工作报告（审议稿）》《北川羌族自治县2021年预算执行情况和2022年预算草案报告（送审稿）》《北川羌族自治县2021年国民经济和社会发展计划执行情况及2022年计划草案报告（送审稿）》《关于同意推进抽水蓄能项目有关事项的请示》《关于同意实施北川羌族自治县2021年中央预算内高标准农田建设项目的请示》《关于同意解决乡镇2021年度城市维护费用的请示》《关于同意解决市政桥梁维修加固工程项目资金的请示》；干部事项。

【县委五届第21次常委会会议】 1月28日，县委五届第21次常委会会议召开。会议传达学习习近平总书记在中共中央政治局第三十六次集体学习时的重要讲话精神，《中共中央办公厅印发〈关于加强巡视整改和成果运用的意见〉的通知》，《中共中央办公厅印发〈关于加强和改进新时代市县政协工作的意见〉的通知》，《中共中央办公厅 国务院办公厅印发〈关于加强新时代关心下一代工作委员会工作的意见〉的通知》，研究北川贯彻落实意见；传达学习《中华人民共和国工会法》及绵阳市总工会八届三次全委会精神，全市重点工作部署会议精神，研究北川贯彻落实意见；听取县委常委、县人大常委会、县人民政府、县政协、县人民法院、县人民检察院党组主要负责人2021年第四季度暨全年履行党风廉政建设主体责任情况汇报，安排部署下步工作；审议《关于将〈北川羌族自治县人民代表大会议事规则（草案）〉列入县五届人大二次会议审议议程的请示》《关于同意拨付永昌镇老旧小区“整治提质”行动集中拆除资金的请示》《关于同意签订〈四川省羌山农牧科技股份有限公司食品综合加工项目投资协议〉的请示》。

【县委五届第22次常委会（扩大）会议】 2月9日，县委五届第22次常委会（扩大）会议召开。会议传达学习习近平总书记对政法工作作出的重要指示精神和中央、省委、市委政法工作会议精神，研究北川贯彻落实意见；传达学习《关于加强新时代廉洁文化建设的意见》和省纪委十一届六次全会、市纪委八届二次全会精神，《四川省重大决策社会稳定风险评估办法》，研究北川贯彻落实意见；听取2022年一季度“开门红”工作及全年主要经济指标分析情况汇报，安排部署下步工作；学习2022年领导干部报告个人有关事项集中填报及社会关系信息采集工作相关要求。

【县委五届第23次常委会会议】 2月14日，县委五届第23次常委会会议召开。会议传达学习习近平总书记对党的建设研究工作作出的重要指示精神，副省长、市委书记曹立军关于道路交通安全的重要批示精神，通报货运车辆超限超载调查情况，研究北川贯彻落实意见；审议《中国共产党北川羌族自治县第五届纪律检查委员会第二次全体会议工作报告（送审稿）》《北川羌族自治县品牌创建奖励办法》《关于2021年度“天府旅游名县”建设先进个人和先进集体表彰有关事项的请示》《关于同意对全县公务用车进行分批轮换的请示》《关于对上争取资金工作相关事项的请示》《关于同意采购造价咨询中介机构参与我县财政评审工作的请示》《关于同意开展G347、S313和X173干线公路应急排危处置的请示》《关于同意启动安北物流大道等8个项目前期工作的请示》《关于同意解决2021年乡镇垃圾转运费的请示》《关于同意解决北川中联水泥有限公司矿权整合勘查经费的请示》《关于同意解决北川羌族自治县木竹山石灰岩矿地质勘查费用的请示》《关于同意解决疫情防控经费的请示》《关于同意解决传染病专科医院、集中隔离留观中心划拨用地资金的请示》《关于同意县中羌医医院综合服务能力建设项目建设内容变更的请示》《关于同意〈绵阳市卓信实业有限公司卓信·北川智慧农贸广场项目投资协议〉的请示》《关于同意〈四川荣德建材有限公司水泥外加剂生产及销售项目投资协议〉的请示》《关于同意〈纳溪健康食品示范产业园征地拆迁安置工作实施方案〉的请示》。

【县委五届第24次常委会(扩大)会议】 2月21日，县委五届第24次常委会(扩大)会议召开。会议传达学习习近平总书记关于粮食安全重要论述精神及《地方党委和政府领导班子及其成员粮食安全责任制规定》，研究北川贯彻落实意见；传达学习省委农村工作会议、市委农村工作领导小组全体会议精神，传达学习绵阳市第八届人民代表大会第二次会议、中国人民政治协商会议绵阳市第八届委员会第二次会议精神，2月21日市委常委会会议精神，研究北川贯彻落实意见；审议《北川羌族自治县涉稳矛盾及信访积案“减存量、遏增量、防变量”实施方案》《关于同意由县防汛监测站作业主实施四川省北川县苏宝河擂鼓镇田坝段防洪治理工程的请示》《关于同意采购北川七一职中改善办学条件项目的请示》《关于同意实施安昌幼儿园教学楼防水改造等23个校舍维修改造项目的请示》；干部事项。

【县委五届第25次常委会（扩大）会议】 3月11日，县委五届第25次常委会（扩大）会议召开。会议学习习近平总书记关于统计工作的重要指示精神，国民经济核算（GDP）及统计相关法律法规；习近平总书记在中共中央政治局第三十七次集体学习时的重要讲话精神，中央全面深化改革委员会第二十四次会议精神，在中央党校（国家行政学院）中青年干部培训班开班式上的重要讲话精神，全国、全省组织部长会议及全市组织部长暨老干部局长会议精神,研究北川贯彻落实意见；传达学习市委“稳增长”工作专题会议精神，听取走访调研全县规上、限上企业情况汇报，安排部署下步工作；传达学习绵阳市信访工作会议暨信访工作联席会议全体（扩大）会议精神，研究北川贯彻落实意见；通报《2021年度绵阳市北川县党风廉政建设社会评价结果》，省人民政府办公厅定点帮扶北川工作情况汇报，安排部署下步工作；审议《贯彻落实〈中共北川羌族自治县委关于深入学习贯彻党的十九届六中全会精神巩固党史学习教育成果的决定〉项目责任分工方案》《中共北川羌族自治县第五届委员会巡察工作规划（2022～2026年）（试行）》《北川羌族自治县人大常委会2022年工作要点》《北川羌族自治县禹羌投资集团有限责任公司公司章程（修订稿）》《北川禹创三元发展集团有限公司公司章程（修订稿）》《北川禹泉文旅集团有限公司公司章程（修订稿）》《关于同意调整北川羌族自治县禹羌投资集团有限责任公司董事会、监事会成员的请示》《关于同意调整北川禹创三元发展集团有限公司董事会、监事会成员的请示》《关于同意调整北川禹泉文旅集团有限公司董事会、监事会成员的请示》《关于同意将北川羌族自治县林峰综合林场有限公司产权（股权）划转至北川禹泉文旅集团有限公司的请示》《关于同意〈安徽新品源电池技术有限公司投资建设年产3300万支聚合物锂电池生产项目投资协议〉的请示》。

【县委五届第26次常委会（扩大）会议】 3月18日，县委五届第26次常委会（扩大）会议召开。会议传达学习习近平总书记参加全国人代会内蒙古代表团、解放军和武警部队代表团会议审议，以及全国政协农业界、社会福利和社会保障界委员联组会讨论时发表的重要讲话精神，十三届全国人大五次会议、中国人民政治协商会议第十三届全国委员会第五次会议精神，四川省传达学习全国两会精神大会精神，听取全国人大代表余绍容汇报参加第十三届全国人民代表大会第五次会议情况，研究北川贯彻落实意见；传达四川省人民政府副省长、中共绵阳市委书记曹立军3月17日到北川调研经济社会发展情况时作出的重要指示精神，研究北川贯彻落实意见；听取2021年度村级集体经济“消薄”行动工作开展情况汇报，《关于我县行政机关涉诉案件情况的调查报告》，安排部署下步工作；审议《关于成立中国共产党北川羌族自治县群团组织综合委员会的请示》《关于同意表扬2021年度三八红旗手、三八红旗集体、巾帼文明岗的请示》。

【县委五届第27次常委会会议】 3月23日，县委五届第27次常委会会议召开。会议传达学习3月17日中共中央政治局常务委员会会议，3月19日国务院联防联控机制电视电话会议，3月14日、3月18日省委常委会会议精神，全国、全省、全市宣传部长会议精神，市委农村工作会议精神，研究北川贯彻落实意见；审议《关于文化企业坚持正确导向履行社会责任的实施方案》《县委全面深化改革委员会2022年工作要点》《县委全面深化改革委员会2022年度工作台账》《中共北川羌族自治县委 北川羌族自治县人民政府关于高质量做好2022年“三农”重点工作全面推进乡村振兴的意见》《关于同意表扬2021年度乡村振兴实绩考核先进单位的请示》《关于同意命名2021年度县级实施乡村振兴战略示范村的请示》《关于2021年度党建、纪检、宣传、政法、深化改革、依法治县、人大、政协、统战、群团工作先进单位名单的请示》《关于2021年度经济社会发展工作先进集体、先进个人、北川好人表扬名单的请示》

《2022年度政协协商工作计划》《关于同意〈2021年度促进精品农业发展、科技创新、建筑业高质量发展、工业经济高质量发展奖励扶持政策兑现方案〉的请示》《关于同意处置县委党校房屋建筑物的请示》；审议《关于同意实施〈2022年东西部协作资金项目安排计划〉的请示》《关于同意实施〈2022年乡村振兴衔接资金项目安排计划〉的请示》《关于同意启动北川新县城文化旅游综合提升项目前期工作的请示》《关于同意启动北川安昌河“一河两岸”水利文化旅游综合提升项目前期工作的请示》《关于同意实施大禹纪念馆项目建设相关内容的请示》《关于同意兑现四川中原宏达商贸有限公司仓储物流园区项目地方经济贡献剩余奖补资金的请示》《关于同意签订〈北川羌族自治县人民政府与力方数字科技集团有限公司投资合作协议书〉的请示》《关于同意2022年中央和省级财政衔接推进乡村振兴补助资金（少数民族发展任务）项目安排计划的请示》《关于同意解决亿丰商贸城和滨江医院周边市政设施建设资金的请示》《关于同意实施国道347黄江大桥病害处置及荷载提升工程项目的请示》《关于同意启动S107线北川段灾毁恢复重建项目（二期）2020年8月中旬特大暴雨灾毁恢复工程）建设的请示》《关于同意实施新建永昌第三幼儿园项目的请示》《关于同意招标采购义务教育学校教学设备的请示》；干部事项。

【县委五届第28次常委会（扩大）会议】 4月1日，县委五届第28次常委会（扩大）会议召开传达学习全市重点工作推进会会议精神，研究北川贯彻落实意见；审议《2022年全县党委（党组）理论学习中心组专题学习安排意见》《2022年全县政法工作要点及责任分工方案》。

【县委五届第29次常委会（扩大）会议】 4月15日，县委五届第29次常委会（扩大）会议召开。会议传达学习习近平总书记在3月31日中央政治局常委会会议上的重要讲话精神，习近平总书记关于安全生产工作重要指示和李克强总理批示要求及全国安全生产电视电话会议，国务院安委会《安全生产十五条措施》，国务院灾害调查组《河南郑州“7·20”特大暴雨灾害调查报告》，4月2日省委常委会会议、4月6日市委常委会会议精神，研究北川贯彻落实意见；传达学习全国宗教工作会议、省委民族工作会议暨全省宗教工作会议、市委民族工作会议暨全市宗教工作会议精神，研究北川贯彻落实意见；学习《中共中央关于印发〈在全党开展党史学习教育总结报告〉的通知》《中办印发〈关于推动党史学习教育常态化长效化的意见〉》《中共中央 国务院关于做好2022年全面推进乡村振兴重点工作的意见》《中共四川省委 四川省人民政府关于做好2022年“三农”重点工作全面推进乡村振兴的意见》《中共绵阳市委 绵阳市人民政府关于促进“三农”工作高质量发展全面推进乡村振兴的意见》，研究北川贯彻落实意见；传达学习4月2日省委常委会会议；传达学习省委常委、组织部部长于立军在全省党建引领城市基层治理工作会议上的重要讲话精神，传达学习市级领导干部和县级主要负责人读书班精神，《中共绵阳市委组织部关于转发省委组织部〈关于开展党务工作突出问题清查整治的通知〉的通知》《中共绵阳市委组织部关于印发〈关于开展党务工作突出问题清查整治工作实施方案〉的通知》，研究北川贯彻落实意见；传达学习全国编办主任会议，全省、全市机构编制工作会议精神，全省深化国资国企改革工作座谈会精神，市林长制全体会议精神，研究北川贯彻落实意见；审议《贯彻落实〈中共北川羌族自治县委关于以实现碳达峰碳中和目标为引领推动经济社会高质量发展的决定〉项目责任分工方案》《关于同意成立“园区提质、企业满园”行动领导小组的请示》《北川羌族自治县乡村文化振兴工作方案》《中共北川羌族自治县委组织部2022年工作要点》《2022年度整治“群众最不满意的十件事”》

《北川羌族自治县促进文化旅游产业高质量发展奖励办法（试行）》《关于同意启动实施北川桂花河公园等5个项目建设的请示》《关于同意签订〈北川复泰玫瑰有限责任公司复泰玫瑰中医药大健康项目投资协议〉的请示》《关于同意实施〈2022年革命老区转移支付资金项目计划〉的请示》《关于同意解决2021年脱贫人口小额信贷贴息资金的请示》《关于同意解决北川羌族自治县矛盾纠纷诉源治理联合调解中心建设经费的请示》；干部事项。

【县委五届第30次常委会（扩大）会议】 4月28日，县委五届第30次常委会（扩大）会议召开。会议传达4月26日市委常委会（扩大）会议精神，听取一季度全县经济运行情况汇报，研究部署有关工作。

【县委五届第31次常委会（扩大）会议】 4月28日，县委五届第31次常委会（扩大）会议召开。会议传达学习中央财经委员会第十一次会议精神，学习习近平总书记在《求是》杂志发表的重要文章《坚持把解决好“三农”问题作为全党工作重中之重，举全党全社会之力推动乡村振兴》，习近平总书记在海南考察时的重要讲话精神和全省种业振兴大会精神，研究北川贯彻落实意见；传达学习全省领导干部会议、4月25日省委常委会会议精神，全国、全省、全市统战部长会议精神，市委常委、纪委书记、市监委主任唐浪生4月27日到北川调研重要指示精神，研究北川贯彻落实意见；听取《关于高质量做好2022年度省政府办公厅定点帮扶工作的意见》情况汇报，县委常委，县人大常委会、县人民政府、县政协、县人民法院、县人民检察院党组主要负责人2022年第一季度履行党风廉政建设主体责任情况汇报，安排部署下步工作；审议《2022年全县宣传思想工作要点》《2022年全县统战工作要点》《关于同意全县“两红两优”表扬对象名单的请示》《关于成立中国共产党北川羌族自治县卫生健康局委员会的请示》《关于设立中共北川羌族自治县人大常委会机关党组、变更中共北川羌族自治县开茂水库工程建设管理中心党组、撤销中共四川小寨子沟国家级自然保护区管理处党组的请示》《关于同意解决乡镇级片区专项规划编制经费的请示》《关于同意启动G347石泉堡隧道改线工程等14个项目前期工作的请示》《关于同意县属平台公司出资参与科发集团定增北京旋极信息技术股份有限公司股份的请示》《关于同意禹创三元集团参与竞拍北川山东工业园区破产资产的请示》《关于同意解决都坝河小流域地质灾害综合防治二期工程（陈家坝场镇左岸防护堤）水毁修复等12处地质灾害排危除险项目资金的请示》《关于同意解决北川羌族自治县圆包山白云岩矿地质勘察费用的请示》《关于同意解决北川羌族自治县谢家山白云岩矿地质勘察费用的请示》《关于同意禹羌投资集团〈省道107北川县安昌镇至永安镇改线工程融资方案〉的请示》；审议《关于同意大禹纪念馆项目建设征地拆迁工作实施方案的请示》《关于同意解决新一轮林地保护利用规划编制工作经费的请示》《关于同意北川禹兴文化旅游服务有限公司与成都力方新文旅有限公司成立合资公司相关事宜的请示》《关于同意县禹羌投资集团有限公司沿用县堰管中心完成的相关工作成果用于项目可行性研究阶段招标采购工作的请示》《关于同意启动抽水蓄能电站项目入规前期工作的请示》；干部事项。

【县委五届第32次常委会（扩大）会议】 5月13日，县委五届第32次常委会（扩大）会议召开。会议传达学习5月5日中共中央政治局常务委员会会议精神，省委书记王晓晖调研疫情防控工作并主持召开专题会议精神，5月11日绵阳市疫情防控工作会议精神，研究北川贯彻落实意见；传达学习习近平总书记在中共中央政治局第三十八次集体学习时的重要讲话精神，4月29日中共中央政治局会议精神，省委财经委员会第十二次会议精神，研究北川贯彻落实意见；传达学习习近平总书记对湖南长沙居民自建房倒塌事故作出的重要指示精神和李克强总理批示要求，省委常委、市委书记曹立军，市委副书记、市长李云对湖南长沙居民自建房倒塌事故作出的批示要求，研究北川贯彻落实意见；传达学习习近平总书记在庆祝中国共产主义青年团成立100周年大会上的重要讲话精神，省委书记王晓晖在四川省学习贯彻习近平总书记在庆祝中国共产主义青年团成立100周年大会上的重要讲话精神座谈会上的讲话精神，研究北川贯彻落实意见；传达学习中央全面深化改革委员会第二十五次会议精神，省委全面深化改革委员会第十六次会议精神，市委全面深化改革委员会第十三次会议精神，《信访工作条例》《绵阳市信访工作联席会议办公室关于转发四川省信访工作联席会议〈关于深入贯彻落实省委常委会会议、省政府常务会议精神的通知〉及〈关于持续治理进京上访为党的二十大营造安全稳定社会环境的通知〉的通知》，研究北川贯彻落实意见；学习《关于推进以县城为重要载体的城镇化建设的意见》，省委书记王晓晖赴凉山州调研并主持召开工作座谈会精神，前往水利厅调研并主持召开专题会议精神，研究北川贯彻落实意见；传达学习省委、市委人才工作会议精神，全市重点工作会议精神，省委常委、市委书记曹立军对汛期防溺水工作作出的批示要求，研究北川贯彻落实意见；审议《北川羌族自治县事业单位管理岗位职员等级晋升实施细则（试行）（送审稿）》《北川羌族自治县事业单位管理岗位职员等级晋升积分制管理办法（试行）（送审稿）》；审议《关于同意解决北川县片口自然保护区大熊猫国家公园体制试点项目地方配套资金的请示》《关于同意实施永昌小学运动场改造等项目的请示》《关于同意落实特岗教师待遇的请示》《关于同意实施北川中学学生公寓改造项目的请示》《关于同意〈2022年城乡义务教育补助经费及支持学前教育发展资金分配方案〉的请示》《关于同意解决体育中考智能化考试和学生体质健康监测设备经费的请示》《2021年市管干部年度考核初评等次》《全县优秀正科级领导干部推荐人选名单》；干部事项。

【县委五届第33次常委会（扩大）会议】 5月31日，县委五届第33次常委会（扩大）会议召开。会议传达学习中国共产党四川省第十一届委员会第十一次全体会议精神，中国共产党四川省第十二次代表大会精神，中国共产党四川省第十二届委员会第一次全体会议精神，研究北川贯彻落实意见。

【县委五届第34次常委会（扩大）会议】 5月31日，县委五届第34次常委会（扩大）会议召开。会议传达学习全国稳住经济大盘电视电话会议精神，全市稳住经济大盘视频会议精神，听取全县稳住经济大盘政策落实情况汇报，安排部署下步工作；学习《中国共产党政法工作条例》《四川省贯彻〈中国共产党政法工作条例〉实施细则》《乡村建设行动实施方案》，研究北川贯彻落实意见；传达学习省委书记王晓晖赴绵阳调研重要指示精神，5月24日市委常委会（扩大）会议精神，《绵阳市安全生产责任追究制度（试行）》，研究北川贯彻落实意见；审议《北川羌族自治县法治宣传教育第八个五年规划（2021～2025年）》《关于同意表扬2021年度先进基层武装部、先进民兵应急排和优秀专武干部的请示》《关于同意〈北川羌族自治县人居环境整治激励资金奖补实施方案〉的请示》《关于同意解决国家农产品质量安全县创建工作经费的请示》《关于同意解决2021年重点流域农业面源污染治理项目前期费用的请示》《关于同意解决2017年度北川擂鼓第791号建设项目资金的请示》《关于同意解决陈家坝镇“5·12”灾后重建项目资金有关事项的请示》《关于同意启动国家储备林及森林康养建设项目前期工作的请示》《关于同意对擂鼓硫铁矿进行行政补偿事宜的请示》《关于同意传染病专科医院、集中隔离留观中心项目增加基坑支护及边坡治理工程的请示》《关于同意签订〈羌食荟·北川味道美食文化研发孵化体验中心项目投资协议〉的请示》《关于同意签订〈北川机动车驾驶人培训考试中心项目投资协议〉的请示》《关于同意签订〈深圳品客实业有限公司电子保健器材制造项目投资协议〉〈补充协议〉的请示》《关于同意签订〈顺丰无人机川北运行基地项目合作协议〉的请示》《关于同意北川通用机场高压线迁改项目变更的请示》《关于同意签订〈北川与中航通飞产业合作协议〉的请示》《关于同意签订〈浙江誓安消防科技有限公司北川消防应急设备制造基地项目投资协议〉〈补充协议〉的请示》《关于同意签订〈台州大聚机械有限公司汽车发动机悬置（NVH）及橡胶减震设备生产项目投资协议〉〈补充协议〉的请示》《关于同意签订〈北川城市数字IP提升项目合作协议〉请示》《关于同意实施擂鼓工业园区西南水泥厂及中原宏达货运通道建设的请示》；审议《关于同意实施撤并建制村畅通工程等8类项目的请示》《关于同意解决医疗物资应急储备库物资储备经费的请示》《关于同意解决2022年集体经济扶持村配套资金的请示》《马槽乡红星村推动红色村组织振兴建设红色美丽村庄试点工作实施方案》《关于同意采购北川通用机场建设期间项目管理、专业技术咨询、机场取证咨询第三方服务机构的请示》《关于同意实施四川北川经开区规划馆项目的请示》《关于同意〈2022年国家重点生态功能区转移支付资金使用建议方案〉的请示》。

【县委五届第35次常委会（扩大）会议】 6月18日，县委五届第35次常委会（扩大）会议召开。会议传达学习习近平总书记在四川考察调研时的重要讲话精神，6月10日省委常委会（扩大）会议精神，6月13日市委常委会（扩大）会议精神，研究北川贯彻落实意见。

【县委五届第36次常委会（扩大）会议】 6月18日，县委五届第36次常委会（扩大）会议召开。会议传达学习习近平总书记对安全稳定工作作出的重要指示精神和全省安全稳定工作视频会议精神及省委常委、市委书记曹立军对全市安全稳定工作作出的指示要求，通报省委办公厅省政府办公厅关于表扬2021年度全省平安建设工作先进单位情况，听取全县安全稳定工作情况汇报，安排部署下步工作；学习《关于更加有效发挥统计监督职能作用的意见》，研究北川贯彻落实意见；传达学习全省耕地保护工作电视电话会议精神，听取全县耕地保护工作情况汇报，安排部署下步工作；传达学习全省以片区为单元编制乡村国土空间规划暨根治撂荒地促进粮食扩面增产工作视频会议精神，研究北川贯彻落实意见；通报市委、市政府党风廉政建设责任制领导小组办公室对北川2021年度党风廉政建设责任制考核情况，听取全县有关工作情况汇报，安排部署下步工作；传达学习全市重点工作推进会会议精神，研究北川贯彻落实意见；听取全县禁毒工作情况汇报，安排部署下步工作；审议《关于同意变更开茂水库城镇供水管网工程（一期）I标段项目业主的请示》《关于同意解决北川羌族自治县乡镇级片区国土空间规划编制经费的请示》《关于同意县禹创三元集团〈永昌镇19号地块房地产开发项目实施方案〉的请示》《关于同意〈2021年农村公路日常养护省市补助资金拨付方案〉的请示》《关于同意解决擂鼓至禹里农村公路改造提升工程等交通基础设施建设资金的请示》《关于同意解决城乡建设用地增减挂钩试点项目前期经费的请示》《关于同意〈永昌镇2022年安置小区房屋维修方案〉的请示》《关于同意兑现永昌镇纳溪村蓝色春天项目征地农民参加养老保险相关事宜的请示》；干部事项。

【县委五届第37次常委会（扩大）会议】 6月28日，县委五届第37次常委会（扩大）会议召开。会议传达学习中央全面深化改革委员会第二十六次会议精神，十二届省委全面深化改革委员会第一次会议精神，研究北川贯彻落实意见；传达学习绵阳市园区高质量发展大会会议精神，听取北川赴游仙、梓潼考察学习实施“园区提质”“企业满园”行动、园区建设等方面情况汇报，安排部署下步工作；传达学习5月13日省政府办公厅2022年度定点帮扶北川工作对接会会议精神，研究北川贯彻落实意见；通报2022年度巩固脱贫成果同乡村振兴有效衔接省级专项督查情况，听取国家、省2021年度巩固拓展脱贫攻坚成果考核评估反馈问题整改情况汇报，2021年度县域经济发展先进县考评指标分析情况汇报,安排部署下步工作；审议《北川羌族自治县“十四五”生态环境保护规划》《北川羌族自治县“十四五”基本公共服务体系规划（送审稿）》《北川羌族自治县区域协同发展规划（2021～2025年）（送审稿）》《北川羌族自治县激励乡镇抓经济发展工作措施（试行）（送审稿）》《北川羌族自治县2021年决算（草案）的报告（送审稿）》《关于同意使用补充医疗保险专户资金支付部分退休人员参加职工大额补充医疗保险的请示》《关于同意禹创三元集团委托国网四川省电力公司北川羌族自治县供电分公司代建北川通用机场正式供电线路工程相关事宜的请示》《关于同意禹创三元集团作业主启动实施擂鼓柳林工业园区绕行道路建设工程的请示》《2022年新增专项债券发行及项目安排使用方案》《关于同意追加调整乡镇工作补贴预算的请示》《关于同意解决2021年度城市公共交通运营亏损财政补贴资金的请示》《关于同意开展道路安全隐患排查处置的请示》《关于同意调整桂溪镇2017年黄莺村、树坪村以工代赈示范工程项目概算的请示》《关于同意解决执法办案管理中心建设费用的请示》《关于同意解决全县隐患较重山坪塘整治资金的请示》《关于同意划拨绵阳市农业融资信贷担保公司信贷担保合作首期风险补偿金的请示》《关于同意调整北川羌族自治县2022年高标准农田建设任务及县级配套资金的请示》《关于同意实施2021年省级林业草原改革发展专项资金建设项目的请示》《关于同意调整马槽乡2022年革命老区转移支付资金项目建设地点的请示》《关于同意实施北川羌族自治县人才公寓提质增量的请示》《关于调整县委常委工作分工的请示》《北川羌族自治县“十四五”工业和信息化发展规划（送审稿）》《北川羌族自治县“十四五”科技创新规划（送审稿）》。

【县委五届第38次常委会（扩大）会议】 7月17日，县委五届第38次常委会（扩大）会议召开。传达学习省委书记王晓晖，省委副书记、省长黄强和有关省市领导对做好防汛抗旱地灾防治工作作出的批示精神，全省防汛救灾工作调度会议精神，全市防汛抗旱和地灾防范应对工作会议精神，八届市委第45次常委会会议精神，研究北川贯彻落实意见；听取“7·16”白什乡突发山洪灾害应急抢险救援有关情况汇报，安排部署下步工作；审议《关于部分领导班子成员工作分工调整的请示》。

【县委五届第40次常委会（扩大）会议】 7月30日，县委五届第40次常委会（扩大）会议召开。会议传达学习习近平总书记在省部级主要领导干部“学习习近平总书记重要讲话精神，迎接党的二十大”专题研讨班上的重要讲话精神，7月28日省委常委会会议精神，研究北川贯彻落实意见；传达学习习近平总书记在湖北武汉、新疆考察时的重要指示精神，7月28日中共中央政治局会议精神，习近平总书记在中共中央党外人士座谈会上的重要讲话精神，《中共四川省委关于深入学习贯彻习近平总书记来川视察重要指示精神推动实现全年经济社会发展目标任务的意见》，7月23日省委工作会议精神，7月27日市委工作会议精神，研究北川贯彻落实意见；听取全县上半年经济运行情况汇报，安排部署下步工作；传达学习国务委员王勇来川调研指示精神，7月23日省委常委会会议精神，7月21日市委常委会（扩大）会议精神，省委常委、市委书记曹立军在绵阳市应对暴雨洪涝和地质灾害市区联合实战演练时指示精神，省委常委、市委书记曹立军，市委副书记、市长李云对做好防汛抗旱地灾防治工作作出的批示精神，学习《四川省防汛抗旱指挥部办公室关于转发〈国家防汛抗旱总指挥部办公室关于四川省近期接连发生山洪灾害造成重大人员伤亡情况的通报〉的通知》，听取全县防灾减灾能力建设情况汇报，安排部署下步工作；审议《北川羌族自治县贯彻落实第二轮中央生态环境保护督察报告整改实施方案》《关于成立县委全民国防教育工作领导小组的请示》《2022年新增一般债券发行及项目安排使用方案》《关于同意增核部分县级党政部门副职领导职数和调整设置县公安局领导职数的请示》；对照习近平总书记关于防汛救灾工作的重要论述和指示精神及中央、省、市关于防汛减灾系列部署落实情况进行深刻反思剖析。

【县委五届第41次常委会（扩大）会议】 8月5日，县委五届第41次常委会（扩大）会议召开。会议传达学习习近平总书记在中共中央政治局第四十次集体学习时的重要讲话精神，听取县委常委、县人大常委会、县人民政府、县政协、县人民法院、县人民检察院党组主要负责人2022年上半年履行党风廉政建设主体责任情况汇报，安排部署下步工作；学习《中国共产党政治协商工作条例》《中共四川省委办公厅 四川省人民政府办公厅印发〈关于全面推行田长制的意见〉的通知》《中共四川省委办公厅 四川省人民政府办公厅印发〈关于更加有效发挥统计监督职能作用的实施方案〉的通知》全省、全市党的二十大维稳安保工作推进会会议精神，全省、全市地质灾害防治工作会议精神，研究北川贯彻落实意见；传达学习八届市委第四十一次常委会会议精神，全市精神文明建设暨创建全国文明城市工作会议精神，《中共绵阳市委办公室印发〈关于当前我市意识形态领域形势的通报〉的通知》，听取北川羌族自治县2022年上半年贯彻落实意识形态工作责任制情况汇报，安排部署下步工作；学习《中共绵阳市委组织部关于印发〈2022年上半年全市领导干部个人有关事项典型案例通报〉的通知》，研究北川贯彻落实意见；审议《北川羌族自治县2022年“7·16”暴雨洪涝地质灾害灾后住房异地重建工作实施办法；干部事项。

【县委五届第42次常委会（扩大）会议】 8月19日，县委五届第42次常委会（扩大）会议召开。会议传达学习平安中国建设表彰大会、平安四川建设领导小组2022年第一次会议暨平安四川建设工作推进会、平安绵阳建设领导小组2022年第一次全体会议精神，听取平安北川建设工作情况汇报，审议《平安北川建设工作考评办法（试行）（审议稿）》《平安北川建设工作考评指标体系（试行）（审议稿）》，传达学习省委书记王晓晖，省委副书记、省长黄强对彭州“8·13”山洪灾害作出的批示精神，省委常委、市委书记曹立军在《王晓晖同志对彭州“8·13”山洪灾害作出的批示》上的批示精神，研究北川贯彻落实意见；学习《中共绵阳市委机构编制委员会〈关于转发机构编制违规违纪违法行为处理和问责规则（试行）〉的通知》，研究北川贯彻落实意见；听取北川羌族自治县2022年上半年县人大常委会党组、县人民政府党组、县政协党组、县人民法院党组、县人民检察院党组、四川北川经开区（绵阳科技城〈北川〉通航产业园）党工委工作和纪检监察工作、组织工作、宣传思想工作、政法工作、统战工作开展情况汇报，安排部署下步工作；听取县委落实省委巡视反馈意见整改工作推进情况汇报，安排部署下步工作；审议《北川羌族自治县2022年乡村振兴年度任务清单》《北川羌族自治县防汛减灾工作责任追究办法（试行）》《关于成立北川羌族自治县数字化发展领导小组的请示》《关于同意增补政协北川羌族自治县第五届委员会委员的请示》《关于同意启动建设四川省北川县平通河桂溪镇永乐村段防洪治理工程的请示》《关于同意增核部分县级党政群部门副职领导职数的请示》；干部事项。

【县委五届第43次常委会（扩大）会议】 9月9日，县委五届第43次常委会（扩大）会议召开。会前学法：学习民法典应知应会200条，领导干部学法用法应知应会手册，开展法律知识测试；传达学习习近平总书记在辽宁考察时的重要讲话精神，习近平总书记、李克强总理对四川甘孜泸定县6.8级地震作出的重要指示批示精神，省委书记王晓晖对泸定县6.8级地震作出的批示要求及在雅安市石棉县、甘孜州泸定县调研指导抗震救灾工作时的讲话精神，9月6日省委常委会会议精神，泸定地震抢险救灾工作调度会会议精神，省市（州）县前线联合指挥部会议精神，研究北川贯彻落实意见；学习《中共四川省委办公厅关于印发〈市县党委常委会重大事项决策规定（试行）〉的通知》，《绵阳市防汛抗旱指挥部办公室关于转发国家防汛抗旱总指挥部〈关于深入贯彻落实习近平总书记重要指示精神全力以赴做好防汛抗旱抢险救援救灾工作的通知〉等文件的通知》，省委常委、市委书记曹立军在市委办公室《绵阳市要情专报》（第333期）“关于绵阳市成功处置2起突发山洪情况的报告”上的批示精神，研究北川贯彻落实意见；传达学习市委信访维稳安保工作专题会议精神，听取全县产业园区土地利用及储备土地和已补偿未报批土地清理情况汇报，全县土地整治项目自查整改工作情况汇报，安排部署下部工作；审议《北川羌族自治县“十四五”服务业发展规划（2021～2025年）》《关于同意签订〈锂电池核心材料精加工项目投资协议〉的请示》《关于同意签订〈总部园区招商引资项目投资协议〉的请示》《关于同意签订〈北川数字经济产业园项目投资协议〉的请示》《关于同意签订〈卓信·北川智慧农贸广场项目补充协议〉的请示》《关于同意解决2022年服务业恢复发展（含消费促进）费用的请示》《关于同意兑现2021年度服务业、外贸进出口奖励扶持政策的请示》《关于同意禹泉文旅集团作为北川羌城旅游区运营管理主体的请示》《北川羌族自治县2022年“7·16”暴雨洪涝地质灾害灾后住房恢复重建工作实施方案》《北川羌族自治县2022年暴雨洪涝地质灾害群众避险转移安置生活救助方案（试行）》《关于同意实施北川全流域物料中心建设项目（暂定名）的请示》《北川羌族自治县二次资源综合利用新型产业项目建设方案》《关于同意解决2019年资产处置相关费用的请示》《关于同意解决2022年资产处置相关费用的请示》《关于同意北川羌族自治县乡村振兴实训基地项目变更立项内容的请示》《关于同意北川羌族自治县鸿禹环保工程有限责任公司拟竞买永昌镇裕清村地块的请示》《北川文化综合提升项目融资方案》《北川安昌河“一河两岸”水利基础设施提升项目融资方案》《干河子二级冲洗站项目废料处置工作实施方案》《关于同意解决疫情防控经费的请示》《关于同意调整北川羌族自治县新材料产业园配套基础设施提升工程2021年专项债券资金安排使用方案的请示》《关于同意〈入驻永安工业集中区标准化厂房（二期）企业地坪及消防提升处理方案〉的请示》《关于同意启动实施北川经开区职工公寓二号楼改造提升项目的请示》；审议《关于同意实施2022年至2025年度中小学（幼儿园）安保服务招标采购的请示》《关于同意实施北川老县城地震遗址段道路建设项目的请示》《关于同意实施S107线永安镇（绿化公园至永安大桥）段水毁永久性整治工程的请示》《关于同意解决全县“有事来协商”平台、党群吉米家园、新时代文明实践中心（所、站）、综治中心、乡镇便民服务中心和乡镇社会工作服务体系补助经费的请示》《关于同意调整乡镇领导职数的请示》

《关于同意表扬2022年度尊师重教先进集体、教体系统优秀教师团队和先进个人的请示》。

【县委五届第44次常委会（扩大）会议】 9月28日，县委五届第44次常委会（扩大）会议召开。会议传达学习9月9日中共中央政治局会议精神，《中共中央办公厅 国务院办公厅印发〈关于规范村级组织工作事务、机制牌子和证明事项的意见〉的通知》《中共四川省委关于坚持以党的政治建设为统领加强换届后市县领导班子建设的意见》《中共四川省委 四川省人民政府 关于以铸牢中华民族共同体意识为主线推进新时代党的民族工作高质量发展的实施意见》，省委书记王晓晖在四川省2022年第三季度重大项目现场推进活动上的讲话精神，绵阳市“决战四季度 大干一百天”工作动员部署会会议精神，研究北川贯彻落实意见；通报2021年度全市目标绩效综合考评北川排位及得分有关情况，安排部署下步工作；审议《县委常委会2022年工作要点（送审稿）》《四川北川经济开发区（绵阳科技城〈北川〉通用航空产业园）“十四五”规划（送审稿）》《北川羌族自治县“十四五”综合交通发展规划》《北川羌族自治县人才发展“十四五”规划（送审稿）》《北川羌族自治县激励人才十六条措施（送审稿）》《北川羌族自治县2022年优化营商环境工作方案（送审稿）》《关于同意将北川羌族自治县鸿裕粮油有限责任公司产权（股权）划转至北川禹创三元集团有限公司的请示》《北川羌族自治县2022年“7·16”暴雨洪涝地质灾害灾后住房重建贷款实施办法（送审稿）》《关于同意〈2022年北川羌族自治县擂鼓镇安置房销售方案〉的请示》《关于同意将凤竹街房产作为省道107北川县安昌镇至永安镇改线工程项目融资抵押物的请示》《关于同意北川羌族自治县禹羌投资集团有限责任公司收购富民村镇银行股权相关事项的请示》《关于同意对成都龙泉驿罚没房屋资产处置的请示》《关于同意修建漩坪乡联合便民服务站的请示》《关于同意〈开茂水库供水工程项目投资合作协议（送审稿）〉的请示》《关于同意〈唐家山水库工程项目投资合作协议（送审稿）〉的请示》《北川羌族自治县国家储备林建设方案（送审稿）》《关于同意北川羌族自治县生态保护红线内矿业权分类退出相关事宜的请示》《关于同意G347线任家坪至茂县界段恢复重建工程(修复整治)变更的请示》《关于同意拨付2019年度供水、污水处理、垃圾处理相关费用的请示》《关于同意签订〈绍兴冰源制冷科技有限公司年产10万台特种冷柜制造项目投资协议〉〈补充协议〉的请示》《关于同意签订〈北川现代制造业产业园项目投资协议〉的请示》《关于同意签订〈沈阳卓翼航空科技有限公司及四川珠峰通航科技有限公司年产200台大型吨级航空应急救援无人机研发、生产、运营服务总部基地项目投资协议〉的请示》《关于同意解决县乡纪检监察组织谈话场所信息化标准化及配套设施设备建设项目经费的请示》《关于奖励记三等功及嘉奖人员的请示》；干部事项；审议《关于给予何昌贵同志撤销党内职务、政务撤职处分的请示》。

【县委五届第45次常委会（扩大）会议】 10月17日，县委五届第45次常委会（扩大）会议召开。会议传达学习中国共产党第十九届中央委员会第七次全体会议精神、中央全面深化改革委员会第二十七次会议精神、市委全面深化改革委员会第十四次会议精神、全市改革办主任会议精神；审议《关于新时代推进国有经济布局优化和结构调整的工作方案》《北川羌族自治县推动公立医院高质量发展的实施方案》，安排部署下步工作；传达学习党的二十大安保维稳工作动员部署会议精神、全省党的二十大维稳安保暨省信访工作联席会议精神、全市党的二十大信访维稳工作推进会议精神，研究北川贯彻落实意见；学习《中共中央办公厅关于浙江省嘉兴市违规改扩建南湖宾馆问题查处情况的通报》，研究北川贯彻落实意见；学习《中共四川省委办公厅关于印发王晓晖同志关于我省党内法规工作的重要批示和陈炜同志在全省党内法规工作会议上的讲话的通知》《中共四川省委办公厅印发〈关于加强巡视整改和成果运用的工作措施〉的通知》《中共四川省委办公厅关于印发〈四川省领导干部违规插手干预重大事项记录和报告办法（试行）〉的通知》，省委常委、市委书记曹立军在省统计局《四川统计报告》（第104期）“经济运行总体平稳 发展基础不断夯实——2022年上半年县域经济运行分析”上的批示精神，研究北川贯彻落实意见；传达学习省委常委、市委书记曹立军对绵阳市“9·29”疫情有关批示精神，听取全县应对绵阳市“9·29”疫情工作开展及当前全县疫情防控能力建设情况汇报，安排部署下步工作；审议《关于成立国家全域旅游示范区创建工作领导小组的请示》《2016~2020年全县普法先进单位、先进个人通报表扬工作方案》《北川羌族自治县企业国有资产流转监督管理办法（送审稿）》《北川羌族自治县县属国有企业投融资及担保监督管理办法（送审稿）》《关于同意将甘溪小学资产划转给北川羌族自治县禹羌投资集团有限责任公司的请示》《关于同意解决“5·12”灾后重建项目结算审核服务费的请示》《关于同意解决北川羌族自治县创建全国文明城市氛围营造工作经费的请示》《关于同意开展白什乡白水河流域综合治理项目等3处地质灾害治理工程勘查设计工作的请示》《关于同意调整〈北川羌族自治县2022年财政涉农资金统筹整合使用方案〉的请示》《关于同意解决北川沙金片区污水管网建设项目资金的请示》《关于同意G347任禹路危隧和交通工程及附属设施改造工程变更的请示》《关于同意实施S107段桑永路、山东大道路面恢复工程的请示》《关于同意由北川禹创三元发展集团有限公司作业主启动永安、擂鼓组团提升规划编制的请示》《关于同意签订〈北川现代制造业产业园项目补充协议〉的请示》《关于同意签订〈中国航天工业科学技术咨询有限公司中国科技城（北川）无人机产业园项目合作协议〉〈中国科技城（北川）无人机产业园一期运营协议〉及拨付第一笔园区运营经费的请示》《关于同意兑现沈阳卓翼航空科技有限公司及四川珠峰通航科技有限公司年产200台大型吨级航空应急救援无人机研发、生产、运营服务总部基地项目第一次搬迁补助的请示》《北川羌族自治县村（社区）年度目标绩效考核办法（试行）》；干部事项。

【县委五届第46次常委会（扩大）会议】 10月26日，县委五届第46次常委会（扩大）会议召开。会议传达学习党的二十大精神和党的二十届一中全会精神，10月25日中共中央政治局会议精神，10月25日省委常委会（扩大）会议、四川省传达学习党的二十大精神大会有关精神，10月25日市委常委会（扩大）会议、绵阳市传达学习党的二十大精神大会有关精神，研究北川贯彻落实意见。

【县委五届第47次常委会（扩大）会议】 10月31日，县委五届第47次常委会（扩大）会议召开。会议学习《推进领导干部能上能下规定》，研究北川贯彻落实意见；传达学习省委书记王晓晖在2022年省总河长全体会议暨省林长制全体会上的讲话精神，省委书记王晓晖，省委常委、市委书记曹立军对值班工作作出的批示精神，省委常委、市委书记曹立军对北川工作作出的重要指示精神，研究北川贯彻落实意见；听取县委常委，县人大常委会、县人民政府、县政协、县人民法院、县人民检察院党组主要负责人2022年第三季度履行党风廉政建设主体责任情况汇报，安排部署下步工作；干部事项。

【县委五届第48次常委会（扩大）会议】 11月19日，县委五届第48次常委会（扩大）会议召开。会议传达学习习近平总书记在二十届中央政治局第一次集体学习、带领中央政治局常委瞻仰延安革命纪念地的重要讲话精神和在陕西延安、河南安阳考察时的重要指示精神，《中共中央关于认真学习宣传贯彻党的二十大精神的决定》，研究北川贯彻落实意见；学习《中共中央办公厅 国务院办公厅印发〈关于全面加强新形势下森林草原防灭火工作的意见〉的通知》《中共中央办公厅 国务院办公厅印发〈关于加强新时代高技能人才队伍建设的意见〉的通知》《关于实施年轻干部红色薪火工程的意见》，全省组织系统贯彻落实《关于实施年轻干部红色薪火工程的意见》专题视频会议精神，研究北川贯彻落实意见；听取县政府党组关于2022年经济工作目标完成情况预测及2023年指标项目谋划情况汇报，安排部署下步工作；审议《北川羌族自治县实施乡村振兴战略分类考评激励办法》《北川白山羊产业发展实施意见》《北川羌族自治县茶产业链“链主”企业培育实施方案》《北川羌族自治县茶叶品牌培育实施意见》《北川羌族自治县国土空间生态修复规（2021～2035年）（送审稿）》《北川羌族自治县农业产业发展“十四五”规划（2021～2025年）（送审稿）》《北川羌族自治县“十四五”文化和旅游业发展规划》《关于同意成立“5·12”灾后重建项目竣工财务决算推进工作专班的请示》《关于同意实施四川省北川县苏宝河永昌镇白马堰段永安镇工农段防洪治理工程的请示》《北川羌族自治县“7·16”洪灾应急抢险救灾资金分配方案（建议）》《北川羌族自治县人民政府关于2022年预算调整方案（草案）的报告》《关于同意解决北川羌族自治县2022年第2批建设用地预存社保所需资金的请示》《关于同意启动实施擂鼓组团（北川柳林工业园区基础设施建设项目——排洪沟工程）的请示》《关于同意〈北川健康食品示范产业园基础设施建设项目工程总承包招标建议方案〉的请示》《关于同意协议转让机养中心的请示》《关于同意兑现2021年度促进旅游产业发展奖补资金的请示》《关于同意解决“天府旅游名县”创建和提升费用的请示》《关于同意兑现卓信·北川智慧农贸广场项目第一笔补助资金的请示》《关于同意解决“天网三期”升级改造经费的请示》《关于同意推荐全市信访维稳工作先进集体和先进个人名单的请示》。

【县委五届第49次常委会（扩大）会议】 12月2日，县委五届第49次常委会（扩大）会议召开。会议传达学习习近平总书记对河南安阳市凯信达商贸有限公司火灾事故作出的重要指示精神，全国森林草原防灭火工作电视电话会议、全省安全生产及森林草原防灭火工作电视电话会议精神，11月25日省委常委会会议和中共四川省委办公厅、四川省人民政府办公厅《关于坚决扛起政治责任扎实做好当前安全生产工作的紧急通知》有关精神，研究北川贯彻落实意见；传达学习11月10日中共中央政治局常务委员会会议；传达学习中共四川省委十二届二次全会精神，八届市委第61次常委会（扩大）会议精神，省委书记王晓晖在绵阳市调研时的重要指示精神，八届市委第59次常委会（扩大）会议精神，在2022四川省文化和旅游发展大会上的讲话精神，研究北川贯彻落实意见；传达学习省委书记王晓晖在省信访局调研时的重要指示精神，听取党的二十大信访维稳安保工作及近期信访维稳工作情况汇报，安排部署下步工作；审议《关于同意签订〈浙江康盛股份有限公司新能源电机及制冷管路项目投资协议〉和〈补充协议〉的请示》《关于同意签订〈安徽省岳西缸套有限公司年产500万件发动机缸套制造项目投资协议〉和〈补充协议〉的请示》《关于同意签订〈玉环航辉机械有限公司年产100万只汽车淋水专用阀门制造项目投资协议〉和〈补充协议〉的请示》《关于同意签订〈瑞安市天盛机械部件有限公司年产300万件汽车底盘部件精密锻造项目投资协议〉和〈补充协议〉的请示》《关于同意签订〈玉环奥诺机械有限公司年产80万只工程机械及乘用车齿轮制造项目投资协议〉的请示》《关于同意启动撤并建制村畅通工程和农村公路安保工程的请示》《关于同意禹创三元集团启动实施绵阳科技城北川通航产业园(一期)标准厂房及配套设施建设项目一标段的请示》《省道107北川县安昌镇至永安镇改线工程建设征地拆迁补偿安置实施方案》《关于同意实施桂溪镇宝城村2组原粮地滑坡等3处治理工程及排危除险项目的请示》《关于同意〈森林植被恢复费及省级分成项目支出资金使用方案〉的请示》《关于同意签订〈四川省北川羌族自治县抽水蓄能电站项目核准前工作协议〉的请示》《关于同意调整北川中联水泥有限公司党组织设置的请示》。

【县委五届第52次常委会（扩大）会议】 12月23日，县委五届第52次（扩大）常委会召开。会议传达学习习近平总书记在江泽民追悼大会上的悼词和12月9日省委常委会会议精神，研究北川贯彻落实意见；传达学习12月6日中共中央政治局会议精神，中央经济工作会议精神,12月9日、12月19日省委常委会会议精神，省委书记王晓晖关于全省老干部工作的批示精神和全省老干部工作“双先”表彰大会精神，研究北川贯彻落实意见；传达学习省委书记王晓晖在全省森林草原防灭火工作电视电话会议上的讲话精神，省委常委、市委书记曹立军在全市森林草原防灭火工作电视电话会议上的讲话精神，听取全县森林草原防灭火工作开展情况汇报，安排部署下步工作；传达学习全省耕地保护工作推进会议暨2022年省田长制全体会议精神，全市耕地保护工作推进会议暨2022年市田长制全体会议精神，市生态环境保护委员会第十二次全体会议暨市生态环境保护督察工作领导小组第五次会议精神，研究北川贯彻落实意见；审议《北川羌族自治县县域共青团基层组织改革工作实施方案（送审稿）》《北川羌族自治县2022年预算执行情况和2023年预算（草案）》《关于同意开展2023年春节走访慰问活动的请示》《关于同意将第二批国有资产注入县属国有企业的请示》《关于同意北川羌族自治县禹羌投资集团有限责任公司竞买北川虹源科技发展有限公司破产清算资产的请示》《关于同意解决疫情防控经费的请示》《关于同意解决测雨雷达缺口资金的请示》《关于同意解决2022年度城乡困难群众救助缺口资金的请示》《关于同意启动建设美丽乡村路和危桥改造项目的请示》《新县城安置房屋渗漏水维修项目实施方案》《关于同意补选县第五届人大代表有关事项的请示》；干部事项。

【县委五届第53次常委会（扩大）会议】 12月30日，县委五届第53次（扩大）常委会召开。会议学习《中共中央办公厅 国务院办公厅印发〈关于做好2023年元旦春节期间有关工作的通知〉》，通报全县年前重点工作安排，安排部署下步工作；传达学习省委、市委经济工作会议精神，中共绵阳市委八届五次全会精神，研究北川贯彻落实意见；审议《中共北川羌族自治县委五届四次全体会议暨县委经济工作会议方案（送审稿）》《在县委五届四次全会上关于县委常委会工作的报告（送审稿）》《中共北川羌族自治县委关于深入学习贯彻落实党的二十大精神 以中国式现代化引领推动北川高质量发展的决定（送审稿）》《北川羌族自治县2023年主要经济指标预期目标建议方案（送审稿）》和《北川羌族自治县2023年经济工作要点（送审稿）》《北川羌族自治县2023年项目名单（送审稿）》《关于召开北川羌族自治县第五届人民代表大会第三次会议的请示》《关于召开政协北川羌族自治县第五届委员会第三次会议的请示》；审议《关于同意〈山东大道、永通路等重点路段专项养护方案〉的请示》。

（于龙鲲）

县委综合事务

【综合协调】 2022年，对接国家部委、省市领导调研指导100余次，高质量完成省委常委、市委书记曹立军等重要领导调研北川协调保障工作；围绕改革创新、社会民生、产业发展、统筹安全发展等重点方面，服务县委主要领导下乡调研60余次；完善协调、协商、协作机制，每月制发《县委月度重点工作安排》，通报情况、会商工作，确保四套班子步调一致，全县上下紧密团结在县委周围；抓住“四县一融合”、五大攻坚战、两项改革“后半篇”文章等服务全局、牵动全局的关键点，全年报送信息200余篇，其中中办单条采用1篇、综合采用2篇，省委办单条采用4篇、综合采用4篇，累计完成任务分数450余分，超额市委下达目标任务分数50%。全年办理收文2281件、发文共133个，与2021年相比均下降约30%。圆满完成第四届海峡两岸大禹文化交流活动、第十届中国（绵阳）科技城国际科技博览会大型活动、全市县域经济发展暨重点项目建设现场会等各类大型会议30余次，各类专题会议70余次，其他小型会议100余次，全年共接待来宾54批次1528人次。

【深化改革】 2022年，制定《改革工作要点》《改革落实台账》，坚持一手抓改革方案制定，一手抓改革任务落实，不断完善改革工作推进机制，扎实推动各项改革任务的落地实施。全年筹备召开县委深改委会议4次，学习党中央、省委和市委深改委会议精神，审议有关文件。《北川县创新探索产教融合发展新路径》等6篇、22条改革经验被市委改革办采用。《北川县以“科技治超”赋能智慧交通建设终端见效》被省委改革办刊发，《北川县创新构建“5+”工作体系》经验做法作为绵阳市唯一优秀案例被列入《四川“社区青春行动”优秀案例选编》《北川县探索“5+4+N”防返贫帮扶工作机制》被纳入全省巩固拓展脱贫攻坚成果同乡村振兴有效衔接考核评估典型案例，《北川县“青年+”模式开启县域共青团基层组织改革新篇章》被省团委宣传推广。

【政策研究】 2022年，制定《北川羌族自治县乡镇行政区划和村级建制调整改革“后半篇”文章2022年重点工作任务》《支持以乡村国土空间规划引领县域内片区高质量发展的政策清单》等文件，落实常态化推进机制，129项重点任务有序推进，“1+28+4”改革方案体系进一步完善，各项改革红利持续释放。桂溪镇宝城村、曲山镇玉皇山村成功创建省级乡村旅游重点村，曲山镇石椅村成功创建第二批天府旅游名村。创新实施购买服务“互联网+智慧乡村代理记账”模式，有效避免篡改、更换票据，相关做法被中国新闻网、川观新闻等宣传推广。创新构建“诊间支付”模式，有效缓解患者就医“三长一短”突出问题，实现收费人力成本节约1/3,看病效率提高20%，相关经验做法被四川新闻网、四川改革网等主流媒体宣传报道。

【保密工作】 2022年，县委常委会研讨保密工作2次，保密委员会召开会议2次，按照《保密法》及其实施条例，全县各单位严格执行《国家秘密定密管理暂行规定》，制发定密管理制度，加强国家秘密定密管理，进一步规范定密流程，严格依照定密程序开展定密工作。组织全县全体干部职工参加2022年度网络教育培训，540余名干部职工取得培训合格证书。利用“4·15”全民国家安全教育日、“12·4”国家宪法日等事件节点，通过广播电视平台等各种宣传载体，开展形式多样的宣传教育活动，宣传保密知识和保密法律法规，推进保密法治宣传向基层延伸，提升广大人民群众的保密意识。发挥《保密工作》等保密杂志的学刊用刊工作，组织开展各类保密宣传教育活动并将相关工作信息和动态向上级部门报送。

【公务接待】 2022年，政务接待共接待来宾54批次1528人次。完成了第四届海峡两岸大禹文化交流活动、第十届中国（绵阳）科技城国际科技博览会大型活动；全力做好全市县域经济发展暨重点项目建设现场会、2022年上半年全县重点工作现场拉练、县级领导干部和乡科级党政主要领导干部读书班等大型会议的后勤保障工作。

（于龙鲲）

【目标督查】 2022年，县委目标绩效办组织县级各监考部门完成2021年度县内综合考评工作，修改完善县内目标绩效管理办法以及综合考评指标体系，指导县级部门起草制定各指标考核实施细则，编制印发《2022年度乡（镇）、县级部门、经开区目标绩效综合考评体系》等各类考核体系、办法12个。发挥督查督办职能作用，全年累计开展各类督查暗访170余次，印发专报20期、通报150期，发出各类交办单、提示函200余份。印发《整治形式主义为基层减负专项工作机制2022年工作措施及责任分工方案》《北川羌族自治县2022年督查检查考核计划》等系列文件。实施“月预告、月通报”督查机制，统筹规范督查检查事项，推动基层减负、工作增效。落实县委、县政府主要领导批示指示，开展城乡环境综合提质三年行动，制定实施方案，科学统筹暗访评比。每月跟踪常委会议定事项、两项改革“后半篇”文章重要任务等落实情况，统筹开展疫情防控常态化暗访工作，开展领导交办各项重点任务的督促落实。协助县级职能部门督难事、啃硬骨头，参与“园区提质”“企业满园”、东西部协作、项目投资建设、农文旅产业发展、优化营商环境、防汛抗旱、生态环境保护、安全生产、森林草原防灭火、道路交通安全、脱贫攻坚与乡村振兴有效衔接、全国文明城市创建、政法综治维稳等行业领域重点工作。

（王丕芳）

组织工作

【概况】 2022年，全县组织工作坚定以习近平新时代中国特色社会主义思想为指导，深入学习贯彻党的二十大精神和习近平总书记来川视察重要指示精神，坚持“政治引领、标准提升、基础规范”工作思路，围绕中心、服务大局，推动组织工作全面提标、提质、提速、提效。坚持固化“第一议题”制度，抓好党的二十大及习近平总书记来川视察重要指示精神学习宣传贯彻，引导党员干部坚决拥护“两个确立”，自觉做到“两个维护”，推动中央和省委、市委、县委各项决策部署落地落实。实施换届后大规模干部学习培训赋能计划，分批次举办各类主体班12期，集中培训干部1400余人。实施“头雁领飞”行动，开展“一把手”提能工程第三期培训班暨乡村振兴能力提升专题研讨班，由县委主要领导带队组织48名党政干部赴浙江大学提能培训，扎实推进换届后新任领导干部能力提升。建立党史学习教育常态化长效化制度机制，通过县委党校、应急管理培训学院等阵地大力开展党性锤炼行动，持续开发红色教育精品线路和课程，打造“雪狼基地”“福田蓝莓基地”现场教学点，实现党性教育、爱国主义教育和应急实训深度融合。北川应急管理培训学院获评全市唯一的省级专业化能力培训基地。《羌山红军行》入选中组部全国党员干部教育专题教材制播库。扎实抓好党的二十大代表推选工作，相关做法被中央电视台《新闻联播》报道，北川伊环羌绣有限公司总经理陈云珍作为四川唯一的羌族基层党代表参加党的二十大。

【干部选拔任用】 2022年，深入践行“一线工作法”，遴选102名干部参与疫情防控、园区建设等专班，让干部在大战大考中历练成长。严格落实干部选任“十六字”（优化结构、人岗相适、全面比选、择优录用）操作规范，全年累计调整干部235人次（提拔46人、进一步使用20人），其中疫情防控、乡村振兴、抢险救灾等一线提拔25人，进一步使用14人。建立能下干部库，转任非领导职务干部4名，组织诫勉3人，对连续三年研判较弱的21人开展谈话提醒并调整岗位1人。严格落实“凡提四必”等干部选任政策规定，其中征求党风廉政意见296人次。结合县委常规巡察，对34个单位开展中层干部选任专项检查。全市党风廉政建设社会评价指数中涉及组织工作相关情况得分排名连续三年全市第一。

【公务员管理】 2022年，全县新招录公务员31名，组织48名新录用公务员（含北川税务局17名）参加中组部为期5天、市委组织部为期7天的初任培训。针对职级职数少、符合条件人员多、晋升诉求强烈等问题，充分运用积分制试行成效，职级晋升239人，调整乡镇工作补贴至全市最高，激励公务员担当作为相关做法在市公务员工作推进会上交流发言。

【基层党组织建设】 2022年，以“基层党建绩效管理”为统领，全面落实党支部标准工作法，充分发挥党的二十大代表示范引领作用，拍摄制作“传承红色文化 建设秀美羌乡”主题示范党日活动视频，打造学习宣传贯彻党的二十大精神组织生活样板。开展“晒、比、评”党建拉练等三大活动，申报市级基层党建示范点7个，市级AAAA级村党组织10个。开展“两新”组织党建工作提质增效活动，纳入党建统计基数“两新”组织党组织单建率达83.9%，同比增长46.55%。深化党员“双报到”，开展“红袖敲门”等行动，建立疫情防控应急处置七级服务保障体系，1500余名机关党员在疫情防控和全国文明城市创建工作中靠前作战。建立县乡村三级抓集体经济“消薄”责任体系，制定“消薄”举措243条，高质量完成村集体经济“消薄”任务，202个村集体经济收入同比增长128%。坝底镇撂荒地利用做法被《中国组织人事报》报道，驻村帮扶工作被省委组织部选入《2022年驻村帮扶工作案例》。

【城乡基层治理】 2022年，持续实施基层治理能力提升攻坚行动，创新五大工程，提升治理效能收录入《基层治理现代化绵阳实践》。创新实施书记领航基层治理项目，坚持“书记抓，抓书记”，广泛收集民生热点领域治理项目29个，切实解决一批群众“急难愁盼”问题。北川通过城乡接合部新型社区突出问题整治工作检查验收和第二批省级城乡社区治理试点第三方评估，永昌镇获评2021年全省基层治理示范街道（镇），金霞社区、新川社区分获服务项目化和社会组织参与型示范社区。擂鼓镇盖头村、桂溪镇宝城村、禹里镇望江村获评2022年四川省第三批乡村治理示范村镇。

【人才队伍建设】 2022年，坚持党管人才原则，设立县高端人才服务中心，召开县委人才工作会，建立县委书记任组长的大人才工作格局。出台激励人才十六条等9项新政策，探索实施编内编外人才薪酬制度改革，推动县融媒体中心等5家企事业单位实行全员同工同酬，引进、留住编外专技人才20余人。建成市级院士（专家）工作站1个，茶叶风味评价研究等博士工作站5个，柔性引进博士10名，累计引进博士49名，高层次人才团队共125

11月21～22日，2022年第三批引进高层次人才成都（四川大学）专场推介会

名，主要涉及苔子茶、文化旅游、安全应急、食品医药等重点产业领域和社会事业。通过高层次人才的有效带动，文化旅游产业类博士工作站开发羌族服饰、工艺礼品、旅游纪念品等文创产品200余个，相关做法被《焦点访谈》报道。持续发布“乡村振兴合伙人”招募令7期18个，签约合伙人54名，吸纳投资超1.4亿元，相关做法被《中国经济时报》报道。实施人才公寓提质增量行动，兑现人才安居补助等人才专项资金1300余万元。筹集资金1200万元新购人才公寓30套，拎包入住人才公寓80套。开展“广聚英才兴北川 筑梦羌山创未来”系列人才活动，召开人才座谈会，主动对接并协调解决人才困难问题，“近者悦、远者来”人才发展生态逐步形成。2022年全县人才工作考核位于B类地区第一，连续两年位列同类地区第一。

【干部人事档案工作】 2022年，扎实开展干部档案“三清”行动（国企骨干档案“清底”行动、事业干部档案“清扫”行动、村社干部档案“清零”行动），推动三家国有企事业单位骨干人员建档190余本，村社干部建档235本，解决档案疑难问题400余个，对全县4000余份干部人事档案完整度、档案信息准确度等开展全覆盖“回头看”，相关做法被《绵阳组工动态》专题刊载。

【打造“红星耀羌山”党建品牌】 2022年，完成马槽乡红星村全国红色美丽村庄试点建设项目。2021年2月，高标准打造乡村振兴“红色样板”村庄目标，积极争取、统筹整合各类资金共计1685万元，在建强村党组织、挖掘红色资源、壮大集体经济、建设美丽乡村上，推动基础设施、美丽乡村等项目落地落实。在建强红色村党组织、建好红色教育基地、壮大村级集体经济等5个方面，完成建设村党组织阵地、红三十一军总医院旧址提升、生物质燃料加工厂建设等11项工作任务。

【货车司机试点党建】 2022年，开展货车司机试点党建工作，共摸排货运企业438家，车辆2330辆，从业司机2046人，从业党员司机97人。成立交通运输行业党委，设货运企业党支部4个，流动党支部5个，将党员司机全部纳入管理服务解决货车司机急难愁盼问题，共解决货车司机诉求10件。开展省市县三级联动“亮身份、送清凉”慰问活动，慰问货车司机112名，亮明货车司机党员身份97名。

【“晒、比、评”基层党建拉练活动】 3月29日至30日，组织全县19个乡镇开展“晒、比、评”基层党建拉练活动，县委党建领导小组成员、县委组织部班子成员、各乡镇党委书记、分管领导、业务员共100余人参加。围绕党建引领基层治理、扶持壮大村级集体经济、两项改革“后半篇”文章等抓党建促乡村振兴重点任务，结合自身优势产业和特色亮点，深挖党建引领示范项目建设好经验、好做法，把基层党组织在规范化建设、引领产业发展、服务基层群众中的末端见效、特色亮点“晒”出来。通过现场观摩+擂台较量，采取4大流域片区拉练、总拉练和示范项目擂台赛3个环节“比”出实力水平。突出直观感受看差距和客观评价亮成绩。由县委党建领导小组成员、县委组织部班子成员共15名领导组成评委，全程参与并对拉练和擂台赛进行打分，以现场观摩打分占20%和演讲打分占80%来“评”出先进典型。

【“海纳北川 才聚羌山”招才引智活动】 2022年，开展“海纳北川 才聚羌山”招才引智活动，县委组织部领导带队赴西安、厦门、成都等地开展活动12场次，招引人才399人，硕士研究生超近五年同类人员3.5倍，到岗399人，其中硕士研究生数量超过近五年总和。

（黄涔峻）

宣传思想工作

【概况】 2022年，北川宣传思想工作坚持以习近平新时代中国特色社会主义思想为指导，落实党中央和省委、市委、县委各项决策部署，突出迎接宣传贯彻党的二十大和省第十二次党代会主题主线，聚焦中心工作、重点工作，理论武装、意识形态、新闻舆论、精神文明建设、文化文艺等工作取得明显成效，为全面建成全省民族地区高质量发展先行县和社会主义现代化北川提供强有力的思想保证、舆论支持、精神动力和文化条件。

【思想理论武装】 制定《2022年全县党委（党组）理论学习中心组学习安排意见》，完善党委（党组）理论学习中心组学习列席旁听制度，明确将深入学习领会“两个确立”的决定性意义等13项重点内容纳入中心组学习。召开县委中心组集中学习研讨7次，撰写理论文章17篇，列席旁听62次。开展专项检查13次，督促整改问题34个，约谈10名党委（党组）负责人，推动党委（党组）理论学习中心组学习见实效。依托“三队三堂三式”（结亲宣讲队、草根宣讲队、羌山雏鹰宣讲队；微课堂、红色悦享讲堂、大禹智汇讲堂；故事式、演艺式、指尖式）宣讲模式，深入机关企事业单位、农村、学校、社区等开展学习宣传贯彻党的二十大精神和省第十二次党代会精神理论宣讲2000余场次。推广“文艺+理论”宣讲模式，开展“文艺轻骑兵进基层”等活动90余场次，拍摄“羌族非遗‘打岔’”《羌乡儿女十颂党恩》等宣讲视频20余个，被省“理响巴蜀”采用刊播2个。聚焦禹羌文化、乡村振兴、全国文明城市创建等重点领域开展社科理论研究阐释，申报并完成《优秀羌族传统文化基因现代化传承研究》等7项市社科规划研究项目，《北川县农村学校“空心化”问题研究》等2项课题获绵阳市第十八次社会科学优秀科研成果优秀奖。

【新闻宣传】 2022年，坚持以文传声、以文润心，举办“喜迎二十大 建功新时代”“强国复兴有我”等系列主题活动100余场次，推送“我眼中的新时代”主题文艺作品18件，组织开展“画北川”“摄北川”等活动30余次。突出迎接学习宣传贯彻党的二十大工作主线，开设“二十大时光”等系列专栏69个，推出、转载系列新闻稿件600余篇（条）；策划“党的二十大代表北川绣娘带着羌绣上北京”等重点选题60余个，被中央省级采用60余件，相关点击量达10万+；围绕县委中心重点工作，充分挖掘全县重点工作经验典型，向市级及以上推送并发布稿件2000余篇（条），其中，《人民日报》《四川日报》等中央、省级主要媒体刊发报道1500余篇（条），央视用稿达127篇，外宣总量位居全市第一方阵。用好城市地标、公交站台等宣传载体，制作悬挂标语300余幅、灯杆道旗宣传栏3000余个、主题景观小品12余处，发布村村响广播100余条，实现村（社）学习宣传全覆盖。

【宣传阵地建设】 2022年，印发《关于进一步加强社会宣传阵地管理工作有关事项的通知》，开展“正道2022”“新风2022”集中行动，对出版物市场、摊点等开展清查252余次，收缴各类非法出版物30余件。聚焦青少年，运用“开学第一课”主题班会等形式推荐优秀出版物30余次，举办“绿书签 伴成长”主题阅读活动100余场次。

【文化事业发展】 2022年，实施农村人居环境整治文化铸魂工程，完成9个点位打造。启动第二批县级乡村文化振兴样板村镇建设，成功创建35个县级样板村（镇），3个市级样板村（镇）,1个省级样板村（镇）；组织开展第二届乡村文化振兴魅力竞演大赛活动，发布线上竞演视频200余条，全景推介北川乡土文化。组织开展第四届海峡两岸大禹祭祀等系列禹羌文化传承创新活动12场次，“北川城市超级IP”《少年禹传奇》创意发布，巴拿恰入选2022年全国非遗与旅游融合发展优选项目名录——“非遗街区”，大熊猫动植物园、大禹文化公园等项目加快推进。推进全县软件正版化工作，规范设置版权登记工作站，管好用好农家书屋和社区书屋，全县文化市场秩序持续向好。

【党的二十大精神宣传】 2022年，优选党校老师、民间人士和基层一线人员，组成30余个二十大精神基层宣传队，按照不同受众的关注点“制单”、针对不同需求精准“派单”、成员根据业务专长“接单”的流程，强化宣传的针对性、实效性和参与积极性，围绕党的二十大精神，开展系统化、常态化、订单式宣传100余场次，覆盖3000余人。依托“结亲宣讲队”“草根宣讲队”“羌山雏鹰宣讲队”，围绕学习宣传贯彻党的二十大精神，通过线下面对面、“线上直达”和“隔空见面”互动式宣讲，采取“故事式”“指尖式”“演艺式”的形式，开展“田间微课堂”“空中微课堂”“院坝微课堂”500余场次，以小切口阐述党的二十大报告。依托“学习强国”学习平台，围绕“学习党的二十大报告精神”系列专项答题，通过以赛促学、以学促行、比学赶超的方式，开展“线上+线下”网络答题活动200余次，通过随机抽题答题累计积分兑换奖品，发放搪瓷杯、口罩、雨伞等文创品2000余件，在全县掀起学习宣传贯彻党的二十大精神热潮。

9月2日，北川城市IP《少年禹传奇》发布

【北川城市超级IP《少年禹传奇》正式发布】 12月8日，由北川禹泉文旅集团联合福建功夫动漫打造北川城市超级IP《少年禹传奇》正式发布。《少年禹传奇》是以教育、传记为题材，打造的52集大型动漫连续剧，计划在国内主流媒体央视、省级卫视、中国教育频道、全国省级少儿频道以及主流视频网站等播出，扩大北川城市国际影响力，助推北川城市超级IP故事走向世界。《少年禹传奇》超级IP中的动画主要形象是“禹”“姜小娇”“北北”“川川”“龙马”“吉娜”“小天”。他们是一组承载北川城市文化特征，符合北川城市代言人身份的动画形象，服装服饰配色上充分结合羌族、上古部落元素，具有强视觉辨识力。发布会现场，功夫动漫股份有限公司董事长李竹兵分享了北川城市超级IP《少年禹传奇》发展规划。为加快产业链快速集聚发展，发布会现场还举行了《少年禹传奇》超级IP产业授权签约仪式。同期，《少年禹传奇》首个乡村振兴数字藏品在功夫数字上线，以文化IP数字化赋能北川城市高质量发展，精心擦亮“大禹故里、中国羌城、云境北川”城市品牌，实现线上线下结合，引流量、树品牌，增强城市的传播力和影响力。

（王颖如）

政法工作

【概况】 2022年，全县政法工作坚定以习近平新时代中国特色社会主义思想为指导，践行“一线工作法，全面落实防风险、保安全、护稳定”各项工作要求，深入持续发扬“五干精神”，完成党的二十大期间安保维稳工作，平安建设群众满意度测评连续5年居全市第一、全省前列，荣获2021年全省、全市“平安建设先进县”。政法各项工作不断取得新成效，为加快建成全省民族地区高质量发展先行县和社会主义现代化北川，创造安全稳定的社会环境、公平公正的法治环境。

【风险化解】 2022年，聚焦风险防控、存量化解、风险评估等工作，建立“14+*N*”风险排查化解机制，建立14本风险台账，实现风险分级管控。建立领导包案化解责任台账，组织7轮专项排查。中央、省两批交办的29件“治重化积”案件全部化解销号。制定《“减存量、遏增量、防变量”实施方案》，召开平安稳定风险月研判会12次，完成存量矛盾销号16件，占化解类的35.7%。深入开展稳定风险评估情况专项检查，督促各主责单位完成重大决策风险评估52件。

【市域社会治理现代化试点】 2022年，加强综治中心实战化运用。完成县、乡（镇）、村（社区）三级综治中心规范化提档升级，落实一村一警务辅助人员216人，警群联防、警保联动机制进一步健全。全县235个村（社区）全部建立治安保卫委员会，落实292人的网格员队伍、1429人的人民调解员队伍、1700余人的红袖标平安志愿者队伍，城乡基层治安防控能力进一步增强。服务管理流动人口4654人，各类重点人群2179人，管理出租

平安创建宣传

房屋1621间，办理安全隐患排查、矛盾纠纷调解、社情民意收集等各类民生事件22510件。落实三级综治中心与矛盾纠纷多元化解协调中心一体化运行，加强一线调解员随手调App运用，坚持“研判—会商—通报”和联合值守工作机制，实行重大、涉稳矛盾纠纷一案一专班，及时预防化解各类风险隐患。持续推动婚姻家庭、医疗纠纷、自然资源等重点领域专业行业性人民调解组织建设，充分运用纠纷多元化解机制和1319联调中心作用，将大量矛盾纠纷吸附化解在基层，全县诉前调解案件938件，调解成功885件，调解成功率达95.88%。以基层司法所为依托，推动乡镇村公共法律服务工作站（室）与司法所一体规划、一体建设、资源共享，完成24小时自助法院、全省政法系统跨部门办案平台等建设，多渠道大力普及“12348”公共法律服务热线，建立值班律师制度，刑事案件实现援助全覆盖。持续加强行政执法监督，规范建立合法性审查机制，共审查相关文件432件，推动合法性审查工作进入规范性轨道。在全省首批建立道路交通综合信息监管平台，砂石骨料企业税收、货运车辆通行效率分别同比增加38.52%、70%，因货运车辆引发的道路交通事故、严重超载违法行为分别同比减少32.32%、59.75%，达到了“两增两减”工作成效。

【政法改革】 2022年，加快推进执法司法制约监督体系改革和建设。坚持“一室牵动两队”（以综合室为圆心，牵引社区警务队、案件办理队），打造精干高效的派出所警务管理中枢，社区民警长期驻扎社区，专职开展社区警务工作，社区民警由“下

社区”转变为“在社区”。依托联合指挥部设立“情报、指挥、行动”实体化运行专班,形成以专职指挥长为主导、“情指行”机制实体化专班为支撑、若干风险防控专班为补充的运行模式。健全便民诉讼司法制度体系。以一站式多元解纷和诉讼服务体系建设为重点，规范多元解纷、分调裁审、立案服务、审判辅助、涉诉信访，实现纠纷受理、繁简分流、调处、司法确认在5个工作日完成。推动执行指挥中心实质化，通过网络查控被执行人银行、证券、保险、车辆、不动产、公积金等信息，保障申请人和被执行人双方权益最大化。拓展推广“心沐计划”。创新“4567”工作模式，围绕建强四大心沐阵地、建好五支队伍、开展六项实践、实施七类教育四大重点，印发工作方案17个，在19个乡（镇）成立心沐志愿服务队伍，设立“心沐学堂”，编印《心沐计划课外读本》教材，推动未成年人关爱保护和社会治理能力双提升。

【政法队伍建设】 2022年，持续巩固政法队伍教育整顿成果，开展“忠诚铸魂、铁纪担当”专项活动，推进全面从严管党治警。开展政治轮训22次，参加1497余人次，“三会一课”673次，中心组学习63次，不断提高政治判断力、政治领悟力、政治执行力。坚持“自查从宽、被查从严”，灵活运用“四种形态”（开展批评与自我批评、约谈函询，让“红红脸、出出汗”成为常态；党纪轻处分、组织调整成为违纪处理大多数；党纪重处分、重大职务调整成为少数；严重违纪涉嫌违法立案审查的成为极少数）开展自查自纠，全县政法系统开展谈心谈话1109人次，有针对性谈话89人次，邀请县纪委书记作专题报告，从思想上筑牢政法队伍拒腐防变的防线。针对“六大顽瘴痼疾”（干预司法、违规经商、违规参股借贷、违法减刑、有案不立、违规从事职业）和积弊沉疴同步对症下药，建立顽瘴痼疾台账5本，制定和落实便民措施20条，政法单位参与矛盾纠纷调解305个，开展司法救助130人次。全覆盖签订《肃清流毒影响承诺书》349份，深入开展主题大讨论3场次，彻底清理严重违纪违法的政法领导干部的讲话、批语、图文信息等痕迹100条。

（何禹君）

精神文明建设

【文明城市创建】 2022年，全县召开全国文明城市创建工作调度会30余次。建立县级领导包片、督查组负责的“周督查+红黑榜+曝光台”工作机制，健全县级领导、部门联系社区、楼栋包住户深化文明创建制度，出台对在创建全国文明城市存在“八种问题”追责问责的“硬措施”，解决文明创建实际问题100余个。开展交通秩序整治、城市建设管理等攻坚行动1000余场次，开展社区小区、农贸市场等专项治理1000余场次，行政处罚违停车辆5200余辆、转（拖）移380余辆，清理杂物160余立方米、立面广告500余平方米，拆除违建1300余个，环境大改善、秩序大提升、服务更便民，群众对文明城市创建满意率100%。结合公民思想道德建设，悬挂道旗2000余幅、张贴海报1万余张、设置文明提示牌200余个，印发宣传资料1万余份，播放LED屏标语1万余条次，开设“文明北川”抖音号，制作“文明小剧场”“文明在行动”“文明有温度”等视频信息220余条，“曝光台”曝光不文明现象30余条，开展文明交通、文明旅游、文明餐桌、文明网络、诚信经营等文明风尚行动2000余场次，宣传主流价值、倡树文明新风。

【文明实践阵地建设】 2022年，整合县级部门在基层的阵地资源100余个，结合县内山区人居分散的特点，将文明实践触角延伸到集中安置点、农家乐、景区景点、非遗传习所、人民调解室等阵地，建成1个县级文明实践中心、19个乡镇文明实践所、235个村（社区）文明实践站、100余个文明实践点。设立县新时代文明实践服务中心，配备主任1名、工作人员6名，引入“北川禹爱同行”等志愿服务组织10余个，培育“银龄计划”“心沐计划”等特色品牌项目7个；各文明实践所、站分别配备专兼职工作人员2名。县内各级文明实践阵地均在醒目位置悬挂统一的标识标牌，规章制度、工作流程、年度活动计划、当月及下月活动安排、志愿服务菜单、组织机构图、文明实践地图等均上墙公示，公益广告宣传栏、文化墙等规范更新。整合文明实践中心、融媒体中心资源，打造志愿服务APP云平台、文明创建“曝光台”“有奖随手拍”，形成平台端口信息联通、线上线下智能互动的县域治理平台。全年开展各类文明实践活动2万余场次，服务群众20万余人次，群众参与文明实践人数占全县常住人口总数的95%，在职党员文明实践志愿服务活动参与率、干部群众对文明实践志愿服务的认同度和支持率均达100%。聚焦宣传普及党的创新理论和党的二十大精神，依托“结亲宣讲志愿服务队”，结合“三队三堂三式”理论宣传宣讲，开展干部讲政策、专家讲技术、典型讲经验、群众讲感恩、集体议发展“四讲一议”活动2000余场次，强化“志”“智”双扶，激发群众内生动力。聚焦培育时代新风新貌，通过开展文明村镇创建、“十星级文明户”“羌山好人”

1月25日，县新时代文明实践中心开展“文明实践传新风 道德典型树榜样”道德模范、先进典型慰问座谈会

评选等活动1000余场次，推进移风易俗，培育文明新风。与衢州柯城东西部协作企业、县内国企及民营企业共建文明实践点4个，开展宣传普及劳动、奋斗、奉献、创造、勤俭节约精神主题活动500余场次。深化社会治安防控体系建设，运用“枫桥式公安派出所”经验、实施“三羌共治”，促进民族团结、社会和谐。组织开展“我们的节日”、大禹祭祀、羌历新年、送戏送文化下乡、乡村民俗文化活动展演等活动1500余场次，弘扬优秀传统文化，持续提振群众精气神。

【文明细胞培育】 2022年，开展乡风文明“十大行动”、文明单位结对帮扶、文明家庭创评、文明校园展示等文明细胞创建活动，创评县级文明村镇5个、文明单位（社区）5个、文明家庭6户、文明楼栋2个。深入贯彻《新时代公民道德建设实施纲要》《新时代爱国主义教育实施纲要》，开展“身边好人”“新时代好少年”等先进典型选树活动，选树先进典型1000余人。召开县、乡镇、村（社区）三级大会表扬，举办“北川好人讲北川好故事”宣讲会、报告会3000余场次，刊播公益广告40余部，举办专题展览900余场次。依托未成年人活动阵地，常态化开展“扣好人生第一粒扣子”“喜迎二十大、永远跟党走、奋进新征程”文艺展演、演讲比赛、知识竞赛等2000余场次，青少年参与覆盖面100%。成功承办2021年绵阳市暨北川羌族自治县“新时代好少年”先进事迹发布活动，向上推报“新时代好少年”3人。

（王颖如）

统一战线工作

【概况】 2022年，县委高度重视统战工作，常委会议常态化听取、安排、部署统战工作，及时召开全县统战工作会议、县委民族工作暨全县宗教工作会议，制定《举报及参与防范打击非法宗教活动奖励办法（试行）》，印发《北川羌族自治县全面深入持久开展民族团结进步创建工作实施方案》《北川羌族自治县贯彻落实〈关于加强新时代党外知识分子思想政治工作和无党派人士队伍建设的实施方案〉重要举措分工方案》《中共北川羌族自治县贯彻落实〈关于2021—2025年推动新的社会阶层人士统战工作发展的实施意见〉重要任务分工方案》。及时更新党外副科级以上干部档案和党外后备干部队伍档案，实行滚动式跟踪管理。各级党政领导干部带头学习宣传和贯彻落实统一战线政策法规，带头参加统一战线重要活动。加强统战干部培训，参与省、市或举办统战系统读书班、民族干部进修班、宗教教职人员培训班等。开展“解决难点堵点，推动新时代基层统战工作高质量发展”“基层商会面临的问题与对策”“浅析新时代政党协商制度化建设”等5个课题研究。做好统战干部外宣能力建设，讲好统战故事，报送统战信息100余篇。

【非公有制经济工作】 2022年，召开县工商业联合会（总商会）换届大会，选举50名执委、1名主席（会长）、17名副主席、13名副会长，完成换届工作。落实“两个健康”发展战略，建立民营经济健康发展联系机制。到绵阳职业飞行学院、绵阳聚龙旅游发展有限公司等企业调研，发放《民营企业常见法律法规汇编》，开展法律知识讲座，成立县民营企业涉诉纠纷调解站，引导企业家知法、守法、护法、用法。开展“春雨润苗”专项行动，开设小微企业减税降费政策公益讲堂，助力小微企业发展。引导基层商会和会员履行社会责任，为白什“7·16”洪灾、泸定“9·5”地震等捐款捐物100余万元。开展“万企兴万村”行动，41家民营企业投资“兴村”项目41个，投资总额5001万元。深化理想信念教育，组织民营企业家参观中国工农红军四渡赤水太平渡陈列馆、江油王右木纪念馆等。

【对台工作】 2022年，发挥统战工作优势，广泛收集各类投资信息资源，开展“双招双引”。举办“宜居宜业新北川 倾情倾力迎您来”海峡两岸（北川）投资推介会暨项目集中签约仪式，现场集中签约项目10个，签约金额达31亿元，涉及通航、应急装备制造、文化旅游、现代农业等多个领域，有力助推了“园区提质”“企业满园”。发挥台商在农业、文创、文旅融合等方面优势，举办川台农文旅融合发展北川交流会，40多名两岸文旅专家、文创导师、企业代表围绕北川农文旅融合发展新路径、禹羌文化创造性转化等话题开展主题演讲、案例分享和座谈交流，分享绵台合作机遇，探讨北川发展路径。举办“寻根大禹故里 传承中华文明”为主题的第四届海峡两岸大禹文化交流活动，两岸同步开展线上线下祭祀活动，表达华夏儿女对先祖大禹的崇敬与缅怀，150余万人次线上观看直播和网络祭祀，《人民日报》、新华网、环球网、《四川日报》等20余家国家、省、市级媒体对活动进行专题报道，得到省委台办主要领导的肯定性批示。

【民族宗教工作】 2022年，印发《北川羌族自治县全面深入持久开展民族团结进步创建工作实施方案》，持续巩固“全国民族团结进步示范县”创建成果，2022年县税务局成功创建国家级民族团结进步示范单位，县检察院、擂鼓镇八一中学、万豪旅游公司等6家单位成功创建省级民族团结进步示范单位。加强民族人才培养，北川绣娘陈云珍着羌服参加党的二十大盛会，受到社会各界广泛关注。推动民族体育事业发展，代表绵阳参加四川省第十六届少数民族传统体育运动会，射弩获三等奖6项，蹴球获三等奖3项，押加获三等奖2项、二等奖2项和道德风尚奖2项。打造民族工作综合体，建立健全“一体一站多链N点”机制，将城市民族工作嵌入社区工作的方方面面。参与市内协同合作，加强与游仙区、安州区、经开区等地沟通协调，投入1400万元，建成10个协同发展项目。用好用活民族类资金，实施项目14个，总投资1440万元，争取到2023年度少数民族特色村寨项目和民族团结进步示范村项目，并2次在省上交流北川民族资金高效使用经验。加强宗教团体建设，县佛教协会顺利完成换届选举。推进宗教队伍建设，关心关爱宗教界人士，积极开展从简戒奢等教育活动。加强特色寺庙建设，指导国恩寺创建文化寺院和食品卫生示范寺院，打造南塔佛茶、国恩禅茶。组织开展互联网宗教信息服务培训，30余名宗教界人士通过《互联网宗教信息服务许可证》网络考试。

（方　淳）

机构编制

【概况】 2022年，全县机构编制工作贯彻党中央、省委、市委和县委决策部署，推动重点领域和关键环节改革，加强机构编制资源优化配置，为推动全县经济社会高质量发展提供机构编制保障。至2022年年底，全县有行政机关63家、事业单位309家；行政人员1153人、事业人员3599人，全年启用行政事业单位用编计划562名。

【重点领域改革】 2022年，完成应急领域综合执法改革,整合优化应急综合执法职责，在县应急局加挂县应急管理综合行政执法大队牌子，完成应急管理领域“局队合一”体制调整，增设行政执法监督内设机构，设置应急管理综合行政执法3个中队，调剂增加行政执法类参公事业编制5名，增核副局长领导职数1名。完成行政复议体制改革，剥离各部门行政复议职责交由县政府统一行使，县司法局以“县政府行政复议办公室”名称履行政府行政复议职权，并相应强化其机构设置和编制保障，建立统一、科学的行政复议体制。优化开发区管理体制，理顺经开区与相关部门、乡镇管理范围和职责边界，支持经开区综合改革，畅通经开区编制使用绿色通道。全年招聘（选调）15名专业人才进入经开区人才队伍。助力“园区提质、企业满园”行动，配合梳理放权事项，形成代办事项清单、委托办理事项清单。

【两项改革“后半篇”文章】 2022年，印发《县乡镇科级领导职数统筹使用管理办法（试行）》，实行乡镇领导职数总量控制，统筹调配，将机构编制资源向片区中心乡镇倾斜。印发《县乡镇机构编制“扁平化”管理工作方案》，在19个乡镇全面推开机构编制“扁平化”管理，实现乡镇机构运行“平台化”、管理“扁平化”、人员“岗位化”。印发《深化乡镇“一支队伍管执法”工作方案》《乡镇综合行政执法联络员制度（试行）》，落实县级部门执法

2月2日，在社区开展机构编制宣传

联络员制度，推进县级专业行政执法力量向基层延伸和下沉，推动县、乡、村三级执法工作力量整合，不断提高基层行政执法能力。有序推进乡镇扩权赋能,推进乡镇依法承接第二批县级行权事项清单，明确中心（副中心）乡镇拟承接事项92项，一般乡镇拟承接事项共77项。建立健全派驻机构考评考核体系，加强乡镇对派驻站所干部的日常管理，督促乡镇细化考核措施，落实乡镇对派驻站所主管部门50%反向工作评价。

【行权清单管理】 2022年，编制《县级行政权力清单（2021年版）》，认领县级行政权力事项5265项；编制《县行政许可事项清单（2022年版）》，认领县乡两级行政许可事项239项。动态调整县乡两级行政权力34项，确保权力事项调整及时准确，不重不漏。

【机构编制管理】 2022年，优化自然资源领域机构布局，设立县林业草原发展中心，为县人民政府直属正科级公益一类事业单位，归口县自然资源局，承担全县林业草原事业具体工作。将县自然资源局下属事业单位县造林站、县林木种苗站、县龙门山植物园建制调整为县林业草原发展中心管理。指导县国有林场(国家森林公园管理处)、四川片口自然保护区管理处业务工作。落实人才兴市、人才强县战略，设立县高端人才服务中心，为县委组织部管理的副科级公益一类事业单位。加强民生工作保障，设立县民生综合事务中心，为县委目标绩效办所属公益一类股级事业单位。强化人大机关信息化建设，设立县人大机关信息中心，为县人大常委会办公室所属公益一类股级事业单位。整合县教师进修校、县教研室全部职责和县电教仪器工作站部分职责，设立县教育发展研究所，为县教体局所属公益一类股级事业单位。整合县学校后勤管理服务指导站全部职责和县电教仪器工作站部分职责，设立县教育技术装备管理服务中心，为县教体局所属公益一类股级事业单位。强化巡察工作力量，设立县巡察信息中心，为县委巡察办所属股级公益一类事业单位。加快法律援助机构规范化建设，设立县法律援助中心，为县司法局所属股级公益一类事业单位。撤销县唐家山堰塞湖管理中心，在县水利发展中心加挂县唐家山堰塞湖管理中心牌子，并相应承担相关职责。调整县人才服务中心机构规格，核销副科级领导职数1名。明确县委巡察办主任由县纪委副书记担任，增设县委巡察办常务副主任1名（正科级）。修订整合不动产登记职责，调整房屋交易管理职责。增强县委办公室、县政府办公室督查督办力量，在县委办公室增设督查督办股，增设正股级职数1名，增加县总值班室事业编制2名。增强纪检监察机关建设，增设第四纪检监察室，设主任1名，按副科级配备。出台《县级部门职责分工协调办法（试行）》，对部门职责分工协调程序进行规范。优化调整县统计局、县农业农村局、县人社局、县公安局等机关内设机构。在县心理卫生服务中心加挂“县老龄健康发展中心”牌子，增加事业编制1名。强化新时代文明时实践中心建设，在县新闻宣传中心加挂县新时代文明实践中心牌子，增核副主任1名（副科级），增加事业编制2名。在县信息中心信息资源股加挂大数据股牌子。强化考古和文物保护职能，在县民俗博物馆（县大禹博物馆）加挂县考古工作队牌子。将县土壤肥料站更名县高标准农田建设中心，加挂县土壤肥料站牌子。在县福利院加挂县未成年人保护中心牌子。将县革命烈士陵园服务中心更名为县烈士纪念设施保护中心。在县发改局项目投资股（能源办）加挂以工代赈办公室牌子。在县住建局建筑管理股加挂建设工程消防监督管理股牌子。在县建设工程质量指导中心加挂县建设工程消防审验事务中心牌子。将县机构编制信息中心更名为县机构编制实名制管理中心。在县教体局教育股加挂校外培训监管股牌子。增加永昌幼儿园、安昌幼儿园托育职责。增加幸福小学等17所学校学龄前儿童教育和保育职责。将馨羌蕾幼儿园、永昌幼儿园等4所公办幼儿园由公益二类调整为公益一类。优化科级领导职数设置，调整乡镇科级领导职数2名，县级科级领导职数16名，事业单位科级领导职数2名。

【事业单位登记管理】 2022年，完成291家事业单位法人年度报告公示和14家法人公示信息抽查。按规定办理事业单位设立登记8家，变更登记82家，注销登记2家，受理统一社会信用代码设立、变更12件。全县政务和公益中文域名总注册量361家，完成全县机关事业单位中文域名续费202家。

（王春梅）

机关党建

【政治建设】 2022年，坚持把党的政治建设摆在首位，把学习宣传贯彻党的二十大精神作为首要政治任务，结合常态化党史学习教育，开展“宣讲党的二十大千场微党课进支部”活动1350次、主题党课1223次，邀请党的二十大代表陈云珍开展组织系统宣讲等各类学习活动228次，引导全县机关党员干部坚定捍卫“两个确立”、坚决做到“两个维护”，切实把思想和行动统一到中央和省委、市委、县委决策部署上来，为推动全省民族地区高质量发展先行县建设贡献更多力量。

【机关党组织建设】 2022年，严格落实“基层党建绩效管理”“党支部标准工作法”，在提高标准中选树典型，对标创先争优，开展机关党建拉练，打造模范机关，评选10个县直机关“八好党支部”和10个创建工作先进机关党组织，发放奖励资金15万元，县税务局创建市级基层党建示范点。常态化推动机关党组织标准化建设，组织120名机关党务干部参加党务实务培训，开展机关党建专项督查2次，指导19个机关党组织顺利完成换届，新建党支部4个。严把发展党员“入口关”，全覆盖培训机关入党积极分子、发展对象200名，新发展党员13名。

【党建引领促发展】 2022年，深入践行“一线工作法”，围绕防汛救灾、乡村振兴、疫情防控等重点，充分发挥机关党组织战斗堡垒作用和党员先锋模范作用，深化机关党员“双报到”工作，开展“红袖敲门”等行动，1500余名机关党员在疫情防控和全国文明城市创建工作中主动作为，参与社区志愿服务1万余人次。创新实施书记领航基层治理项目，坚持“书记抓，抓书记”，机关党组织书记领办基层治理项目29个，切实解决一批群众“急难愁盼”问题。持续抓好驻村帮扶力量选派，轮换10名机关干部到村开展工作，确保驻村工作有序衔接。

（孙兆东）

巡察工作

【概况】 2022年，按照巡视巡察总体要求，县委常委会研究部署巡视巡察工作6次，书记专题会研究巡察工作2次，召开县委巡察工作领导小组会议2次，制定《中共北川羌族自治县第五届委员会巡察工作规划（2022—2026年）》《2022年县委巡察工作要点》，确保政治巡察方向不偏。全年共开展两轮常规巡察，巡察县级部门和乡镇党委（党组）15个、村（社区）党组织42个，共发现问题540个，提出意见建议18条，移交问题线索12件。至2022年年底，累计完成县级部门（乡镇）巡察任务25.3%，村（社区）巡察任务27.3%，顺利实现全覆盖完成率25%的预期目标。

【做实巡察工作提质增效】 2022年，紧盯监督要点，坚持“规定动作”和“自选动作”相结合，与县纪委、县委组织部、县委宣传部等单位会商，围绕“三个聚焦”（聚焦责任意识、聚焦制度建设、聚焦案件处置）细化完善对乡镇部门39项、村（社区）61项的监督重点，让巡察监督更具阶段性、针对性。把对村巡察作为县级巡察工作重点，坚持“因村施策”，针对乡村振兴重点村、脱贫成效巩固村和原“插花式”贫困村等开展不同方式巡察，直接巡察比例达50%以上。巡察干部深入一线，通过“走村入户”“摆摊设点”“发放明白卡”等多种方式，发现和推动解决群众急难愁盼问题62个。聚力监督贯通融合，深化协作配合，探索与其他监督形式的协调互补。巡前全面收集协作部门提供巡察对象有关情况，发出协调函30余份，筛查被巡察党组织有效信息20余条，为巡察组提供巡察“第一手”参考资料。巡中抽调政法、司法、纪检、财政、审计等18名专业干部参与巡察，组织县纪委监委机关、县委组织部人员开展报告审改会2次，重点问题和重要线索会商会7次；巡后推动开展各类专项检查、集中整治5次。在市委巡察指导督导组的指导下召开协作单位联席会议1次，共同研讨提升监督贯通融合的有效途径。

【巡察基础建设】 2022年，健全制度机制，加快推进巡察工作制度体系建设，制定出台《中共北川羌族自治县委巡察组人员选配管理办法（试行）》，推动巡察工作规范有序开展。对标市委巡察制度，对北川巡察制度机制进行全面梳理，列出“立改废”清单，初步梳理需建立制度2个，修改制度3个，废止制度7个，拟保留10个。壮大干部力量，增设巡察信息中心，增加事业编制2个。着力加强巡察人员“三库”建设，优选48名科级领导干部进入组长（副组长）库，116名业务骨干进入巡察人员库，13名专业人员进入政策法规咨询专家库，并适时进行动态更新管理。贯彻落实巡视巡察信息化建设部署，落实经费保障23万元，建设巡察视频会商系统一套，配置国产专网设备12套，安排专人负责巡察工作网络平台和单机版的使用，开展应用操作培训和保密培训2次，到各巡察组驻地对巡察信息化系统使用情况调研督导4次。规范巡察流程，印制《巡察工作制度汇编》汇集巡视巡察制度75个，为开展巡察提供政策法规遵循；分类印制《巡察监督参考要点》，帮助政治巡察监督靶向更加精准；印制《巡察工作流程汇编》，细化8大板块46项具体任务，便于巡察机构“照单施工”。

【巡察整改落实】 2022年，强化联审机制，协同县纪委、县委组织部、巡察组对巡察整改情况开展“四方联审”，综合评价成效，作为年度考核重要依据。9月，由县纪委监委机关、县委组织部、县委宣传部、县委巡察组联合组成综合督查组，对五届县委第一轮巡察的20个党组织整改情况进行了“回头看”，综合量化评价整改质效，对敷衍整改的移交纪委监委严肃问责，并向全县进行通报。强化整改督导机制，向整改不到位的被巡察单位发出《巡察整改提示函》19份，明确各整改环节的时间节点、工作要求，督导其压实责任，认真改、彻底改。向县委县政府分管、联系领导书面通报巡察情况18次，提醒其切实履行“一岗双责”，研究解决分管领域的共性问题、突出问题和历史遗留问题。向县级相关职能部门提出工作建议12条，推动解决村级财务监管乏力、简易项目建设不规范、意识形态工作薄弱等问题。

（张俪平）

老干部服务

【概况】 至2022年年底，全县有新中国成立初期参加革命工作的退休干部15人；副县级以上离退休干部98人，其中离休老干部2人、退休干部96人；县四大班子领导退休21人，科级退休享受副县级待遇77人；年龄超过80岁25人，年龄最大100岁；老干部遗孀11人。已建离退休党支部36个，离退休党员834人。

【思想政治建设】 2022年，始终把政治引领作为老干部工作的生命线，通过学习强国、绵阳老干部之家等平台，开展“线上”+“线下”学习模式，组织学习宣传党的二十大精神、习近平总书记来川视察时的重要讲话精神、省委十二届二次全会等会议精神，全年为老干部送教上门服务80余次，引导老干部全面深入了解经济社会发展形势以及今后发展思路和目标。全面推进离退休干部党组织标准化规范化建设，举办关于加强新时代离退休干部党的建设示范培训班，加大党费对离退休干部党组织活动的支持力度，全额返还32个离退休党支部党费66769.6元。

【老干部服务管理工作】 2022年，坚持和落实老干部走访慰问制度，平时走访慰问与节日走访慰问相结合，切实做到老干部生病、重要节日、病故必到必访，全年走访慰问老干部150人次，发放慰问金151100元。落实新中国成立初退休干部困难补助、医疗照顾等政策规定，组织老干部到县人民医院参加健康体检，发放补助118000余元。向县财政争取维修改造资金20万元，用于县老干部活动中心屋顶维修改造、监控设备改造升级、增设门禁系统，为老干部搭建老有所学、老有所乐、老有所为的平台。通过季度会议、电话沟通、现场交流等方式，收集老干部日常生活、学习中所关注的问题，全年为老干部解难答疑80余人次。

【“银发生辉·心耀羌山”志愿服务】 2022年，打造“银发生辉·心耀羌山”志愿服务品牌，96名“银发先锋”，组建“红顾问”“红讲师”“红卫士”三支志愿服务队伍。开展“喜迎二十大·我看北川新变化”“银领共话新时代”征文活动，“建言二十大”调研学习等活动。参与第四届海峡两岸大禹文化交流活动、北川羌族自治县成立20周年文史资料编辑座谈会，疫情防控和全国文明城市创建等，引导全县离退休干部围绕中心服务大局。开展“让爱成长·温暖过冬”慰问活动，“老少同声颂党恩·携手喜迎二十大”夏令营，“心沐计划”暑期成长营等活动，关心关爱留守困境儿童、困难学生150余名。

（吴凤英）

档案工作

【概况】 2022年，梳理涉改单位档案全宗号，协助3个单位申请档案全宗号。结合馆藏各全宗历年来档案变化情况，梳理208个全宗卷。加大对民生、机关文书、脱贫攻坚等各类档案的接收力度，全年共接收纸质档案共计1975盒，30335件，其中提前接收县党史学习教育领导小组办公室移交的党史学习教育档案26盒334件，接收影像资料1.85GB。接收县委党史研究室移交的地方志、年鉴等重要文史资料书籍27类别135本。发挥立档单位熟悉档案内容的优势，要求立档单位在移交进馆时一并提交档案开放、控制（限制）使用的意见，明确鉴定标示出开放等级，已落实22个单位共29543件档案鉴定意见。梳理出25个单位档案全宗名称问题。推进疫情防控档案进馆工作，与相关部门多次协调沟通，提供现场指导服务30余人次，检查2021年以来接收的全县脱贫攻坚纸质档案及数字化副本质量，干部职工投入500余人次，向有关单位发送工作提示20余份，共检查28万余幅数字化成果，整改档案29000余件。

【档案查询利用】 2022年，接待群众单位查档和咨询3000余人次，提供利用950余例，提供档案复制件3100余页，其中异地查询利用90例。向各部门、各乡镇及人大代表赠阅《北川抗战记忆》一书500余本。选送2件档案参加省档案馆“印记100”档案文献展。选送档案12件、视频资料 11GB、编研成果5件，陈展市档案馆爱国主义教育中心。

【档案宣传】 2022年，利用网站、微信、简报，多项载体开展档案法治、文化等宣传。开展以“喜迎二十大·档案颂辉煌”为主题的宣传活动，组织全馆人员到乡镇集市，走上街道和广场，摆放内容丰富的宣传展板、音频滚动播放档案法律知识，向往来群众发放宣传资料1000余份，介绍查档流程，宣讲普及档案知识和档案工作价值，现场就群众关心的婚姻档案、企业工作档案

“6·9”国际档案日宣传

查询等问题答疑50余人次。组织打卡“我心中的档案馆”拍摄活动，号召广大干群在档案利用、参观、捐赠、移交的过程中，通过拍摄相关内容照片，积极参与打卡，共收集上报20余条。参与省档案馆“千人读档”接力，拍摄《致敬来时路　整装再出发》微视频，上报参与省档案馆专题活动云接力，视频已被省档案馆采用，在“学习强国”“兰台之家”等媒体平台展播。

（张　静）

党史编研

【概况】 2022年，全县党史工作坚定以习近平新时代中国特色社会主义思想为指导，认真贯彻落实县委关于党史工作决策部署，坚持围绕中心、服务大局，坚持以史鉴今、资政育人，坚持突出主责、抓好主业，编纂出版《中共北川羌族自治县委执政实录（2021卷）》，举办“奋进新征程　建功新时代，强国有我——中国共产党历次全国代表大会光辉历程”展览。协同县文广旅局全新打造北川红军长征纪念馆和红三十一军总医院旧址展陈。被市委党史研究室表彰为全市“史志宣传教育工作先进单位”“党史编研工作先进单位”，被县委表彰为“全县精神文明建设先进单位”“铸牢中华民族共同体意识先进单位”。

【中国共产党历次全国代表大会光辉历程展览】 为庆祝中国共产党第二十次全国代表大会胜利召开，10月24日，北川“奋进新征程·建功新时代·强国复兴有我——中国共产党历次全国代表大会光辉历程展览”正式开展。此次展览由中共北川羌族自治县委组织部、中共北川羌族自治县委宣传部、中共北川羌族自治县委党史研究室共同举办，在北川新县城新生广场展出。本次展览采取图文并茂的方式，通过67幅具有代表性的图片和近7000字说明，展示了中国共产党历次全国代表大会光辉历程和主要贡献。

【中共北川羌族自治县委执政实录（2021）出版】 12月，由中共北川羌族自治县委主办，中共北川羌族自治县委党史研究室主编的《中共北川羌族自治县委

10月24日，北川举办“奋进新征程·建功新时代·强国复兴有我”——中国共产党历次全国代表大会光辉历程展览

执政实录（2021）》正式出版发行。全书以中共北川羌族自治县委的重大决策、重点工作和重要活动为主线，全面、系统、准确记述全县各级党组织加强经济建设、政治建设、文化建设、社会建设、生态文明建设和党的建设的具体实践，收录2021年1月1日至12月31日的资料，设图片、决策部署、执政实践、亮点经验、大事记、附录等6个部分，共计80余万字。

（谢雁萍）

干部培训

【干部培训工作】 2022年，县委党校运用案例式、模拟式、体验式等互动教学方法，融合“5·12”汶川特大地震、禹羌文化、红色文化等素材,设计开发出党的基本理论、应急管理基本理论等5大类66个教学专题，甄选出5·12汶川特大地震纪念馆、红三十一军总医院旧址等21个现场教学点，建成覆盖党性教育、爱国主义教育和应急培训课程的特色教学体系。投资20余万元建成“智慧校园”、校园网络安全、图书室管理等数字应用系统，实现“线上+线下”相结合的混合教学模式。充分发挥网络培训的独特优势，精编微党课，制作微视频，建成“云上党校”。与中央党校、四川省委党校以及河南、陕西、安徽省应急管理系统合作，建立地震灾害研究中心等教学平台，按照素质优良、专兼结合、结构合理、动态管理的原则，建立中央党校、中国地震局等多层次人才组成的专家师资库，面向企事业单位、青少年学生、各类社会群体等开展专题授课、研讨式教学等教学培训。全年接待参观考察团体9000余人次，承接各级各类干部培训班595期，累计培训5808人次。

4月，北川乡科级干部培训班在雪狼基地开展应急管理与实践培训

【科（调）研咨政工作】 2022年，围绕乡村振兴、产业发展、基层党建、社会治理方面等中心工作和北川经济社会发展的热点难点问题，开展调研40多次，及时总结提炼基层工作经验和创新做法，把调研成果转变为决策咨政建议，为县委、县政府咨政服务，为教学提供有力的支撑。全年立项省委党校课题3项、绵阳市社科联课题5项（一般项目2项、自筹项目3项）、市委党校咨政课题立项2项、绵阳市政协课题立项1项。省市课题历年最多，位列全市第二。全年在有关刊物上发表文章5篇，完成各类研讨会征文7篇，各类科研成果共计37项，其中《北川特色产业产品发展现状及对策分析研究》《优秀羌族传统文化基因现代化传承研究》等8篇资政报告获得县委书记李昊天肯定性签批。

【理论宣讲】 2022年，坚持集中宣讲与分散宣讲相结合，在确保重大会议精神、重大政策举措等重要时段集中宣讲的基础上，根据各级党政组织、企事业单位干部职工培训、主题党日活动等平时学习要求积极开展宣讲，做到理论宣讲常态化、长效化。全年，深入机关、企业、基层开展党的二十大精神、习近平总书记来川视察重要指示精神、省第十二次党代会精神等重要会议精神宣讲68次，5800余人次。

【应急管理培训学院建设】 10月，北川应急管理培训学院接受省委组织部办学质量评估，2022年北川应急管理培训学院在原有的8个党性教育基地和20个现场教学点的基础上，进一步开发县内特色资源，以马槽乡红星村“红色美丽村庄”试点建设为重点，开发红色教育精品线路和课程，同时启动了“雪狼基地”“永昌福田蓝莓基地”两个现场教学点的打造，不断扩大北川对外培训的知名度和影响力，实现党性教育、爱国主义教育和应急实训深度融合。全年承接各种外培班102期，6502人。10月，应急管理培训学院成为全市唯一被列入省委组织部专业化能力培训机构备案目录的办学单位。

【打造红色培训基地】 为深入开展以红色精神的传承赓续，打造了以马槽红星村为试点的红色美丽村庄，整合马槽红色资源，将红三十一军总医院旧址、白果树院子、红军小学统筹联建，通过氛围营造、风貌改造、展陈提升、课程开发等多种途径，将其打造为多功能复合型的红色研培训基地。对红军长征纪念馆提档升级，重新陈列布展，充实陈展内容，成为重要的爱国主义教育基地和北川重要的红色地标。开发微党课《“背”出来的胜利》《红军长征在北川》等。围绕《红色记忆》专题片内容，先后开发专题课程《红军精神闪耀禹羌大地》《学习长征历史　弘扬长征精神》等，开发红色教材《红星耀羌乡》《红色羌乡——北川革命老区发展史》。

（代玉龙）

▶北川羌族自治县人民代表大会

概　述

【概况】　2022年，县人大常委会高举中国特色社会主义伟大旗帜，坚持党的领导、人民当家作主、依法治国有机统一，不断加强和改进立法、监督、决定、任免和代表等工作，践行全过程人民民主，为加快建成全省民族地区高质量发展先行县和社会主义现代化北川贡献力量。全年召开常委会会议10次，主任会议12次，听取、审议、审查“一府一委两院”专项工作报告21个，开展专题视察调研10次、执法检查5次、专题询问1次、满意度测评4次，形成专题调研报告9个，提出审议审查意见建议55条，依法作出决议决定5个、任命国家机关工作人员41人。

【人大代表工作】　2022年，县人大常委会加强代表能力建设，强化代表服务保障，充分发挥代表作用。在全县推行以“民生实事代表票决、民事纠纷代表协商、乡风民情代表恳谈”为主要内容的“三民工作法”。全年票决民生实事项目48个，参与矛盾纠纷调解694件次，解决问题1537个。开展以片区为单元的村庄规划等民情恳谈96次，组织代表视察调研开茂水厂、引通济安、任禹路隧道病害治理等项目建设120余人次。组织19个选区小组和经济发展、法治、民族宗教等5个专业小组188名代表开展小组视察调研活动72次。持续深化“三联三助”（县人大常委会组成人员联系县人大代表，凝聚发展合力，助推“五大攻坚行动”；县人大专门委员会、常委会各办事工作机构联系乡镇人大主席团，加强县乡互动，助力履职创新水平提升；县人大代表联系群众，发挥代表主体作用，助力乡村振兴）代表实践活动，组织全县各级人大代表联系群众、服务企业，走访群众8万余人次、企业168家，推动解决问题7541个。建成“代表之家”“代表联络站”23个，评选出永昌镇、马槽乡、通泉镇等6个有阵地、有人员、有制度、有内容、有案例的代表履职示范阵地。围绕学习宣传贯彻党的二十大精神等课题举办专题学习班、履职能力提升培训班，全年培训各级代表240余人次。评选年度优秀人大代表15名、代表优秀建议15件、优秀人大工作者10名。全年列入重点督办10件，对县五届人大一次、二次会议以来代表建议、批评和意见办理工作进行督办和满意度测评，111件代表意见建议办理情况综合测评结果为满意，其中已解决或基本解决29件，正在解决或列入规划逐步解决68件，因条件暂不成熟供有关部门参考14件。

5月7日，各乡镇人大主席到尔玛社区人大代表联络站参观学习

【乡镇人大工作】2022年，县人大常委会指导乡镇人大工作，落实常委会领导分片联系乡镇人大工作制度，召开了乡镇人大工作推进会议，定期或不定期组织交流讨论，印发经验交流资料汇编，营造了“比、学、赶、超”的浓厚氛围。组织各级人大代表开展视察、调研活动50次，提出工作建议14类41项。

重要会议

【县五届人大常委会第2次会议】2月22日至24日，县五届人大常委会第2次会议召开，应到代表196人，实到177人，符合法定人数。会议听取和审议县人民政府工作报告、县人大常委会工作报告、县人民法院工作报告、县人民检察院工作报告。审查和批准2021年国民经济和社会发展计划执行情况及2022年计划草案的报告，2021年预算执行情况及2022年预算草案的报告，2021年县级预算执行情况的报告和2022年县级预算。审议通过《北川羌族自治县投资促进条例（草案）》《北川羌族自治县人民代表大会议事规则（草案）》。听取和审议县四届人大六次会议票决出的2021年县级民生实事项目实施情况的报告，并进行满意度测评；票决2022年县级民生实事项目11项，分别是：青片乡西纳村至正河村公路建设项目、城乡医疗救助项目、2021年中央预算内高标准农田建设项目、艾滋病病毒抗体检测项目、县中羌医医院综合服务能力建设项目、十五年教育阶段学生健康体检项目、跨湖桥三期建设项目、G347任禹路危隧和交通工程及附属设施改造工程建设项目、羊角路云盘山隧道工程建设项目、桂溪镇永乐村甘溪场镇农村生活污水治理项目、省道S107安昌至永安绕场镇改线工程。

【县五届人大常委会第5次会议】1月26日，县五届人大常委会第5次会议召开。会前学习《中华人民共和国审计法》。会议学习传达十九届中央纪委六次全会精神，四川省第十三届人民代表大会第五次会议精神，市委、县委人大工作会议精神。审查2021年国民经济和社会发展计划执行情况及2022年计划草案的报告、2021年预算执行情况及2022年预算（初步方案）的报告，表决通过初步审查意见。审议通过县人大常委会关于加强国有资产管理情况监督的决定和五年规划、县人大常委会工作报告。确认县人大常委会代表资格审查委员会审查补选的唐扬、杨保平、宋赞、严明、何含宇、王华祁6位代表资格有效。会议决定县第五届人民代表大会第二次会议于2022年2月22日至24日召开。表决通过2022年县级民生实事项目票决办法草案、2021年民生实事票决项目实施情况满意度测评办法草案。补选李云为市人大代表。决定任命陈卓为县信访局局长，免去唐丁县信访局局长职务。任命李明举、黄媛媛、骆如东、张强为县监察委员会委员；免去祝继红、左尚品、李睿、张加萍的县监察委员会委员职务。

【县五届人大常委会第6次会议】4月18日，县五届人大常委会第6次会议召开。会议学习《中华人民共和国矿产资源法》。传达学习十三届全国人大五次会议精神、市级领导干部和县级主要负责人读书班精神。听取县人民政府关于2021年度环境质量状况和环境保护目标完成情况的报告、关于全国民族团结进步示范县成果巩固工作开展情况的报告、关于第八个五年（2021—2025）法治宣传教育规划的报告，表决通过《县人大常委会关于开展第八个五年法治宣传教育的决议》。审议《北川羌族自治县城市管理综合行政执法条例（修订草案）》《北川羌族自治县矿产资源管理条例（修订草案）》，表决通过了县人大常委会审议意见。表决通过《北川羌族自治县人大常委会关于县人民代表大会会议期间代表审议人大及“一府两院”工作报告发言意见的处理办法（试行）》《北川羌族自治县人大常委会关于对县人民政府组成部门局长（主任）开展履职评议办法（试行）》《北川羌族自治县人大常委会关于对县人民法院法官和县人民检察院检察官开展履职评议的暂行办法（试行）》《北川羌族自治县人大常委会关于在县人大代表和人大工作者中开展“三优”评选表扬活动的方案》。任命王春为县人大常委会办公室副主任、朱心蕊为县人大常委会立法和民族宗教外事侨务工作委员会副主任。

【县五届人大常委会第7次会议】 6月22日，县五届人大常委会第7次会议召开。会前学习《中华人民共和国监察法》。会议传达学习习近平总书记来川视察重要指示精神、四川省第十二次代表大会精神，四川省第十二届委员会第一次全体会议精神。听取县人民政府关于《中华人民共和国道路交通安全法》贯彻实施情况的报告，县人民法院关于基层人民法庭建设情况的报告，县人民检察院关于开展公益诉讼检察工作情况的报告。审议县人大常委会执法检查组关于县人民政府贯彻实施《中华人民共和国道路交通安全法》执法检查的报告，县人民政府关于实施工业强县战略情况的报告，县监察委员会关于开展扶贫领域腐败和作风问题专项治理工作情况的报告，表决通过县人大常委会审议意见。

【县五届人大常委会第8次会议】 7月18日，县五届人大常委会第8次会议召开。会议决定免去杨志兵的县人民政府副县长职务。

【县五届人大常委会第9次会议】 8月24日，县五届人大常委会第9次会议召开。会前学习《中华人民共和国预算法》。听取县人民政府关于防灾减灾救灾工作情况、现代农业园区建设情况、优化营商环境工作情况、实施县域崛起战略情况、实施交通先行战略情况、国土空间规划工作推进情况的报告。审议《北川羌族自治县人民政府关于2022年国民经济和社会发展计划1~6月执行情况的报告》《北川羌族自治县人民政府关于2022年财政预算1~6月执行情况的报告》《北川羌族自治县人民政府关于2021年财政预算执行和其他财政收支的审计工作报告》《北川羌族自治县人民政府关于2021年财政决算（草案）》，批准2021年县级财政决算。审议县人大常委会执法检查组关于县人民政府贯彻实施《绵阳市文明行为促进条例》《中华人民共和国村民委员会组织法》执法检查的报告。表决通过县人大常委会审议意见。决定任命黄新宇为县发展和改革局局长，袁武权为县退役军人事务局局长；免去冯雄的县发展和改革局局长职务，黄新宇的县退役军人事务局局长职务。

【县五届人大常委会第10次会议】 10月20日，县五届人大常委会第10次会议召开。会前学习《中华人民共和国乡村振兴促进法》。会议传达学习中国共产党第二十次全国代表大会精神。听取县人民政府关于2022年乡村振兴促进工作开展情况、减轻义务教育阶段学生作业负担和校外培训负担工作情况、国有资产管理情况的报告、2022年人大代表票决民生实事项目推进情况、县五届人大常委会第六、七、九次会议有关审议意见办理落实情况、审计发现问题整改落实情况的报告，听取县人民政府关于县五届人大一次、二次会议以来代表建议、批评和意见办理情况的报告，并进行满意度测评。听取县人大常委会关于备案审查工作情况的报告。第二次审议通过《北川羌族自治县矿产资源管理条例（修订草案）》《北川羌族自治县城市管理综合行政执法条例（修订草案）》。审议通过《北川羌族自治县人大常委会关于开展满意度测评工作的办法草案（试行）》《北川羌族自治县人大常委会审议意见办理办法草案》《北川羌族自治县人民代表大会代表履职管理办法草案》《北川羌族自治县人大常委会人事任免办法（修订草案）》《北川羌族自治县人大常委会议事规则（修订草案）》《北川羌族自治县人大常委会主任会议议事规则（修订草案）》。

【县五届人大常委会第11次会议】 12月1日，县五届人大常委会第11次会议召开。会议确认终止杨保平、康良、李茂波、杨桓宇、张周凯、赵其洲、刘华蓉县五届人大代表资格，县第五届人大代表实有189名。审议通过《基层立法联系点工作办法》《立法和备案审查咨询专家库管理办法》。决定任命牟华佳为县人民政府副县长；决定免去杨保平县人民政府副县长职务。

【县五届人大常委会第12次会议】 12月22日，县五届人大常委会12次会议召开。会前学习《中华人民共和国传染病防治法》。会议开展“一府一委两院”国家机关工作人员2022年度履职评议。听取县人民政府关于县五届人大常委会第九次会议有关审议意见办理落实情况、三年国企改革工作情况、“八五”普法工作开展情况、2022年预算调整方案的报告。听取县监察委员会关于县五届人大常委会第7次会议审议意见办理落实情况的报告，并开展满意度测评。会议确认终止唐扬县五届人大代表资格，县第五届人大代表实有188名。决定补选县第五届人大代表6名，选举日确定为2023年1月13日。决定县五届三次人代会于2023年2月上旬召开。决定任命马睿为县人民政府副县长。

重要活动

【立法工作】 2022年，坚持科学立法、民主立法、依法立法，以良法促善治保发展，纵深推进法治北川建设。认真组织开展国家宪法日、宪法宣传周主题活动，全年开展立法调研40余次，8月在全省民族地区率先颁布实施《北川羌族自治县投资促进条例》，被《中国经济时报》、省人大网、《绵阳日报》等媒体宣传报道。完成《北川羌族自治县矿产资源管理条例》二审、《北川羌族自治县城市管理综合行政执法条例》三审，启动防灾减灾立法工作。制定出台《县五届人大常委会立法规划》及年度立法计划，出台《北川羌族自治县人大常委会基层立法联系点工作办法》《北川羌族自治县人大常委会立法和备案审查咨询专家库管理办法》，曲山社区、尔玛社区被市人大常委会确定为基层立法联系点，搭建立法选题问需于民、法律制定问计于民、法规实施问效于民的工作平台。听取和审议“七五”普法工作情况及“八五”普法工作安排情况报告，依法作出《关于开展第八个五年法制宣传教育的决议》。组织对《道路交通安全法》《村民委员会组织法》等5部法律法规开展执法检查。听取2022年度备案审查工作情况的报告，向市人大常委会报备规范性文件6件，依法对37件规范性文件开展备案审查。

【调研视察工作】 2022年，组织市县人大代表联动开展桂溪镇地质灾害治理、先进制造业发展、卫健重点项目建设、引通济安工程综合治理情况、重点文旅项目推进、现代农业产业园区建设、食品医药产业发展情况、农村人居环境建设及管理、天府旅游名县巩固提升、交通设施建设情况等专题调研视察10次，形成

《农村人居环境建设及管理情况的调研报告》《2020年洪涝地质灾害灾后恢复重建项目推进工作情况的报告》等调研报告，为县委、县政府提供决策作参考。

【监督工作】2022年，坚持正确监督、有效监督、依法监督，全面提升监督质效。与省、市人大常委会对《科学技术普及法》贯彻实施、民族团结进步等工作开展上下联动监督6次。开展了2020年灾后重建项目、文旅产业、卫生防疫、交通运输、经济指标完成等重点工作的监督，提出了工作建议14类41项。助推民族团结进步示范创建《选好发力点 全方位服务大局》等经验做法获省、市人大常委会领导的肯定性批示，被省人大常委会机关刊物《民主法制建设》刊载；《在铸牢中华民族共同体意识中践行全过程人民民主》的经验做法受邀在绵阳、广安、重庆北碚区人大常委会与西南大学联合举办的全过程人民民主基层实践路径研讨会上作交流发言。听取了2022年人大代表票决民生实事项目推进情况的报告，开展了对民族团结进步、乡村振兴促进、防灾减灾、“双减”政策落实、打击治理电信网络新型违法犯罪等工作的专项监督。首次听取县监察委员会关于开展扶贫领域腐败和作风问题专项治理工作情况的报告；组织对法检“两院”基层人民法院建设、公益诉讼检察等重点工作开展专项监督。出台对县人大常委会任命的“一府一委两院”国家机关工作人员开展履职评议相关制度，对61名“一府一委两院”国家机关工作人员开展了履职满意度测评，对县发改局、县交通运输局等5个政府组成部门的主要负责人开展工作询问。

【选举任免】2022年，坚持党管干部原则和人大依法任免相统一，审议人事任免议案6件，依法任免国家机关工作人员41人，规范了任前法律知识考试、宪法宣誓、颁发任命书等工作。

【讨论决定重大事项】2022年，听取和审查2021年国民经济和社会发展计划执行情况及2022年计划草案报告、2021年财政预算执行和其他财政收支的审计报告、2021年决算报告、2022年1至6月预算执行情况报告、关于2022年县级预算调整方案的报告，依法批准了2021年县级决算、2022年县级预算调整方案，作出了关于开展第八个五年法治宣传教育的决议等决议决定5个。

（朱心蕊）

▶北川羌族自治县人民政府

概　述

【概况】　2022年，北川羌族自治县人民政府坚定以习近平新时代中国特色社会主义思想为指导,认真学习贯彻党的二十大精神和习近平总书记来川视察重要指示精神,在县委的坚强领导下，坚定贯彻落实“疫情要防住、经济要稳住、发展要安全”总体要求，围绕“生态立县、文旅兴县、工业富县、开放活县、城乡融合”发展思路，深入推进“五大攻坚行动”，较好完成县五届人大二次会议确定的目标任务。全年实现地区生产总值94.47亿元、增长4.6%，地方一般公共预算收入5.64亿元、增长8.3%，城乡居民人均可支配收入增速高居全市第一，获评全市县域经济发展先进县。

【产业发展】　2022年，全县建成高标准农田1.26万亩，完成粮食播面29.26万亩，生猪出栏24.5万头，被认定为第一批省级种子（苗）生产基地，入选省级“菜篮子”工程冷链设施建设示范县、省级有机产品认证示范区。发布推广“羌食荟”农产品区域公用品牌，茶产业现代农业园区晋级省级园区，北川茶叶多次摘得国际大赛金奖。农村居民人均可支配收入首次超过全省平均水平、增速连年保持全市第一，第一产业增加值增速达4.6%、居全市第三位。大力实施“园区提质”“企业满园”行动，出台《企业入园管理办法》，建成标准化厂房11.15万平方米、升级改造管网10余千米，新入园企业16家，签约项目21个、总投资82.5亿元，“一主一特”产值占比提高至54.5%。金冠电子搬迁等49个项目竣工投产，全年新增规上工业企业9户，规上工业增加值增长6%。培育省级“专精特新”企业3家，高新技术产业主营业务收入达12亿元。发放“悦享北川·游购羌城”消费券230余万元，直接带动市场消费达3000余万元。加快卓信智慧农贸广场等商圈建设，宋喜市入选省级步行街改造提升试点。实施“转企升规”“主辅分离”专项行动，新增规上服务业企业4家、限上商贸单位8家。服务业增加值增长4.8%，实现社会消费品零售总额37.87亿元。完成《全国禹羌文化全域旅游目的地战略规划及三年行动计划》编制，制定《文旅产业发展五年行动方案》。打造《走北川》实景体验剧，举办“首届白山羊美食节”等节会活动，成功发布《少年禹传奇》城市超级IP。融资8亿元实施大美羌城文旅综合提升、一河两岸项目，沙朗恰民俗文化旅游街主体完工。巴拿恰入选全国非遗与旅游融合发展优选项目名录，石椅村成功创建天府旅游名村，宝城村、玉皇山村入选省级乡村旅游重点村，北川位居“2022年中国县域旅游发展潜力百强县市”第32位、上升15位。严格执行项目投资“红黑榜”通报机制，要素保障部门提前介入招引项目评估研判，入围全省一季度项目综合考评50强。年度实施项目154个，完成投资57.12亿元、增长9.7%。北川通用机场等4个市重点项目完成投资8.82亿元，超目标任务37.95%。设立1000万元对上争取工作经费，健康食品示范产业园等3个项目成功申报国家政策性开发性金融工具项目。

【改革开放】 2022年，高质量完成国资国企、农业农村、财税金融等195项改革事项，“科技治超”赋能智慧交通建设等60余项改革经验被国省主流媒体宣传报道，社区青春“5+”行动等7 项经验做法入选国省改革案例。推进经开区全员聘用制改革，干部职工积极性、创造性有效激发。深化园区放权赋能，下放园区54项审批类服务，基本实现企业办事不出园。高标准开展乡镇级片区国土空间规划编制，健全完善全域支撑体系。坚持稳制、分权、搞活原则，大力推进农村承包土地“三权分置”，全县农村土地流转面积达1.57万亩。深入实施“招商突破年行动”，充实驻外招商力量，全年签约项目25个、金额124亿元，引进5亿元及以上项目8个，全年国内省外到位资金20亿元。连续4年成功举办海峡两岸大禹文化交流活动。借力“绵品出川”厦门行、东莞行等活动，销售农特、文旅产品3500万元，现场签订购销协议达3亿元。实现对外贸易进出口总额4200万元、增长15%。发挥“人才十条”新政作用，引进高素质、高学历人才399人，建成人才公寓50套，保障更多人才在北川落地生根。全面推进区域协同发展，与游仙、安州等地协同发展事项加速落地落实。超常规开展“面对面听取意见、实打实解决问题”活动，召开专题座谈会5场次、解决企业诉求49个。设立稳经济政策落实办公室，推动国省市一揽子政策全面落地。大力实施政务服务事项“四减”行动，单一政务服务事项提速96.1%以上、一次办达100%。深入推进“一窗综合受理”提档升级行动，白坭等5个乡镇便民服务中心入选省级示范中心。全年新增各类市场主体2562户、总量达13967户。

【城乡发展】 探索“5+4+*N*”防止返贫监测帮扶工作机制，推广“乡村振兴保”，脱贫成效进一步巩固。争取衔接资金8599万元、实施项目64个，产业项目资金占比达59%以上。深化东西部协作，项目推进情况位居全省68个帮扶县前列，被浙川两省推荐接受国家检查组现场检查，并获得高度肯定。扎实推进定点帮扶，争取交通、物流、民生等领域项目资金超2.7亿元。入选四川省农民合作社高质量发展示范县、家庭农场信贷直通车试点县。成功创建省级乡村振兴先进乡镇1个、示范村2个、重点帮扶优秀村1个。脱贫攻坚和成效巩固工作连续六年进入全省“好”的行列。实施城市更新行动，建设垃圾分类示范点，城区面貌得到进一步提升。将禹羌文化融入城市建设，建成“口袋公园”8个、“美丽街角”7处，被中央电视台《新闻联播》报道。全力推进“加梯”便民服务行动、老旧小区改造等民生项目，开工改造15个老旧小区，完成既有住宅电梯增设30部。全年完成交通投资17亿元、增长60%，投资总额位列全市第一，全县通车里程达3610千米。新建4G基站53个，改造开通5G基站69个。黄江35千伏输变电扩建工程顺利投运，擂鼓至禹里35千伏第二回线路建设稳步推进。投资65亿元的抽水蓄能电站纳入省政府电源电网发展规划，投资26.4亿元的唐家山水库工程纳入省“十四五”规划及专项规划，科技城第二水源工程、开茂水库灌区工程加快建设。

【社会民生】 2022年，统筹安排资金3.68亿元，高质量推进11件民生实事。实施稳就业攻坚行动，全年新增城镇就业

1567人，转移农村劳动力4.89万人，城镇登记失业率2.71%、低于省控目标1.29个百分点，城乡居民人均可支配收入分别达39185元、18676元。发放低保、特困、临时救助等资金3000余万元、受益城乡群众9万余人次。推进全民参保计划，养老保险、工伤保险、失业保险覆盖面稳步扩大。全县城乡居民医保参保缴费18.19万人，参保率达98.37%，基本实现参保全覆盖。设立200万元“禹羌情专项救助基金”，实现特殊困难群体应保尽保。稳步推进学校布局优化，义务教育学校由28所整合为17所，教育资源更加集中。甘孜“富民安康”班顺利开班教学，七一职中蝉联全市技能大赛“十一连冠”，义务教育、职业教育和北川中学均获全市质量评价特等奖。健康北川深入推进，“诊间支付”模式在全市推广，启动全省首家“心电一张网”工程，成功创建省级健康促进县。推进全国居家和社区养老改革试点，对符合条件的老年人进行家庭床位适老化改造。圆满承办“体总杯”三大球中国城市联赛选拔赛，北川民族艺术团被评为全国基层文艺院团先进集体。扎实开展“八五”普法，永昌派出所被共青团中央授予全国“青少年维权岗”。常态化开展扫黑除恶斗争，电信诈骗案件同比下降31.6%。深入开展“治重化积”专项行动，多元分级化解矛盾纠纷，全面完成党的二十大期间信访保障工作。永昌镇入选全省基层治理示范镇，马槽乡红星村成为全市唯一的中组部红色美丽村庄试点，永昌镇尔玛社区获评全省志愿服务十佳社区。

【安全生产】 压紧压实“四方责任”，优化指挥调度体系，实体化运行应急指挥部。扎实推进疫情防控能力补短板“八大攻坚行动”，核酸检测、流调溯源、转运隔离等关键能力显著提升。在全市率先实现全员核酸检测“日清日结”，成功应对“9·29”“10·27”“11·8”等市内疫情扩散蔓延。深刻汲取“7·16”山洪灾害教训，实体化运行防汛减灾联合指挥部，制定《关于进一步强化防灾减灾的实施意见》，投入2000余万元提升人防、物防、技防联动能力。谋划实施灾后重建项目38个，计划总投资6.31亿元。深入开展安全隐患“大排查、大曝光、大整治”行动，未发生较大及以上生产安全事故，生产安全事故起数、死亡人数均下降33.3%。压紧压实食品安全党政同责，成功举办全市食品安全突发事件应急演练。连续35年未发生重特大森林草原火灾。全年空气质量优良天数率达92.9%，县域主要河流断面水质均达Ⅱ类以上，地表水环境质量位居全省第9位，土壤环境质量保持稳定。巩固退耕还林成果13.38万亩，新增营造林8.3万亩，通口永庆竹海上榜省级翠竹长廊，擂鼓羌王竹海等3个基地成功入选省级现代竹产业基地。坚持“在保护中开发、在开发中保护”，高质量编制第四轮矿产资源总体规划。完成25宗生态保护红线内矿业权退出，有序推进大熊猫国家公园内小水电清理。

（吕俊）

重要会议

【县政府五届第一次全体会议】 1月20日，县政府五届第一次全体会议召开。会议审议《政府工作报告（送审稿）》《关于北川羌族自治县2021年国民经济和社会发展计划执行情况及2022年国民经济和社会发展计划（草案）的报告（送审稿）》《关于北川羌族自治县2021年预算执行情况和2022年预算（草案）的报告（送审稿）》；周福兰县长安排部署相关工作。

【县政府五届第二次全体会议】 8月25日，县政府五届第二次全体会议暨经济运行分析会议召开。会上县农业农村局、县卫健局、县交通运输局分别就上半年主要经济指标完成情况、项目推进和固定资产投资、对上争取工作交流发言；县商务经合局、四川北川经开区管委会、县应急管理局分别就上半年主要经济指标完成情况、项目推进和固定资产投资、对上争取工作表态发言；各副县长对分管联系工作进行安排部署；常务副县长杨保平分析2022年上半年全县经济形势，县长周福兰安排部署相关工作。

【县政府五届第6次常务会议】

1月5日，县政府五届第6次常务会议召开。会议传达贯彻中央第五生态环境保护督察组督察四川省情况反馈会议、《四川省中央生态环境保护督察报告》和彭清华表态讲话精神以及省委书记彭清华在调研阿坝黄河流域生态保护和高质量发展工作上的讲话精神，省安委会2021年第四次全体成员会议暨第四季度全省安全生产工作及省应急指挥部疫情防控调度电视电话会议精神、全省道路交通安全工作紧急电视电话会议精神；学习《四川省乡村振兴促进条例》，四川省人民政府2022年森林防火命令、四川省人民政府2022草原防火命令和绵阳市人民政府2022年森林草原防火命令以及全市森林草原防灭火工作会议精神；传达学习近期省、市发改委关于收集国家102项重大建设项目相关要求和市发改委《关于报送“项目清单”“事项清单”两项清单的函》《关于报送新一批信贷支持县城城镇化补短板强弱项项目的紧急通知》精神，全市经济工作会议精神。

【县政府五届第7次常务会议】

1月12日，县政府五届第7次常务会议召开。会议传达贯彻1月6日中共中央政治局常务委员会精神，中央农村工作会议精神，全省党史学习教育总结会议精神，省长黄强在省政府党组党史学习教育专题民主生活会上的讲话精神，省委经济工作会、省政府第九次全体会议精神，2022年全市突发事件信息报告工作专题会议精神；学习《关于审理政府信息公开行政复议案件若干问题的指导意见》《四川省消防安全责任实施办法》和全省安全工作紧急电视电话会议精神。

【县政府五届第8次常务会议】

2月7日，县政府五届第8次常务会议召开。会议组织学习了《四川省行政规范性文件管理办法》，传达贯彻《农村人居环境整治提升五年行动方案（2021～2025）》，省政府领导在省安委会2021年第四次全体会成员会议暨第四季度全省安全生产工作及省应急指挥部疫情防控调度电视电话会议上的讲话精神，市政府八届一次全体会议精神，全市重点工作部署会议精神，《关于印发坚决防范遏制道路交通事故铁腕整治十八条措施任务清单的通知》。

【县政府五届第9次常务会议】

2月14日，县政府五届第9次常务会议召开。会议传达学习省长黄强在成都调研耕地保护和春耕生产工作时的指示精神，全省防震减灾工作会议暨省抗震救灾指挥部全体会议精神，中国共产党绵阳市第八届纪律检查委员会第二次全体会议精神；传达贯彻市委、市政府主要领导对“绵阳日报社关于绵阳交警逮住‘三辆百吨王’核载31吨，实载逾100吨的新闻报道”的批示精神和北川《关于开展道路交通安全大提升工作的通知》精神；听取《2022年春节期间安全生产工作情况的报告》《2022年春节期间道路交通安全运行情况的报告》《2022年春节期间文化旅游市场运行情况的报告》。

【县政府五届第10次常务会议】 3月4日，县政府五届第10次常务会议召开。会议学习《中央和省级财政衔接推进乡村振兴补助资金管理办法》《建立森林草原防灭火长效机制的十八条措施》《绵阳市“十四五”推进农业农村现代化规划》；传达贯彻习近平总书记在中央党校（国家行政学院）中青年干部培训班开班式上发表的重要讲话精神，全国、全省乡村振兴局长会议精神，全省耕地保护重点工作专题会议精神，市政府主要领导关于《“12345”市长热线民情专报（第一期）》的批示精神；传达学习绵阳市第八届人民代表大会第二次会议、中国人民政治协商会议绵阳市第八届委员会第二次会议精神，绵阳市信访工作会议暨信访工作联席会议全体（扩大）会议精神。

【县政府五届第11次常务会议】 3月21日，县政府五届第11次常务会议会议召开。会议学习《四川省乡村振兴共同财政事权转移支付资金管理办法》，近期中央、省、市森林草原防灭火工作视频会议精神和黄强省长、李云市长对广安前锋区森林火灾事件的批示精神及《四川省森林草原防灭火指挥部办公室关于甘孜州九龙县“2·16”森林火灾事件的情况通报》《四川省森林草原防灭火指挥部办公室关于近期野外用火引发火情的情况通报》，省政府副省长、市委书记曹立军3月17日到北川调研经济社会发展情况时做出的重要指示精神，市委“稳增长”工作专题会议精神；传达学习十三届全国人大五次会议和全国政协十三届五次会议精神。

【县政府五届第12次常务会议】 4月6日，县政府五届第12次常务会议暨县生态环境保护工作会议、全县食品安全委员会成员单位会议、2022年人大代表建议和政协委员提案交办会召开。会议学习《绵阳市刑事诉讼涉案财物处置办法（试行）》《中共中央办公厅 国务院办公厅 关于更加有效发挥统计监督职能作用的意见》《四川省2022年县域经济工作要点》《河南郑州“7·20”特大暴雨灾害调查报告》；传达贯彻习近平总书记等中央领导重要指示批示和近期党中央国务院重要会议精神，省委、省政府近期重要会议精神和省领导来绵调研指示精神，全国宗教工作会议、省委民族工作会议暨全省宗教工作会议、市委民族工作会议暨全市宗教工作会议精神，黄强省长在全省稳增长政策落实情况调度会议上的讲话精神，罗文常务副省长在全省森林草原防灭火工作视频调度会上的讲话精神，全市重点工作推进会议精神，市委办关于进一步做好网络问政工作的通知；通报全县一季度县域生态环境质量状况和一季度污染防治工作开展情况，2021年度全县食品安全工作，安排部署2022年人大代表建议和政协委员提案办理工作。

【县政府五届第13次常务会议】 4月26日，县政府五届第13次常务会议暨2022年全县住户大样本轮换工作动员部署会召开。会议学习《国家统计局四川调查总队办公室 关于印发〈2022年住户调查大样本轮换实施方案〉的通知》《四川省人民政府办公厅 关于印发2022年全省政务公开重点工作安排的通知》《绵阳市安全生产责任追究制度》《绵阳市开展非煤矿山建设项目安全设施“三同时”专项检查工作方案》；传达贯彻习近平总书记、李克强总理重要指示批示精神，近期国、省、市安全会议精神，市级领导干部和县级主要负责同志读书班精神，市林长制全体会议精神；听取2022年第一季度全县安全生产工作情况报告，道路交通安全综合治理工作汇报。

【县政府五届第14次常务会议】 5月5日，县政府五届第14次常务会议召开。会议传达贯彻习近平总书记关于“三农”工作重要论述和中央、省委、市委1号文件以及省委、市委农村工作会议精神，习近平总书记、李克强总理和省市县领导对湖南长沙居民自建房倒塌事故作出重要指示批示精神，4月29日中共中央政治局会议精神，李克强总理在国务院第五次廉政工作会议上的重要讲话精神，中央财经委员会第十一次会议和省委财经委员会第十二次会议精神，省委书记王晓晖在凉山州调研巩固拓展脱贫攻坚成果、推进乡村全面振兴等工作时的重要讲话精神，省委书记王晓晖在省人大常委会省政府省政协机关走访座谈时的重要讲话精神，全省防汛抗旱、地质灾害防治和河湖长制推进工作电视电话会议精神，全省耕地保护工作电视电话会议精神，2022年第1期市政府领导批示精神；学习《四川省人民政府办公厅 关于贯彻落实〈政府督查工作条例〉的实施意见》；听取国家矿山安全监察局四川局督查北川非煤矿山安全生产工作有关情况汇报。

【县政府五届第15次常务会议】 5月16日，县政府五届第15次常务会议会议召开。会议学习《中华人民共和国反有组织犯罪法》《四川省人民政府办公厅关于贯彻〈全国政府系统值班工作规范（试行）〉，进一步加强全省政府系统值班工作的通知》《绵阳市“园区提质”“企业满园”行动领导小组 关于推动园区进一步优化产业布局的指导意见》；传达贯彻习近平总书记等中央领导重要指示批示和近期党中央国务院重要会议精神，习近平总书记在庆祝中国共产主义青年团成立100周年大会上的重要讲话精神、省委书记王晓晖在四川省学习贯彻习近平总书记在庆祝中国共产主义青年团成立100周年大会上的重要讲话精神，中央全面深化改革委员会第二十五次会议精神、省委全面深化改革委员会第十六次会议精神、市委全面深化改革委员会第十三次会议精神，省委、省政府近期重要会议精神和省领导来绵调研指示精神，省、市政府廉政工作会议精神，《信访工作条例》《绵阳市信访工作联席会议办公室关于转发四川省信访工作联席会议办公室〈关于深入贯彻落实省委常委会议、省政府常务会议精神的通知〉及〈关于持续治理进京上访为党的二十大营造安全稳定社会环境的通知〉的通知》，市长李云批示和《绵阳市防汛抗旱指挥部办公室 关于贯彻落实〈关于落实县级政府属地责任进一步加强工程建设工地营地防汛减灾工作的意见〉的通知》；听取《关于“五一”假日安全生产情况的报告》《关于“五一”假日旅游市场运行情况的报告》，安排部署下一步工作。

【县政府五届第16次常务会议】 5月24日，县政府五届第16次常务会议暨二季度经济运行调度会议召开。会议传达贯彻5月11日国务院常务会议精神，省委王晓晖书记到绵阳调研精神，省委书记王晓晖在水利厅调研并主持召开专题会议时的讲话精神，省长黄强看望慰问一线护理人员时的讲话精神，市长李云5月18日对当前解决工作作出的批示；学习《绵阳市项目投促委办公室关于印发〈绵阳市省市重点项目和加快前期工作重点项目服务工作制度〉的通知》；通报了一季度经济运行情况。

【县政府五届第17次常务会议】 5月27日，县政府五届第17次常务会议暨全县稳住经济大盘工作会议召开。会议传达贯彻全国、全省、全市稳住经济大盘会议精神及县委主要领导批示精神，省安委会2022年第二次全体会议暨第二季度全省安全生产电视电话会议精神，常务副市长梁磊、副市长李南希在全市创建食品安全示范城市动员会议上的讲话精神；学习中国共产党四川省第十一届委员会第十一次全体会议公报，《绵阳市重大工业招商引资项目推进工作联席会议 关于印发〈绵阳市更大力度促进招商引资10条措施〉的通知》。

【县政府五届第18次常务会议】 6月27日，县政府五届第18次常务会议召开。会议学习《中华人民共和国监察官法》《绵阳市政府办公室 关于印发绵阳市推动公立医院高质量发展实施方案的通知》《2022年绵阳市全面强化河湖长制工作要点》《绵阳市政府投资管理办法（试行）》；传达贯彻习近平总书记来川视察重要指示精神、6月10日省委常委会（扩大）会议精神、6月13日省政府党组（扩大）会议精神和6月13日市委常委会（扩大）会议精神，中央、省、市2021年度巩固拓展脱贫攻坚成果同乡村振兴有效衔接考核评估发现问题整改相关会议精神，全省以片区为单位编制乡村国土空间规划暨根治撂荒地促进粮食扩面增产工作视频会议精神，2022年第3期市政府领导批示精神；听取《关于2022年防止返贫监测帮扶集中排查工作情况的报告》《关于高质量做好2022年“三农”重点工作全面推进乡村振兴的情况报告》《关于强化社会民生兜底保障落实情况的报告》《关于当前地质灾害防治工作开展情况的报告》，安排部署下一步工作。

【县政府五届第19次常务会议】 7月28日，县政府五届第19次常务会议召开。会议学习《地名管理条例》《中共四川省委办公厅、省政府办公厅 关于全面推行田长制的意见》《四川省教育督导问责实施细则》《绵阳市政府系统加强值班工作六条措施的通知》《绵阳市食品安全工作约谈办法（试行）》；传达贯彻李克强总理对全国安全生产电视电话会议重要批示精神及近期省、市安全生产工作会议精神，近期国家、省、市领导对做好防汛抗旱地灾防治工作作出的批示精神，省长黄强在四川省法治政府建设工作电视电话会议上的讲话精神，全省防汛救灾工作调度会议精神，全市防汛抗旱和地灾防范应对工作会议精神，传达贯彻了八届市委第45次常委会会议精神，全县“7・16”白什乡突发山洪灾害警示教育大会精神，市委工作会议精神，绵阳市人民政府党组2022年第7届2次会议精神，市政府领导批示（2022年第4期）精神；听取“7・16”白什乡突发山洪灾害抢险救援及恢复场镇基本功能情况报告。

【县政府五届第20次常务会议】 8月19日，县政府五届第20次常务会议暨县道安委第三次全体会议，北川羌族自治县小水电、水库防汛度汛及安全管理工作会议召开。会议学习《四川省红十字会条例》《中共四川省委关于深入学习贯彻习近平总书记来川视察重要指示精神推动实现全年经济社会发展目标任务的意见》《中共四川省委办公厅 四川省人民政府办公厅 关于印发〈关于更加有效发挥统计监督职能作用的实施方案〉的通知》《四川省金融工作领导小组 关于印发四川省贯彻落实〈防范和处置非法集资条例〉实施意见的通知》《中共绵阳市委 绵阳市人民政府 关于坚决做好防汛减灾工作全力以赴保安全促发展的意见》；传达贯彻市政府领导批示（2022年第5期）精神，《四川省人民政府 关于切实加强全省水电站安全管理工作的紧急通知》，全省水电站主汛期防汛保安视频调度会议水利厅副厅长王华讲话精神，绵阳市防汛减灾、小水电安全监管暨河湖长制工作推进会议精神；通报了甘孜州丹巴县关州水电站“1・12”较大透水事故调查报告，“7・16”白什乡突发山洪灾害4座水电站受灾及应对处置情况；播放观看《正视、警醒》警示教育短片，通报上半年县道安委工作总结并对下一步工作进行安排部署。

【县政府五届第21次常务会议】 8月30日，县政府五届第21次常务会议召开。会议学习《中华人民共和国噪声污染防治法》《国家防汛抗旱总指挥部 关于深入贯彻落实习近平总书记重要指示精神全力以赴做好防汛抗旱抢险减灾工作的通知》；传达贯彻全国深化“放管服”改革持续优化营商环境电视电话会议精神，黄强省长对全省疫情防控工作作出重要指示精神及市长李云重要批示精神，省安委会2022年第三次全体成员会议暨第三季度全省安全生产电视电话会议精神及省、市领导关于安全生产批示精神，曹立军书记在市委办公室《绵阳市要情专报》（第333期）“关于绵阳市成功处置2起突发山洪情况的报告”上的批示精神；听取《关于全县产业园区土地利用及储备土地和已补偿未报批土地清理情况的报告》，安排部署下一步工作。

【县政府五届第22次常务会议】 9月8日，县政府五届第22次常务会议暨北川羌族自治县迎接党的二十大信访维稳安保工作推进会议召开。会议学习《绵阳市环境质量改善不力约谈办法》；传达贯彻习近平总书记、李克强总理对四川甘孜泸定县6.8级地震作出的重要指示精神、省委书记王晓晖对泸定县6.8级地震作出的批示要求、泸定地震抢险救灾工作调度会会议精神、省市（州）县前线联合指挥部会议精神，中央全面深化改革委员会第二十七次会议精神，市政府领导批示（2022年第6

期），全市疫情防控工作视频调度会议精神，市委常委、市纪委书记、市监委主任唐浪生到北川调研指导疫情防控和经济社会发展等工作指示精神；通报全县当前信访维稳形势、存在问题，安排部署了下一步工作；听取全县2022年1～8月网络问政办理情况的报告，2021年度市考核北川初步情况汇报和2022年市考核工作建议。

【县政府五届第23次常务会议】 9月16日，县政府五届第23次常务会议暨2022年全县前三季度经济运行指标分析调度会议召开。会议学习《四川省人民政府教育督导委员会办公室 关于进一步落实市（区）政府义务教育主体责任的通知》；传达贯彻9月9日中共中央政治局会议精神，近期国务院常务会议精神，全国秋冬季森林草原防灭火工作电视电话会议精神，9月15日全市前三季度经济运行指标分析视频调度会议精神；通报市下达北川2022年1～9月主要经济指标任务、安排部署北川2022年1～9月主要经济指标任务分解工作；听取《关于北川羌族自治县义务教育主体责任落实情况的报告》。

【县政府五届第24次常务会议】 9月29日，县政府五届第24次常务会议、县森林草原防灭火指挥部2022年第八次会议召开。会议传达贯彻全国安全生产电视电话会议及省、市安委会2022年第四次全体成员暨全省、全市安全生产电视电话会议精神、全市安全生产工作调度会议精神，市应急指挥部会议精神，四川省森林草原防灭火专项整治“回头看”工作总结视频会议精神；听取《北川羌族自治县2022年1至8月县域环境空气质量情况报告》。

【县政府五届第25次常务会议】 10月13日，县政府五届第25次常务会议召开会议。会议传达学习了党的二十大安保维稳工作动员部署会议、全省党的二十大维稳安保暨省信访工作联席会议、全市党的二十大信访维稳工作推进会议精神，《省政府办公厅 关于贯彻落实习近平总书记重要指示精神切实做好安全防范工作的紧急通知》、省安委会2022年安全生产巡查工作动员会精神，市委书记曹立军在省统计局《四川统计报告》（第104期）“经济运行总体平稳发展基础不断夯实——2022年上半年县域经济分析”上的批示精神，市政府领导批示（2022年第7期）；听取了县卫健局《北川羌族自治县2022年1至8月艾滋病防治工作开展情况的报告》。

【县政府五届第26次常务会议】 10月28日，县政府五届第26次常务会议暨北川羌族自治县巩固脱贫攻坚成果同乡村振兴有效衔接专题会议、北川羌族自治县公路路长制工作专题会议、国家耕地保护督察反馈问题整改工作会议召开。会议传达学习习近平总书记来川视察对巩固拓展脱贫攻坚成果的重要指示精神，国家乡村振兴局2022年巩固脱贫攻坚成果同乡村振兴有效衔接考核评估工作会议精神，全省巩固拓展脱贫成果“回头看”暨防返贫监测第二轮排查工作会议精神，国家乡村振兴局党组成员、副局长洪天云在全国东西部协作示范培训班上的讲话精神；学习《四川省交通运输厅 关于推行农村公路路长制的指导意见》（川交函〔2019〕729号）《四川省人民政府办公厅 关于印发四川省深化农村公路管理养护体制改革实施方案的通知》（川办发〔2020〕70号）《四川省交通运输厅 关于印发〈四川省农村公路养护管理办法〉的通知》（川交规〔2022〕3号）《绵阳市交通运输局 关于进一步加强“路长制”工作的通知》（绵交公便〔2022〕3号）；传达贯彻省、市国家耕地保护督察反馈问题整改工作会议精神，省委书记王晓晖，省委常委、市委书记曹立军对值班工作作出的批示精神，市长李云10月20日在市委目标绩效办《2022年市级民生实事人大代表票决项目推进情况》（督查专报第40期）上的批示精神；学习《中华人民共和国法律援助法》；听取2022年全县民生实事工作推进情况报告。

【县政府五届第27次常务会议】 11月9日，县政府五届第27次常务会议召开。会议学习《中华人民共和国农产品质量安全法（修订版）》；传达贯彻省委书记王晓晖在2022年省总河长全体会议暨省林长制全体会上的讲话精神，市政府领导批示精神（2022年第8期）；听取2022年度巩固拓展脱贫攻坚成果同乡村振兴有效衔接实地考核评估有关工作准备情况的报告，2022年人大代表建议和政协委员提案办理工作情况报告。

【县政府五届第28次常务会议】 11月22日，县政府五届第28次常务会议召开。会议学习《习近平法治思想学习纲要》《四川省水资源条例》；传达贯彻近期党中央国务院重要会议精神；听取《关于2022年困难群众安全温暖过冬情况的报告》。

【县政府五届第29次常务会议】 12月22日，县政府五届第29次常务会议召开。会议学习《绵阳市退役军人事务约谈暂行办法》；传达贯彻《国务院食安委 关于建立健全分层分级精准防控末端发力终端见效工作机制推动食品安全属地管理责任落地落实的意见》、全国食安办主任会议和省、市相关领导讲话精神，《习近平总书记关于水土保持生态文明建设重要论述和重要批示摘编》《绵阳市水土保持委员会 关于推进新时代水土保持高质量发展的实施意见》，省委书记王晓晖在全省森林草原防灭火工作电视电话会议上的讲话精神，省委常委、市委书记曹立军在全市森林草原防灭火工作电视电话会议上的讲话精神；听取全县森林草原防灭火工作汇报；传达贯彻市政府领导批示精神。

【县政府五届第30次常务会议】 12月30日，县政府五届第30次常务会议暨省安委会第六巡察组巡查北川安全生产反馈问题整改专题会议召开。会议学习《中华人民共和国医师法》《乡村振兴责任制实施办法》；传达贯彻习近平总书记关于耕地保护重要论述和重要指示批示精神及党中央、国务院关于耕地保护决策部署，中央、省委、市委经济工作会议精神，中央农村工作会议精神，中共四川省委十二届二次全会精神、中共绵阳市委八届五次全会精神，省安委会安全生产巡查意见反馈会议精神；传达贯彻李云同志12月23日对做好近期全市防疫工作作出的批示精神，绵阳市生态环境保护委员会第十二次全体会议暨绵阳市生态环境保护督察工作领导小组第五次会议精神，全市森林草原防灭火工作电视电话会议精神；听取2021～2022年上级审计机关审计查出问题整改情况的报告。

政府综合事务

【综合协调】 2022年，县政府办围绕县委、县政府各项决策部署，充分发挥沟通上下、联系内外、协调各方的作用，统筹各乡镇、部门重大政务活动安排。完善议提案办理机制，承办省级人大代表建议协办件1件，市级议题案13件（其中主办2件，协办11件），交办县级建议提案160件（其中人大代表建议69件，政协委员提案91件），办结率、满意率、回复率均为100%。向人大报告各类工作36项，印发《加快县人大常委会审议意见落实情况的提示函》2个，“点对点”落实责任主体5个，形成审议意见落实情况报告5个。规范督查工作，配合开展疫情防控、防汛减灾、森林防灭火等专项督查6次，督办政府常务会议议定事项388件、县领导批示件40件、会议交办事项161件，撰写各类督查报告15期。做好领导联络工作，按照年计划、月重点、周安排、日动态要求，每日收集领导动态，每周计划领导活动，每月进行小结和重点工作安排，促进政府工作有序运转。提高文稿质量水平，起草《政府工作报告》，协助研究制定《全国禹羌文化全域旅游目的地战略实施规划》等重大文件，起草县政府领导及县政府、县政府党组重要材料400余篇，起草每月重点工作

12份、起草各类会议纪要等200余件。

【办文办会】 2022年，印发《关于进一步提高公文质量规范简报报送有关事项的通知》，规范收发文程序。共计处理公文7800余份、印发文件848件、工作通报14件，均严格按照公文拟稿、审核、会签、签发等程序执行，公文运转做到及时、准确、安全、保密。提高办会质量，共办理各类会议200余次，其中政府常务会议25次，政府全体会2次。应对疫情期间会议需要，通过“云视讯”“会易通”“钉钉”等参加省、市视频会议，实现县到乡镇会议80%通过视频会议系统召开；会议材料全部使用无纸化办公系统，降低成本、提高效率。

【政务信息】 2022年，撰写上报政务信息105篇，完成有情况、有分析、有建议的国办约稿84篇，其中被市政府办公室采用55篇、省政府办公厅采用8篇、国务院办公厅采用35篇。至2022年12月底，全县政务信息累计得分420分，超额完成市政府办年初下达的全年目标任务（160分）。3月，选派政务信息股工作人员到绵阳市政府办信息技术科跟班学习，在学习期间，完成政务信息30余篇，编辑有情况、有分析、有建议的国办专报（约稿）和市级专报10余篇，其中《绵阳市落实“双减”政策调查报告》获副市长批示，《绵阳市反映支持新能源汽车消费面临的困难问题及意见建议》等多篇文稿获专报评分，有效发挥了政务信息为领导科学决策、指导工作、推动落实提供决策参谋的作用。

（吕　俊）

【公共机构节能】 2022年，践行“节能降碳，绿色发展”，围绕节能主题开展以形式多样的节能宣传活动。编制《北川羌族自治县公共机构节约能源资源“十四五”规划》。清理、完善公共机构名录库，全面核准所属公共机构能耗分类、分档、排位等基本情况。开展2021～2022年度能耗核算。印发《北川羌族自治县公共机构能耗定额管理实施方案（试行）》的通知，设置年度能耗定额节能目标。推动全县能耗监测系统和监测点建设，建设能耗监测公共机构15个。助力省、市、县三级能耗数据对接，形成全市能耗一张网。加快新能源汽车充电桩建设，在公共机构区域建设5个慢充，3个快充充电桩。开展“‘6·15’全国低碳日主题文明实践志愿者服务活动”，与县文明办对接，成立节能宣传志愿者队伍，开展节能宣传志愿者活动；与市机关事务局联合举办“厉行节俭节约 反对食品浪费”宣传活动；制作环保手提袋、节能扇，节能宣传易拉宝，主题宣传海报、手册、签名承诺墙等宣传用品。完成第三批“四川省节约型机关”创建工作，12家创建单位完成最后一批创建。

【公务用车管理】 2022年，按照《四川省党政机关公务用车管理实施办法》的要求，购置更新集中管理公务用车，确定购买途达四驱越野车31辆和2辆实物保障车。根据全县18个乡镇的车况、地区等情况，以及县上的统一安排，4月28日更换18个乡镇公务用车，剩余的13辆新车由中心更换使用。本次轮换处置公车共计33辆，其中划拨25辆到禹羌文旅集团，由禹羌文旅集团经营；另外有8辆经专业机构鉴定达不到行驶安全指标，无法继续使用，按程序报废处置。完成全国2021年公务用车数据报送系统。公务用车数据报送工作于4月20日启动，5月10日完成，全县数据系统填报的单位79个，执勤执法、集中管理、特种专业技术用车车辆编制总数212个，实有车辆204辆。通过全县公务用车数据系统的填报，可以准确地分析全县车辆的使用情况和各种费用情况以及编制情况。持续强化公务用车及驾驶员的安全教育工作，培养驾驶员严格遵守交通法规，开文明车，行文明路，以实际行动争做文明行车模范的意识。至年底，69辆集中管理车辆共计安全运行15161台次，同比出车次数增加269次，维修费用1555697.9元，同比减少96458.6元。至2022年12月底燃油费共计2010834.17元，同比增加453896.73元，增加原因主要是油价持续上涨、出车次数增加。

【国有资产管理】 2022年，县机关事务中心联合县纪委监委共同组成专项督查小组采取“查看资料+实地查看+现场测量”三结合的方式，对全县60个县级部门办公用房的使用情况进行督查。对在督查中发现的六类问题，已责令部门限期做好分类整改，并切实做好整改“回头看”工作。在后续督查中，未发现有领导干部违规占用办公用房等现象，也无违规占用干部周转房等情况。7月，组织开展2022年度全县党政机关办公用房信息统计报告工作。经核实统计，全县62个县级部门（除人武部、气象局、税务局外）、19个乡镇、152家管理服务机构，共有办公用房（含技术业务用房）166处（含租用和借用）总建筑面积24.01万平方米，比2021年减少9处1.05万平方米。减少的1.05万平方米为县公安局、法院、开茂水库管理中心、永昌镇、通泉镇等将闲置的部分办公用房划转移交给县禹羌投资公司管理使用。

（唐翠翠）

人力资源

【概况】 2022年，全县建成农村劳动力监测点202个、城镇社区劳动力监测点31个，挂牌村（社区）农民工综合服务站6个；组织开展直播送岗、专场现场招聘等活动16场次，推送发布招工信息4.2万余条，重点对绵阳市、北川县和衢州市柯城区、江山市、开化县200余家企业发布岗位信息，有1000余人达成就业意向，累计转移农村劳动力4.83万人。慰问返乡农民工39058人和未返乡农民工5021人，发放慰问品及慰问金合计22.07万元。依托北川在外人士，慰问上海疫情封控地区的北川籍困难农民工474 人，发放慰问品及慰问金合计39.04万元；为全县1648名农民工办理身份证1332件，出国（境）证173件，其他证照143件。北川县荣获全省去冬今春农民工服务保障工作先进单位、北川县获省返乡入乡创业示范县。全年招聘事业人员166人，其中，教师58人、卫生17人、其他事业人员91人。

10月17日，北川羌族自治县金秋招聘暨就业帮扶行动周活动

【干部人事档案工作】 2022年，继续开展事业单位档案专项审核，全县123份事业人员档案重要信息逐项审核，补充完善“三龄两历一身份”（年龄、工龄、党龄；学历、工作经历；干部身份）等重要材料。对新增2000余份事业人员人事档案材料进行了数字化整理和信息采集，干部档案的信息化和科学化水平进一步提高。

【高校毕业生登记和档案管理】 2022年，扎实做好高校毕业生档案资料整理、归类、装袋和人事档案信息录入以及全县流动人员档案服务工作，全年资料归档1562余份，档案借阅、查询400余人次，接收档案1562余份，转出档案234余份。

【事业单位工作人员流动管理】 2022年，根据人员流动相关政策，加强事业单位工作人员流动管理，严把人员流动审核关，制定人员流动建议方案，综合考察流动人员的政治思想表现、工作能力、廉洁自律、身体健康等情况，确保人才引进的素质和质量。全年办理人员调动96人。

【工资福利与退休管理】2022年，做好事业单位工作人员工资福利管理工作，办理退休54人，审批职务岗位变动166人、工资正常晋升3280人、事业单位死亡人员丧葬抚恤51人、遗属调标127人，住房补贴65人，工龄认定129人、新进人员工资申报166人、乡镇干部补贴2144人、办理事业单位中层干部绩效工资标准调整36人。

（樊李茂）

信访工作

【概况】2022年，全县信访工作贯彻落实《信访工作条例》，深化信访制度改革，共受理县本级信访总量337批1155人次。其中，接待群众来访315批1133人次（集访54批704人次），本级网上信访16件次，本级来信6件次，本级信访总量较2021年同期相比，批次、人次同比增加5%、4%。办理第二批中央交办北川重复信访专项治理信访件4件，无倒流反弹。办理184件满意度评价件，受理率100%、群众参评率99.46%、群众评价满意率100%。县委、县政府主要领导坐班接访、带案下访4次，党政县级领导包案128件、坐班接访159人次、接待群众163批761人次、阅办重要信访事项7件。

【《信访工作条例》学习宣传】《信访工作条例》（以下简称《条例》）于2022年5月1日起实施。县委常委会、县政府常务会、信访工作联席会议扩大会上系统、全面学习《条例》原文解读，5月5日，市信访局业务骨干杨宏为全县信访干部专题讲解《条例》。5月26日，信访局联合综合执法局、永昌镇在永昌镇爱心广场开展《条例》宣传活动，6月1日，信访局组织志愿服务队到新川社区发放宣传册、环保购物袋、扇子等宣传资料6000余份，进一步增强群众依法信访、理性维权意识，不断提升信访工作规范化、法治化水平。同时北川广播电视台滚动播出《条例》摘要内容，将《条例》中与群众息息相关的内容融合北川羌族自治县信访工作实际，制作微视频《羌小妹来帮您》，并通过广大群众在QQ、微信、抖音等平台上转发全面深入宣传。

【矛盾化解】2022年，健全矛盾纠纷排查研判工作机制，“起底式”全覆盖排查矛盾风险隐患并实施分级分类管理；“台账式”分层管理，健全“县上一本总台账、部门一本专项台账、乡镇一本综合台账”管理体系，弄清涉访人员的诉求、现状、问题症结等情况；“挂图式”分级交办，及时以提示函发送包案县级领导，以督办函交办主责部门和乡镇，综合风险等级、难易程度，倒排时限、挂图作战，由易到难逐步化解。

【重复信访治理】2022年，持续开展“减存量、控增量、防变量”专项行动，推动削减涉稳矛盾及信访积案存量，化解信访积案20件，化解率47.6 %。中央交办“治重化积”案件4件，100%化解并无倒流反弹。实施“访调对接”机制，一名司法调解员长期入驻联合接访大厅，对在接访过程中发现可调处矛盾纠纷，及时开展访调工作，确保来访、调处无缝衔接。

【建立乡镇联席会议机制】2022年，以《信访工作条例》为依据，在乡（镇）探索建立信访工作联席会议机制，结合平安北川建设、城乡基层治理、市域社会治理等工作开展，信访工作联席会议机制延伸到基层。全县19个乡（镇）均已建立信访工作联席会议机制。全年召开乡镇信访联席会议85次，研判信访事项172件，处置矛盾纠纷165件。

（龙运洪）

政务网建设与管理

【概况】2022年，严格执行电

子政务外网机房值班与巡查制度，坚持节假日外网机房巡查值班制度，指导县内各单位做好外网网络维护工作，完成电子政务外网骨干网络二级等保测评。发布网络安全预警与问题处置方案2次，开展电子政务外网安全攻防演练1次，举办全县电子政务外网安全培训3次，200余人次参训，处理外网接入故障90余起，到机关单位现场进行网络安全指导4次，确保行政办公网络正常运行。组织实施全县政务数据共享录入工作，在绵阳市数据资源资源共享交换网上挂接政务数据953条，资源有效率100%。

【政府信息公开】 2022年，印发《关于进一步加强和规范政府门户网站内容保障及信息发布审核工作的通知》，推进信息内容发布以及审核工作的制度化、规范化，确保发布信息的准确性、及时性、有效性和权威性。进一步明确政府门户网站栏目设置、责任分工、更新时间。做好日常巡网，建立网站问题台账和整改台账，督促及时整改到位。落实专人负责政府网站日常维护和巡网工作，对于重大错敏信息第一时间处置。新建“学习宣传贯彻党的二十大精神”“学习贯彻四川省第十二次党代会精神”“深化政务公开提升基层治理能力”4个政务专题，实时维护专题专栏8个，发布信息200余条。全年共计发布信息7739条，政府信息公开目录系统发布信息1687条。

【政务新媒体监管】 2022年，对全县开设的政务新媒体平台账号备案登记，建立政务新媒体监管台账，施行网络意识形态和网络安全工作约谈等工作措施，提升政务新媒体监管能力和水平，指导各政务新媒体单位建立值班值守制度，加强日常监测，做好公众留言回复的审核发布、处理反馈工作。全年共排查清理注销政务新媒体23个。至2022年年底，北川进入全国政务新媒体监管系统的仅有6个，比2021年的15个缩减超60%。

【“尔玛云”云办公系统应用】 2022年，全县89个单位全部启用“尔玛云”云平台办公，启用账户3476个。组建运维工作专班，协调解决工作推进中的问题，制作运维报告23份，通过现场和远程协助处理各单位应用故障110余起，开展办公软件使用视频培训会3次，保障“尔玛云”云办公平台的使用。全年全县云平台累计访问343588次，收文150246件，发文8283件，事务审批2550条。

（王宴彬）

行政审批

【审批事项】 2022年，县行政审批局企业开办专区共办结审批事项1376件。其中新设488件（新设企业473户，农民专业合作社15户），变更登记539件，迁出登记20件，迁入登记20件，注销登记211件（含简易注销153件），增补证照35件，股权出质设立登记7件，股权出质注销登记12件，备案登记44件。办理社会团体成立登记5件，民办非企业单位成立登记8件。社会团体变更登记5件，民办非企业单位变更登记1件。社会团体注销登记1件，民办非企业单位注销登记4件。社会团体修改章程核准29件，民办非企业单位修改章程核准13件。变更4家校外培训机构办学许可证，完成1件高危体育经营场所许可（游泳）新设的审批工作，3件高危体育经营场所的许可证延续工作。完成财政类审批3件、人社类审批9件、文广旅类审批8件、宣传类审批34件,农业类审批557件，工信科技类办理1件。完成文化类、人社类、宣传类、农业类行政审批事项现场勘查共计45次，其中独立勘查28次，与业务主管部门联合勘查17次。

【政务服务】 2022年，县政务服务大厅共接件114671件（其中行政审批13435件，公共服务111236件），办结114667件，接受群众咨询48534件次；分中心共接件45295件（其中行政审批94件，公共服务45201件），办结45295件，接受群众咨询14238件次。四川一体化政务服务平台申请179714件，受理178849件，办结164910件，线上办件数76013件，线下办件数88897件，网上受理率46.09%，按时办结件164603件，按时办结率99.81%。1月1日到12月31日，评价数135055条，好评数135054条，满意率100%，非常满意133574条，满意49条，基本满意1431条，默认评价数1422条，主动评价数133633条，主动评价率98.94%；延时服务办件共计41452件。

【公共资源交易】 2022年，共实施采购项目74个，计划资金总额为8812.94万元，实际采购资金总额8578.46万元，节约财政性资金234.48万元，资金节约率 2.7%；其中电子化采购率为 63%；土地交易21宗，交易金额43271.374万元，增值金额1560.99万元，收取公共资源交易服务费396.14万元。

【镇村便民服务】 2022年，将医保、社保、民政救助、卫生计生、市场监管、司法、综治、退役军人服务等行政审批事项纳入乡镇便民服务中心，全县进驻乡镇便民服务中心受理办理的行政审批事项36项，下放乡镇直接办结类公共服务事项46项，下放乡镇初审转报类公共服务事项34项，村（社区）代办服务高频事项12项。落实“一次办好”改革，实现行政审批“多事一流程、一窗办多事”。提供办事指南和工作手册，让办事有章可循、有标准可依，倡导“店小二”式的服务，使办事群众能够一次办结“少跑腿”。永昌、曲山、桂溪、白坭、通泉5个乡镇成功创建第二批“省级示范便民服务中心”。

【智慧政务建设】 2022年，在“前台综合受理、后台分类审批、综合窗口出件”的基础上，推行“一网统管”“一网通办”“互联网+政务服务”，简化群众办事流程，精简材料91%。除涉密等特殊事项外，全县所有政务服务事项100%实现网上可办，行政许可事项即办占比为78.42%、行政许可事项承诺提速率为95.91%、政务服务事项即办占比78.42%、政务服务事项全程网办占比为98.23%、政务服务事项最多跑一次占比100%、政务服务事项承诺提速率为95.91%、政务服务事项材料减免率为49.76%；实时产生电子证照，电子证照系统办件产生数48779件；实时完成电子印章签章，证照印章配置率100%。

（尚积玥）

地方志工作

【第一批镇村志出版】 2022年12月，北川羌族自治县首批镇志村志：《永昌镇志（一）》《曲山镇志》《黑水村志》《上五村志》完成内部印刷。《永昌镇志一》设概况、基本镇情、异址重建北川新镇、AAAAA景区旅游强镇、通航产业 “飞行”之镇、民俗风情羌韵佳镇 、人物、大事记、附录九个篇章，全书20万字，卷首图22幅，随文附图218幅。《曲山镇志》设概述、初识曲山、重建曲山、红色曲山、风情曲山、人物曲山、羌韵曲山、大事记、附录九个篇章，全书近20万字，卷首图20幅，随文附图165幅。《黑水村志》设概述、基本村情、中国传统羌寨风貌、特色文化、风土民情、村民生活、乡贤名人、大事记、附录九个篇章，全书14万余字，卷首图26幅，随文附图226幅。《上五村志》设概述、基本村情、文物古迹、古村保护、特色文化、生态旅游、风土民情、大事记、附录九个篇章，全书近15万字，卷首图20幅，随文附图105幅。

【史志阅览室建设】 2022年，充分考虑地理位置、人口分布等因素，申报北川图书馆和北川白草河流域党史展览馆为省市县共建史志阅览室,示范带动通泉镇神木村等10个村建好当地史志阅览室，方便人民群众学史用志。同步开展“史志书籍赠阅”活动，向省方志馆、市内高校图书馆、县图书馆和19个乡镇等赠送史志书籍1216册。

【《北川羌族自治县年鉴（2022）》出版发行】 12月29日,由北川羌族自治县人民政府主办、中共北川羌族自治县委党史研究室主编的《北川羌族自治县年鉴（2022）》正式出版发行。全书共45万字，卷首彩图37幅，内文插图84幅，设类目27个，分目200个条，条目1000余条。全面、翔实、系统记述中共北川羌族自治县委、北川羌族自治县人民政府团结带领全县人民推进经济社会高质量发展进程中的新部署、新举措、新成果，充分展现2021年全县自然、政治、经济、文化、社会新貌。为北川高质量发展提供历史和现实的借鉴;为广大读者了解北川、认识北川、研究北川提供资料和信息。

（谢雁萍）

▶中国人民政治协商会议北川羌族自治县委员会

概　述

【概况】　2022年，全县政协工作以习近平新时代中国特色社会主义思想为指导，贯彻党的十九大和十九届历次全会、党的二十大精神，全面落实习近平总书记关于加强和改进人民政协工作的重要思想，坚持团结和民主两大主题，团结带领全县政协各参加单位和广大政协委员，切实发挥专门协商机构作用，不断提高政协服务中心大局的贡献率，为加快建成全省民族地区高质量发展先行县和社会主义现代化北川作出了应有贡献。全年，县政协开展各类各层次协商活动124次。建成委员联络站20个、村（社区）“尔姆孜巴”协商工作平台19个、委员工作室8个。利用乡镇、园区委员联络站组织开展“小微协商”活动53余次，推动解决了80余个人民群众关心关切问题，《协商解决“大难题”，企业担责民受益》被评为全省政协2022年典型案例。《综合施治、促进农村垃圾分类对口协商工作案例》《书香政协添言质、履职建言显真情——记北川“书香政协建设”》被市政协表扬为2022年度政协工作优秀案例。

【首个“委员联合工作室”成立】　4月28日，“李颖委员联合工作室”授牌仪式在北川七一职业中学举行，北川政协首个委员联合工作室正式成立。县政协主席王军授牌，县政协主席会议成员、县政协各委室负责人、部分县政协委员、政协各参加单位和经开区管委会主要负责人、各

4月26日，县政协委员到泛美航空科技城沙朗恰双创民俗文化旅游街参观调研

乡镇有关负责人参加。“李颖委员联合工作室”由北川七一职业中学党总支书记、校长、正高级讲师、特级教师、四川省政府督学、县政协委员李颖领衔创办，现有成员18名，2021年8月开始试运行。工作室形成教育界别委员简介、工作室理念、工作室职责、工作室计划、反映社情民意工作制度等规范性资料上墙，建设有图书室、会议室活动阵地，工作室成员信息、志愿者服务活动、宣讲会、民情走访、矛盾纠纷排查调解、社情民意信息等台账记录完善。委员工作室是政协委员学习交流、协商议政的新平台，是政协委员联系群众、为民履职的新载体。

重要会议

【县政协五届二次全体会议】

2月22～24日，县政协五届二次会议在北川举行。会议应到委员194人,实到委员181人。听取和审议县政协第五届常委会工作报告与提案工作报告；听取委员大会发言；听取和协商讨论北川羌族自治县人民政府工作报告、2021年国民经济和社会发展计划执行情况及2022年国民经济和社会发展计划（草案）的报告、2021年财政预算执行情况及2022年财政预算（草案）的报告；听取和协商讨论县人民法院、人民检察院工作报告；表扬优秀提案和政协委员；审议通过政协五届二次会议期间提案审查情况的报告和会议决议。

【县政协五届第3次常委会议】

1月21日，县政协五届第3次常委会议召开。会议学习中共中央办公厅《关于加强和改进新时代市县政协工作》的意见。听取县政府关于县政协第五届委员会第一次会议以来提案办理情况的通报。审议通过政协北川羌族自治县第五届委员会常务委员会工作报告（审议稿）和关于五届一次会议以来提案工作情况的报告（审议稿）；关于召开县政协五届二次会议的决定、会议议程（草案）、会议日程和五届二次会议秘书长、副秘书长名单、邀请出席开闭会并在主席台就座和列席人员范围。会议授权主席会议审议县政协五届常委会第3次会议未尽事宜。

【县政协五届第4次常委会议】

2月23日，县政协五届第4次常委会议召开。会议审议通过关于五届二次会议期间提案审查情况的报告（草案）和五届二次全会会议决议（草案）。

【县政协五届第5次常委会议】

5月25日，县政协五届第5次常委会议召开。会议学习传达习近平总书记在庆祝中国共产主义青年团成立100周年大会上的重要讲话精神和中办国办印发《关于推进以县城为重要载体的城镇化建设的意见》文件精神。审议同意《县政协协商工作规则》《县政协全体会议工作规则》。参会人员围绕“聚焦中心场镇建设带动片区协同发展”建言献策。

【县政协五届第6次常委会议】

9月23日，县政协五届第6次常委会议召开。县政协常委会组成人员、县级相关部门、有关乡镇及部分中药材种植专合社、大户代表参加会议。县委常委、县人民政府副县长刘大先应邀参会。会议围绕“大力发展中羌医药产业，助推县域经济高质量发展”开展专题协商。听取县人民政府《关于高质量做好2022年“三农”重点工作全面推进乡村振兴》和《关于中羌医药产业工作开展情况的通报》。参会人员积极建言献策，围绕建设标准化基地、培育优势龙头企业、健全质量安全体系、打造北川特色品牌等提出意见建议。

【县政协五届第7次常委会议】

11月9日，县政协五届第7次常委会议召开。会议专题传达学习贯彻党的二十大精神和党的二十届一中全会精神。县政协主席、党组书记王军主持会议并讲话。党的二十大代表、县政协委员陈云珍应邀参加会议。政协机关各委室副主任列席会议。会议学习党的二十大精神和党的二十届一中全会精神，中共中央政治局会议精神，省委常委会（扩大）会议、四川省传达学习党的二十大精神大会精神、省政协贯彻落实党的二十大精神暨2022年全省政协宣传思想工作会议精神、市委常委会（扩大）会议、绵阳市传达学习党的二十大精神大会精神，以及县委常委会（扩大）会议精神，研究政协贯彻落实意见。

【县政协主席扩大会议】 3月3日，县政协召开主席扩大会议，协商讨论2022年度政协协商工作计划。县政协主席会议成员和各委室主任、副主任参加会议。会议指出，协商工作计划是县政协深入贯彻落实县委重要决策部署的行动方案。会议强调，要认真贯彻落实县委五届二次全会精神和县委书记李昊天在县政协五届二次全会上重要讲话精神，始终坚持以人民为中心的工作理念，围绕县委五大攻坚行动实施和七件重点工作落实精准选题。会议要求，要加强沟通汇报，广泛征求意见建议，科学统筹协商实施形式、时间、责任单位、参加人员及活动安排，兼顾协商工作对乡镇和界别的覆盖面，进一步修改完善协商工作计划。会议还原文学习了习近平总书记在中央党校（国家行政学院）中青年干部培训班开班式上发表重要讲话和中共中央办公厅印发《关于加强新时代廉洁文化建设的意见》。

4月26日，县政协召开主席会议，就“加快‘通航小镇’建设，促进旅游产业特色化发展”开展专题协商。县政协主席王军主持会议并讲话，县政协副主席赵军、王辉、杨晓军、兰荣军和部分政协常委、委员出席会议，相关县级部门负责人应邀列席会议。会前，组织政协委员、县级部门负责人到通航产业园北川通用机场、纵横无人机试飞基地、绵阳飞行职业学院、泛美航空科技城沙朗恰双创民俗文化旅游街项目参观调研，经开区管委会、泛美教育集团、纵横无人机技术有限公司负责人现场介绍相关情况。会上，县政协教科卫体委、经开区管委会、永昌镇负责人作专题发言。委员们围绕园区基础设施建设、机场建设、企业入驻、招商引资等积极建言献策。

8月23日，县政协召开主席会议，围绕“完善多元化解机制，提升城乡治理水平”开展专题协商。县政协主席王军出席并讲话。会上，县政协社会法制台侨民宗委主任作关于“完善多元化解机制，提升城乡治理水平”调研情况主题报告，县委政法委汇报全县矛盾纠纷多元化解工作开展情况。县级相关部门、部分乡镇代表围绕主题发言。委员们一致认为，北川把矛盾的预防和化解作为民生工程、社会稳定、平安建设的重要内容，以坚持和发展“枫桥经验”为引领，紧密结合实际，牢牢把握矛盾纠纷的规律和特点，聚焦领导体制、格局构建、工作机制、平台运用、运行模式等方面进行探索创新，提高多方参与条件下对矛盾纠纷的化解力，有效实现百姓心安、北川平安。委员们建议，要充分认识完善矛盾纠纷多元化解机制的重大意义，高度重视矛盾纠纷多元化解工作机制；要加强矛盾纠纷化解信息平台建设、人才培训工作，形成工作合力，统筹推进矛盾纠纷多元化解；要围绕中心服务大局，常态跟踪工作实际效果，扎实推动基层治理提质增效。

10月19日，县政协召开主席会议，围绕“打造全国禹羌文化旅游目的地”开展专题协商，提出“七个一批”的工作建议：收集整理出版一批禹羌文化资料，强化一批禹羌文化传承保护举措，实施一批禹羌文化主题项目，打造一批禹羌文化品牌走廊，提升一批场所的禹羌文化氛围，培养一批禹羌文旅人才，巩固一批宣传营销成果。

11月22日，县政协召开主席会议，围绕“加快新县城温泉资源开发，打造特色温泉旅游度假区”开展专题协商。县政协主席王军主持会议并讲话，副县长邱勇应邀参会，县政协副主席赵军、杨晓军出席会议。会前，组织政协委员实地参观北川新县城地热资源供水项目。委员们充分肯定北川温泉资源开发前期所开展工作和阶段性成果，并就如何加快新县城温泉资源开发，打造特色温泉旅游度假区积极建言献策。

重要活动

【提案提交】 2022年，县政协各委员、各界别、各参加单位和各专门委员会，围绕全县经济社会发展和人民群众普遍关注的热点难点问题，运用提案履行职责，提交提案99件，其中聚焦产业倍增发展，助推发挥特色优势，围绕发展通航产业、做强茶产业和中羌医药产业等方面提交提案26件，关注交通设施建设，助推加快外联内畅，围绕加强农村道路管理、缓解主要道路拥堵等方面提交提案4件。建言城镇建设提升，助推做美城镇形象。围绕规范城镇基础设施建设、丰富城市文化内涵、加强市容管理等方面提交提案10件。聚力美丽乡村建设，助推打造宜居村庄。围绕人居环境综合整治、乡镇特色产业发展、特色村寨保护等方面提交提案10件。献策基层治理能力提升，助推彰显社会治理成效。围绕提升党建引领能力、群众工作能力、应急救援能力等方面提交提案4件。倾力保障和改善民生，助推增进民生福祉。围绕教育、医疗、就业、养老、城市社区治理等方面提交提案15件。91件交办提案，有86件达到“好”的等次（85分以上），5件为“中”等次（75～84分），无“差”等次（74分以下）。评选优秀提案20件。

【提案办理】 2022年，提案立案93件(含并案2件)，交办91件。县政府组织召开全县提案交办会，县委、县政府分管领导分别领办重点提案，协调办理进度，推动办理工作落细落实。县政协党组切实加强对提案工作的领导，主席会议成员带头开展提案调研、视察、督办、协商等活动，政协各专委会积极参与，共同推动提高提案办理质效。各承办单位建立健全“主要负责人亲自挂帅、分管负责人落实推动、责任股室具体办理”的工作机制，办理组织工作有序有力。按照提案办理质量评价办法，24个主办单位中，有21个达到“好”的等次（85分以上），3个为“中”等次（60～84分），无“差”等次（60分以下）。全年立案93件(含并案2件)，交办91件。交办的提案均按要求办理完毕。面商率、办结率、委员满意率均为100%。

【“双减”政策落实情况开展视察】 5月27日，部分县政协委员、县级有关部门负责人就有效减轻义务教育阶段学生过重作业负担和校外培训负担“双减”政策落实情况开展视察监督。与会人员先后前往西苑中学、永昌实验学校进行视察调研，与学校师生面对面交流了解“双减”政策落实情况。随后，召开座谈会，听取县教体局关于教育“双减”政策落实情况、县行政审批局关于全县校外培训机构行政审批情况和县政协教科卫体委前期工作调研情况介绍。与会人员围绕提高课堂教学质量、提高作业管理水平、提高课后服务质量，加强课后服务保障、强化考试评价导向、促进优质均衡发展、增强协同育人合力“三提高、四加强”，规范机构管理、规范培训时间、规范收费行为，强化培训常态监管、强化培训广告管控、强化实名制管理、强化违规行为查处“三规范、四强化”，以及加强学生心理健康教育疏导等方面纷纷踊跃发言，积极建言献策。

【全省51个少数民族县经济社会发展情况调研】 6月至7月，组织发改、财政、统计、商务经合、生态环境、农业农村等相关部门负责人组成调研组，对全省51个少数民族县经济社会发展情况进行了认真分析，分三批次赴阿坝州、凉山州、乐山市、西昌、德昌、会理、宁南、康定、峨边、马边、茂县、马尔康、九寨沟10个少数民族先进县（市）重点考察学习，形成《关于“建成全省民族地区高质量发展先行县”调研报告》。

【中华大熊猫动植物园建设项目视察】 6月22日，部分政协委员、县级相关部门负责人就中华大熊猫动植物园建设项目开展视察监督。召开座谈会，会上，相关部门通报了项目推进情况及大熊猫借展争取情况，与会人员对项目前期推进情况给予了充分肯定，提出了许多有价值的建议和意见。委员们认为，北川作为省级全域旅游示范区、“天府旅游名县”，是国家重点生态功能区、国家生态文明建设示范县、岷山濒危野生动植物保护生物学国家长期科研基地，也是国家大熊猫公园体制试点区，该项目的实施将进一步丰富北川旅游业态布局，促进县域经济高质量发展，提升北川对外吸引力和影响力。委员们围绕项目规划、人员培训、科旅融合、对外交流等方面发言，就如何推动项目早建成、早运营、早达效，将项目建设成为川西北区域大熊猫保护和科研的重要基地、大熊猫国家公园岷山救护中心，大熊猫文化推广、文创产品研发中心和公众康养、休闲、度假生态综合示范地，以及西南地区关爱动物的国际交流平台和海峡两岸交流基地积极建言支招。

【“积极推动优质医疗资源和医保服务事项最后‘一米线’建设”协商】 9月8日，围绕“积极推动优质医疗资源和医保服务事项最后‘一米线’建设”开展界别协商。县卫健局、县医保局介绍全县“积极推动优质医疗资源和医保服务事项最后‘一米线’建设”相关情况，县政协教科卫体委、参会委员及县级相关部门作交流发言。针对全县在医疗资源分布、人才队伍建设、医疗设施设备等方面存在的短板问题积极建言献策。

【“推动落实残疾人水、电、气价格优惠政策”对口协商】 11月18日，北川政协召开“推动落实残疾人水、电、气价格优惠政策”对口协商会议。会议听取“积极推动落实残疾人水、电、气价格优惠政策”的相关情况进行了通报。政协委员和相关部门、企业分别围绕“推动落实残疾人水、电、气价格优惠政策”发表意见和建议。

【文史工作】 2022年，加强文史资料征编工作，调整充实文史委员会组成人员，加强人才队伍培养，完善收集整理机制，充分发挥存史、资政、团结、育人的重要作用。启动自治县成立20周年文史资料编撰工作。《北川民间故事丛书系列之二——小坝有故事》出版。建立政协机关禹羌文化艺术长廊，发挥优秀传统文化的“教化”作用；成立县政协书画艺术院及7个创研基地，组织开展书画作品创作展览等活动7次。县政协被市政协表扬为“2022年度‘书香政协’建设暨委员读书活动先进单位”；国家级非遗代表性项目“羌绣”代表性传承人、县政协委员陈云珍获评2022四川非遗年度人物；政协委员李强的书法作品《丹心翰墨书华章》被四川省书法家协会表彰为“四川省第七届书法篆刻作品展优秀作品”。

【《北川民间故事丛书系列之二——小坝有故事》出版】 2022年12月，《北川民间故事丛书系列之二——小坝有故事》内部出版。全书9.5万字。随文附图82幅，收集从先秦至民国前夕与小坝有关的地名故事、神话传说等47篇，形象地展示了小坝乃至整个川西北地区民族融合发展的自然规律、人文法则，具有较高的阅读欣赏和学术研究价值。

（唐雪莲）

▶纪检监察

【概况】 2022年，全县纪检监察工作坚持以习近平新时代中国特色社会主义思想为指导，贯彻落实全面从严治党部署要求，忠诚履行职责，坚定不移正风肃纪反腐，发挥监督保障执行、促进完善发展作用，为全县加快建成全省民族地区高质量发展先行县提供坚强保障。是年，县纪委监委获得四川省纪检监察系统先进集体、2021年度全市纪检监察信息工作先进单位、县生态文明建设先进集体、县宣传思想文化工作先进单位、先进集体等19项荣誉。

【中共北川羌族自治县第五届纪律委员会第二次全体会议】 2月15日，中国共产党北川羌族自治县第五届纪律检查委员会第二次全体会议在北川召开，出席会议的有县纪委委员25人，列席会议195人。县委书记李昊天出席会议并讲话。县委、县人大常委会、县政府、县政协领导，县法院院长，县检察院检察长出席会议。有关方面负责人参加会议。全会传达十九届中央纪委六次全会、省纪委十一届六次全会、市纪委八届二次全会精神，审议通过县纪委书记宋赞代表县纪委常委会作的《忠诚履行职责使命奋力建设清廉羌城，为加快建成全省民族地区高质量发展先行县提供坚强保障》工作报告。会议听取2名县党政领导班子成员和4名乡（镇）、县级部门及县属国有企业主要负责人报告履行党风廉政建设主体责任和个人遵守廉洁自律情况，其他单位主要负责人书面述责述廉并接受民主测评，会议观看警示教育片。

【压实两个责任】 2022年，制定《关于推进2022年全面从严治党、党风廉政建设和反腐败工作的意见》，明确37项重要任务分工。聚焦“关键少数”，制定领导班子《2022年落实党风廉政建设主体责任清单》，梳理责任清单17项，明确工作措施58项，督促各级各部门差异化制定责任清单并抓好落实。以述责述廉为抓手压紧压实党委（党组）主体责任，专题听取县委常委和人大、政府、政协、法检两院党组织主要负责人党风廉政建设主体责任落实情况汇报53人次，2名县党政领导班子成员和4名乡（镇）、县级部门及县属国有企业主要负责人向县纪委五届二次全会述责述廉，其他单位主要负责人书面述责述廉并接受民主测评，全县召开党风廉政建设述责述廉会议82场次、900余人次。县委开展党风廉政建设集体约谈1次，约谈200余人，问责党组织1个，问责党员领导干部6人。

【基层监督】 2022年，推进政治监督具体化、常态化。强化对习近平总书记重要指示批示精神落实情况的监督检查，开展学习宣传贯彻党的二十大精神专项监督，常态开展疫情防控、森林草原防灭火、安全生产、防汛减灾专项检查，围绕五大攻坚行动、全国文明城市创建等大事要事跟进监督、全程监督。探索开展“链式融合”季度巡查经验做法获省纪委推广，经验文章在新华网点击量超百万。深入推进粮食购销领域腐败问题专项整治，推动整改问题60个，健全完善制度机制11项，查处相关问题5件5人。推进简易审批村庄建设项目问题专项治理，抽查项目211个、发现问题50个，处置线索31件，立案20件20人。开展“清淤治乱·清风护航”优化营商环境专项行动，出台《北川羌族自治县优化营商环境规范党员干部和公职人员行为“十必须十严禁”》，启动纪检监察干部“双百访”活动，设立23个企业营商环境监督点包点监测，发现问题42个，查处营商环境问题11件13人。设立群众家门口“监督哨”，471名村（社区）党风政风监督员上岗到位。

9月22日，首场“阳光问廉·阿泽吉”下乡进村活动在都坝乡苔子茶村举行

【作风建设】 2022年，开展明察暗访14次，查处违反中央八项规定精神17件23人。快查快处“百吨王”“一超四罚”等3起作风问题，通报典型案例7起。创新开展整治“群众最不满意的十件事”，“货运车辆抛洒滴漏，扬尘污染”等一批群众反映强烈的问题得到有效解决。深入开展“听音问廉绵州行”，累计收集问题1603个，解决1373个。举办首场“阳光问廉·阿泽吉”下乡进村活动，并在全县范围内全面推行。制定《开展村（社区）集体“三资”提级监督助力乡村振兴实施方案》，选取永昌镇金霞社区、擂鼓镇麻柳湾村、曲山镇石椅村三个村（社区）试点运行，开展“三级联动”监督26次，对村级重大事项决策提级“核议”142件、叫停2件、变更再“核议”17件。

【案件查办】 2022年，探索“三三制”工作法激活“室组地”联动合力，下深水动真格实现案件查办提质增效。共接受群众信访举报61件（其中检举控告类35件），处置问题线索254件，立案178件，结案188件，给予党纪政务处分184人，涉嫌犯罪移送检察机关2人。高质量完成“10·14”专案及市监委指定管辖“4·19”专案办理，“5·25”专案有序推进。运用“四种形态”（经常开展批评和自我批评、约谈函询，让“红红脸、出出汗”成为常态；党纪轻处分、组织调整成为违纪处理的大多数；党纪重处分、重大职务调整的成为少数；严重违纪涉嫌违法立案审查的成为极少数）批评教育帮助和处理296人次，第一、二种形态占比达90.2%。全面实施“乡案县审”，提升案件质量经验得到省纪委审理室肯定。坚决守住疫情防控、保密和安全底线，实现审查调查工作“零事故”。做实以案促改、以案促治，督促指导县法院、县教体局、县供销联社等3个案发单位召开警示教育大会。严格落实“三个区分开来”（要把干部在推进改革中因缺乏经验、先行先试出现的失误和错误，同明知故犯的违纪违法行为区分开来；把上级尚无明确限制的探索性试验中的失误和错误，同上级明令禁止后依然我行我素的违纪违法行为区分开来；把为推动发展的无意过失，同为牟取私利的违纪违法行为区分开来。）要求，为1名干部公开澄清正名，实现打击诬告陷害“零突破”。

【廉政教育】 2022年，持续深化纪律教育学习，发放《忏悔实录VI》《家道》警示教材475册（张），党政领导干部开展党风党纪授课9000余人次。选取身边典型案例制作专题警示教育片，在县纪委五届二次全会上现场播放敲响警钟。深入开展好风传家系列活动，联合县妇联、通泉镇开展“当好廉内助·培育好家风”活动。加强年轻干部廉洁教育，组织开展“扣好人生第一粒扣子——羌山‘青’廉说”诵读活动。依托“清廉羌城”官方微信公众号，开展节前廉洁提醒8次，通报曝光违纪违法典型案例3件3人。向中央省市媒体报送外宣稿件126篇，其中反映北川纪检监察干部护航乡村振兴工作在《新闻联播》中播出。打造“羌娃说纪”廉洁文化品牌，首期MG动画《不做画中人——家风不正遗祸患》已通过省纪委初选，廉洁警示教育微电影《买爸爸》在省纪委微信公众平台刊播。

【队伍建设】 2022年，推动县纪委监委机关党总支升格为机关党委，实施机关党建工程，组建40人青年理论学习中心组，启动“思享荟”理论学习工程，推动学思践悟蔚然成风。启动“众智荟”专业培训、“赛马荟”干部培养工程，业务培训覆盖19个乡镇、235个村（社区）。推荐65名干部到上级纪委监委参与专案办理和协助工作，引进年轻干部4名，5名空缺编制纳入公招使用，纪委机关及派驻机构干部配备率达91%。带头落实为基层减负，以视频会议系统为依托，建立“钉钉连廉”月调度工作机制。严格执行谈心谈话制度，主动接受各方面监督，完成首次向县人大常委会报告专项工作，在委机关组织部增挂干监室强化自我监督，坚决防止“灯下黑”。

【“扣好人生第一粒扣子——羌山‘青’廉说”诵读活动】 5月，县纪委监委联合团县委开展“扣好人生第一粒扣子——羌山‘青’廉说”经典诵读活动，全县40余名年轻党员干部和师生代表参与。为确保诵读质量，大家或自编自写，或从省纪委监委《巴山皓月 蜀水清风》家风家训系列读本中挑选优秀廉文，经过反复认真练习后参与录制，以一周两期的频率持续播出。

（田　科）

北川羌族自治县工商业联合会

【县工商业联合会（总商会）第五次代表大会】 6月23日，县工商业联合会（总商会）第五次代表大会召开，全县131名工商界代表参会。县工商党组书记、副主席周丹代表县工商业联合会（总商会）第四届执行委员会向大会作题为《汇聚羌乡力量 促进两个健康 为建成民族地区高质量发展先行县而努力奋斗》的报告，大会选举产生北川羌族自治县第五届执行委员会委员50名，在随后举行的北川羌族自治县第五届执行委员会第一次全体会议中，选举产生北川羌族自治县工商业联合会（总商会）第五届领导班子。母鑫玥当选县工商联第五届主席、县总商会第五届会长，周丹当选县工商联第五届副主席、县总商会第五届副会长，王丽娟当选县工商联第五届副主席，王亮等15名同志当选县工商联第五届副主席（兼职），伏占国当选县工商联第五届秘书长，马骥等13名同志当选县总商会第五届副会长（兼职）。

【光彩事业】 2022年，基层商会和会员履行社会责任，奉献爱心，广泛参与公益性活动。成宇药业开展夏季慰问“送清凉”活动，关爱一线工作人员；开展疫情防控工作，走访调研基层企业，关爱企业在疫情下的发展问题，解决帮扶中小微企业在疫情防控下面临的问题，提高中小微企业在疫情防控中经营和发展的信心；号召会员企业成宇药业、石材协会捐赠口罩、防护服等防疫物品助力重庆北川商会疫情防控；“7·16”洪灾，民营企业及社会爱心人士积极响应工商联倡议，捐款捐物92余万元，助力白什乡渡过难关；为“9·5”泸定地震捐款13余万元，彰显北川民营企业家的担当精神和责任意识。柯城区工商联（总商会）、成都北川商会捐赠北川金秋助学金活动，资助28名学生共计7.9万元。

【东西部协作】 2022年，利用东西部合作优势，在成都设立柯城北川工商联(商会)东西部协作联络站，深化战略合作内容，拓宽东西部协作平台，打造北川新的开放窗口，为北川产品提供“走出去”的新门路，探索村企合作共赢、利益共享模式，调动广大民营企业的积极性，实现义利兼顾。全年，有41家民营企业投资“兴村”项目41个，投资总额5001万元。

（王雪梅）

北川羌族自治县总工会

【概况】 2022年，全县工会工

作以习近平新时代中国特色社会主义思想为指导，深入细致做好职工思想政治引领，推出系列深受职工喜爱的工作品牌，打造极具特色的职工家园。被省总工会评为基层工会财务会计工作先进单位，获得绵阳市总工会工会会员普惠服务、法律维权、经审、资产监管等先进荣誉称号8个，群团工作、就业创业、产业倍增发展等多项工作获得县委、县人民政府表彰的先进集体，工资集体协商工作经验在市总工会八届四次全委会上进行交流发言。至年底，全县有工会组织574个，工会会员57051人，机关事业单位工会组织160个，会员6971人；乡镇、社区、村工会联合会组织254个，会员4万人；企业工会组织132个，会员数10980人。

【职工文体系列活动】 2022年，组队参加全市职工羽毛球比赛荣获体育道德风尚奖，与教体局联合举办全民健身运动会、“职工公益体质测试走基层”活动，全县机关、企业职工4000余人参加。联合县委组织部、团县委、县妇联举办“青心羌山 才聚北川”青年人才联谊活动，助推青年人才引、育、留。组织82名基层工会主席开展两期团建活动。举办“玫瑰书香”读书分享会及“讲好北川故事”朗诵会。依托县工人文化宫活动阵地，举办2022年春季职工业余文化培训班，80余名职工分别参加了书法、美术、摄影、形体兴趣培训。3件摄影书画作品在全市“喜迎二十大 建功新时代”系列职工文化活动中获奖。强化劳模工匠示范引领，选树“绵阳市最美新就业形态劳动者”4名，推荐评选首届“绵州工匠”4名，绵阳市五一劳动奖状2个、五一劳动奖章3个、工人先锋号2个。

9月1日，浙江衢州市柯城区工商联捐赠北川金秋助学仪式

【劳动竞赛和技能培训】 2022年，协办首届北川白山羊美食文化活动暨第二届厨艺大赛，推动北川旅游产业高质量发展；组队参加全市快递员安全健康知识竞赛荣获三等奖，推动竞赛向新产业新业态新组织拓展。组织开展“安康杯”竞赛、争做“职业健康达人”等活动，提升职工职业病防治能力。全县工会系统围绕“建功‘十四五’奋进新征程”“勇当主力军 建功新时代”等主题，开展形式多样的各项劳动竞赛，覆盖职工5000余人次；扶持中小企业创业，为5家企业发放就业创业扶持资金2万元。

【基层工会组织建设】 2022年，新建工会组织28个，发展会员1000余人，建成职工之家11个，新建驻广州农民工之家；提升完善县工人文化宫多功能球场，累计服务职工9000余人次。开展“守初心 解难题 办实事 开新局”工会干部赴基层蹲点工作，解决涉及职工群众问题9个；管好用好基层工会经费，严格执行新《工会会计制度》，基层工会全覆盖运用《工会财务一体化监管平台》，抓好工会经费收缴，严格预算绩效管理制；组织130名基层工会财务人员开展线上工会财务业务培训；开展25个基层工会经费审计，覆盖机关、乡镇、社区、学校、医院、企业工会。

【工会帮扶工作】 2022年元旦

春节期间，筹措各级资金81.9万元，走访慰问困难职工（农民工）732人，常态化送温暖慰问职工（农民工）147人，发放资金14.5万元。动态管理困难职工档案，发放困难职工生活、助学救助资金76.4万余元，帮扶困难职工292人次。开展受洪灾、疫情影响职工帮扶，慰问“7·16”洪灾抢险救灾一线职工520人，发放价值9万余元的慰问品；开展“关爱天南地北绵阳人”行动志愿帮扶工作，为上海等地的107名北川籍农民工发放帮扶慰问金8.56万元；为484名返乡农民工报销车船费9.4万元；组织开展“庆丰收 迎盛会”走访慰问活动，慰问农民工5人，发放1.38万元的慰问金和慰问品。与县妇联联合开办职工子女暑期托管班，托管班职工子女220人，优先解决困难职工、单亲、双职工暑假带娃难问题。开展了“放飞希望 绽放微笑”留守儿童关爱活动，为白坭小学及安昌镇“妈妈农场”71名留守儿童送去学习和生活用品。投入资金26.37万元，开展劳模体检、慰问全国级和省部级劳模139人。

【职工合法权益保障】 2022年，召开新就业形态劳动者代表权益维护新春座谈会，邀请县四大班子领导出席，慰问49名新就业形态劳动者，收集和解答涉及劳动安全、社会保险、生产发展等方面的8条问题和建议；开展“尊法守法·携手筑梦”服务农民工公益法律服务行动；推动新修改的《中华人民共和国工会法》进园区、进企业、进车间班组，发放宣传资料700余份；举办“情系女职工 法在你身边”女职工维权行动月活动2场次；在暑期托管班上开设“云朵姐姐”法治课堂，提升职工子女法律保护意识和能力；深入开展集体协商工作，召开2022年工资集体协商工作推进暨现场观摩会，组织30余家重点企业观摩学习典型案例，示范带动矿山建材等重点企业单独签订集体合同率动态保持在85%以上，开展百人以上企业、规上企业工资集体协商121家，签订集体合同和专项集体合同237份，覆盖职工9100余人；聘请工会法律顾问1名，妥善化解处置职工维权案例5件，切实保障了职工的合法权益。

【工会会员普惠服务】 2022年，开展迎新春、庆“五一”“购物满减”工会会员普惠活动，发放北川乐购超市“满100元减30元”“满100元减50元”“满200减100元”的优惠券4000张；开展“惠游北川”工会会员普惠活动，发放“满400元减200元”“满200元减100元”“满100元减50元”以及“0元景区门票”“0元观影票”五种优惠券2880张，促进39家企业消费复苏，累计惠及职工6980人次。羌历年期间，开展“川工带川货 助力乡村振兴”普惠活动，采取线上直播和现场购物满减活动，助力“羌食荟”农特产品销售。谋划推出北川工会会员文旅、餐饮消费普惠服务活动，助力“拼经济、搞建设、促发展”。全年开展普惠活动5次，累计投入普惠资金80.61万元，撬动社会消费700余万元，惠及职工1.82万余人次。

2月18日，北川羌族自治县春风行动——点对点专车返岗就业欢送仪式

【工会经费管理】 2022年，严格执行新《工会会计制度》，基层工会全覆盖运用《工会财务一体化监管平台》，做好工会经费收缴，严格预算绩效管理制；组织130名基层工会财务人员开展线上工会财务业务培训；开展25个基层工会经费审计，覆盖机关、乡镇、社区、学校、医院、企业工会。下拨2022年园区、乡镇、社区工会工作补助资金70.28万元，为全县63个基层工会补助工作经费50万元。

【户外劳动服务站点建设】 2022年，县总工会建成户外劳动者服务站点7个。服务站点建设在人口相对集中的金融街、佳星广场、巴拿恰、原安昌镇等，添置饮水机、微波炉、桌椅、医药箱等设施设备，拓展服务站点功能，解决快递、环卫、送餐员等户外劳动者“吃饭难、喝水难、休息难、如厕难”的实际问题，同时将站点位置录入电子地图，方便通过手机等电子设备查询。

【北川羌族自治县工会第五次代表大会召开】 4月28日至29日，北川羌族自治县工会第五次代表大会召开，县委副书记唐扬，市总工会党组成员、副主席陈仕明出席开幕式并讲话，县政府副县长杨勇主持开幕式，县人大常委会副主任张德辉，县政协副主席兰荣军参加开幕式,来自全县各行业、各战线170余名代表、嘉宾应邀参加大会。大会审议通过了《北川羌族自治县总工会四届委员会工作报告》《北川羌族自治县总工会四届经费审查委员会经审工作报告》《北川羌族自治县总工会四届委员会财务工作报告》，大会选举产生了县总工会新一届领导班子，县委常委车韵飞当选为北川羌族自治县总工会主席，陈昌军当选为常务副主席，周冀川、杨振（兼职）当选为副主席，周冀川当选为经费审查委员会主任，田均当选为经费审查委员会副主任，周冀川当选为北川羌族自治县工会第五届女职工委员会主任。

（吴青春）

共青团北川羌族自治县委

【概况】 2022年，团县委坚持以习近平新时代中国特色社会主义思想为指导，学习贯彻习近平总书记关于青年工作的重要思想，着力提升共青团组织力、引领力、服务力和大局贡献度，扎实推进共青团的各项工作。开展“喜迎（学习）二十大、永远跟党走、奋进新征程”主题教育实践活动，组织开展专题学习教育、主题团（队）日、入团（队）仪式1000余次；发挥“青年大学习”网上团课思想引领作用，约23万人次参与学习，学习排名居全省第一。“请党放心 强国有我”青年大学习专场知识竞赛获得全省优秀组织奖。组织羌山青少年宣讲团、青年讲师团走进村（社区）、学校等，重点围绕学习宣传贯彻党的二十大精神、习近平总书记在庆祝中国共产主义青年团成立100周年大会上的重要讲话精神、省第十二次党代会精神、市第八次党代会精神、县第五次党代会精神及党的青年运动史等主题，开展线下理论宣讲活动30余场次；发挥团属媒体矩阵优势，依托“两微一端”等团属新媒体平台，围绕党的二十大精神学习等专题，共发布各类文章、视频500余次，浏览量达1000余万；制作《我喜欢你》——庆祝中国共产主义青年团成立100周年主题宣传视频，被中国共青团杂志、“学习强国”等平台转载，巩固拓展“青春北川”团属新媒体阵地，开展“羌山‘青’廉说”“羌山青年志”等特色专栏，浏览量达200余万。

2022年,北川县西部计划项目办获评全国西部计划绩效考核优秀等次服务县,“心沐计划”志愿服务项目获第六届青年志愿服务项目大赛四川省全省赛铜奖,永昌派出所、税务局第一分局被评为四川省青年文明号,牛钰等80余名个人获得省市表彰表扬,其中1人被评为第25届“四川青年五四奖章”,2人被评为绵阳市第十五届杰出青年。

【团组织工作】 2022年，按照

"青年在哪里，团组织就建到哪里"的要求，新建"两新"团组织7个，社会领域团组织4个，非公企业团组织3个，小区团组织3个；坚持党建带团建，将区域化团建下沉到社区青春行动试点社区尔玛社区，充分整合辖区内行政事业单位、企业、"两新"（新经济组织和新社会组织的简称）组织等力量，成立社区大团委；主动适应新时代团员青年分布、聚集特点和青年工作组织形态多样化的需要，建设并常态化运行"青年之家"23个；指导全县19所中小学建立学校少工委，聘请少先队校外辅导员298名，进一步加强少先队辅导员履职能力建设和少先队工作体制机制建设，2名个人获评四川省优秀少先队员、1名个人获评四川省优秀少先队辅导员、1个集体获评四川省优秀少先队集体；全县6653名团员纳入"智慧团建"基础数据库。

桂溪镇桂溪村铁索桥实施"筑跑北川"公益路桥项目前后对比图

【青年服务工作】 2022年，依托北川各中小学校团组织、23个青年之家、13个童伴之家和15个留守学生之家常态化开展法制教育活动，累计服务青少年1万余次；继续争取和实施"佳莘奖学金"等奖助学金项目，发放各类奖助学金40万余元，帮助贫困学生300余名；实施"筑梦计划"，开展新媒体运维、网络营销等专业课程培训，帮助新兴领域青年明确职业方向、提高职业水平，1名新媒体领域新兴青年获"四川省五四青年奖章"；联合银行、创促会等行业部门，推出"蜀青振兴贷""青创计划"等青年创业扶持项目，帮助创业青年申请创业资金120万元；深化北川籍在读大学生暑期"返家乡"社会实践、团员向村（社区）和"青年之家"报到等机制，100余名大学生投身城乡环境综合提质三年行动、乡村振兴等领域贡献青春力量；加强西部计划志愿者服务管理，北川西部计划项目办在全国绩效考核中获得优秀等次，6名西部计划志愿者转聘到乡镇事业岗；以困境留守青少年为重点服务对象，打造"新兴领域青年艺术文化公开课堂"，累计开展活动40余场次。与县总工会、县妇联联合举办"羌之恋"系列青年交友联谊活动，与县委组织部联合举办"羌山行——四时有信 走进北川"青年人才感知活动，共计服务240人次。

【志愿者工作】2022年，动员2920名团员青年成为“志愿四川”注册志愿者，围绕疫情防控、留守儿童、独居老人关心关爱、卫生健康知识宣传等重点工作，开展“青春志愿 爱在社区”“美丽中国青春行动”等志愿服务120余场次;常态化开展社区“双报到”工作，开展卫生打扫、政策宣传、家电维修等志愿服务30余场次；引导全县团员青年积极投身全国文明城市创建工作，组织县域内青年团员，充分利用工余、课余时间，开展文明城市创建志愿服务80余场次；将参与文明城市创建作为入团、评优重要参考，鼓励团员青年在文明城市创建中当好宣传员、服务员、陪伴员、清洁员和督导员。

【“青农羌市”公益助农项目】2022年，北川、柯城共青团持续深化“青农羌市”公益助农项目，形成以“电商+各类实体+创新创业”的“1+N+1”模式，以青农羌市为载体，依托两地种养殖大户、农产品加工销售企业、青年电商（直播）从业者等，带动青年创新创业，对接销售北川柯城农村青少年家庭、农村青年创业者生产的特色农副产品，推动北川柯城各乡镇农产品供应“连点成链”，通过线上线下、供消双方、北川—柯城、双创、政企等“五联动”模式，在生产、流通、消费各环节打通制约消费助农的痛点、难点和堵点，擦亮消费助农项目品牌，推动北川柯城农副产品的销售。助力北川农特产品实现销售330余万元，引领带动240余户农村青少年家庭稳定增收。入选绵阳市2022年度浙里对口五比竞赛“金名片”典型案例，被《人民日报》等刊载报道。

【社区青春“5+”行动】至2022年辖区内有机关、学校、医院、企事业单位等19个基层团组织书记加入社区功能性大团委；包括羌笛、水磨漆等非遗传承人和职业音乐人等在内的1500余名青年通过“志愿四川”平台成为社区注册志愿者；从帮扶解困、服务群众、环境保护、民族传统文化传承、宣讲引导、心理疏导六大方面，建成青年专业志愿服务队4支；线下依托党群吉米家园、新时代文明实践站、童伴之家、社区便民服务室、市民学校、文化舞台、侨胞之家等阵地资源，以“青年之家”为主体打造“微阵地”8个，开设“羌小青志愿服务站”3个、“羌绣馆”“草编馆”等羌族非遗工坊体验基地4个；线上依托“智慧永昌”小程序，设置“社区青春行动”版块，分设项目展示、风采展示和通知公告等版块6个；聚焦“四点半课堂”“智慧助老”、弱势青少年群体帮扶、绿色生活习惯养成等社区治理普遍性需求，常态化开展新兴领域青年艺术文化公开课堂、银龄计划—指尖课堂、心沐计划、羌山雏鹰等青年志愿服务项目等志愿服务活动100余场次；北川共青团基层治理经验被团省委刊载宣传，在全省共青团大会上进行了两次经验交流，尔玛社区被团省委列入为全国社区青春行动试点候选社区名单上报团中央。

【羌山“领头羊”科技人才培养项目】羌山“领头羊”科技人才培养项目启动以来，各项活动正常推进，并取得了初步成效。借助四川大学分子与原子物理研究所的专业指导，与擂鼓八一中学优秀初中生精准对接。擂鼓八一中学20名优秀初中生、100名普通生，已经与四川大学10名研究生完成结对。每学期开展线下活动两次，两校师生互动互访、学习交流，推动项目持续发展，开展一系列活动，包括四川大学寇自力研究员进行“大豆高压育种”的科技讲座，四川大学研究生志愿者代表李欣进行“以岩浆凝固论地震成因”的科技报告，志愿者同学带领各位师生参观了四川大学江姐纪念馆、原子与分子物理研究所拉曼实验室、大腔体静高压实验室、二级轻气炮实验室和激波管实验室等，同时在腾讯科技（成都）、成都环球中心开展了科技研学活动。四川大学原子与分子物理研究所导师和研究生还针对结对对象在每月开展一次线上辅导，并在擂鼓八一中学建设了高压育种科技实验室，指导学生进行科技实验。高压育种项目成果获绵阳市青少年科技创新大赛一等奖。

（薛建辉）

北川羌族自治县妇女联合会

【概况】 2022年，全县妇联工作坚持以习近平新时代中国特色社会主义思想为指导，深入贯彻落实习近平总书记对四川工作和妇女工作系列重要指示精神，开展关爱女性保障计划、“两癌”妇女救助的收集、录入及科学编制新一轮“两纲”（《妇女发展纲要》和《儿童发展纲要》）工作。选举产生新一届领导班子、妇联第五届常委13名和妇联第五届执行委员会委员31名。通过“羌城半边天”微信公众号发送推文65余篇，阅读点击率突破8.2万人。举办北川羌族自治县2022年度村(居)民委员会常职干部及儿童督导员、儿童主任培训班暨基层妇女干部综合素质提升培训班，进一步提升城乡基层治理现代化水平。选树产业倍增发展女巧手、交通设施建设女先锋、城镇建设提升女标兵、美丽乡村建设女主人、基层治理能力提升女能人等共10个先进典型。

北川羌族自治县第三人民医院、北川羌族自治县人民法院禹里人民法庭荣获市级三八红旗集体。朱莎等6人被表彰为市级三八红旗手。

【妇女创业就业】 2022年，开展羌绣、草编、家政、妇女电子商务和乡村女性赋能等培训并建成“天才妈妈·梦想工坊”，带动更多低收入手工艺从业女性改善生活状况。县妇联承接“天才妈妈”公益项目，并携手李宁公司打造“指尖的力量，自有羌调”主题产品，在全国一线城市上线销售。指导大鱼青少年公益发展中心建成妈妈农场，打造“家庭教育+小农生产+合作服务”的扶贫可持续发展路径，增加收入，改善家庭发展方向，带领更多困境家庭自助互助、减贫增能。与县住建局在全县范围内开展以“布局设计协调美、居室整齐清洁美、庭院净化绿化美、家庭和谐家风美、产业致富生活美”为标准的“最美庭院”评选活动，评选了30户“美丽庭院”，10户“最美庭院”。

9月29日，县妇联在曲山镇唐家山村开展“迎重阳、传家风、话文明”城乡环境综合提质三年行动“Show美绵阳巾帼大讲堂”活动

【关爱妇女儿童】 2022年春节期间慰问困境妇女儿童共计200余人，发放慰问金10.18万元。发放99公益日“春蕾计划”助学项目，资助153名贫困女学生，共计10.8万元。继续实施安康家园项目，为4名北川籍大学生争取助学金5.38万元。认真践行“我为群众办实事”，帮助职工解决后顾之忧，联合总工会开展2022年职工子女暑假托管班，真正发挥“娘家人”的作用，让职工子女在托管班通过“托”“管”“教”一体化的方式，在假期中快乐成长。为北川困境儿童和受自然灾害的儿童争取到由中国儿童少年基金会发起“HELLO小孩”公益爱心套餐200份。召开北川妇

女儿童发展纲要（2021～2030年）编制启动暨专家研讨会议，科学编制《北川妇女发展纲要(2021～2030年)》《北川儿童发展纲要(2021～2030年)》。

【妇女儿童维权】 2022年，加强与司法局、公安局、教体局等成员单位的协作，开展咨询服务、入户宣传、反家暴知识、毒品预防、防艾等活动10余场，积极开展法律宣传活动，设立法律咨询台，印发宣传资料，线上制作宣传推文，扩大影响面，累计服务1万人次。累计受理各类婚姻家庭纠纷17件，联动相关部门成功调解1件，提供法律援助7件。实施“相伴·成长”项目，依托大鱼公益妈妈农场打造“友好儿童之家”，通过个案走访、节假日活动开展促进困境留守儿童心理健康，营造尊重、平等的社会氛围，助力北川儿童身心健康发展；联合县检察院开展“送法进万家 家教伴成长”主题系列活动，持续深化未成年人保护工作。开展“守护春蕾 与爱同行”关爱女童防性侵讲座5场和“预防校园欺凌 护航健康成长”公益讲座；组织各级妇女干部和巾帼志愿者到妇联活动场所和工作阵地进行安全隐患排查、宣传，提高了广大群众的安全意识和安全素养。

【家庭文明建设】 2022年，为了全面落实习近平总书记关于“注重家庭，注重家教，注重家风”，全县各个学校举办家长学校成立暨挂牌仪式。联合县委组织部、县总工会、团县委举办的“羌之恋——青心羌山 才聚北川”青年人才交友联谊活动。在全县范围开展 “最美家庭”评选活动，姚润平家庭荣获省“五好家庭”，韩国文、李兴秀家庭荣获“最美家庭”，杨志宏荣获家庭工作先进个人，县检察院“熊猫未士·云朵姐姐”未检团队荣获省家庭工作先进集体。

【“女干部打call 北川”活动】 2022年 5月，围绕全县生态立县、文旅兴县、工业富县、开放活县、城乡融合的发展思路，充分发挥民族妇女干部优势，利用社群经济、网红经济的特点，到宋喜市、九皇山、巴拿恰等旅游景区开展“女干部打call 北川”旅游宣传推介活动，以女干部向游客推荐北川优势旅游项目的方式吸引游客关注北川，网络浏览量达到数十万次。

（周　红）

▶法 治

概 述

【概况】 2022年，北川全面依法治县工作坚持以习近平新时代中国特色社会主义思想为指导，认真贯彻习近平法治思想，深入学习贯彻党的二十大精神，深入推进党委依法执政，坚持科学民主依法立法。优化政务服务，推进法治政府建设，深化司法领域改革，大力推进公正司法，广泛开展法治宣传。北川羌族自治县人民政府被省委、省政府通报表扬为“2016～2020年四川省普法先进单位”“2021年度全省平安建设先进县”。

【依法执政】 2022年，印发《北川羌族自治县贯彻落实〈四川省法治社会建设实施方案（2021—2025年）〉分工方案》《北川羌族自治县贯彻落实〈法治四川建设规划（2021—2025年）〉分工方案》，为建设高质量法治北川提供行动指南。召开县委全面依法治县委员会第四次会议，听取“全面依法治县（市、区）示范试点暨示范推动解决法治建设八个具体问题”牵头单位发言，印发《县委全面依法治县委员会2022年工作要点》制定年度工作台账、向5个专项小组下达交办清单，层层压实各级各部门法治建设责任，细化分工，形成工作责任推动落实体系。严格落实《党政主要负责人履行推进法治建设第一责任人职责规定》，听取乡镇、部门主要领导法治建设工作述法，研究解决法治建设存在的具体问题，党政主要负责人主动担当、依法履职。严格法治建设责任履行目标绩效考核，明确法治建设任务考核比重，注重结果运用，将法治建设考评结果作为年终评优评先的重要依据。严格落实“三重一大”决策制度，健全重大决策公众参与制度，确保议事决策严谨规范。主动接受人大、政协监督，高效办理代表委员议案提案160件。建立乡镇、部门内部法制审核机制。全年共开展合法性审查432件，办理其他县人民政府交办事项35件。接收乡镇部门行政规范性文件备案3件，向市人民政府备案行政规范性文件2件。严格执行重大行政决策法定程序，建立健全法律顾问制度，3家律所为政府法律顾问团单位。法律顾问列席政府常务会议，提供各类法律服务120次。

【科学立法】 2022年，审议通过《县五届人大常委会立法规划》，增强立法调研、座谈、论证、评估实效，市人大常委会确定曲山社区为基层立法联系点。注重“小切口”理念，突出北川地域特色，切实增强立法的针对性、适用性、可操作性，开展立法调研30余次，6月省人大常委会审议通过《北川羌族自治县投资促进条例》，8月1日生效。《北川羌族自治县城市管理综合行政执法条例》《北川羌族自治县矿产资源管理条例》修订二审。

【司法公正】 2022年，完成“24小时自助法院”“1319”联调中心、全省政法系统跨部门办案平台建设，加快构建线上线下融合的现代化诉讼服务和联合调解体系，做实涉法涉诉稳控，全面贯彻落实户籍制度改革，推行审批权限下放制度，把司法服务延伸到社会治理的“神经末梢”。扎实开展专项行动，强化治安重点人群服务管理，做好戒毒人员回归社会引导工作，对危险性评估3级以上的严重精神障碍患者落实全覆盖有奖监护政策，在册社区矫正人员均落实相应帮教措施。依法处置震后次生灾害引发的系列纠纷，成功办理“灾后重建农房小贷”案件，为政府首期收回贷2184.55万元。建立具有羌族特色的“炬达蜜纳”公益诉讼团队。至年底立案办理33件，其中，行政公益诉讼立案19件，发出诉前检察建议17件，到期回复整改16件；刑事附带民事公益诉讼公告14件，起诉7件，法院判决支持7件。向绵阳市检察院移送单独民事公益诉讼线索3件，向安州区检察院移送线索2件。启动安全生产专项整治三年行动“巩固提升年”活动，严守安全生产底线。坚持宣传教育、依法打击、整治规范“三箭齐发”，深化打击整治养老诈骗专项行动，形成浓厚的“全民反诈”氛围。印发《北川羌族自治县委政法委纪律作风督查巡查工作实施办法》《政法系统政治督察实施办法》等文件，推进问题整改，制定和落实便民措施9条。组建“案件评查暨法律咨询专家库”，开展执法检查、案件评查、“百案督办”，提升司法办案规范化水平。

【法治社会建设】 2022年，出台《北川羌族自治县法治宣传教育第八个五年规划（2021～2025年）》，建立普法联动机制，持续开展会前学纪学法活动，组织开展国家工作人员旁听法庭庭审活动9场次。全面落实《青少年法治教育大纲》要求，全县中小学法治副校长配备率100%。通过专题讲座、互动问答、以案释法等方式开展培训4场次，培训覆盖380余人。利用“法律明白人微信群”日常推送普法案例、法治资讯共计100余条。编印“法律明白人”读本3000册，组建培训讲师团成员32名。开展“法治北川行”一月一主题、“羌山夜话”等主题活动共计120余场次，发放普法宣传资料16000余份、法治用品4000余份、现场解答咨询1200余人次，开展法律“七进”（进机关、进乡村、进社区、进学校、进企业、进单位、进寺院）活动400余场次。培养农村学法用法示范户305户，村村建设法治文化阵地。发挥“心沐计划”“法治农场”等法治品牌作用，常态化开展防范校园欺凌、性侵害、网络沉迷等方面法治宣传活动350余场次，受教育学生3万余人。建立宗教工作联合执法机制，形成

4月19日，县司法局在禹龙广场开展反诈宣传

多部门齐抓共管的民族宗教工作格局。发扬新时代“枫桥经验”，充实调解力量，创新转化运用具有民族特色的“议话坪”“评议堂”，发挥“三羌共治”“1319”联调中心调解员作用，多元分级化解，安排专班人员积极化解涉灾矛盾纠纷7件，至年底共化解矛盾纠纷952件，成功率99%。

【行政执法监督】 2022年，履行政府行政执法监督职责，县人大代表、县政协委员、社区代表多次参与监督工作，进一步提高执法监督工作的透明度及规范化程度。持续深化行政执法规范化建设，全面推行行政执法“三项制度”（行政执法公示制度、行政执法全过程记录制度、重大执法决定法制审核制度），建立行政执法案件移送和部门协作机制，做好行政执法情况公示备案统计工作，理顺行政执法体制、规范基层执法行为。加强行政执法队伍管理，严把“主体关”“编制关”和“岗位关”，行政执法人员资格认证和持证上岗制度落到实处。以全面提升行政执法质量和效能为目标，打造全域、全员、全程“三全”监督模式，建立部门联动执法机制，开展联动监督5次，抽查案卷40卷，指导纠正问题4个。

【行政复议应诉】 2022年，推进行政复议体制改革，印发《北川羌族自治县行政复议体制改革实施方案》，明确集中行政复议职责、健全行政复议机制、健全行政复议议事组织等方面内容，提升行政复议规范化水平。充分发挥行政复议公正高效、便民为民的制度优势和化解行政争议的主渠道作用，全年新收行政复议案件12件，其中终止1件，正在办理1件、决定维持2件、依法不予受理8件。5月7日，举行“北川羌族自治县人民政府行政复议办公室”揭牌仪式，增加行政复议办公室一间，加挂“北川羌族自治县人民政府行政复议办公室”标牌。5月，组织县内的各机关负责人近百人参与2022年度的行政复议诉讼业务培训，后又组织专业骨干到各乡镇开展“送法下基层”复议诉讼专题讲座。组织开展以“行政复议进村社”为主题，创新“地摊式”复议宣传，被“新浪”“今日头条”“搜狐”等十多家媒体报道。积极办理和指导应诉工作，完善良性互动的联席会议制度和联络员制度，不定时与县法院就案件进行沟通、协调，信息互通共享，有效地化解了行政纠纷和矛盾。全年办理以县政府为被告的行政应诉案件2件，未结案2件，行政机关负责人出庭应诉率100%。

【构建“1319”多元化矛盾纠纷化解机制】 2022年，整合人民调解、司法调解、行政调解等各项优势资源，成立1个县矛盾纠纷诉源治理联合调解中心，设立3个片区联调站和19个乡镇联调点，打造司法所、法庭合署办公环境，采取联建联调的方式，有效避免委托、转办、交办等复杂流程，实现一个窗口对外、一站式受理群众诉求，推动形成“1+3+19”的全域诉调对接格局。利用5G网络技术，建立云上联盟联调系统，采取语音、图文、视频等多种沟通方式，打造“云上”调解模式，为调解中心、站、点群众提供在线咨询、在线调解、在线诉讼等法律服务，实现矛盾纠纷化解“随时调、随地调、随手调”。在全县各级人民调解委员会中选派懂乡音、知民意、有公信、精法律的4名专职和15名兼职人民调解员入驻联调中心，协助司法所和法庭开展调解工作，对无意愿调解、调解不成功案件自动转入诉讼流程，对调解成功案件直接流转司法确认，杜绝纠纷反弹，形成调解闭环。2022年度，联调中心共收案1487件，结案1401件，调解成功率达94.22%。

（何　群）

平安北川建设

【概况】 2022年，平安北川建设工作以习近平新时代中国特色社会主义思想和习近平法治思想为指导，践行“一线工作法”，持续发扬“五干精神”，各项工作不断取得新成效。保持对各类违法犯罪高压严打态势，全县刑事立案195件，移送起诉87件186人，行政处罚1007人，打掉各类犯罪团伙13个，追捕各类网上逃犯39人，止付冻结涉诈资金893.76余万元，成功处置并实施预警劝阻226例。贯彻《中华人民共和国反有组织犯罪法》，摸排收集涉黑涉恶问题线索13条，接上级转办重大涉黑涉恶案件1件，案件梳理排查“回头看”1件，打击黄赌毒涉案窝点2处，整治交通乱点3处。北川获2021年全省、全市平安建设先进县。

【反诈工作】 2022年，宣传教育、依法打击、整治规范“三箭齐发”，打击整治诈骗，排查涉养老诈骗领域线索34条，立案侦查31件。开展“心沐”牵手“银龄”“四战法”（集约式兵团作战，点位式阵地作战，分片式机动作战，网络式平台作战）守护老年人钱袋子专项行动，经验做法被新华社宣传报道；重拳打击治理典型网络诈骗犯罪，审理案件12件82人，判处罚金303.1万元，追回赃款千万余元。针对中小学生、个体女性、财务人员等群体开展精准反诈宣传教育。落实“1+2+*N*”工作专班，全力劝返滞留缅北人员。至2022年年底，国家反诈中心App安装率47.26%，滞留缅北核减37人，清降率72.55%，发案同比下降31.63%，损失同比下降11.03%。

【法治宣传】 2022年，编制出台《北川羌族自治县法治宣传教育第八个五年规划（2021—2025年）》，印发《2022年普法依法治理工作要点》《普法责任清单制度的通知》文件，开展“法治北川行”一月一主题、“羌山夜话”、民法典宣传月活动和法律进机关、进校园、进企业、进乡村、进社区、进寺庙、进单位活动400余场次，组建培训讲师团成员32名，对全县705名法律明白人开展培训10场次，结合“以案释法”活动增强解决群众困难能力。

（何禹君）

公　安

【概况】 2022年，全县公安工作坚持以习近平新时代中国特色社会主义思想和习近平来川视察重要指示精神为指引，以全力做好党的二十大安保维稳为主题主线，以开展“磐石”系列专项行动为抓手，巩固深化党史学习教育和队伍教育整顿成果，确保全县政治安全、社会安定、人民安宁。全年共立刑事案件249件，移送起诉案件90件，起诉犯罪嫌疑人200人；查处行政案件357件，行政处罚1005人，其中行政拘留198人，强制隔离戒毒9人，社区戒毒16人；打掉犯罪团伙14个，追捕上网逃犯45人（其中历年逃犯12人）；依托“反诈中心”梳理核查预警线索3798条，处置并实施预警劝阻150例，止付冻结涉诈资金1332余万元。执行高等级勤务96天,完成各类大型活动安全保卫任务60余次，其中一级警卫1次、二级警卫2次、三级警卫5次。县公安局被绵阳市委、市人民政府表彰为“党的二十大安保维稳先进集体”，永昌派出所被共青团中央授予全国“青少年维权岗”、被共青团四川省委命名为“2021～2022年度四川省青年文明号”，看守所被省公安厅表彰为“全省优秀公安基层单位”，永昌派出所党支部被省公安厅命名为2021年度全省公安机关“最强支部”。

【维护社会稳定】 2022年，开展各类社会治安清查行动20余次，累计排查整改各类安全隐患300余处。严格落实“1、3、5”分钟快速反应机制和公安武警联勤联防机制，常态化运行墩上治安检查站，全面加强核心区、重点目标、重点部位的武装巡逻、定点守护、检查盘查。

【打击刑事犯罪】 2022年，持续保持对各类违法犯罪高压严打态势，侦破传统侵财系列案件5件，抓获违法犯罪嫌疑人9人；集中推进“两卡”黑色灰色产业链整治，破获涉“两卡”犯罪案件11件，抓获犯罪嫌疑人77人，惩戒“两卡”人员97人；抓好涉

9月19日，北川公安局举行党的二十大维稳安保誓师大会

黑涉恶专项整治工作，核查反馈线索2条，立案侦办九类涉黑涉恶案件22件；抓实涉诈重点人员线索排查，落地核查涉诈人员线索141条，核查公安部下发“断卡”线索73条；抓牢涉养老诈骗领域线索排查，核查并在侦养老诈骗领域线索26条；严厉打击破坏生物多样性犯罪，侦破涉林涉野刑事案件35件，移送起诉39人；开展禁毒“清源断流”战略行动，查处吸毒人员49人、刑事打处19人、缴获毒品5.47克。侦破部督案件“2021·12·30案”“2022·4·25生产销售伪劣产品案”，厅督案件“7·25”开设赌场案“9·8”非法狩猎案”“2022·7·20非法捕捞水产品案”。

【安全监管】 2022年，推进“泛西南六省份联合整治货车”“减量控大”“周末酒醉驾夜查”“整治群众最不满意的十件事”、夏季治安打击整治“百日行动”等专项行动工作纵深开展，加大全县道路基础设施建设和隐患排治，新建固定式红绿灯2处，货车分道行驶电警抓拍30处，恢复区间测速4处，定点测速1处，指导1574辆道路运输车辆安装卫星定位装置并全部接入动态监管平台，核对上报各类道路交通安全隐患594处，完成对外公示治理隐患258处，规划经开区园区内停车位300余处。累计查处各类交通违法行为47894起，其中酒驾382起、二次饮酒25起、醉驾8起、无证驾驶341起、货车超载303起，扣留机动车266辆。严格危爆物品管理，对全县危化品、民用爆炸物品使用企业以及加油站、液化气存储仓库，按照“一企（库）一册”要求全部建立工作台账，逐一签订安全防范责任书，严格落实危爆物品主体责任和监管责任。开展涉枪涉爆涉危专项工作，累计收缴枪支61支、子弹400余发，对4家民爆物品单位、7个民爆物品仓库、1家烟花爆竹仓库监控视频接入县公安局指挥平台，在重点节点期间严格储存、运输、使用等环节全流程监管，确保“不打响、不炸响、不漏管、不流失”。

【执法规范化建设】 2022年，持续开展法制学习培训，采取法制员跟班学习、各执法部门自行培训、民警自学等方式，开展“以考促学”考试，不断提升基层民警法律素质和执法办案水平。进一步完善案件评审机制，规范接处警、受立案、破案、移送起诉阶段的法制监督，强化信息化监督平台应用，完善网上案件考评制，不断提升全局网上案件录入质量。开展受立案大巡查，对全局2756条警情、522件行政案件、207件刑事案件全覆盖巡查整治，坚决做到有案必受、受案必核、立案必查。开展取保候审专项整治“百日行动”，对全局取保候审的97人，开展保而不侦、保而不诉问题巡查，确保每一个被取保候审人员均有明确的监管执行部门。

【智慧交通运输管理系统试运行】 2月，北川羌族自治县“智慧交通运输管理系统”上线并开始试运行，至年底，北川78家砂石企业都接入“智慧交通运输管理系统”。每辆车装载货物的源头企业、货物品种、车辆信息和驾驶员信息等，都及时上传到平台，纳入统一管理。在每个重点货运源头企业，都安装了源头数据采集系统，所有车辆出厂时都会自动接受相关部门监管。如果哪辆车涉嫌超载，平台自动就会收到信息并立即预警，提醒源头企业和车辆驾驶员现场整改后，方能运输出厂。运输途中车辆通过不停车称重系统，如果出现超载超限等问题，平台会第一时间通过语音和弹窗发出提示，沿途所有执法人员的手机App也会收到提示。“如果这辆车不及时到下一个检查点接受复查，那么它就会进入‘黑名单’，以后到县内任何地方，都没法再拉货了”。每辆中重型货运车辆的运行情况都在这个平台上，数据可以追溯90天。平台投运以来，县内砂石骨料企业税收、货运车辆通行效率分别同比增加38.52%、70%，因货运车辆引发的道路交通事故、严重超载违法行为分别同比减少34.19%、79.42%，实现了“两增两减”（税收、通行效率增加，货车引发的交通事故、货车流量减少）工作目标。

【“火案智慧预警”系统建成】 10月，“火案智慧预警”建成并投入运行，值守森林安全。在片口乡和桃龙乡分别建立可视化大数据系统、林区高位烟雾监控系统、物联网烟雾传感系统和林区入口AI人脸识别系统，发现烟火点及火情、火灾能够自动定位锁定，第一时间将数据和拍摄画面通过物联网传送至县公安局接处警平台和乡、村、社森林防灭火专业队手机终端进行报警，实现林区360度动态巡航监控，成功预警7起，确保大熊猫国家公园森林安全。

【公安监所运行】 2022年，县拘留所停止收拘工作，警力并入县看守所，实行封闭化管理。全年共依法收押595人，依法处理出所574人，月平均押量约为56人。

【公安派出所运行管理】 2022年，持续开展警务运行机制改革，整合资源优势，优化警力配置，将全县公安派出所整合为11个，分别是永昌、安昌、永安、擂鼓、曲山、禹里、小坝、坝底、通泉、陈家坝、桂溪派出所。践行“派出所主防”理念，深化“两队一室”（社区警务队、案件办理队、综合指挥室）改革，探索退岗老同志下沉社区充实基层“一线”工作模式，16名老同志担任社区民警，破解基层警力紧张难题。做精预防警务，将管要素、解纠纷、压警情、控发案、创平安等“枫桥指数”作为工作重点，变“事后打击”为“事前防范”，推动构建基层社会治理共同体。

（刘　军）

检　察

【概况】 2022年，县人民检察院办理各类案件489件，比2021年增长31.28%。依法惩治刑事犯罪，受理审查逮捕案件15件28人，批准和决定逮捕12件21人；受理审查起诉案件92件196人，起诉72件142人。突出整治重点，办理侵犯公民人身权利、民主权利犯罪案件8件24人，侵财犯罪案件9件21人，妨害社会管理秩序犯罪案件25件55人。强化侦查活动监督，刑事立案监督7件，撤案监督1件，纠正漏诉2人，书面纠正侦查活动违法5次。强化审判监督，纠正刑事审判活动违法2次，检察长（或副检察长）列席法院审判委员会9次。完善刑事执行和监管执法监督，常态化开展对看守所监督检察，加强对社区矫正和财产刑执行监督，书面纠正监管场所违法3件、财产刑执行违法6件、监外执行与社区矫正违法7件。办理民事审判程序监督案件11件，提出检察建议11件。民事执行监督案件78件，促成民事和解66件，提出检察建议7件。民事支持起诉13件，帮助农民工讨薪维权，成功讨回40余万元“血汗钱”。强化行政审判、行政执行监督，常态化开展行政争议实质性化解，不断提升监督质效。办理行政审判程序监督案件2件，提出检察建议2件。探索办理行政

3月17日，县人民检察院举行传统村落保护公益诉讼案公开听证会

违法检察监督案件1件。行政执行监督案件6件，提出检察建议4件，行政争议实质性化解2件，促进案结事了政通人和。落实入额院领导带头办案机制，人均办案17.2件。开展公安、检察同堂培训5次、联席会议30余次，促进检察监督能力和公安执法规范化水平双提升。聘请11名不同领域行政机关专业人员成为特邀检察官助理，提升检察办案专业化水平。

【公益诉讼】 2022年，以“求极致”的理念办好公益诉讼案件，积极探索公益诉讼新领域，加强与行政机关协同治理，守护人民群众美好生活。公益诉讼立案33件，其中，行政公益诉讼立案19件，磋商2件，发出诉前检察建议17件，整改回复率100%；刑事附带民事公益诉讼公告14件，起诉8件并获法院判决支持。协同推进长江“十年禁渔”工作，增殖放流鱼苗11600尾，并在公益诉讼案件庭审中首次引入专家证人出庭作证。与税务、生态环境等部门建立行政执法衔接机制，强化公益诉讼协作，与安州区、平武县检察院签署《大熊猫国家公园绵阳地区跨区域保护协作机制》，与茂县检察院开展生态环境、羌文化保护等区域协作。加强传统村落保护，通过公益诉讼诉前检察建议督促相关部门落实问题整改，争取资金95万余元，修建微型消防站2座、消防水池1座，增加和更换灭火器，对92户村民室内线路进行改造升级，督促相关部门对原住民开展常态化消防演练，及时消除火灾隐患，相关做法被央视新闻、《检察日报》及最高检、省检察院多次报道。

【助力营造法治化营商环境】 2022年，落实绵阳市园区高质量发展大会和全县重点工作会议精神，依法妥善办理涉民营企业案件，依法严惩侵犯民营企业财产、损害企业利益的各类犯罪，起诉扰乱市场秩序犯罪案件2件4人。深化安商惠企法治举措，服务做好“六稳”“六保”工作，先后走访四星水泥、云珍羌绣等企业，探索建立重点企业检察服务站点。积极为羌文化企业的知识产权保护提供有力的司法保障，为企业纾困解难，助力企业发展。

【服务“三大攻坚战”】 2022年，落实“三号检察建议”，防范化解金融风险，依法办理贷款诈骗犯罪案件1件3人。持续巩固脱贫攻坚成果，深入开展国家司法救助助力脱贫攻坚工作，向9名当事人及近亲属发放司法救助金12.4万元；开展联系乡镇、驻村帮扶工作，选派2名干警担任“第一书记”和驻村工作队员，帮助群众解决实际困难10余次；以公益诉讼助推乡村振兴，办理涉及人居环境整治、面源污染整治、耕地“非农化”等公益诉讼案件13件。起诉破坏环境资源保护领域犯罪案件5件8人；落实县委县政府关于矿产砂石资源开发秩序综合整治工作部署，通过制发诉前检察建议，督促主管部门依法征收矿山企业环境保护税79.92万元。

【未成年人司法保护】 2022年，依法打击侵害未成年人权益犯罪，决定逮捕并起诉2件2人。贯彻落实对涉罪未成年人“教育、感化、挽救”方针，不起诉1件2人，附条件不起诉1件3人。全方位保护未成年人合法权益，制发公益诉讼诉前检察建议2份。向5名困境儿童发放司法救助金8.4万元，其中通过“支持起诉+社会救助+司法救助”等多元救助模式，为1名困境儿童争取司法救助金、阳光助童计划项目资助金等3.7万元，有效解决其生活、学习困难，传递司法温度。持续发挥未成年人保护联盟和专家库作用，开展强制亲职教育12次，对被性侵未成年被害人开展心理疏导22次。落实“一号检察建议”和法治副校长工作，先后设立“熊猫未士·云朵姐姐”泛美工作站、北川中学工作站。开展线上线下“法治进校园”活动15次，在全县校园内开展反校园欺凌专项活动，寒暑假对留守儿童开展关护活动2次，开展线上线下家庭教育普法5次。

【社会面治理】 2022年，开展打击整治养老诈骗专项行动，落实食品药品安全“四个最严”（建立最严谨的标准、实施最严格的监管、实行最严厉的处罚、坚持最严肃的问责）要求，办理生产、销售伪劣产品犯罪案件1件7人。保障个人信息安全，依法起诉侵犯公民个人信息犯罪案件1件17人。打击电信网络诈骗犯罪，依法起诉1件12人。组织开展全面深化行政检察监督依法护航民生民利专项活动，围绕民生热点领域开展专项监督，办理相关案件8件。落实群众信访“件件有回复”积极回应群众诉求，受理群众来信来访和法律咨询62人次，开展信访案件简易公开听证6件。建成12309检察服务中心、检察听证室、宣告室、远程接访室，完善实体、热线、网络三大平台，推动为民司法一站式服务。创新制定《行政公益诉讼诉前检察建议跟进监督实施办法（试行）》，全年来共制发社会治理类检察建议9份。精准落实“少捕慎诉慎押”刑事司法政策，依法不批捕4件8人，不起诉17件38人，诉前羁押率降至8.3 %。准确把好证据审查关，实质化提前介入15件。适用认罪认罚从宽制度162人，提出量刑建议195人，确定量刑建议175人，服判率99.5%，从源头上大量减少上诉、申诉案件。在全省检察系统率先建成具有民族特色听证员库，少数民族听证员占50%，全年举行检察听证38件，其中人大代表、政协委员参与听证27件，在全市率先实现“四大检察”听证全覆盖，检察听证直播在全市率先通过最高人民检察院验收。

【社会监督】 2022年，主动接受人大及其常委会的监督、政协民主监督以及社会各界监督，加强人大代表、政协委员联络工作，落实意见建议，回应民生关切，推动盲道等无障碍设施综合治理。邀请人大代表、政协委员、人民监督员参与调研视察、检察听证、庭审观摩等检察业务活动61次。常态化举办“检察开放日”活动，邀请社会各界走进检察机关，通报检察工作，征求意见建议。坚持检务公开，主动公开法律文书81份、发布重要案件信息10条，“两微一端”发布动态572条，工作信息被国家、省级媒体采用33篇。

【听证员库建立】 3月18日，县人民检察院举行听证员库建设启动暨听证员聘任仪式，20名来自各行业人员受聘担任听证员。现场宣读听证员聘任决定，为首次受聘的听证员颁发聘书，并组织学习《人民检察院审查案件听证工作规定》《北川羌族自治县人民检察院听证员库建设和管理办法》，观看由最高人民检察院出品的检察听证题材微电影《公开听证》。检察听证正在成为国家检察机关履职方式的一个标志性概念，是强化检察机关法律监督重要方式之一，满足群众对公正执法司法的热切期盼。北川首届检察听证员来自社会各界，少数民族占比50%，有丰富的行业特征、民族区域特色，可以从不同的领域和专业为检察办案提供有价值的参考。

【公益诉讼检察助推传统村落保护】2022年，县人民检察院积极寻找传统文化保护领域切入点和着力点，对传统村落保护中发现的突出问题能动履职，督促相关部门及属地乡镇加强对传统村落保护，以文化振兴助推乡村振兴。3月初，县人民检察院“炬达蜜纳”公益诉讼团队实地走访两处传统村落时发现上述线索，并于当月16日以行政公益诉讼立案。办案过程中，检察机关六次邀请致力于羌文化研究保护的羌族人民监督员参与监督办案活动，共同推动羌族传统村落保护和羌族非物质文化遗产保护传承。3月17日，县人民检察院召开公开听证会，羌族人民监督员及代表委员担任听证员，县住房和城乡建设局等5个单位作为当事人参加听证，并邀请县乡村振兴局、县民族宗教事务局以及永昌镇供电所技术人员参加。3月21日，县人民检察院向县住建局等五个单位公开宣告送达诉前检察建议，并邀请羌族人民监督员参加。4月初，县人民检察院赴两处传统村落对整改情况开展跟进监督，发现相关问题正在有序整改，同时发现村落里部分通信电缆缠绕交错并掉落在地、通信杆倾斜等新问题。4月26日，县检察院针对新发现的通信线路安全问题正式立案，于5月12日向县工业信息化和科技局公开宣告送达诉前检察建议，邀请羌族人民监督员及移动、联通、电信三大运营商参加。5月、7月，检察机关两次邀请羌族人民监督员前往涉案两处传统村落实地查看整改情况，发现相关问题得以全面整改。6月27日，根据人民监督员的建议，检察机关与羌族人民监督员共同走访当地两家羌族非物质文化遗产企业并进行座谈，并就在羌族传统村落保护中更多体现羌文化元素、共同推动羌族非物质文化遗产的保护传承达成共识。7月8日，为推动羌族地区跨区域协作，县人民检察院和茂县人民检察院就涉及羌文化及羌族传统村落保护的相关问题会签协作意见，共同加强羌文化司法保护力度。11月16日，县人民检察院邀请县消防大队在北川羌族自治县国家级传统村落——青片乡上五村西窝羌寨开展消防演练。12月20日，县人民检察院办理的督促保护传统村落行政公益诉讼系列案被最高人民检察院评为典型案例。

（廖永洪）

法 院

【概况】2022年，县人民法院坚持以习近平新时代中国特色社会主义思想为指导，深入贯彻习近平法治思想，全面贯彻党的十九大和十九届历次全会、党的二十大精神，全面落实习近平总书记对四川工作系列重要指示精神，认真落实党中央和省委、市委、县委决策部署，忠实履行宪法法律职责，为北川经济高质量发展和社会大局和谐稳定提供司法保障。全年共受理案件4322件，办结4296件，结案率99.4%，位列全市第一。员额法官人均办案254件，平均在院审理天数、服判息诉率、生效案件改发率等多项核心指标名列全市法院第一方阵。16个集体、17名个人获得省市县表彰奖励，9项工作经验在省、市法院交流，115件宣传作品在市级以上媒体推广。

【刑事案件审理】2022年，审结刑事案件83件151人，新收案件比2021年下降14.46%，社会治安持续改善。搭建涉毒必惩“高压线”，审结毒品犯罪案件5件5人，案件数比2021年下降37.5%。严惩强奸、故意伤害等暴力犯罪，审结案件6件6人，持续提升人民群众安全感。审结米某等侵害未成年人犯罪案件2件2人，依法向相关职能部门发出司法建议，凝聚保护未成年人最大合力。打击治理电信网络诈骗犯罪，审理案件8件，判处罚金300万元；依法审结张某等100余人的系列重大电信诈骗案，追赃挽损700余万元。扎实推进打击整治养老诈骗专项行动，深入柳林、尔玛等村（社区）开展普法宣传，提高群众防骗识骗能力。常态化开展扫黑除恶斗争，深入宣传《反有组织犯罪法》，始终保持对黑恶势力犯罪的高压态势。

【民商事案件审理】 2022年，全面准确适用民法典，受理民事案件2391件，审结2386件，结案率99.79%。妥善审理抚养、赡养、离婚等纠纷299件。依法调解92岁老人蒋某某诉孟某珍、孟某琼赡养纠纷，化解母女三人多年心结，该案例被摄制成专题片《母亲的心愿》在央视《乡理乡亲》栏目播出。高效办理追索劳动报酬、交通事故等涉民生类案件1201件，高效服务“园区提质、企业满园”行动，受理破产案件8件，审结5件。处置“僵尸企业”资产，依法处置俊泰、丰煜食品等破产企业资产9997万元，妥善保护120名债权人权益，闲置资产已纳入政府储备库。加强民营经济司法保护，首批次挂牌成立民营企业涉诉纠纷调解站，有效化解涉企纠纷29件。

【执行案件办理】 2022年，受理执行案件1766件，执结1760件，执结到位金额16035.59万元，实际执结率、执行到位率和执行完毕率等7项核心指标名列全市第一。联合财政、税务等部门出台《涉金融债权和金融犯罪案件专项执行活动的通知》，执行到位9000余万元，发出司法建议3份。推进执行规范化建设，

6月2日，北川法院开展“推进长江流域十年禁鱼司法行动”

建立健全“三统三分”（统一管理、统一指挥、统一协调，分权、分流、分段）、“三区六化”（设立指挥区、事务区、管理区，指挥中心实质化办公、执行行动的高效化指挥、执行事务集约化办理、执行工作系统化监管、执行质效精准化考核、服务保障信息化支撑）运行机制，被市中院推荐为“做优执行指挥中心实质化运行示范法院”。秉承善意文明执行理念，践行社会主义核心价值观，依法办理的何某川与北川信用社执行异议案，入选绵阳法院“十大典型案例”。严厉打击拒执行为，联合相关部门发出《关于敦促被执行人自觉履行生效法律文书确定义务的通告》，纳入失信被执行人名单219例，拘留4人，限制高消费627人次，移送拒执罪案件线索1条，立案1件，实现“零突破”。

【服务中心大局】 2022年，依法处置震后次生灾害引发的系列纠纷，成功办理“灾后重建农房小贷”案件847件，为政府收回贷款3773万元。为政府提供法律咨询，妥善处理物业、工程合同等纠纷，协助政府成功处置“蓝色春天”失地农民社保、齐乐置业购房户办证等问题。梳理县内近5年行政机关涉诉案件情况，形成调研报告，在县委常委会汇报，为依法行政提供有益参考。开展长江十年禁渔、耕地保护等专项行动，办理环保资源类案件13件，放流鱼苗11600尾，刘某某非法捕捞水产品一案入选市中院案例专刊，并被四川卫视等多家媒体宣传报道。因地制宜调解涉矿产企业、农村土地、林地等纠纷，多元化解涉环境保护民事纠纷，获评全省法院“环境资源审判工作先进集体”，工作经验在大熊猫国家公园四川片区环境资源司法协作联席会上交流。

【诉源治理】 2022年，建立

健全北川羌族自治县“1319”全域联调体系，在法院诉讼服务中心设立联调中心，永安、禹里、陈家坝三个人民法庭设立联调站，19个乡镇设立联调点，引入19名调解员、6名公益律师，邀请41名人大代表、政协委员，19名乡镇政法委员参与调解工作，搭建“法院+法庭+乡镇”三级联动调解体系，自运行以来，调解案件1487件，调解成功率达94.79%，民事案件收案数较2021年下降27.16%。强化判后答疑刚性运行，开展答疑516次，案件服判息诉率达97.57%，名列全市第二。扎实推进“石榴籽”调解品牌建设，建立特色调解室6间，以羌族特色调解模式化解矛盾纠纷1017次，开展巡回审判34次，工作经验被《四川法治报》、省高院《信息专刊》刊载。

【优化群众诉讼体验】 2022年，以“一站式”诉讼服务中心建设为抓手，科学设置6个服务窗口，贴心设置自助服务区，以标准化服务提升群众诉讼体验，获评全省法院“一站式建设先进集体”。践行司法为民初心，创新设立“办不成事反映窗口”，出台容缺办理机制，精简6项程序性事项，用心解决好群众的烦心事、困难事，推动群众满意度显著提升，工作经验被中新网等多家媒体报道。畅通纠纷诉前委派调解与司法确认衔接程序，

10月，禹里法庭开展送法进羌寨活动

实现纠纷受理、矛盾调处、司法确认在3个工作日完成，永安镇人民调解委员会调解的邓某某赔偿纠纷，永安法庭当天完成司法确认，103万赔偿款当天赔付到位。

【深推重大改革项目】 2002年，高效推进省以下法院、检察院财务统一管理改革，全面清理资产债务，上划前将2549.7万元刑事案件罚没收入上缴县财政，统管工作已全面完成。严格按照上级法院要求开展四级法院审级职能定位改革试点，推动矛盾纠纷层级化解。巩固拓展繁简分流改革成果，在金融借款、物业纠纷等矛盾多发领域推行要素式审判，推动案件繁简分流、轻重分离、快慢分道。出台《小额诉讼程序实施细则（试行）》，适用小额诉讼程序审理案件560件。严格落实庭审实质化要求，实现刑事案件律师辩护全覆盖，适用认罪认罚从宽73件132人。

【法治宣传】 2022年，落实普法责任制，开展“宪法宣传周”“一月一主题”等专题普法，采取巡回审判、送法进羌寨、以案说法等新颖形式提升宣传实效。针对未成年人、企业等群体开展精准司法宣传，熊猫法庭自然教育北川行、模拟法庭进校园等活动被《四川法治报》《潇湘晨报》等多家省级媒体报道，依法办理的“汛期辱骂工作人员”案例获广大群众点赞。成立“羌锵行”新媒体工作室，围绕群众关心的诈骗、禁毒、扫黑除恶等热点问题策划选题，作品被国家级媒体采稿2篇、省级71篇、市级42篇，微信公众号总阅读量达15万次，与“七一”职中等单位联合拍摄的微视频《剧本杀》，获“法治中国·美丽绵阳”平安中国单元最佳微视奖，打击整治养老诈骗普法漫画《昂

贵的“低价游”》被四川高院微信公众号推广。

【接受监督】 2022年，自觉接受人大、政协监督，主动报告和通报重点工作，向县人大常委会专题报告人民法庭建设等工作情况；增强沟通联络实效，认真落实“一对一”定向结对联络人大代表工作，“两会”期间代表建议、政协提案沟通率、答复率100%。依法接受监察、检察机关监督，深化法检两院工作联席会议机制，邀请检察长列席审委会9件次，依法办理检察建议，合力共促公正。自觉接受人民监督，接待群众来信来访50件次，新任人民陪审员14名，参审案件148件。坚持公开、阳光、透明司法，主动接受舆论监督，召开新闻发布会1次，邀请干部群众旁听庭审650余人次。

【智慧法院建设】 2022年，全面落实《人民法院信息化建设五年发展规划(2021～2025)》要求，加快智慧法院、智慧法庭建设步伐，以数字变革推动实现更高水平的公平正义。合理准确适用在线审理机制，建成科技法庭10个，配备“云上法庭”“人民法院调解平台”等远程办案设备，科技法庭使用率达96.2%。坚持科技赋能司法，上线电子送达、集中扫描、集中归档、语音识别等项目，全面实现网上立案、网上缴费、网上送达等诉讼服务，网上立案1364件。健全全域诉讼服务体系，建成“24小时自助法院”，实现诉讼服务“全天候不打烊”。

（刘　杨）

司法行政

【立法与执法监督】 2022年，持续深化行政执法规范化建设，在易产生行政争议领域建立标准化行政执法指引，建立行政执法案例指导制度，规范行政执法裁量权行使和裁量基准适用，编制柔性执法“五张清单”，建立周四检查日制度。在重点执法领域持续深入开展人民群众最不满意行政执法突出问题承诺整改活动，坚持以问题线索为导向，查找执法领域短板弱项，建立问题台账，精准定位人民群众最不满意的行政执法突出问题，按时销号整改。深化行政执法人员“大学习大练兵大比武”活动，组织行政执法人员参加上级部门行政执法人员业务技能“大练兵大比武”比赛，通过自学、集中学习、以考代训等方式提高法律素质和业务能力。举办东西部协作行政执法人员能力提升培训班及乡镇行政执法培训重点班，培训300余人次，进一步提高行政执法人员法律素养和办案能力。编制《乡镇行政执法资料汇编》，推动“放管服”改革向乡（镇）延伸，进一步提高基层治理效能。组织开展2022年全县行政执法人员通用法律知识考试，扎实推进全县各级行政执法队伍革命化、正规化、专业化、职业化建设。

【普法与依法治理】 2022年，持续深化拓展“法律七进”活动，扎实推进“八五”普法工作，印发《2022年北川羌族自治县普法依法治理工作要点》（北司发〔2022〕11号）文件，明确全县普法与依法治理年度重点工作任务，细化责任分工。全面落实“谁执法谁普法、谁服务谁普法”责任制，建立部门普法联动机制，开展“法治北川行”一月一主题、“送法进基层”“法治周周行”“羌山夜话”等各类主题活动。围绕县委县政府中心工作，重点开展“铁腕”整治道路货运超限超载治理法治宣传教育活动、“防控疫情 法治同行”“反有组织犯罪法”等专项法治宣传活动，扩宽法治宣传教育的覆盖面。全年开展活动共计120余场次、发放普法宣传资料16000余份、法治用品4000余份、累计现场解答咨询1200余人次；开展民法典宣传月活动80余场次，举办主题宣讲40余场，发放宣传资料5000余份，咨询解答累计130余人次。开展法律进机关、进校园、进企业、进乡村、进社区、进寺庙、进单位活动400余场次。

【合法性审查指导】 2022年，

制定《关于贯彻落实〈四川省行政规范性文件管理办法〉的通知》（北府办函〔2022〕38号），严格执行规范性文件制定程序，切实提升规范性文件制发质量。制定《关于全面建立健全部门内部法制审核机制的通知》（北府办函〔2022〕41号）建立了乡镇、部门内部法制审核机制，完善了全县的合法性审查体系，有力推进全县法治政府建设的工作进程。扎实做好政府重大决策合法性审查，全年累计开展审查事项432件，其中行政规范性文件6件，协议类62件，审议类364件，办理其他人民政府交办事项35件。

【社区矫正与安置帮教】 2022年，不断提升社区矫正管理规范化、教育个性化、帮扶精准化水平。推动乡（镇）设立社区矫正委员会，实现县、乡（镇）两级社区矫正委员会全覆盖。建成“智慧矫正中心”，构建起“点面结合、线上线下结合，人防物防技防结合”的矫正管控体系和“智能管、精准矫、云端学、在线帮”的“智慧矫正”模式，并于2022年通过司法部远程验收。规范执法程序，加强隐患整治。创新教育方式，开展VR沉浸式教育和“新我”在线教育，强化个别教育。注重心理矫治，开展入矫前、矫中、解矫前心理测评和心理辅导、多点联动，联合民政、妇联、残联、人社等部门及乡（镇）开展精准帮扶，解决社区矫正对象面临的各种困难。以落实衔接、安置、帮教为抓手，扎实做好刑释解矫人员安置帮教工作，确保安全稳定。至2022年年底，全县在册社区矫正对象94人，安置帮教对象590人，社区矫正对象无脱管、漏管，未发生重新犯罪情况。

【人民参与和促进法治】 2022年，紧扣乡镇行政区划和村级建制调整改革总体部署，实现乡镇村居人民调解委员会有效运转，开展“三查三化三优”专项行动，确保重大节日、敏感节点全县社会稳定。2022年共调解矛盾纠纷954件，调解成功952件，调解成功率99%，努力把矛盾纠纷化解在基层一线。以司法所法治化、制度化、规范化为抓手，大力开展“枫桥式司法所”建设，对标对表“枫桥式司法所”“四大项、四十四条”创建要求，推进司法所提质增效，积极构建多元化解矛盾、全时空维护稳定、零距离服务群众工作机制，切实发挥司法所职能优势，融入羌风民俗特色，“多维度”推进“枫桥”本地化，创建工作取得了积极成效，2022年永昌司法所、陈家坝司法所被绵阳市司法局授予市级“枫桥式司法所”。

【公共法律服务】 2022年，县公共法律服务中心选派熟悉人民调解、法律援助、公证等服务事项的法律服务工作人员来坐班，为群众提供专业性公共法律服务。全年共受理法律援助案件181件，民事和非诉讼代理140件，解答法律咨询1018件，拨付法律援助民生工程资金14万余元。加强公证管理，开设便民服务窗口、开通公证服务热线，方便群众公证业务咨询。开展为老、弱、病、残等弱势群体办理上门公证服务。全年共办理各类公证事项783件，收费54万余元，为弱势群体当事人提供上门服务40次，办理减免费用公证19件，减免公证费18000余元。开展“我为群众办实事”33件，举办“我为群众办实事”专题活动8场，组织干警开展“法律七进”20余次，发放宣传资料5000余份，解答群众法律咨询、法律问题550余件，为群众办理法律援助案件57件，免费调解案件4件，到村社开展普法讲座6次，到企业开展免费法律体检2次。

（何 群）

劳动人事争议仲裁和劳动保障监察

【概况】 2022年，加大劳动保障日常巡查和专项检查力度，严格依法查处劳动保障违法行为，督促用人单位落实好根治拖欠农民工工资工作核心制度，全力保障农民工工资支付；强化劳动人事争议“三方”调解机制，继续实施“一案五调”工作法，贯

8月18日，开展法律宣传活动

彻落实“快立、快审、快调、快结”八字方针，加大矛盾多元调处，维护全县劳动关系总体保持和谐稳定。召开根治欠薪领导小组会议2次，分析研判根治欠薪局势和风险点,全面安排部署全县根治欠薪工作。组织开展根治欠薪“利剑”行动、夏季行动等专项行动，对发现的欠薪隐患实施动态监管、欠薪清零。到企业开展执法普法送法60余次，劳动合同签订率保持在96.6%，处理欠薪线索、劳资纠纷、信访案件等152件次，兑现劳动者劳动报酬350万余元。处理永通路综合服务区、蓝色春天、通航产业园等项目农民工集中讨薪事件，兑付农民工工资近200万元。全年依法受理劳动人事争议调解仲裁案件91件，涉案金额450.14万元，法定时限结案率达100%。

【劳动保障法规宣传】 2022年，坚持将事后维权变为事前预防，组织开展劳动保障法律法规、保障农民工工资支付等政策宣传3次，累计发放宣传资料600余份，张贴宣传海报8张，现场接受农民工咨询300余人次。开展根治欠薪各项行动，加强日常巡查和专项检查，实行劳动保障咨询举报投诉电话24小时值班，累计服务农民工586人次。

（樊李茂）

军　事

人民武装

【概况】 2022年，县人武部坚定以习近平新时代中国特色社会主义思想和习近平强军思想为指引，坚决落实习主席训令，以新时代军事战略方针为统揽，围绕迎接党的二十大胜利召开、学习宣传贯彻党的二十大精神这条主线，全面落实军委国防动员部和省军区、军分区党委部署要求，举旗铸魂固根本、聚焦打赢强备战，推动国防动员建设高质量发展。

【党管武装】 2022年，县人武部坚持落实党管武装工作制度，高标准召开县委议军会议、武装工作暨党管武装述职会议，研究解决武装工作重难点问题。全面深入贯彻军委主席负责制，落实党委工作规则，深化民主集中制学习运用，组织党务知识暨政治工作业务学习培训，落实《党管武装工作〈任务清单〉〈制度清单〉〈职责清单〉》，加强党委班子成员的教育管理，管好“关键少数”，团结带领全体干部、文职人员和职工攻坚克难、开拓奋进，不断提升党管武装质效。贯彻落实军委人才工作会议精神，认真落实省、市关于专武干部选配规定，结合换届工作，补充调整4名专武部长，进一步抓好专武干部资格认证制度落实。做好随军家属就业、子女入学入托优待等工作，激发队伍动力活力。

【练兵备战】 2022年，县人武部聚焦动员潜力向战争实力转化目标，强化军地协作，共收集会审10类数据。全面推进军事训练转型升级，编制出台《北川羌族自治县“十四五”时期民兵建设发展计划》，区分应急、支援两类基干民兵，突出新质力量建设，突出向战为战能力建设。发挥北川通航和应急产业优势，加强新域新质建设，提升新质民兵比例。坚持按纲施训，推动民兵军事训练转型，深化民兵应急力量基地化、周期化、成建制训练模式，拓展民兵保障现役部队联训试点成果。2022年，选拔3名尖子参加省军区、军分区组织的比武竞赛并在军分区比武竞赛中获得团体第1名、个人全能第1名的好成绩。

【兵员征集】 2022年，县人武部紧跟国防动员体制改革进程，调整北川县国动委组成及机构设置，建立国防动员军地协调和工作运行机制。出台北川羌族自治县国防动员建设“十四五”规划。贯彻《关于进一步激励大学生应征入伍的措施》，优化完善征兵“五率”考评实施具体办法。聚焦高素质兵员，进一步提升大学生尤其是大学毕业生征集比例，探索技能人才预征预储办法，加大高级技工学校和技师学院毕业生征集力度。严把新兵征集过程中的宣传、体检、政考、定兵、公示等各环节关口，强化军地纪检监察部门联合巡察和群众监督，严守廉洁征兵红线。

【国防教育】 2022年，县人武部贯彻落实《关于加强和改进新时代全民国防教育工作的意见》，支持配合县委宣传部全民国防教育工作移交，开展国防教育进党政机关、进校园、进企业、进乡村（社区）活动，组织发放宣传手册5600余份。开展党的二十大精神专题宣讲活动，以“筑牢国防意识 厚植爱国情怀”为主题举办国防教育网络知识竞赛，充分调动全县干部群众学习国防知识、热爱国防事业的热情。严格落实立功奖励和慰问制度，及时送达立功喜报。

【参治参建】 2022年，县人武部建立完善军地互提需求、互办实事“双清单”工作机制，细化制定助力拓宽“后路”、巩固“后院”、扶持“后代”的工作措施，组织军地11个单位召开军地联席座谈会议，收集汇总形成双向意见清单18条，推进了军地互办实事工作。履行军民融合协调职能，参与构建畅通高效的军地协调机制，依托北川泛美航空集团直升机装

7月22日，白什乡7·16洪灾后，县人武部组织民兵进行抢险救灾

备建立县域内突发灾情勘察、伤员输送转移、后勤物资保障机制。做好双拥工作，配合做好退役军人工作，积极配合做好精神文明城市创建，不断推进巩固拓展脱贫攻坚成果同乡村振兴有效衔接。利用民兵整组、集训时机组织民兵学习宣传党的路线方针政策，在民兵中广泛开展“听党话，跟党走，感党恩”活动，夯实听党指挥的思想根基。发动民兵宣传员利用征兵宣传、国防潜力调查等时机走村入户，宣传党的各项方针政策，弘扬正能量，引导广大群众辨明是非，自觉抵制各类谣言，维护社会稳定。

【抢险救灾】 2022年，白什乡“7·16”、青片乡“8·19”洪灾期间，县人武部组织发动民兵2921人次，各类车辆装备器材2705件套。疏散转移安置群众208人；协助县应急搜救队发现、淘挖遇难者遗体1具；搭建简易板房20余间，搬运物资55吨，保障应急供水20余吨，搜寻河道70余千米，累计清淤1980立方米，喷洒防疫消毒液2500千克，相关事迹被中央电视台、“天府长城”公众号等媒体转发。

（程　亮）

退役军人事务

【概况】 2022年，县退役军人事务局坚持以习近平新时代中国特色社会主义思想为指导，全面贯彻党的二十大精神紧扣中心、服务大局、强化工作措施，推动退役军人移交安置、就业创业扶持、优待证申领制发、思想政治教育、困难关爱帮扶、服务保障等工作，开展退役军人领域风险防控和信访稳定工作，为维护社会和谐稳定和助力经济社会高质量发展贡献力量。被市委、市人民政府、绵阳军分区表彰为“拥军优属先进单位”；被市退役军

人事务局表扬为“烈士纪念设施专项行动先进单位”；被省退役军人事务厅表扬为“烈士纪念设施三年提升行动先进单位”；2023年1月6日，县双拥工作领导小组被省双拥工作领导小组办表扬为“2022年度四川省优待工作先进单位”。

【优抚政策落实】 2022年，县退役军人事务局按时发放各类优抚安置补助资金2163.76万元。其中，优抚对象定期补助资金1722人1626万元；大学生入伍新兵一次性奖励金64人45.84万元；义务兵家庭优待金145人229万元；军休及无军籍职工工资6人41.57万元；自主就业退役士兵一次性地方经济补助72人168.9万元；2021年度转业士官待安置期间生活补助6人3.96万元；为865名领取定期补助对象缴纳城乡居民医疗保险费用28万元；为15名1～6级伤残军人缴纳城镇职工医疗保险费用7.16万元；为1名伤残军人落实供养金4.23万元；解决定期补助对象医疗补助85人次9.1万元。全县6598人申领优待证，办证率达93.64%。主动对接县文广旅局等单位，将北川九皇山景区、药王谷景区、维斯特景区、飞鸿滑草场景区、寻龙山景区列入第一批优待目录清单，面对全国退役军人、现役军人和“三属”（烈士遗属、因公牺牲军人遗属、病故牺牲军人遗属）免收景区首道门票费。

【烈士纪念设施提升】 11月21日，县烈士纪念设施保护中心挂牌仪式在县退役军人事务局举行。扎实开展县级以下烈士纪念设施三年提升专项行动，2022年争取省财政优抚安置补助资金160万元、革命老区转移支付资金110万元，全面提升全县烈士纪念设施管理和保护水平。

【就业创业扶持】 2022年，县退役军人事务局接收符合政府安排工作转业士官10人，分别安置到曲山镇、漩坪乡等乡（镇）事业单位，完成年度安置任务。接收退役士兵64人，举办欢迎退役军人光荣返乡仪式，推行党员关系转接、社保转接、医保转接等“一站式”报到服务。开展退役士兵招聘暨政策宣讲活动9场，全覆盖推送就业信息6次，覆盖服务对象2.1万人次，引导127名自主择业退役军人参加高职扩招学历提升。对全县141家军创企业全覆盖宣传助企纾困政策，助力军创企业健康发展。

【双拥褒扬纪念】 2022年，县退役军人事务局开展党的二十大精神专题宣讲和“羌城老兵”红色宣讲活动12场。组织召开“粽情献老兵 喜迎二十大”主题座谈会，“浓厚崇军氛围 传递党的温暖”“老兵喜迎二十大 共叙幸福生活”的庆“七一”系列活动。召开全县庆祝建军95周年表扬大会，表扬2022年度“最美退役军人”“优秀兵支书”“最美兵妈妈”等先进代表36人。协调解决某部队永安镇元门村养殖场异味影响部队日常生活、工作问题和部队营区生活污水排入市政管网问题；协调解决某部队营区外防洪堤修复加固问题；协调解决某部队营区内排洪渠污水影响部队工作、生活环境问题；争取县财政安排专项资金35万元为武警北川中队建设战备综合车库；为某部队冬季野营拉练协调解决场地保障和后勤服务。为全县功臣模范、在乡老复员军人、烈军属、边海防战士家属等优抚对象赠送慰问年画9000份、福字4000份、慰问信8400份；为1040名优抚对象发放慰问金、慰问品共计47余万元；走访慰问驻军部队6个，赠送慰问品共计16万元。为1个荣立二等功、21个荣立三等功、54个优秀士兵家庭送上立功喜报和奖励金。

【退役军人权益保障】 2022年，县退役军人事务局坚持落实会前学法制度，开展《中华人民共和国退役军人保障法》《中华人民共和国军人地位和权益保障法》等政策法规学习26次，开展普法进社区、优抚政策宣讲活动5场。开展“喜迎二十大 百日大练兵 建功新时代”业务知识竞赛及重点工作专题培训7场,不断提升退役军人事务系统干部服务能力和水平。始终将解决退役军人的困难问题作为工作重点，加大困难退役军人关爱帮扶摸排力度，优化资金使用程序，加强资金使用宣传督促指导，共为72名困难退役军人落实关爱帮扶资金31余万元。通过防癌抗癌专属保险服务中心微信公众号为全县151名低保户、特困户退役军人捐赠防癌抗癌专属保险参保费约6000元。

【“2022·奋进·清明祭英烈”活动】 4月2日上午，县退役军人事务局在清明节来临之际，北川羌族自治县在禹里烈士陵园举行“2022·奋进·清明祭英烈”活动，县委常委、统战部部长晁雪飞和县人武部部长舒强带领县人武部、县退役军人事务局、禹里镇政府干部职工及退役军人代表共计40余人参加。活动中，全体人员队列整齐，庄严肃立，默哀致敬，并向革命烈士纪念碑敬献花篮，深切缅怀英雄烈士的英雄事迹和丰功伟绩。

【2022年烈士公祭活动】 9月30日，2022年烈士公祭活动在禹里烈士陵园举行。县政协副主席兰荣军，县退役军人事务局和禹里镇政府干部职工代表，退役军人代表和学生代表共计40余人手持鲜花静静矗立，共同缅怀人民英雄，寄托对烈士们的无限追思和怀念。

（蔡永艳）

人民防空

【概况】 2022年，县人防办结建人防工程项目2个，人防易地建设费项目1个，征缴金额78.86万元，无欠缴。报建项目严格按照文件规定应建必建，加强结建项目管理。规范人防行政征收工作，严格按照省市下达的文件执行征收工作和税务做好衔接工作，专项账户、专款专用，做好人防易地建设费征收台账。

【人防宣传与警报试鸣】 3月1日，县人防办在新生广场开展以“战时防控 平时服务 应急救援”为主题的第50个国家民防日活动，共发放宣传资料600份，提高广大民众的安全防范意识，加强应对各类突发事件的能力。“九一八”事变91周年，通过多种形式加大人防宣传力度，提前5天通过电视、网络媒体、社区宣传，当天在县城中心城区人防警报试鸣3次，时间3分钟，悬挂宣传条幅、摆放人防展板和发放宣传资料开展人防宣传，警示勿忘国耻，增强国防意识，不忘初心和使命，砥砺奋进强中华。

（席建军）

▶工　业

概　述

【概况】　2022年，全县工业发展依托四川北川经济开发区，发展形成以北川—山东产业园和中国科技城（北川）通用航空产业园为中心、以通泉组团、永安组团、擂鼓组团、永昌组团为支撑的“一中心、多组团”空间布局，聚焦通用航空、绿色食品主特产业强联补链，狠抓山东产业园腾笼换鸟，加快新旧动能转换，产业承载能力不断增强。2022年，全县实现规上工业总产值59.94亿元，同比增长1.9%；实现规上工业增加值增速6%；完成工业投资11.41亿元，同比增长10.5%；完成技改投资9.97亿元，同比增长13.9%；工业对GDP贡献率达到16.2%，拉动GDP增长0.7个百分点，工业化率为20.8%。

【产业结构调整】　2022年，通过实施转型升级和引进新兴产业，全县规上工业结构调整取得新进展，发展形成矿产砂石加工、农产品加工、新材料、电子信息、装备制造、水电气六大产业。其中，矿产砂石加工产业实现产值24.0亿元、占比40.0%，农产品加工产业实现产值16.1亿元、占比26.9%，新材料产业实现产值8.5亿元、占比14.2%，电子信息产业实现产值5.4亿元、占比9.0%，装备制造产业实现产值3.1亿元、占比5.2%，水电气产业实现产值2.8亿元、占比4.7%。

【企业培育】　2022年，大力实施重点工业企业梯次培优行动，促进优质资源向优势企业集聚，逐步形成亿级企业带动、特色企业支撑，梯次发展、结构合理的工业优质企业群体。全县新增规上工业企业9户，规上工业企业总数达到74户，其中4亿元企业1户，亿元企业15户；有效国家高新技术企业15户，省级“专精特新”中小企业15户，省级“绿色工厂”1户，市级企业技术中心9个。

【支持民营企业发展】　2022年，常态化推进涵盖种养殖等各行各业的创业担保贷款工作共发放创业担保贷款 503 万元，财政共给予贷款贴息 60.6 万元。筹措资金 8000 万元，搭建银政企合作平台，建立“乡村振兴发展基金”和“乡村振兴农业产业发展贷款风险补偿金”，解决企业融资担保难、贷款难的瓶颈问题，为中小微企业、产业化龙头企业、个体工商户等经营主体提供担保贷款，通过开发小微易贷等信用产品、实行利率优惠政策等方式，为企业提供资金政策支持，累计为企业担保 417 笔，提供 47202 万元的担保贷款。出台地方减税降费配套政策，执行各项降费措施，减轻制造业、民营小微企业、科技型企业税收负担，全面提升为企业服务水平，确保减税降费政策落到实处，让企业轻装上阵。全年新增退税减税降费共计10751万元。试行“轻微违法行为不予处罚”制度，列出十个方面七十五条违法行为不予处罚清单，常态化开展“面对面听取意见，实打实解决问题”座谈会，收集企业诉求、意见和建议，明确每个企业1名服务专员提供“点对点”服务，组织具有审批职权的部门入企提供上门服务。共办理10余件企业轻微违法免于处罚案件，收集企业意见50余个，解决企业在发展过程中的痛点难点问题20余个。

（程明渊）

工业产业

【矿产砂石加工产业】 2022年，全县有规模以上工业企业30户，实现规上工业总产值24.04万元，同比增长9.28%，占规上工业总产值比重为40.0%。具体企业有：北川中联水泥有限公司、北川四星水泥有限公司、北川羌族自治县好山建材有限公司、绵阳广荣川建材有限责任公司、绵阳永晖新材料科技有限公司、北川擂鼓叁友砂石有限公司、北川鸿泰冶金矿产有限公司、北川羌族自治县晟桥矿业有限公司、北川羌族自治县天健建材有限公司、北川鑫宏矿业有限公司、北川永芯矿业有限公司、北川羌族自治县永安镇光辉矿山、北川羌族自治县津华建材有限公司、北川卓兴矿业有限公司、绵阳如玉大理石有限公司、绵阳力森新材料有限公司、北川力达矿业有限公司、北川羌族自治县汇利矿业有限公司、绵阳瑞欣矿业有限责任公司、北川羌族自治县恒荣矿业有限责任公司、北川浩越成智新型建材有限公司、北川浩越新材料有限责任公司、北川羌族自治县建特林建筑建材有限责任公司、北川剑鑫建材厂、北川元通矿业新材料有限公司、北川玉海矿业有限公司、北川县香泉矿产建材有限公司、北川县恒泰建材厂、北川羌族自治县天乙矿产资源开发有限公司、绵阳市安矶新材料有限公司。

【农产品加工产业】 2022年，全县有规模以上工业企业23户，实现规模以上工业总产值16.13万元，同比下降3.25%，占规模以上工业总产值比重为26.9%。具体企业有：四川省羌山生物科技股份有限公司、绵阳晟氏健康科技有限公司、北川县禹露茶业有限公司、北川羌族自治县羌山雀舌茶业有限公司、四川百食好食品科技有限责任公司、北川维斯特农业发展有限公司、北川禹珍实业有限公司、北川县建诚木业有限公司、北川羌族自治县富森农林产业开发有限公司、绵阳市馋嘴妹食品科技有限公司、北川羌族自治县建诚林产开发有限公司、北川天润魔芋精粉厂、绵阳安福魔芋开发有限公司、绵阳市洺康魔芋制品有限公司、绵阳圣安魔芋制品有限公司、北川羌族自治县癸林纸厂、北川安特天然药业有限公司、北川檀香阁家居有限责任公司、北川好如意家具有限公司、北川马槽酒业有限公司、绵阳森乐家具有限公司、北川羌族自治县美佳食品有限责任公司、四川古羌茶业有限责任公司。

【新材料产业】 2022年，全县有规模以上工业企业7户，实现规上工业总产值8.46万元，同比下降4.56%，占规上工业总产值比重为14.2%。具体企业有：绵阳市东辰磁性材料有限公司、北川蓝星特种玻璃有限公司、北川泰和新材料有限公司、北川天讯新材料有限公司、北川瑞辉科技有限公司、四川展塑科技有限公司、北川羌族自治县六合汽轮机材料有限公司。

【电子信息产业】 2022年，全县有规模以上工业企业5户，实现规上工业总产值5.40万元，同比增长5.10%，占规上工业总产值比重为9.0%。具体企业有：四川金冠电子机械有限公司、四川纵横达电子科技有限公司、四川永瑞达机电科技有限公司、绵阳虹瑞科技有限公司、四川省乐川科技有限公司。

【装备制造产业】 2022年，全县有规模以上工业企业5户，实现规上工业总产值3.15万元，同比增长6.45%，占规上工业总产值比重为5.2%。具体企业有：绵阳晶盈科技有限公司、四川宝友吉科技有限公司、绵阳市军豪科技开发有限公司、绵阳沃姆斯科技有限公司、奥图（北川）环境科技设备有限公司。

【水电气产业】 2022年，全县有规模以上工业企业4户，实现规上工业总产值2.75万元，同比下降13.56%，占规上工业总产值比重为4.7%。具体企业有：国能北川通口河流域电力开发有限公司、浙江广厦北川水电开发有限公司、北川县中民燃气有限公司、绵阳启明星水电开发有限责任公司。

（程明渊）

四川北川经济开发区

【概况】 2022年，在市“园区提质”“企业满园”的决策部署下，四川北川经济开发区实现工业总产值66.62亿元，同比增长2.14%；规模以上企业工业总产值57.85亿元，比2021年增长11.82%；实现税收2.1亿元；对上争取专项债券等项目资金5.55亿元，比2021年增长153.4%。争取专项债券到位资金4.39亿元。全年累计招商签约项目12个，签约投资金额超130亿元，已实现项目投资逾20亿元，协议引资50亿元。创新孵化成效明显，新入孵企业40家，完成专利申报44件，专利授权13项，科技成果转化10件。共建设62个重点项目，其中续建项目29个，新开工项目33个；项目总投资57.35亿元，已完工项目46个，开工在建项目14个。

【“一中心 多组团”经济指标】 2022年，山东产业园实现工业总产值23.65亿元，规模以上企业实现工业总产值23.23亿元，完成固定资产投资3.68亿元，实现税收2248万元。绵阳科技城（北川）通航产业园实现工业总产值0.17亿元，完成固定资产投资3.15亿元，实现税收2047万元。永安组团实现工业总产值10.73亿元，规模以上企业实现工业总产值9.14亿元，完成固定资产投资3.9亿元，实现税收3167万元。通泉组团实现工业总产值13.64亿元，规模以上企业实现工业总产值8.39亿元，完成固定资产投资2.32亿元，实现税收6419万元。擂鼓组团实现工业总产值12.23亿元，规模以上企业实现工业总产值11.84亿元，完成固定资产投资2.41亿元，实现税收3365万元。曲山组团实现工业总产值1.4亿元，规模以上企业实现工业总产值1.4亿元，完成固定资产投资1007万元，实现税收761万元。永昌组团实现工业总产值4.8亿元，规模以上企业实现工业总产值3.61亿元，完成固定资产投资3400万元，实现税收306万元。

【基础设施建设】 2022年，北川通用机场项目完成北川段跑道主体工程及整体跑道土石方工程，正加快推进行航站楼、机库、后勤中心等工程施工，预计2023年6月全面建成。“一中心、多组团”基础设施提升项目，永安组团完成围墙主体，园区内绿化；擂鼓组团完成园区绿化改造、消防提升；通泉工业组团干河子桥二级冲洗站项目2022年12月14日结束挂牌。北川桂花河公园项目，完成西横一路1号桥台台帽钢筋绑扎及验收，Y8～Y10雨水井底板钢筋绑扎及支模；西纵一路4口雨污水井室支模及砼浇筑，3口雨污水井底板、钢筋、模板及C30P6混泥土浇筑；西纵三路电力管满包混泥土支模浇筑；西纵五路电力井钢筋绑扎，及电力井底板浇筑，左右侧西纵三路电力管满包混泥土支模浇筑，电力井室支模混泥土浇筑，接地施工等工作。中国（绵阳）科技城国防航空科普体验基地（九洲湖项目），完成拆除部分路面结构层和设施设备、管理用房及厕所承台钢筋绑扎及浇筑，正在进行驳岸挡墙、土方开挖回填夯实等工作。北川特色食品医药产业园项目，完成与宏吉永盛集团对地块现状移交、“五通一平”（通给水、通电力、通电讯、通天然气或煤气、通道路，场地平整）施工进场、临时售楼部效果图初稿，正在进行项目工程总承包和监理挂网招标工作。泛美集团项目、沙朗恰项目部分楼栋已完成结构封顶，已展开墙体砌筑施工；正加快完善学院二期、朗巴瓦项目施工设计方案。

【重点项目建设】 2022年，经开区建设重点项目62个，其中续建项目29个，新开工项目33个，项目总投资57.35亿元，其中工业投资类项目47个，总投资22.38亿元；基础设施项目15个，总投资34.97亿元。已完工项目46个，在建项目14个。北川通用机场项目完成安州段土地征收361亩、房屋拆除26户、企业拆迁3家、林地补偿100余户；红线范围内土石方、北川段跑道、站坪、航站楼、消防中心主体工程及机库基础结构工程，后勤中心、配电站、供水站基础已开挖；场外完成高压线迁改工程量96%、一大渠改线30%，完成黄乐路改道、机场供电工程招标。北川桂花河公园项目（一期）、中国（绵阳）科技城国防航空科普体验基地A区（九洲湖）等两个通航产业园区配套基础设施项目已完成总体工程量70%。启动无人机产业园一标段标准化厂房、北川健康食品示范产业园等产业项目。其中健康食品产业园项目已完成1、2、4、5桩基工程和部分基础工程。

【向上争取】 2022年，通过专项债等途径对上争取，共计对上争取5.55亿元。争取专项债4.39亿元，其中：四川北川经济开发区核心区配套基础设施建设项目发行7000万元，绵阳科技城北川通航产业园（一期）标准厂房及配套设施建设项目发行2.38亿元，北川桂花河公园项目调整8100万元，中国（绵阳）科技城国防航空科普体验基地调整5000万元；完成政策性开发性金融工具（基金）项目申报及发行基金1.08亿元，其中：北川健康食品示范产业园基础设施建设项目发行基金5000万元，贷款3亿元，已签订贷款协议；北川柳林工业园区基础设施建设项目发行基金5800万元，贷款3.75亿元，初步达成意向；争取四川省军民融合办“北川低空空域服务能力建设项目”资金800万元。无人机产业长足发展，通航产业园（无人机产业）纳入全省23个战略性新兴产业集群之一。

【孵化器平台建设】 至2022年，新入孵企业共计40家，已毕业企业4家，现有在孵企业118家。协助企业完成专利申报44件，科技成果转化10件，项目包装10项，专利受理13项；帮助企业同银行、融资平台等开展融资对接活动7次；引入合作中介机构15家；组织企业开展夜校服务、政策宣讲、论坛沙龙等活动55余次；组织创业导师对县域内中小企业开展调研、巡诊活动30余次，为企业解决问题110余件；聘请专家和创业导师21人次；开展应急培训班26次，培训人员达1600人次。

【园区企业服务中心】 2022年，根据《绵阳市“园区提质”“企业满园”行动领导小组办公室〈关于推动向县属园区放权赋能工作的通知〉》（绵提质满园办〔2022〕9号）文件精神，开设“园区企业服务中心”配备4名专职工作人员，1名法律服务人员，7名金融服务人员（7家银行），开办综合、金融、法律、政策咨询和纠纷诉求处置5大类共计54小项服务。办理事项80余项，完成企业线上设立登记、信息变更38家，走访企业160余家，上门入企提供安全、环保、金融、法律政策等咨询100余次，诉求处理解决率、满意率均高达99%。制定《四川北川经开区2022年联系服务企业分工表》，对园区企业实行全覆盖“保姆式”服务，全年园区干部开展企业走访调查超300余人次，协调相关部门解决企业停车位缺乏、劳资纠纷、园区企业农民工进城务工子女就学、企业证件办理等问题百余件。协助完善园区生活设施配套，推动职工公寓改造、增设规范停车位等；组织助企纾困政策专题宣讲会2场，发放助企纾困政策资料百余份，协助企业融资贷款突破3.5亿元。

【园区综合改革】 2022年，根据《中共北川羌族自治县委办公室、北川羌族自治县人民政府办公室关于印发〈四川北川经济开发区综合改革实施意见〉的通知》(北委办发〔2022〕5号)等文件精神，为进一步激发四川北川经开区高质量发展的动力和活力，结合工作实际制定《四川北川经济开发区全员聘任制改革实施方案(试行)》《四川北川经济开发区薪酬制度改革方案(试行)》。做实两项改革后半篇文章，持续加强人才队伍建设，招引编外技术人才10人、引进事业人才专编2人，在全省公开考调公务员3人。通过全员聘用制改革，北川经开区各内设机构工作人员平均年龄降至32岁，同比下降10岁，全部达到大学本科及以上文化程度，其中：硕士研究生5名，占比15%；环保类硕士研究生1人，航空航天类大学本科3人、硕士研究生1人，实现干部队伍"知识化""年轻化""专业化"。

【"园区提质 企业满园"行动】 2022年，经开区深入贯彻落实全市"提质满园"决策部署，县委书记担任园区第一书记，成立由县委书记、县长任双组长的行动领导小组和由县级分管领导任组长的"八大行动"专项小组，全面加强对"提质满园"工作的领导。围绕"一年转形象"目标，强力实施"八大行动"，外塑颜值、内提气质，推动园区面貌提升、体制机制改善、产业加快发展，实现园区工业总产值66.62亿元，同比增长2.14%，完成固定资产投资20.83亿元。加快推进河西片区控详规、通航产业等规划编制工作。积极申报专项债券等政策、金融工具，已申请到5.55亿元政策性开放性基金和专项债券用于园区基础设施建设，年度园区基础设施投资34.97亿元。围绕通用航空、食品医药"一主一特"产业加大培育，制定山东产业园产业布局优化方案，推动食品类企业向健康食品产业园有序转移、通航+机械加工类企业集中化抱团化发展，引导新招引的汽车发动机悬置等项目落地永安园区，初步形成优势产业分团集聚态势。制定落实《四川北川经开区企业入园管理办法》规范园区管理，通过招商引资、市场租赁、行政司法等手段，盘活闲置厂房面积超10万平方米，新建标准厂房11.15万平方米。全年累计招商签约项目12个，签约投资金额超130亿元，招引一个"镇园之宝"，协议引资50亿元。全年升规企业9户，规上企业达71户，新培育亿元企业2户（金冠、展塑）；引进通航装备企业2家（卓翼、中航），承接落地企业16家，新培育食品医药企业2家（晟氏、康养建）。积极协调搭建银政企融资平台，落实金融助企纾困政策，促成82户企业达成贷款意向11.98亿元，放贷60户1.07亿元。

（罗国金）

百家好食品生产车间

绵阳科技城（北川）通航产业园

【概况】 绵阳科技城（北川）

通航产业园位于北川新县城西南部，由绵阳市委、市政府于2014年2月依托四川北川经济开发区（省级开发区）设立，园区党工委管委会实行两块牌子、一套班子。园区规划面积15平方千米，先期启动规划建设面积5平方千米。至2022年年底，道路、水电、管网等基础设施基本完成。园区配套建设A1类通用机场一座，2019年9月，机场获得中央军委场址审查意见，并经四川省人民政府批准立项，2021年年底开工建设，预计2023年建成、取证、投运。2022年，按照新一轮空间规划编制要求，北川新县城总规、控规相继调整，调整后北川通航产业园总规划面积3.77平方千米，其中规划工业用地面积1.38平方千米，商业及公共服务用地面积0.99平方千米，弹性用地0.31平方千米。园区已被国家发改委等四部委列为国家级航空飞行营地示范工程、四川省通航特色小镇创建单位、四川省战略性新兴产业集群建设单位，已获批四川省低空改革试点空域（川协4号）。园区主导产业为高端装备制造——通用航空，着力打造西部通航产业创新高地。

【园区基础设施项目投资情况】园区规划范围3.77平方千米，已供土地约2000亩，其中商业用地约230亩、基础设施用地约410亩、居住用地约200亩、工业用地560亩，正在报批土地600亩。2022年，园区共投入基础设施项目10个，总投资11.6亿元，其中已完工项目6个，总投资2.8亿元，在建项目4个，总投资8.8亿元，2023年均可完工。园区路、水、电、通信、燃气等基础设施已建设到位。

【招商引资】 2022年，招引泛美集团、航天咨询、中航通飞、顺丰丰鸟、四川纵横、泰立科技、四川特飞、四川长鹰、鹰眼航空等12家通航制造、运营企业，签约投资金额超130亿元，实现项目投资逾20亿元，实现税收3800余万元。

【空域管理】 “川协4号”低空协同管理空域是四川省第二批低空协同管理试点空域，于2019年11月正式启用。空域周长108千米、面积750平方千米，真高1500米，该空域范围内飞行器可目视自主飞行，使用时仅需提前报备，即可实现半小时报备飞行，全年可飞行330天。至2022年年底，该空域已为九院、624所、58所、长虹、九洲、泛美、成都纵横、西科大、北航、绵阳特巡警等30余家企事业单位提供飞行保障，川协4号空域已保障有人航空器32385架次、5406小时，无人航空器14126架次、4018小时，安全事故为零。飞行任务涵盖了执照培训、应急救援、低空旅游、航空摄影、无人机试飞、航空运动赛事等方面。

【北川通航产业园实现无人机整机制造】 9月29日，北川中航科技无人机产业园等重大项目集中签约暨开工仪式举行。与中国航天工业科学技术咨询有限公司、沈阳卓翼航空科技有限公司、四川珠峰通航科技有限公

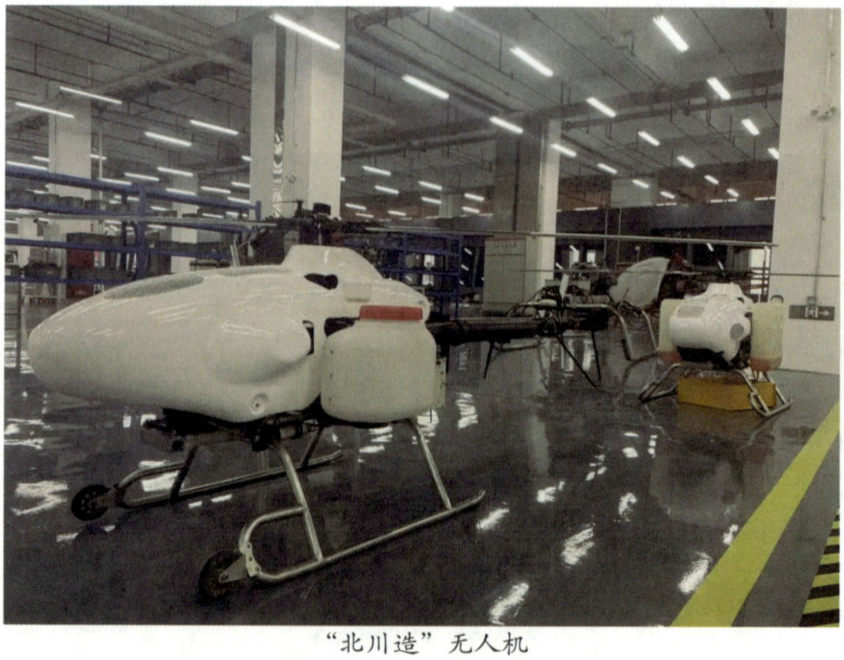

“北川造”无人机

司等签约项目3个、总投资85亿元，其中与沈阳卓翼航空科技有限公司、四川珠峰通航科技有限公司签约的年产200台大型吨级航空应急救援无人机研发、生产、运营服务总部基地项目标志着北川通航无人机产业实现“零突破”，项目先期利用通航产业园现有标准化厂房建设大载重无人机总装生产线、零部件加工生产线等，项目全部建成满产后，可实现年总产值5亿元，税收超过4500万元，解决就业超过100人。

（罗国全）

▶农业农村

概　述

【概况】 2022年，全县农业农村工作坚定以习近平新时代中国特色社会主义思想为指导，认真学习贯彻党的二十大和习近平总书记来川视察重要指示精神，全面落实中央、省委、市委、县委农村工作会议精神，围绕“五大发展思路”农业农村经济持续稳定发展。全年实现农林牧渔业总产值31.6082亿元，增速4.8%，增速位居全市第3位；第一产业增加值15.09亿元，增速4.6%，位居全市第3位；农村居民人均可支配收入增速6.7%，增幅排名全市第1，收入绝对值达18676元。完成粮食播种面积29.2631万亩，同比增长3.8%；完成大豆播种面积2.14万亩，同比增长109.8%；生猪年出栏21.85万头，同比增长3.1%；牛年出栏0.76万头，同比增长4.9%；羊年出栏13.4万只，同比增长1.2%；家禽年出栏160.09万羽，同比增长2.0%；禽蛋3331吨，同比增长3.3%。下达农业产业项目、水利项目、人居环境整治项目67个，财政补助资金8762.1万元；下达东西部扶贫协作项目5个，财政补助资金1830万元；至年底，累计完成投资69371万元，任务完成率126.17%，同比增长31%。全县有“三品一标”认证农产品达56个，其中无公害农产品6个、绿色食品33个、有机食品 14个、“北川苔子茶”“北川花魔芋”地理标志保护产品2个、“北川茶叶”地理标志证明商标1个。

【农业产业基地建设】 2022年，以苔子茶、高山果蔬、中羌药材、特色养殖为主导，新增中羌药材种植面积2万亩，高山果蔬面积1.5万亩，茶叶面积0.5万亩，打造“园区+康养旅游”模式，大力开发“温泉药浴”等中医药康养文化旅游项目建设。完成整治撂荒地208.16亩，新建高标准农田4.44万亩、灾毁修复1.77万亩。

【农产品产业链建设】 2022年，创建“菜篮子”工程冷链设施建设示范县，省级财政资金补助400万元，依托北川苔子茶、高山果蔬、中羌药材、特色养殖为主的四大主导产业进行规划布局，支持北川莫朵格依茶业有限公司、四川康养健生物科技有限公司等12个新型经营主体新建各类冷藏库14座、静态库容量约1770 吨，新建腊肉类烘干房5座，日烘干处理量约8吨，购置冷链物流配送车辆2台，做到主导产业突出村宜建尽建，不宜建设的产业村做到服务延伸全覆盖。2022年“菜篮子”工程冷链设施建设示范县2次在中央电视台宣传报道。

【现代农业园区建设】 2022年，聚焦苕子茶、高山果蔬、中羌药材、特色养殖“四大产业”，打造茶叶、枇杷、蓝莓、厚朴、白山羊种养等15个县级以上现代农业园区。创建省三星级茶叶生猪种养循环现代农业园区，省三星级厚朴现代农业园区（已进入公示阶段），市级现代农业园区2个、县级现代农业园区1个。

【省三星级茶叶生猪种养循环现代农业园区】 2022年，成功创建省三星级茶叶生猪种养循环现代农业园区。园区内有27家茶叶加工营销企业，其中2家省级龙头企业、6家市级龙头企业、10家农民合作社、49个家庭农场。园区核心面积1.6万亩，产量1250余吨，发展“大窝子茶+大豆、玉米、马铃薯”等间作复合模式，粮经复合比例达到41.21%，实现综合产值4.53亿元，带动农户2172户，园区内人均可支配收入达2.3万元，高于全县平均水平23.2%。四川北川苕子茶复合栽培系统已被农业农村部列入第七批中国重要农业文化遗产候选项目。

【农业品牌创建】 2022年，以做响“羌食荟”农产品区域公用品牌为切入点，以争创国家农产品质量安全县为抓手，注册45个类别“羌食荟”商标，发布7个团体标准，基本建成品牌管理体系。用好“羌食荟”直营店，组织企业积极参加“绵品出川”“四川农博会”“四川茶博会”等特色展示展销活动，提升北川农产品知名度和市场认可度，广开销路、提振销量。2022年以来，在“绵品出川”活动中，北川企业产销对接意向性合作协议资金达4亿元。北川获评“2022年‘川字号’金字招牌品牌推广直播带货基地”。

【茶产业发展】 2022年，深化与中国农科院茶研所、省农科院、川农大、绵阳茶学院等科研单位的技术合作，建立专家工作站、苕子茶母本园，聘请二级岗位专家1个，建立茶叶博士工作站，开展北川苕子茶选育工作。由四川农业大学品种选育团队开展的“北川苕子茶”新品系品比试验和区域试验，完成特异性测试、产量、生化成分、适制性、抗逆性和适应性等测试，建成了苗圃繁育基地，首期繁育种苗500万株。10月，向省农业农村厅提起了新品种“北川苕子茶1号”“北川苕子茶2号”的申报。通过改扩建茶园，新增加标准化茶叶基地面积0.5万亩，北川茶叶基地面积达到9万亩。鲜叶产量6250余吨，产值2.65亿元，鲜叶销售价格上升20%左右，带动群众增收8600余万元。引进国家级龙头企业广元米仓山茶叶集团公司与北川莫朵格依茶业公司合作，首期投资3000万元用于新建标准化厂房3700平方米，新增自动化生产线4条。曲山大盛茶业、漩坪乡夔凤茶业、都贯古羌茶业等加工企业改造升级进展有序，新增揉茶机、烘干机、色选机等现代化设备110余台（套）。开展“北川苕子茶”种植、加工、包装等质量体系建设，发布《地理标志产品

9月27日，曲山镇任家坪村村民领取茶树苗

北川苔子茶》《北川茶叶生产技术规范》，其中批量试制的高端茶产品“旗枪”“27° 羌红”深受市场欢迎。全县获评“三品一标”认证茶产品41个，其中无公害产品3个、绿色食品29个、有机食品6个、地理标志保护产品和地理标志证明商标各1个，正在向国家知识产权局申报“北川苔子茶”证明商标。现有“佛泉”“羌笛”“禹露”“九龙谷”等20余个茶叶注册商标，其中，“羌笛”被省人民政府认定为“四川名牌”产品；“羌芝灵芽”获得第二届亚太茶茗大奖金奖，入选首批使用“天府龙芽”地理标志；“原生态龙爪”获第三届亚太茶茗大奖银奖；“古羌红冠”“古羌香芽”获第十届茶博会金奖。第十一届四川国际茶业博览会“金熊猫奖”茶叶评优活动中，“羌芝灵芽”“原生态龙爪”“古羌红冠”“红珍”4款产品获金奖，“尔玛红”红茶获第七届亚太茶茗评比唯一特别金奖。茶叶产业协会会长牛义贵获评四川省农村茶艺类手工艺大师。

【集体经济发展】 2022年，成立县级督导组，到集体经济薄弱村蹲点调研，探索符合各自村情的一村一策“消薄”方案，建立“三单制”管理清单和“月盘点、季调度、年总结”工作机制，全力推进村集体经济“消薄”攻坚。召开村集体经济联席会7次，调度“体检”乡镇“三资”数据4次，全县202个村入账村级集体经济收入1845.42万元，收入达到3万元以上的村202个，占比100%，收入达到5万元以上的村155个，占比76.7%，实现全面“消薄”。村级集体经济收入比2021年（639.29万元）增长188.6%。持续深化农村集体产权制度改革，规范建立集体经济组织1907个（其中：村级226个，组级1681个），完成登记赋码777个，其中村级226个（其中合并新村91个）、赋码率100%，组级551个。226个村级集体经济组织全部完成牌匾悬挂、银行开户、公章刻制；551个已登记赋码的组级集体经济组织根据运行需要完成了银行开户、公章刻制和牌匾悬挂。农村集体经济组织按照“五个一”规范管理。持续推进农村闲置宅基地（住宅）盘活利用，建立健全工作领导小组，制定盘活试点方案，开展农村闲置宅基地和闲置住宅现状摸底，探索盘活利用模式。至年底，6个试点村有闲置宅基地 171宗，农村闲置住宅 18 户，共计约 38464 平方米，完成盘活利用闲置宅基地 42宗、面积4460 平方米，闲置住宅 7 户、面积 1210 平方米。形成《北川县多措并举盘活农村闲置宅基地激发乡村振兴活力》等3篇典型经验。引导、培育、申报、评选农业龙头企业、家庭农场和农民专业合作社，强化政策扶持和培训指导，通过担保贷款、政策贴息、贷款延期等方式助企纾困。2022年，全县新增培育县级及以上示范家庭农场68家（其中省级3家、市级16家、县级49家）、新增培育县级及以上示范合作社18家（其中新争创国家级1个，县级17个）；争取2022年度家庭农场培育类项目资金100万元，2022年农民合作社高质量示范县项目资金610万元，推动新型农业经营主体发展壮大。出台家庭农场信贷“直通车”，为6家家庭农场融资437万元。

【美丽乡村建设】 2022年，开展全县整治农村人居环境工作，围绕“扫干净、摆整齐、清杂去乱”总体要求，采取“每月一暗访、每季度一考评、每半年一拉练、每年一提升”，扎实开展村社“五清”、场镇“四定”整治评比，以“小评比”检验“大整治”效果，形成“红黑榜”在全县进行通报。召开农村人居环境整治现场会2次、评比4次，通泉镇、永昌镇先后获评全市城乡环境治理“十佳乡镇”。持续开展化肥减量增效示范，畜禽粪污资源化利用、可降解农膜推广使用等，化肥农药使用量持续保持零增长，秸秆综合利用率达96.13%，畜禽粪污综合利用率达96%以上，农膜回收利用率达86%以上，县域主要河流断面水质均达到Ⅱ类及以上。《北川：

4月23日，全县农村人居环境综合整治现场拉练会在坝底乡石关村召开

以“小考评”助力农村人居环境“大提升”》获全国农村人居环境网公众号刊载推广，《“多度”融合推进农村环境治理大变样》被省农业农村厅官网采用推广。

（夏　青）

种植业

【概况】 2022年，全县粮食播种面积29.2631万亩，超任务数1.1631万亩、同比增长3.8%，粮食总产量达8.64万吨，超任务数0.039万吨；完成大豆播种面积2.14万亩，超任务数0.04万亩，同比增长109.8%。全市仅北川县完成了粮食播种面积、产量生产任务。其中，高山果蔬播种面积15余万亩、产量20余万吨；中羌药材播种面积38万亩、产量3.3万吨左右；茶叶播种面积9万亩、产量1250吨。

【农作物种业】 2022年，北川被认定为四川省第一批省级农作物种子（苗）生产基地（马铃薯）。完成2021年度种业强市北川苔子茶种质资源保护开发项目的建设和验收工作，项目补助金额20万元。完成《第三次全国农作物种质资源普查与收集行动》1956年、1981年、2014年的3套普查表和69份征集表的信息填报，共调查和征集古老、特有、珍稀、名优地方品种、种植年代久远的育成品种、重要作物野生近缘植物以及其他珍稀、濒危作物野生近缘植物，如北川苔子茶、北川花魔芋、红小豆、红洋芋等农作物种质资源183份，拍摄图片1100余张。《北川苔子茶 百年古树茶》收录在《第三次全国农作物种质资源普查与收集行动 农作物优异种质资源与典型事例——四川、陕西卷》资源利用篇。印发《2022～2023年北川羌族自治县种业监管执法年活动实施方案的通知》，加强种业市场监管，强化知识产权保护。组织一期植物新品种权保护培训及普法宣传，开展现场指导15场次400人次，发放宣传资料1200余份。出动检查人员140人次，出动车辆42车次，检查了19个乡镇的农资市场，检查种子企业4家、经营门市部47家，检查备案品种500个次，检查种子标签500个次，检查自主试验9组，抽检农作物种子33批次，合格率100%，未出现重大农作物种子质量安全事故。

【大豆种植】 以2022年大豆玉米带状复合种植推广示范项目扩种大豆3万亩为契机，免费发放120吨豆种，通过“家庭农场+种植大户+农户”建立规范的玉豆、药豆、茶豆、果豆套种等7个粮经复合种植示范点2270亩，全县种植黄豆3.0198万亩。

【茶叶种植】 2022年，通过改扩建茶园，新增加标准化茶叶基地面积0.5万亩，北川茶叶基地面积达到9万亩。2022年鲜叶产量6250余吨，产值2.65亿元，茶农鲜叶收销售价格上升20%左右，带动群众增收8600余万元。2022年茶叶成品产量1250吨，较2021年增加5.93%；茶叶综合产值4.5亿元，带动农户2194户，实现人均可支配收入2.34万元。

【高山果蔬（含食用菌、魔芋）种植】 2022年，全县高山果蔬（含食用菌、魔芋）种植面积15万亩，产量20万余吨。蔬菜品种主要以大白菜、辣椒、茄子、四季豆、莲花白、萝卜、蒜、羊肚菌、花菇为主。新增水果面积2200亩，其中：桃子200亩、枇杷2000亩。

【中药材种植】 2022年，全县草本药材种植面积14万余亩。以云木香、黄连、大黄、重楼、党参、玄参、当归、乌药、柴胡、天麻为主。常年人工种植、采收草本药材3万亩左右，年药材总产量1万吨左右。黄连价格较高，在170～200元/公斤，药农增收明显。

【蚕桑种植】 2022年，全县桑园面积3000余亩，养蚕2000余张，产量70余吨，产值340余万元。

（夏　青）

林　业

【概况】 2022年，全县森林面积305.46万亩，森林覆盖率 66.02%，城区绿化覆盖率48.14%。自然保护地4个，总面积103940公顷；其中：大熊猫国家公园面积95094公顷，地质公园2个，面积5190公顷，国家森林公园1个，面积3656公顷；人工造林面积0.15万亩。常年管护国有林 112.96万亩，集体和个人所有公益林33.15万亩。完成 221株古树名木保护规划方案编制，全县名木保护率100%。兑现国有林管护资金798.1万元，集体和个人所有国家级公益林森林生态效益补偿530.48万元，天然商品林停伐管护补助资金856.49万元，退耕还林补助资金264.39万元，做好林业有害生物监测与防治，及时在各个防治时间节点对鼠害和虫害全部进行防治，防治面积约29000亩，全县林业有害生物成灾率为零。

【林业资源综合管理】 2022年，执行森林采伐限额制度、凭证采伐制度和运输制度，严格审核、审批林木采伐申请，从严监管林木资源采伐和运输。全县年森林采伐限额蓄积121825.924立方米，实施林木采伐配额管理，至年底，执行占限额采伐109197.724 立方米，不占限额采伐 12628.2 立方米。严格执行审批制度，规范征占用林地行为，至年底，办理林地占用78宗106.97公顷。按照投保自愿、承保到户的原则，宣传政策性保险，与人保财险北川支公司、中华联合财产保险北川支公司进一步规范投保理赔。全年完成森林保险投保99.36188万亩。购买野生动物公众责任保险24.95万元，理赔355件，赔付23.68 余万元。依法查处办理涉林行政案件66件，处以罚款 298.5257万元，责令补种林木1685株，恢复植被15公顷，移交公安局森林警察大队案件2件。

【绿化绵州行动】 2022年，贯彻落实新一轮大规模绿化绵州总体规划（2021— 2025年）战略部署，组织全县适龄人员参加2022年度义务植树活动，义务植树120万株，尽责率达到 90%以上。至年底，完成营造林 8.28万亩，完成绿色道路建设3千米，综合治理河道3.3千米，完成新建生态堤防 658.72米，修建损毁堤防421.86米，完成矿山生态修复14.74公顷，巩固退耕还林成果13.38万亩。

【林业产业发展】 2022年，组织完成《国家储备林项目》及“双重”等重大林业项目包装，《国家储备林项目》已通过省林草局批复并获银行授信，北川被省林草局确认为直接联系国家储备林建设县；组织编制完成《国土空间生态修复规划》（2021～2035年）《新一轮大规模绿化北川总体规划》《厚朴现代农业园区提升行动方案》等系列规划，完成“造林绿化空间适宜性评估”。组织编制完成古树保护规划方案及“一树一策”保护方案，古树保护率、挂牌率、日常养护协议签订率100%，抢救复壮保护9株一级古树，新建古树小微公园2处、古树保护碑4处。完成厚朴现代林业园区基础设施、文化创建等方面建设，完善园区短板，园区晋升市级四星级现代农业园区，结合省林业相关项目的实施，培育竹林基地7000多亩，瓦壶沟森林康养基地、山岔沟森林康养基地、洒啦溪森林康养基地3处创建为市级森林康养基地。

【林长制工作】 2022年，完善林长制配套制度，印发林长制运行规则、工作督查、信息制度、考核办法、林长巡林五项制度，同时印发《北川羌族自治县林长制责任单位工作职责》《2022年北川羌族自治县林长制工作要点》《北川羌族自治县林长令第1号》。创新“林长+”模式，建立全市首个“林长+检察长”协作机制，明确了检察机关与林长制办公室之间的协作方式，推动形成检察监督与行政履职同向发力的林业生态保护新格局。强化宣传氛围，全县统一规范设置了林长公示牌230个，主动向社会公开了林长信息及责任划分，接受社会公众监督。加强巡林工作，全县累计巡林23042次，县级林长巡林245次，乡级林长巡林4000次，村级林长巡林18511次，国有林草单位林长巡林286次。发现并整改问题51个。

【北川羌族自治县林业草原发展中心成立】 8月5日，中共北川羌族自治县委机构编制委员会《关于设立北川羌族自治县林业草原发展中心的通知》（北编发〔2022〕39号）文下发，正式成立北川羌族自治县林业草原发展中心。10月16日，县林草中心正式挂牌成立，按照北川羌族自治县林业草原发展中心职能配置、内设机构和人员编制规定，县林业草原发展中心主要承担全县林业和草原资源管理、产业发展、项目建设等具体事务性工作，为县政府直属正科级公益一类事业单位，归口县自然资源局管理。核定事业编制18名，设主任1名，副主任2名，内设机构3个（办公室、产业发展股、资源资产管理股），下设造林站、种苗站、龙门山植物园。

【古树小微公园建设】 12月，结合乡村振兴战略的实施，利用省级林业改革发展专项资金，在做好古树抢救复壮的同时，深入挖掘各古树的景观资源特色与区位优势，通过对周边环境治理，

都贯乡皇帝庙村古银杏树

修建休闲桌椅及步游道，建立古树科普宣传牌与保护碑等设施，将漩坪川滇高山栎和永昌暖木建成古树小微公园（景点），全县古树小微公园或景点共有3处。

【北川被确定为省林草局直接联系的国家储备林建设县】 6月22日，北川被确定为省林草局直接联系的国家储备林建设县。将有助于北川协力推进国家储备林建设管理，探索解决国家储备林建设中的重大问题，建设全省国家储备林样板示范县，为全省国家储备林建设提供可复制经验。省林草局将从人力技术、政策资金和项目上给予支持和帮扶。通过项目实施，化解全县林业发展融资难的问题，盘活巨大的森林资源，破解林业“大资源、小产业、低效益”现实窘境，做大做强林业产业，助力乡村振兴。

（陈尚炜）

水　利

【概况】 2022年，苏宝河擂鼓镇田坝村防洪治理工程完工。苏宝河永昌镇白马堰段永安镇工农段防洪治理工程完成财评，正开展招标工作。通口河曲山镇海光村段防洪治理工程完成可研批复，编制初步设计报告。北川羌族自治县青片河白什乡场镇段防洪治理工程初步设计报告于11月23日取得市水利局批复。5月，经财经委员会和政务会审议通过

启动通口河、安昌河、平通河及支流防洪规划编制并解决编制费用，9月通过公开招标确定编制单位，完成方案编制。全年共向189处农村供水工程下达维修养护计划，下达资金99.98084万余元，下达内容涉及管道及泵等供水设施设备的更换维护、蓄水池的维修维护、消毒药剂的采购及水质检测等，通过维修养护提升全县供水工程供水保障能力。推进2座小Ⅱ型水库基础设施建设，完成2022年度水库除险加固和维修养护项目，完善水库水雨情和大坝安全监测设施安装及数据上传，为水库发挥应有效能提供数据支撑。加快推进农业水价综合改革，完善灌溉用水收费制度，安装计量设施设备共472套。

【苏宝河擂鼓镇田坝村防洪治理工程】 该项目于4月20日开工建设，于12月28日完工。在项目所在地擂鼓镇田坝村，总投资金额1035万元，综合治理河段长3.3千米，原堤防拆除重建424.9米；左岸新建堤防663.02米，堤防基础加固长392米。

【水土保持】 2022年，完成了2021年度水土保持重点工程竣工验收及工程审计工作，有序推进2022年度水土保持重点工程实施工作，2023年水土保持重点工程储备项目实施方案按时完成编制和批复，中央水利发展资金800万元已争取到位。强化水土保持工作主体责任，加大水土保持法律法规宣传力度，全年新增水土流失治理面积39.15平方千米，依法审批生产建设项目水土保持方案43个，水土保持设施自主验收报备53个，征收水土保持补偿费392.4432万元，开展水土保持监督检查50余次。

【节水型社会建设】 2022年，采取线上和线下相结合的方式，严格执行水电站生态下泄流量监管，发现问题及时督促电站落实整改。严格执行建设项目水资源论证，积极参与试点全省水资源税取用水量在线核定，全年新办取水许可证14个、注销4个、变更6个。完成2022年取水口监测计量体系建设11个项目的建设和验收工作，完成项目补助金额7.53万元。长江经济带小水电清理退出1座，5座电站申报绿色小水电站的创建，其中武安电站通过水利部组织审查创建成功。成功创建节水型高校一座（绵阳飞行职业学院）。全年开展水电站安全生产检查20余次，编制完成《县级重点河流生态流量保障方案》，确定第一批县级重点河湖生态流量保障目标。

【河道管理】 2022年，召开总河长会议1次、总河长办公室会议3次，印发《2022年北川羌族自治县全面强化河湖长制工作要点》，完善全县八大河流“一河一策”管理保护方案（2021-2025年），将茶坪河、苏宝河流域河湖健康评价纳入年度重点工作，更新县、乡（镇）级河湖长公示牌79块。开展“清河、护岸、净水、保水”四项行动20次，共出动650余人次，巡查、清理河道约160余千米，清理河道垃圾及电站库区水面漂浮物320余吨。整治27处较大集中供水工程，清理水源30余处；在全县8大河流内常态化开展河湖“清四乱”督导检查工作，累计开展巡河27710次。开展联合执法行动19次，立案查处涉水案件15起，共处罚金20.54万元。

（夏　青）

水利重点工程

【唐家山水库工程】 唐家山水库属Ⅲ等中型工程，位于北川县境内，是2008年“5·12”汶川大地震后，老北川县城上游4千米处因滑坡形成的唐家山堰塞湖，工程任务为供水、防洪，兼顾发电和生态保护。枢纽主要建筑物由闸坝、泄洪洞、引水隧洞及发电厂房等组成。三大专题表明：水库正常蓄水位722米，相应库容7782万立方米/4116万立方米（淤积30年）；汛期限制水位及死水位均为709米，相应死库容2903万立方米/165万立方米（淤积30年）；防洪高水位为715.08米，防洪库容为2034万立方米/1414万立方米（淤积

30年），水库兴利库容 4878万立方米/3951万立方米（淤积30年），配套电站装机8.04万千瓦，匡算总投资33.28亿元。7月正式启动可研工作。至2022年年底，已完成前置专题报告编制，正在开展审查工作。

【“引通济安”工程】 市属重点项目，该工程利用通口河干流因地震形成的唐家山堰塞湖就近向安昌河流域调水，以丰补枯，解决安昌河流域水源不足的问题，并与已建的开茂水库、正在建设的开茂水厂及配套管网工程共同构建集取水、净水、输水、配水为一体的绵阳科技城第二水源工程。设计引水流量8.0立方米/秒，年均引水量8457万立方米。工程主要由引水隧洞及堰塞坝泄流槽护底加固工程两部分组成，初设概算投资总额47559.74万元。隧洞总长13548米，至2022年12月，累计完成开挖与支护10568.8米，完成率78.01%，年度完成投资5710万元。

【绵阳科技城第二水源开茂水库水厂及配套管网工程】 绵阳科技城第二水源开茂水库水厂及配套管网工程是利用“引通济安”和“开茂水库”工程作为水源，新建一座设计规模为日供水能力30万吨的自来水厂，远期规划日供水能力50万吨，项目概算总投资115528万元。厂区工程：采用“混凝沉淀+V形滤池+消毒”的生产工艺。主要建设内容包括：计量井、泵房、配水井、混合絮凝沉淀池、V形滤池、清水池、污泥浓缩池、污泥脱水机房、高锰酸钾及活性炭加药间、消毒间、机修仓库及变配电间、综合办公楼等建（构）筑物。管网工程：采取重力流输水方式，新建1条清水输水管道,管径DN1800,管道长度约25.3千米。管线从开茂水库水厂起,沿河谷敷设至龙凤羌寨,穿越安昌河沿辽宁大道临河侧非机动车道敷设，至永昌大桥后再次穿越安昌河到黄土，主要沿农田敷设后再沿规划绿化带敷设，经黄土镇至绵安北第二快速通道到科技城大道止，向绵阳科技城新区、高新区、金家林片区和园艺片山区及主城区供水。至2022年年底，厂区主体工程基本完成，管网工程北川段征地拆迁工作全部完成。正同步开展厂区设备安装、取水枢纽施工和管网工程管道安装。2022年完成投资20250万元。

【开茂水库工程】 开茂水库是一座以城镇供水和灌溉为主，兼顾灌区人畜供水等综合利用的中型水利工程，由水源工程和灌区工程组成。2022年水源工程建设任务已全面完成，累计完成投资 6.68亿元，占概算总投资的72.2%。因科技城新区建设和城市发展等因素导致原批复的灌溉面积大幅减少，灌区工程于2022年10月31日取得批复，变更后的灌区工程灌区范围为：东以涪江和八一水库灌区为界，南以绵阳市规划城区为界不过安昌河，西以一大渠灌区为界不过草溪河与安昌河分水岭，北以工程渠系控灌高程为界，灌区面积313.9平方千米，控制灌溉面积10.43万亩。灌区共布置干渠2条，分别为安绵干渠和安江干渠，合计长32.5千米；布置支渠7条，合计长52.1千米，均为万亩以下支渠。至2022年12月底，灌区工程安江干渠（北川段）控制性工程蒲家院子隧洞累计进尺1393.20米，水磨洞隧洞累计进尺120

在建中的开茂水厂厂房

米，合计完成1513.20米洞挖，完成谢家老院子隧洞洞脸开挖，完成王家山暗渠土方开挖工作，年度完成投资1000万元，累计完成投资2500万元。

【北川抽水蓄能电站项目】 北川抽水蓄能电站项目位于禹里镇禹里村，水源为白草河的一级支流，电站总装机容量 120 万千瓦，日发电5小时，备用1小时，年发电量9.4亿千瓦小时，年抽水电量12.53亿千瓦小时，供电范围初拟为四川电网，根据需要承担四川电网调峰、填谷、储能、调频、调相及紧急事故备用等任务。项目枢纽工程由上水库、下水库、输水发电系统建筑物组成，上库调节库容547万立方米，下库调节库容590万立方米，上、下库间水平距离约1.65千米，平均水头592米，距高比为2.8。项目用地2545亩，总投资约65亿元。至2022年底，项目编制完成《北川县抽水蓄能站址普查规划报告》《四川北川禹里抽水蓄能电站项目初步分析报告》；完成市、县级关于项目“三区三线”等环境制约因素复核工作，明确无重大环境制约因素；2022年12月北川抽水蓄能电站项目纳入《四川省电源电网发展规划（2022～2025年）》，明确2025年开工建设。

（林　芝）

畜牧和水产业

【概况】 2022年，全县生猪出栏21.85万头，同比增长3.1%；牛0.76万头，同比增长4.9%；羊13.4万只，同比增长1.2%；家禽160.09万只，同比增长2.0%；禽蛋3331吨，同比增长3.3%；水产品总产量达到1380吨，同比增长0.73%。开展生猪定点屠宰管理秩序整顿工作、北川白山羊资源普查工作。5月，成立北川羌族自治县养蜂协会，在擂鼓镇南华村实施中蜂标准化示范场项目，全年蜂蜜产量272吨。

【生猪养殖】 2022年，生猪出栏21.85万头，增长3.1%；存栏15.14万头，同比减少12.5%；能繁母猪存栏1.71万头，同比减少5.8%。生猪规模养殖场主要分布在永昌、擂鼓、永安、桂溪、禹里等乡镇。新建2个标准规模养殖场，新争创1个省级标准化示范场。截至2022年年底全县共有省级标准化示范场6家，市级标准化示范场7家。全县生猪规模养殖场（户）达41个，其中：年出栏数500～5000头养殖场（户）32个，年出栏生猪5000头以上的养殖场（户）9个。

【白山羊养殖】 2022年，印发《北川白山羊产业发展实施意见》，成立北川白山羊产业高质量发展工作专班。北川白山羊出栏13.41万只，同比增长1.2%；存栏8.07万只，同比增长9.1%。白山羊养殖主要分布在白什乡、漩坪乡、都贯乡等乡镇，全县规模养殖场（户）达7个，其中年出栏肉羊100～499只肉羊养殖场（户）3个，年出栏肉羊500只以上的肉羊养殖场（户）4个。

【家禽养殖】 2022年，小家禽出栏160.91万羽，同比增长2.0%。小家禽养殖主要分布在永昌、永安、通泉、坝底、擂鼓等乡镇，年出栏小家禽2000～9999羽的养殖场（户）13

高安村稻鱼基地全景

个，年出栏小家禽10000～29999羽的养殖场（户）3个，年出栏小家禽50000羽以上的养殖场（户）1个，常年存栏蛋鸡10万羽以上蛋鸡养殖场2个。

【规模养殖场建设】 2022年，新增各类规模养殖场8个。其中，年出栏300只以上肉羊规模养殖场2个，年出栏500只以上肉羊规模养殖场1个，年出栏1000只以上的肉羊规模养殖场2个，年出栏3000头以上的生猪规模养殖场2个，存栏17万羽蛋鸡场1个。

【水产业】 2022年，全县以创建市三星级稻渔综合种养现代农业园区为抓手，维护提升稻渔（虾）综合种养示范片2000亩，放流鱼苗50余万尾，帮助养殖户孵化鱼苗35万尾，全年水产品产量达到1380吨，同比增长0.73%，实现产值2500万。

【稻渔现代农业园区】 2022年，坚持“稳粮促渔、提质增效、质量安全、生态环保”理念和产业生态化、生态产业化发展路径，探索稻虾、稻鱼生态种养，建成集标准化稻渔种养、集约化循环水养殖、冷链物流、休闲文化、农副产品废弃物综合利用等方面于一体的稻渔综合种养产业园。园区主要以永昌镇高安、新华等6个村为主，主导产业“稻+鱼（虾）”综合种养，园区面积6025亩，其中核心区面积3025亩，辐射面积3000亩。园区按照“一带两心三区”规划布局，探索出“一社三化”新模式，即由12家新型经营主体组建成一个专业联合社，在联合社带动下实现生产托管化、全程机械化、产品品牌化，有效促进园区的基础设施水平和水稻水产等农产品质量，达到了一水两用、一田多收的经营目标。园区已形成“企业+基地+农户”和“长期固定用工+短期临时用工”等联农带农机制，户均增收达1000～2000元，经济效益明显。

（夏　青）

农业机械化管理

【概况】 2022年，构建农机安全县乡村三级安全监管体系，争创全国“平安农机”示范县，省级“平安农机”示范乡镇3个、示范村5个、示范户10个，农机示范合作社1个；持续开展道路交通联合执法检查，巩固变型拖拉机报废清零成果。采取监督检查、现场说教、树规纠违、限期整改、免费粘贴反光帖和进地作业安全标识等方式，全年检查农机合作社、田间作业农机及驾驶操作人员353台次，排查一般农机安全隐患161起。督促农机户购买保险1747份，与农机合作社、农机手签订农机安全生产责任书177份。创新探索农机“监管+执法”新路径，开展“队站联勤”执法模式，将农机监理员分配到乡镇、切块包干，联合乡镇执法力量，采取下村攻难点、多点蹲守、重拳出击等多套组合拳方式，共纠违323起，查扣车辆148台次，完成一般程序卷144卷，报废拆解148台折合共计592万元，查处酒驾4人、超载5人、无证驾驶7人、拘留严重违法2人。获评2022年度全省农机安全监理工作突出单位。

【农机安全宣传】 2022年，在重要节假日、农机安全生产月、交通安全宣传等时间节点，开展市县镇上下三级联动农机安全法规政策宣传咨询、农机安全进学校等活动，共向农民群众、农机合作社和机手发放宣传手册、农机驾驶员安全操作常识、安全生产倡议书等宣传资料3781余份，现场解答机手提出的问题243件；利用大豆套种农机示范活动时机，开展农机安全事故应急演练；疫情防控期间，将农机安全生产与疫情防控工作有效衔接，组织开展“线上”农机安全知识培训；农忙季期间，在县域主要新闻媒体发布农机安全信息356条，做到了农机安全家喻户晓、人人皆知。全年开展农机安全宣传教育活动22场次，接受农机安全教育453万余人次，组织农机手“农机安全法律法规与案例”等培训考试161人次，有效预防和减少了农机安全生产事故的发生，增强了农民群众和农机手的安全生产意识及操作技能水平。

（夏 青）

农业病虫害防治

【概况】 2022年，开展猪瘟、猪口蹄疫、牛羊口蹄疫、禽流感、狂犬病的免疫注射和消毒灭源工作。春秋防共完成免疫猪32.7349万头、牛2.2927万头、羊2.1632万只、禽114.6113万羽、犬9596只（春季）。群体免疫密度均高于90%，应免畜禽免疫密度全部达到100%。农村犬群免疫密度达到90%以上，城镇犬群免疫密度达到95%以上。全县水稻、小麦、玉米3类作物的种植面积17.63809万亩，水稻绿防面积0.75万亩，小麦绿防面积0.138万亩，玉米绿防面积8.012万亩，绿防面积为8.9万亩，绿色防控率为50.46%。2022年，通过调查和监测，全县未发现草地贪夜蛾发生危害。

【流行病学调查工作】 2022年初，下发流行病学调查方案，各乡镇畜牧兽医站按照流行病学调查方案监测辖区内的疫病，至年底流行病学调查牛6.585万头/次，发病率1.2%，病死率21%；生猪138.7447万头/次，发病2.4561万头，发病率1.7%，死亡0.4398万头，病死率17.9%；羊5.5641万头/次，发病0.0262万头，发病率0.4%，死亡0.0022万头，病死率8.4%；禽427.8183万只/次，发病0.9890只，发病率0.23%，死亡0.2616只，病死率26.45%。经流行病学调查全县范围未发现有马鼻疽、马传贫、炭疽、棘球蚴等可疑病例。

【非洲猪瘟防控工作】 2022年，印发《北川羌族自治县非洲猪瘟防控与恢复生猪生产指挥部办公室关于做好2022年非洲猪瘟防控和生猪稳产保供工作的通知》（北防应指办〔2022〕1号）《北川羌族自治县动物重大疫病防治指挥部关于开展非洲猪瘟网格化管理工作的通知》（北动防指〔2020〕2号），继续加强非洲猪瘟“网格化”管理。全年“网格员”排查170.1557头/次。发生疑似非洲猪瘟1起，涉及10户，均是在南充购入的一批次生猪，合计470头，无害化处理470头。属输入型疫情，由于发现及时，处理迅速，未造成扩散。

【统防统治】 2022年，全县水稻播种1.4591万亩，防治面积1.245万亩次，统防防控0.618万亩次；小麦播种0.26899万亩，防治面积0.085万亩次，统防防控0.073万亩次；玉米播种15.91万亩，防治面积9.32万亩次，统防防控4.62万亩次；茶叶播种6.1154万亩，防治面积4.1万亩次，统防防控2.31万亩次；蔬菜播种8.1716万亩，防治面积4.5万亩次，统防防控2.3万亩次；果树种植面积2.8413万亩，防治面积1.8万亩次，统防防控0.8917万亩次。防治面积合计21.05万亩次，统防防控面积合计10.8127万亩次，统防防控率为51.37%。

（夏 青）

农产品监管检疫

【农产品检测】 2022年，印发《2022年北川羌族自治县农产品质量监管和品牌培育工作要点》《北川羌族自治县2022年农产品质量安全千人一批次抽检实施方案》《北川羌族自治县2022年农产品质量安全风险监测方案》等文件，以宣贯落实《农产品质量安全法》为切入点全面推行承诺达标合格证制度，扎实推进农产品质量安全监管工作。全年县级共抽检农畜水产品285批次，超额完成各级定量检测任务。其中，抽检蔬菜146批次、食用菌6批次，水果90批次、畜产品30批次，水产品13批次合格率为99.3%。开展农药残留快速定性检测286批次，合格率100%。深入开展“治违禁控药残促提升”专项行动，全力提升农产品质量安全监管水平。建立永安镇合格证自助服务点1个，累计开具食用农产品承诺达标合格证12658张。

【植物检疫】 2022年，普及检

疫性有害生物识别及预防控制知识，发放植物检疫宣传知识明白纸、科学安全使用农药宣传挂图、禁限用农药清单、外来生物识别与防控技术资料等资料1000余份；出动植物检疫宣传车2台次，开展巡回宣传咨询活动2次，涉及2个乡镇，宣传12人次，农资店22户，现场咨询100余人次。对全县生产种子、苗木的企业和个人进行产地检疫，对需要外出调运的办理调运检疫，对调入的种子苗木进行现场勘验和检疫，开展脱毒马铃薯产地检疫2次，涉及马铃薯脱毒种薯公司1家。在全县开展水稻细菌性条斑病、稻水象甲，黄瓜绿斑驳病毒，马铃薯甲虫、内生集壶菌，毒麦，柑橘黄龙病等检疫性病虫害调查，均未发生。

（夏　青）

▶交通运输·邮政

交通运输

【概况】 2022年，全县共实施交通建设项目36个，其中续建5个，新开工13个，开展项目前期筹备工作18个，总投资88.25亿元，完成投资超18.7亿元，超年度投资目标39%，同比增长76%，完成投资总额位居全市第一。对上争取到位资金2.96亿元，超全年目标任务292%。截至年底完工项目15个，开展前期项目13个，建设完成国省干线113千米，完成农村道路项目58个，民生项目如期完工8个。全县公路通车总里程3614.03千米，其中国道95.354千米，省道230.118千米，县道290.016千米，乡道637.729千米，村组道2360.813千米。全县共有货运企业66家，载货汽车1443辆，共有客运企业4家，车辆174台，完成公路客运量304.31万人次，公路客货运输周转量同比增长4.01%。多式联运和运输代理业营业收入5526.2万元，增速70.8%，增速位居全市第1。

【基础设施建设】 2022年，全县实施交通建设项目36个，截至年底完工项目15个，完成投资超18.7亿元。高速公路，九绵高速（北川段）完成95%。国省干线启动G247北川县林家坝至沙窝子段灾毁恢复重建工程、G347任禹路危隧和交通工程及附属设施改造工程、省道S107安昌至永安绕场镇改线工程、G247桂溪镇林家坝至沙窝子段大修工程，续建S216墩上至青片乡灾毁修复整治工程、S313开坪乡至片口乡灾毁修复整治工程、曲山镇任家坪至茂县提升改造工程二期S302、永安镇至凉风垭提升改造工程G347。县乡道启动白什乡

S216墩青路

双溪村村道灾毁恢复项目、应急排危工程、小桃路黑化项目，续建危桥改造、跨湖桥三期工程、青片乡西纳村至正河村公路。村组道路完成项目58个，建设完成94千米农村安防，并提前启动2023年134千米农村安防设施建设，白什乡双溪村村道灾毁恢复项目、50千米撤并建制村畅通工程完成。2个省级民生工程、2个市级民生工程、4个县级民生工程，截至年底均按照时间节点及目标任务圆满完成。

治理后的黄江大桥

【任禹路危隧改造工程竣工】 G347任禹路危隧和交通工程及附属设施改造工程项目主要是对2021年病害整治项目后存在的缺陷进行改造提升，项目于2022年4月1日正式开工建设，合同金额为6985.2596万元。至年底已完成中央排水沟失效进行恢复、重建电缆沟、全线隧道加铺沥青混泥土面层，对机电设施老化、破损、失效采用利旧恢复改造等工序，项目主体完工，年底实现双向通车。

【黄江大桥病害处置及荷载提升完工】 黄江大桥是贯通江油和北川的重要交通纽带，2022年1月，江油市“1·2”事故后，为确保桥梁安全，经委托检测公司检测，发现黄江大桥梁板存在下扰及裂缝等病害且原桥梁无法满足实际交通运行，有较大安全隐患。为切实保障人民群众生命安全，实施黄江大桥病害处置及荷载提升工程，更换既有梁体，针对现有实际荷载情况进行特殊设计，采用变截面T梁，优化预应力钢筋设置，通过增加跨中梁高增大截面，提高梁体的刚度及承载能力。7月开工，至年底主体工程完工。

【抢通保通】 2022年，完善细化防汛抢通保通总预案1个（含5个子预案），开展应急演练7次，全面配强防汛队伍、保通机械和应急物资，实行以50型装载机为主，大中型轮式挖掘机与履带式挖掘机为辅的机动抢险部署。完成“7·12”“7·16”“8·19”三次特大洪涝灾害抢通保通任务，累计抢通断道762处、清理边沟10000余米、清理涵洞70处，共投入工程车辆、挖掘机、装载机等1800余台次，工作人员3300余人次，出动转运车辆334趟次，转移人员2873人次。

【公路养护】 2022年，持续推进养护体制改革提质扩面，经政府研究拟移交机养中心，有序推进移交工作，建立县、乡、村三级“路长制”，明确路长职能职责，按照“逐级负责、动态考核”原则，实行道路养护绩效评分与经费拨付挂钩，完成县对乡村考核体系建设。持续开展路域环境整治工作，出动扫地车556台次，洒水车1255台次，刷漆8624平方米，施画标线14990平方米。按照“改革攻坚、养护转型、管理升级、服务提质”方针，加快养护管理能力提升，全年国省干线公路日常养护投入360余万元，实施小修项目8个，修补路面坑槽3454平方米，修补路面16341平方米，沥青灌缝4051米，清理边沟14600余米，疏通涵洞70余道。

【道路安全生产】 2022年，开展安全生产专项整治等7个专项活动，建立推进台账，全年全县道路运输行业事故起数下降6%，行业领域连续2年未发生较大及以上事故，安全形势持续稳定向好。统筹组织开展辖区内公路安全隐患排查工作，查出隐患共计639处，已整改601处（其中：客运安全隐患5个，在建工程隐患8个，市督办的3个，各类道路隐患585处），整治率94%。另38处道路隐患需工程治理，采取了封闭、堆码沙袋、设置警示标志等临时措施处置。严格对违法货运车辆、货运车辆驾驶员、道路运输企业和货运场所经营者实行"一超四罚"，全年对52名驾驶员进行从业资格证记分管理，抄告了144辆超限超载车辆至车籍地其他交通管理部门，对4家运输企业进行了约谈，形成对交通运输违法违规行为的高压态势。

【汽运管理】 2022年，开展农民工返乡返岗"春风行动"，累计开行跨省专车2趟次，运送农民工59人次，完成了"中高考"、大禹祭祀等活动的人员运输保障任务。全年客货运输稳定有序运行，全县公路客货运输周转量同比增长4.01%，完成公路客运量304.31万人次。多式联运和运输代理业营业收入5526.2万元，增速70.8%，增速位居全市第1。共出动检查678余人次，上户巡查各维修企业环保措施338次。

【九绵高速北川段建设】 九绵高速公路北川段于2017年1月18日在桂溪镇木耳厂举行开工仪式，北川境内有15.7千米，在桂溪场镇东北侧约4千米位置（S205线）设置有桂溪互通出口，与省道S205线平交连接九绵高速（北川段），至2022年年底，路基工程已完成94%。

（黄永康）

邮　政

【概况】 2022年，邮政寄递业务收入251.52万元，完成市公司计划260万元的96.74%，同比增幅28.95%，全市区市县单位进度排名第3位，同比增幅排名第5位。快递收入157.14万元，排名全市第5位；快包收入88.16万元，排名全市第3位。与县法院集约送达项目正式签订协议并入驻启动，开发同城配送业务，累计收寄标快3.3万件，形成收入16.5万元，快包业务9.05万件，收入14.5万余元。与快递企业签订邮快合作协议，中通、圆通、申通、韵达、极兔五个快递公司将坝底片区邮件全部交邮政运投，运行7个月，共计运送社会快递7.85万件，实现邮快合作收入4.71万元。优化调整现有自办邮路，将原有5条自办邮路调整为3条，新增5条代办邮路，外包驾驶员调减两人，取消市内转趟邮路1条，自办邮路、邮运成本大幅压降。城区揽投网建设初步完成，将县城分为三个网格进行划片管理，投递质量、揽收效率逐步增强。

【文传业务】 2022年，文传业务收入278.17万元。集邮收入83.28万元，排全市第2位；函件收入76.21万元，排全市第8位；报刊收入118.69万元，同比增幅8.30%，排全市第9位；文创收入3.16万元，完成市公司进度158%，排名全市第1位。其中：一季度开展附近推专项活动，开发附近推客户16户，实现收入3.2万元，尝试媒体转型发展；4月开展"全民阅读，书香北川"图书巡展活动，共计销售15.63万元，有效探索文化活动推广；7月《习近平谈治国理政》第四卷发行，销售1394册，实现收入9.48万元。

（杨梅）

▶商贸服务业

概 述

【概况】 2022年，共组织70余场次节假日促销。组织40家企业参加“绵品出川”厦门行、东莞行等活动，活动现场农特、文旅产品线上线下销售总额3500万元，现场签订购销。开展“悦享北川·游购羌城”消费促进活动，拉动餐饮住宿等消费3000余万元。发展“电商飞地经济”，东西部协作“年货羌先购”直播节实现销售额3000余万元，举办系列特色电商活动，“益起来”助农活动，现场签订购销协议180余万元。整合四通驿达平台打通三级物流体系，得到了省、市局的充分肯定，并被省厅报商务部作为经验典型推广，实现对外贸易进出口总额4200万元，电子商务交易额122亿元，省外引进产业项目新增实际投资20亿元。全年新增规上服务业企业4户、退库3户，至2022年年底，全县共有规上服务业企业25户，其中租赁和商务服务业6户、居民服务、机动车、电子产品和日用品修理业4户、文化艺术和娱乐业7户、科学研究和技术服务业1户、交通运输业3户、教育业3户、公共设施管理1户，全县服务业增加值实现55.08亿元，比2021年增长4.5%。

8月29日，东莞市会展中心，“绵品出川 东莞行”北川特产产销对接会

【“羌食荟”农产品区域公用品牌发布会举行】 2022年3月15日，北川举行“羌食荟”农产品区域公用品牌发布会，“马槽酒”“白山羊”“腊肉”“苔子茶”等特色优质、绿色安全农产品悉数亮相，“以‘三品’为引领做优农业”的要求，整合优势资源，发展绿色农业、有机农业、循环农业，塑造“羌食荟”北川农产品区域公用品牌新

羌食荟部分农特产品

“IP”。北川无现有公害产品产地认证面积达1.9万公顷，苔子茶、中羌药材、高山果蔬等农业产业基地80万亩，有全省最大规模的白芨种苗繁育基地，特色养殖基地217个，“三品一标”认证农产品58个，绿色食品8个，无公害农产品21个，“北川苔子茶”“北川花魔芋”获得国家地理标志产品保护。

【首届北川白山羊美食文化活动暨第二届厨艺大赛】 4月11日，为打造北川“白山羊”特色菜品，提升旅游美食品牌，以“品北川味道 过羌调生活”为主题的首届北川白山羊美食文化活动暨第二届厨艺大赛开赛。本届美食厨艺大赛采取“1+5+X”的形式，即设置1个新县城主活动场，曲山镇、桂溪镇、青片乡、永昌镇、民宿协会5个分会场，大赛主要推出白山羊美食。北川白山羊肉质鲜美、劲道，且其生长在高山环境，吃野菜、食厚朴树中药材的叶子、喝山泉水，“药食同源”，是既健康又美味的菜品。通过各片区分会场初选后，4月27日，来自全县19个乡镇的21名厨师进行决赛，展开“白山羊”特色菜品大比拼。21名优秀选手进入决赛，由评委团评选出最佳厨艺奖1名、最佳风味奖2名、最具创意奖3名和优秀奖15名。其中，《洒啦溪全羊宴》获最佳厨艺奖，《“山野十八珍”羊肉汤锅》《泉水鸡》获最佳风味奖，《奶汤鱼羊鲜》《龙腾藏乡》《青葱岁月》获最具创意奖。

（赵述旭）

招商引资

【概况】 2022年，签约项目25个，协议投资总额124.47亿元。实现国内省外到位资金20亿元。签约8个重大项目，党政主要领导带队外出招商24次；2021年重大签约项目开工率50%，完成目标任务的100%。

【招商形式创新】 2022年，坚持“以商招商”“产业链招商”，通过签约中国长城工业集团旗下的中国航天工业科学技术咨询有限公司，借助平台优势资源，引入沈阳卓翼大型吨级无人机等3个通航项目落地北川。创新开展“基金招商”。引入哈工雷神（嘉兴）基金管理有限公司、中关健体资产管理有限公司等4家基金公司，成立总规模为30亿元的通航产业基金，通过基金领投的形式招引通航产业项目。打造“乡贤招商”。打好“感情牌”，借力乡贤资源助力招商引资。秉持“亲商、重商、安商、扶商”理念，进一步拓宽人脉渠道，聘请16名重点行业协会、龙头企业权威人士作为北川县招商大使。精准对接项目信息，力求引入上下游配套企业，延长产业链条，提升招商引资工作效率。

【园区营商环境改善】 2022年，完善园区规划。加快形成以山东产业园、通用航空产业园为中心，永安、擂鼓、通泉等多组团融合的“一中心多组团”发展新引擎，坚持“亩均论英雄”，切实盘活低效土地、闲置厂房，提高园区企业集聚度。进一步完善《企业入园管理办法》，提高入园企业项目质量，支持现有企业转型升级、扩大产能，加快低效能企业腾退，不断做优存量。提升园区功能，推进基础设施建设。新建经开区规划馆，升级改造各园区道路、增设规范停车位400余个、盘活闲置厂房9处、25.7万平方米，推动园区生产、生活、生态协调发展，打造宜居宜业的发展环境。开启政企合作新模式，四川宏吉永盛科技集团共建投资10亿元的北川现代制造业产业园。打造集研发、生产、仓储、冷藏、物流于一体的健康食品产业集中发展区。

【重大招商活动】 2022年，贯彻落实省委、省政府决策部署，聚势打造中国西部通航新高地，招引中国科技城（北川）无人机产业园等通航类企业4家，投资金额76.5亿元。突出川浙合作。充分把握东西部协作战略契机，紧密联系已落户北川的浙商、温商，以企业为主体，利用各方优势资源，“组团”式招商初见成效。全年重点招引“大健康产业园擂鼓组团”食品药品制造企业5家；“永安组团”汽车配件制造企业11家。瞄准重点招引方向，坚持把目光、精力和资源聚焦到重大项目，以及投资实力、运营技术兼具的企业，点对点对接，精准发力。引进深圳盛屯集团、浙江康盛股份有限公司等2家上市公司；引进卓信·北川智慧农贸广场、年产200台大型吨级航空应急救援无人机研发、生产、运营服务总部基地以及北川新县城文旅综合提升等8个重大项目，投资额111.6亿元，涵盖民生、通航、文旅等领域。

（赵述旭）

烟草专卖

【概况】 2022年，北川分公司累计销售卷烟5050.6箱（5万支/箱，除手工雪茄烟），比2021年增加123.2箱，增幅2.5%；累计实现销售收入1.99亿元，较同期增加894万元，同比增幅4.7%；平均单箱结构39569元，较同期增加826元，同比增幅2.1%。累计实现税利4919.6万元，较去年同期增加138.9万元，同比增幅2.9%。全年川烟累计销售2241箱，较2021年同期增加24.8箱，同比增幅1.1%,占总销份额44.4%。川烟实现销售收入7931万元，较2021年同期增加278万元，同比增长3.6%。川烟单箱结构35394元，较2021年同期增加856元，同比增长2.5%。“宽窄”系列销售725箱，较2021年同期增加31箱，同比增长4.5%，占总量份额14.4%，份额占比全市排名第一。客户经济效益稳步提升，客户经济效益月均172.8条，较2021年户均164条增加8.8条，增幅5.4%。替换手工样本客户20户，自动化采集率77%。

【烟草市场监管】 2022年，进一步实现监管预判数据化、证照管控精细化、案件打击精准化。根据前期研判的线索，汇同安州区分局于7月在绵阳境内收网一起重大非法经营案件，现场抓获犯罪嫌疑人1名，查获卷烟70个品种，涉案卷烟66.6万支，涉案金额200余万元。至2022年年底，共查获各类违法违规案件42起（其中向未成年人销售电子烟案件1起，查获5万元以上案件2起），查获各类涉案卷烟1451条，完成“三烟稽查量1250条”的116%，涉案金额28.66万元，受理各类举报投诉25起，严厉打击了涉烟违法违规行为。

【现代零售终端建设】 2022年，全县有现代零售终端客户51户，其中数字门店客户31户，占总客户数5.1%；全县数字门店客户“优良”占比96.77%，对15户数字门店开展了数字化经营指导创新活动，10月底，门店总销合计188.5万元，较7月活动前增幅9.78%；卷烟销售125.51万元，较7月活动前增幅0.49%，数字门店建设实现运行高质量发展。

（中国烟草公司北川分公司）

供销合作

【概况】 2022年，县供销合作社联合社，深入贯彻习近平总书记对供销工作重要指示精神，助推乡村振兴、服务“三农”，全力推进为农服务平台建设，完善提升基层组织体系。按照“市、县、村、当地经销商”四级共建新型基层供销社模式。2022年，新建完成永昌镇供销合作社、擂鼓镇供销合作社、坝底乡供销合作社、小坝镇供销合作社、桂溪镇供销合作社、禹里镇供销合作社、片口乡供销合作社、永安镇供销合作社、陈家坝镇供销合作社、曲山镇供销合作社共10家基层社，改造提升都贯乡供销合作社、通泉镇供销合作社2家基层。实现供销社、村集体、经营主体、农民群众合作共赢、融合发展。

【永昌福田蓝莓现代农业园区建设】 2022年，永昌福田蓝莓现代农业园区在2021年的基础上新建厂房1650平方米、蓝莓果汁初加工生产线1条，果蔬分拣线2条，管理用房1处，总投资1020万元。蓝莓鲜果产量达到150吨，其中30吨销往重庆、成都，50吨销往长三角地区，实现创收600余万元，全年接待游客超过1万人次，形成一个以规模种植、采摘为主的休闲娱乐场所。企业为周边村民提供长期就业岗位60余个，带动群众增收350余万元。先后被评为县级农业产业化龙头企业、市级重点龙头企业，并创建专属品牌“蓝之奕”。永昌福田蓝莓现代农业园区助推乡村振兴典型案例2022年多次被“学习强国”、四川卫视、《西南观察》《四川农村日报》、绵阳电视台等国家、省、市主流媒体宣传报道。

蓝莓仓储保险库

【为农服务】 2022年，通过集中培训、发放宣传册、张贴宣传画、广播电视、自媒体等多种方式，持续做好《绵阳市农村产权流转交易管理办法》（绵府办发〔2020〕25号）的宣传，向广大群众、合作组织、交易主体做好宣传、解读，扩大群众和社会层面知晓度，保障办法在县内的顺利实施。全年完成农村产权流转交易鉴证10宗，交易面积1020亩。

【供销改革】 2022年，建成永昌等乡镇供销社12家，是供销系统上世纪改革改制以后恢复的第一批乡镇供销社。引导全县113个村集体经济组织入股基层供销社，有力促进“供销社、村集体经济组织、农村专合组织”三社融合发展；贯彻落实《绵阳市农村产权流转交易管理办法》，探索开展农村闲置宅基地、闲置农房入市交易，完成交易鉴证10宗、面积1020亩、鉴证金额300余万元。

（刘　熠）

电子商务

【概况】 2022年，升级改造县级公共服务中心，新增不同风格直播间5个、天玑电子商务大数据系统、跨境电商孵化区等；统筹各乡镇村服务站点，打造40个乡镇村服务站点，叠加物流、公益、直播、金融、产业带动等电商站点功能。完成北川腊肉、茶叶、蜂蜜、羊肚菌、枇杷5个产品品类行业标准拟定，完成农产品质量安全溯源体系管理系统搭建，完成“电商网货标准化”操作文件，创建示范产品品牌“禹说”，开设3个第三方平台店铺。开展电商普及培训和电商增值培训，电商普及培训4049人次，电商增值培训461人次，致力于培养出一批本地化电商人才。在电商产业港安装天玑数据系统，保持每月初提供北川电商数据简报。完成电商云招商系统和农业农村资源资产利用数据库开发，系统运行正常维护，完成软著线上申请流程，完成企业线上认证。顺利通过商务部电子商务进农村综合示范项目绩效复核中期绩效验收，年底顺利通过电商专家阶段性验收。

全年实现电子商务交易额123.1亿元,完成目标任务的100.9%,网络零售额4.87亿元,完成目标任务121.75%。

【特色电商活动】 1月6日，举办2020年电子商务进农村综合示范项目电商农特产品品牌发布暨电商项目阶段总结展示会，通过电商农特产品品牌发布宣传呈现“北川造”产品品牌的规划。1月21日至23日，开展东西部协作“年货羌先购”北川年货直播节活动，多个电商平台进行线上直播，并结合线下展销活动，推广北川农特产品，助力本土企业品牌推广和农民增收。6月10日，举办电商“益启来”助农公益活动，现场签订购销协议金额180万元，帮助北川农特产品“走出去”。11月15日，“电商助力乡村振兴”直播大赛开幕，发挥电子商务在乡村振兴中的重要作用，切实解决老百姓农产品“卖难”问题。

【农村电商培训】 2022年，在7个乡镇持续开展农村电商普及培训，共培训1360人。组织40个乡镇村级站点负责人开展1场关于电商服务站点专题业务培训。针对参与过电商普及培训的学员、实体企业从业人员、工业企业负责人、家庭农场主、自媒体达人等人员开展电子商务进农村增值培训，共培训204人。通过电商增值培训，有55人开通橱窗并成为兼职主播。给27个乡镇村级站点负责人开展农村电商服务站运营管理暨邮政快递业务培训。给入驻电商产业港企业开展了一场电商全链路营销沙龙和北川农产品企业转型升级培训。11月，分别在永安镇、永昌镇开展农村电商普及培训，培训人员417人。12月，开展5场电商助力企业“送课到企业”，共培训企业人员162人。

（赵述旭）

物流快递业

【概况】 2022年，北川聚焦农产品进城“最初一千米”和工业品下乡“最后一千米”，突出“服务网点下沉”和“农产品上行”两个重点，完善以县城为中心、乡镇为节点、村为末端的农村寄递物流配送体系。依托县域电商仓储场地、农产品仓储、邮件快件处理场地等设施整合县级寄递公共配送中心。依托乡村文化活动阵地建设农村快递服务站，加快推进智能数字化“统仓共配”物流中心，打造物流共配体系、运输线路体系、物流信息平台为一体的物流服务体系，降低物流成本，缩短流通时间，减少产品损耗，推动农产品出村进城，工业品下乡入户。至2022年年底，全县建成镇乡、村物流服务网点167个，整合优化5条物流线路，乡镇快递网点覆盖率100%，实现了村民“购物不出村、销售不出村”。

【“统仓共配”山区快递费降幅】 2022年，县内五家民营快递企业成立世通驿达整合快递公司，建立“统仓共配”三级物流枢纽，实现强弱势企业的资源互补、增加服务品种、扩大网络覆盖面。让市场体量小、生存压力大的山区快递物流发展状况出现新转机。县仓储物流配送中心上线一条长约60米的直线智能分拣系统，该系统通过双层双向分拣，快件按照特定区域自动进行分拣装筐，把乡镇和城区进行隔离分拣，确保装车不耽误、车辆不拥堵，以最快的速度保障时效。该设备每小时可以分拣15000件快递，日派单量能达到20000件。在县乡村三级物流配送体系项目建设基础上，结合各自快递企业特点，实现分拣场所、运输车辆、设施设备、从业人员、末端网点整合“五个统一”，快递人员、运输车辆、经营网点、设施设备得到了高效整合和改进，既减少了重复投资重复建设，又降低了能耗，运营成本相对降低,整合后的快递物流费用从3.5元/千克降到2.5元/千克，降幅达28.6%。

▶金 融

概 述

【概况】 2022年，全县有中国农业银行股份有限公司北川羌族自治县支行、中国农业发展银行北川羌族自治县支行、绵阳市商业银行股份有限公司北川支行、中国银行股份有限公司北川支行、中国工商银行股份有限公司北川支行、中国建设银行股份有限公司北川支行、北川羌族自治县农村信用合作联社、四川北川羌族自治县富民村镇银行有限责任公司、中国邮政储蓄银行股份有限公司北川羌族自治县支行银行金融机构9家，营业网点42处。银行机构人民币各项存款余额185.83亿元，同比增长7.27%。其中：单位存款余额50.67亿元，同比下降2.16%；城乡居民储蓄存款余额132.94亿元，同比增长13.34%。人民币各项贷款余额155.67亿元，同比增长21.87%。其中：短期贷款余额40.82亿元，同比增长3.67%；中长期贷款109.36亿元，同比增长27.48%。有中国人民财产保险股份有限公司北川支公司、中国人寿保险股份有限公司北川羌族自治县支公司、中华联合财产保险股份有限公司北川支公司、中航安盟财产保险有限公司北川支公司、新华人寿保险股份有限公司绵阳中心支公司北川支公司、中国人寿财产保险股份有限公司北川羌族自治县支公司、天安财产保险股份有限公司北川营销服务部、中国平安财产保险股份有限公司北川支公司保险金融机构8家。全年各类保险保费收入1.54亿元，增长5.48%。其中：财产险0.67亿元，增长24.07%；人身险0.87亿元，下降5.43%。各类保险赔偿及期满给付支出0.54亿元，理赔增长8.00%。

（邓 钰）

【稳健货币政策】 2022年，各项存款余额185.83亿元，比年初增加57.29亿元，增长12.55%；各项贷款余额155.67亿元，比年初增加57.22亿元，增长18.8%。引导法人机构加大对涉农、乡村振兴、民营小微等薄弱重点领域的信贷支持。全年全县累放再贷款3亿元。稳步提高再贷款质押率，再贷款质押率达100%。累计向符合条件的法人机构提供激励资金250.91万元，带动普惠小微贷款实现增量7747.9万元。推动北川县建立4000万元乡村振兴贷款基金和3500万元农业产业化乡村振兴贷款风险金，破解新型农业经营主体和小微企业抵押物缺失的融资瓶颈。全年累计向农业产业园区发放贷款14621.1万元，惠及160户经营主体，辐射带动农户1174户，经营主体贷款率64.04%。

【金融风险防范】 2022年，各

金融机构累计报送重大事项147篇。强化地方法人机构的风险监测与评估。组织法人机构按时、规范开展压力测试，开展央行金融机构现场评级与资产质量真实性专项评估，进一步摸清地方法人机构风险底数。落实属地风险管理职责。常态化做好风险化解处置工作，高度关注房地产、地方政府债务等重点领域风险；密切跟踪、动态监测法人机构资产质量、资本充足水平等风险指标变化，及时识别、持续监测辖区高风险银行业金融机构风险状况。扎实开展存款保险工作。督促两家地方法人机构及时足额缴纳保费，科学开展2022年存款保险公众认知评估，抽查机构网点开展实地督导，掌握安、北两地存款保险宣教普及情况，不断优化地区存款保险宣传实施方案。

【金融综合管理】 2022年，对辖区内17家银行业金融机构组织开展综合评价工作，根据业务管理、现场检查、日常台账等情况严格对标对表评分，5家银行业金融机构综合评价结果为A等。积极推动“天府信用通”平台注册企业和融资金额增量扩面。全年辖内平台注册企业1506户、个人889户，完成线上对接1250笔金额92.19亿元。加强合规监管，确保征信信息安全“零案件”。受理查询个人信用报告15854笔、企业信用报告查询546笔，受理个人异议2笔。扎实开展反洗钱工作。年内完成对北川富民村镇银行和北川联社反洗钱监管走访工作，增强了义务机构和社会公众反洗钱意识。全面从严落实金融统计制度。高度重视小微、民营、扶贫、普惠、绿色贷款等专项统计，认真审核数据变动明细，做到变动有依据、调整有章法。深入开展制度性调查和专题调查，重点推进地方金融组织数据报送。

【金融为民行动】 2022年，本着“信息多跑路，企业少跑腿”原则，依托国库信息化建设平台，开设留抵退税业务专户，实现国库业务全流程无纸化，有效确保退税信息在国库“最后一千米”不滞留，确保财税助企纾困政策红利精准直达企业。办理北川县留抵退税164笔、释放政策红利3312.83万元、滴灌市场主体127户。做好疫情防控常态化下的现金服务，辖区3个银行网点获评市级现金服务示范网点。加强大额现金管理和中小面额现金供应，规范假币收缴流程，收缴假人民币388张金额33860元。履行国库职能，推进跨省异地电子缴税业务，做好增值税留抵退业务，深化国债管理，着力解决农村地区群众购债兑付难问题。

（中国人民银行北川支行）

银行业

【农业发展银行北川支行】 至2022年年底，农业发展银行北川支行贷款余额21.92亿元，较年初增长5.68亿元，增幅35%；全年审批贷款24.6亿元，累计投放各类贷款7.11亿元，已批未放贷款28.86亿元。支农资金余额6.43亿元，同比减少1.07亿元，日均支农资金余额7.71亿元，同比增加1.93亿元，存贷比41%。实现FTP利润3677.24万元，比上年增加1580.2万元，增幅75%。获省分行先锋支行奖；被县政府授予2021年“产业倍增发展要素保障先进集体”称号。积极支持地方经济建设，服务乡村振兴，累放贷款7.11亿元，累放精准帮扶贷款2.9亿元，带动脱贫人口5905人。省、市、县三级联动，积极探索将国家相关政策与农发行稳经济大盘30项举措叠加使用，高效推动稳大盘任务落实落地，7天完成政策性金融工具1.08亿元基金对项目建设的支持，政策性金融作用日益凸显。为加快推进履职发展，支行集中人力、集中资源把业务做强做深，全年上报项目8个，金额27.48亿元，审批项目7个，金额24.6亿元（主要为：平武县乡村振兴项目1.3亿元，省道107改扩建项目3.6亿元，一河两岸水利建设项目3.2亿元，北川文化提升项目3.1亿元，北川健康食品产业园建设项目3.5亿元，涪江流域水系整治项目2.4亿元，平武县灾毁恢复重建项目2.88亿元）。按照项目储备“四个一批”滚动发展思路，至2022年年底一二级库在库资金达46.5亿元。

（中国农业发展银行北川支行）

【中国工商银行北川支行】2022年，中国工商银行北川支行定期存款余额44084万元，较年初新增5821万元。其中：单位定期存款余额5830万元；个人定期存款余额38254万元，较年初新增5236万元。其中：两年（含）以上个人定期存款余额15779万元，占比41.24%；两年（含）以下个人定期存款余额22475万元，占比58.76%。北川支行公司贷款余额36005万元，较年初新增13025万元，增幅39.16%；个人贷款余额4302万元，累计较年初下降101万元，降幅2.29%。北川工行资产总额90696万元，较年初新增6859万元，增幅8.18%；贷款余额40307万元，较年初增加9024万元，增幅28.84%。

（中国工商银行北川支行）

【中国建设银行北川支行】至2022年年底，中国建设银行北川支行实现存款净新增4752万元，余额达到14471万，新增户数94户，总户数242户。为北川县第三人民医院授信1500万，实现机构客户授信零的突破。乡村金融业务稳步推进。裕农通实现全覆盖,通过村医批量拓展，村社干部集中办理等方式，克服北川人手少、山高路远坑深的困难，裕农通活跃率达100%，乡村振兴卡发卡2213张。参加工信局组织的融资对接会、县政协组织企业融资对接会等一系列活动，共与多家企业和农户达成信贷合作意向。先后对接省级重点示范村桂溪乡宝城村、永昌镇北山村等，与村“两委”达成共识，共推荐农村经营主体30余户、村集体经济组织账户10户、办理社保卡200余张，个人结算卡20余张、裕农快贷18户、收款码15户。通过“建行生活”平台助力县域经济发展，对接县委及相关主管部门,参与县域政府消费券发放事宜，通过“建行生活”App发放消费券，38家市场主体参与受理消费券核销,累计发放补贴资金60余万元，发放消费券19200张，吸引北川辖内优质商户新增33户，建行生活新注册780户。

（中国建设银行北川支行）

【中国银行北川支行】2022年，中国银行北川支行各项人民币存款（含表内理财）时点余额63155.78万元，较年初增长7520.57万元。其中，公司存款时点余额11308.50万元，较年初增长3523万元；个人存款时点余额51847.28万元，较年初新增3997.57万元。各项外币折美元存款时点余额48.49万美元，较年初下降4.54万美元。各项授信资产余额74939.92万元，较年初净增41001.06万元。其中：公司贷款余额39762万元，较年初增长33677万元；个金贷款余额35177.92万元（含银行卡透支），较年初新增7324.06万元。实现拨备前利润785.2万元，较2021年同期下降83.35万元，降幅9.6%；实现净利润545.15万元，较2021年同期增长50.82万元,增幅10.28%。实现中业收入74.83万元。

（中国银行北川支行）

【绵阳市商业银行北川支行】2022年，绵阳市商业银行北川支行通过对北川县域75家企业、县域周边企业的走访和专业市场46户企业的电话拜访，实现对公开户48户，现有存款余额604万元，维护存量机构客户，其中北川公积金中心新增定期存款600万元，北川燃气公司新增定期存款1000万元，至12月底存款余额已达2600余万元。中标北川住房维修资金存放银行项目，加强与北川房地产企业的营销，对北川新开发的2个楼盘积极介入住房商业贷款和公积金贷款的服务，争取到其中一个楼盘的民工工资代发。通过签发银行承兑汇票和办理低风险保函业务，存入保证金存款820万元，并完成中间业务收入32万元。完成平台公司中北川禹羌集团公司下属2个子公司流动资金贷款2笔，金额1000万元，北川禹泉公司下属子公司1笔流动资金贷款，金额500万元。向绵阳云端之翼商贸有限公司、四川丰瑞尚雅新材料科技有限公司、绵阳华青物流有限公司、四川煜欣戊子科技服务有限公司、绵阳市华创酒店管理有限责任公司5户企业发放流动资金贷款5笔，金额2080万元。收回北川神珑矿业有限公司、绵阳市万嵘建材有限公司、四川合创达包装印务有限公司等企业贷款1110万元；完成北川蓝星玻璃有限责任公司到期的245万元循环通贷款发放。向绵阳石福记建材有限公司发放还后再贷款260万元。至2022年年底，支行各类存款 117031.7万元，较年初增加22491.67万元。其中，储蓄存款余额 96821.19万元，较年初增长21100.89万元，对公存款余额20210.51万元，较年初增加1390.78万元。各项贷款余额为26994.52万元，比年初增加10719.37万元；其中公司类贷款18户，余额21312.14万元，比年初增长11190万元；个人贷款额 5682.38万元，比年初减少470.62万元，中间业务收入33.50万元。其他经营性指标：截至12月末比年初新增：开卡946张，个人手机银行1028户，对公网银47户，代发工资7户，对公开户55户。

（绵阳市商业银行北川支行）

【北川羌族自治县农村信用合作联社】 至2022年年底，北川羌族自治县农村信用合作联社各项存款719,749万元（含转股协议存款30,000万元），较年初增长30,520万元，增幅4.43%；其中：对公存款116,200万元，较年初下降19,000万元，降幅14.05%；个人存款603,549万元，较年初增长49,520万元，增幅8.94%；各项存款净增额较2021年同期少增长60,111万元，其中：对公存款同期59,491万元（2021年3月增加3亿元专项债），个人存款较同期减少619万元。日均存款731,353万元，较年初增长48,944万元，其中：对公日均存款136,002万元，较年初下降1,580万元；个人日均存款595,351万元，较年初增长50,524万元。各项贷款505,038万元（含转贴现54,934万元）较年初增长35,069万元，增幅7.46%。剔除转贴现贷款余额450,104万元，较年初增长5,893万元，增幅1.33%。较2021年同期多净投放1,857万元（含转贴现）。公司贷款111,814万元，较年初增长5,483万元，增幅5.16%；个人贷款338,290万元，较年初增长446万元，增幅0.13%；转贴现54,934万元，较年初增长29,176万元，增幅113.27%。存贷比70.17%，较年初增加1.98个百分点；剔除22,000万元的支农和扶贫再贷款因素（再贷款较年初下降1,690万元），存贷比为67.11%，较年初增加2.36个百分点；剔除3亿元转股协议存款，存贷比73.22%，较年初增加1.93个百分点。不良贷款按五级分类余额为17,431万元，较年初下降7,317万元。不良贷款占比为3.45%，较年初下降1.81个百分点。实现税前利润2,492万元，较去年同期增加352万元，增幅16.43%；拨备前利润总额10,822万元，同期增加76万元，增幅0.71%；净利润2,090万元，同期减少587万元，降幅21.94%。

（北川羌族自治县农村信用合作联社）

【中国邮政储蓄银行北川支行】
2022年，邮政储蓄银行北川支行消费贷款全年实现净增3443.94万元，完成全年计划目标2576万元的133.69%，排名全市第一位，新增贷款余额市场占有率达28%，列全市第2位；不良金额10.58万元，较年初下降4.26万元，不良率0.06%，资产质量可控。

（中国邮政储蓄银行北川支行）

【四川北川富民村镇银行】 至2022年年底，四川北川富民村镇银行资产总额 33.76 亿元，较年初增加1.45亿元，增幅4.50%。存款余额28.08亿元，较年初增加2.51亿元，增幅 9.84%。贷款余额18.83亿元，较年初增加1.21亿元，增幅 6.86%。全年实现净利润 3777万元，上交各类税金1013 万元，继续保持银监评级二级，中国人民银行评级A级的良好评级。继续强化对小微企业的金融支持，持续加大首贷、续贷、中长期贷款的投放力度。不断优化小微企业申贷流程，提升信贷服务效率。至 2022 年年底，普惠小微贷款余额 16.4 亿元，较年初增加13044.73 万元，完成普惠小微“两增两控”的监管要求。涉农贷款余额 14.18 亿元，较年初增加8271.74万，普惠涉农贷款13.09 亿元，较年初增加8519.32万元。运用再贷款等各类货币政策工具，向企业精准发力。累计投放支持了 17 户民营小微企业；充分运用“乡兴贷”“脱贫贷”“创业贷”等特色产品，助力乡村振兴。落实稳企纾困各项政策，落地减费让利各项举措，努力降低小微实体经济融资成本。

（四川北川富民村镇银行）

保险业

【中国人寿保险有限公司北川分公司】 2022年中国人寿保险有限公司北川分公司，通过乡村振兴保、小额保险、女性安康保险、学平险等险种，加强了与地方政府和企事业单位的联系，切实践行央企社会责任。全年总保费6707万元，较2021年下降0.36%，年累计提供灵活就业岗位200余个，人均2.25万元。

（中国人寿保险有限公司北川分公司）

【中国人民财产保险有限公司北川分公司】 2022年年底，中国人民财产保险有限公司北川分公司实现全险保费收入2998.34万元，同比保费收入增长279.17万元，同比增速10.27%。其中：车险1383.85万元，同比保费收入增长36.34万元，同比增速2.7%；个人非车险254.19万元，同比保费收入增长224.82万元，同比增速765.47%；农险保费收入1081.91万元，同比保费收入增长131.64万元，同比增速13.85%；商团保费收入278.39万元，同比保费收入负增长113.63万元，同比增速-28.99%。

（中国人民财产保险有限公司北川分公司）

【中航安盟财产保险有限公司北川支公司】 2022年，北川支公司完成大春承保、理赔，和小春的承保工作，保证覆盖率，严控了理赔比例，有效提升保费收入。对接种养殖大户，严守真实承保底线，对养殖大户进行防疫提醒，控制赔付比例，将“防大于赔”始终放在首位，对旱灾严重的通泉镇香泉村公司赠送日抽水量100吨的抽水机。对接政府出台《中药材保险方案》，结合公司特色，为北川首创一款“白芨收入保险”，公司试点种植保险亩数为10000亩，保费收入为180万元，白芨收入保险200亩，保费收入为60万元，县财经委员会、县政府政务会和县常委会已审议通过。全年农业保险保费427.26万元，其中种植险保费57.98万元，养殖险保费368.23万元，森林险保费1.05 万元，年度满期赔付率45.97%，其中养殖险40.74%，种植险65.24%，森林险0%。商业保险保费13.87万元，其中车险7.2万元，非车险6.67万元。车险日历年度满期赔付率为83.89%，非车险日历年度满期赔付率0%。

（中航安盟财产保险有限公司北川支公司）

【天安保险有限公司北川支公司】 2022年，天安保险有限公司北川支公司保费收入合计838.12万元，完成率104.76%，其中，车险767.01万元，占比91.5%，非车险71.11万元，占比8.5%；全年家用车续保率61.79%。赔款472.77万元，赔付率53.85%。

（天安保险有限公司北川支公司）

▶科学技术

科技工作

【概况】 2022年，全县新增绵阳市科技型中小企业12家，科技型中小企业评价入库54家；有效高新技术企业达到17家，超额完成目标任务2家，高新技术产业主营业务收入完成15亿元;招院引所2家，科技成果转化项目7项，技术合同认定登记额达到0.58亿元，企业R&D经费支出预计全年完成0.4亿元。建设星创天地、众创空间、科技企业孵化器等创新创业平台，应急孵化器被认定为市级众创空间，四川康养健生物科技有限公司通过市级科普基地认定。科技成果转化项目7项。北川县禹露茶业有限公司认定为市级企业技术中心，全县市级企业技术中心达到10家。兑现2021年科技创新奖励资金116.7万元。

【高科技产业化】 2022年，组织企业召开高企申报培训会2场，绵阳军威模型有限公司、北川禹珍实业有限公司、四川康养健生物科技有限公司、绵阳市辉宇科技有限公司、绵阳力森新材料有限公司、四川省羌山生物科技股份有限公司、绵阳虹瑞科技有限公司、绵阳市军豪科技开发有限公司、北川中联水泥有限公司、北川羌族自治县和谐旅游开发有限公司首次获得高企认证，全县有效高新技术企业数达17家，全县高新技术产业主营业务收入15亿元。

【科技人才与人才培养】 2022年，以西南科技大学、绵阳师范学院、绵阳市农科院等为主的21位专家组建北川科技特派员服务团，在围绕全县贫困村产业发展调研的基础上开展“1对1”“1对多”技术帮扶服务。同时以西南科技大学、绵阳师范学院、绵阳市农科院等为主的20位专家组建“三区人才”科技服务团队，为北川农业企业解决实际问题。

【科技活动】 2022年，利用“四川科技兴村在线”平台开展线上咨询1500余次，申领服务补助156270元，其中信息员补助42270元、专家服务补助114000元。通过科技活动周等形式开展种植技术培训13场次，参训人数350余人；开展现场技术指导19场次。共计服务农户1305户，种植规模8160余亩，养殖规模9800余头，服务新型农业经营主体42个，产生经济效益1654万余元，直接挽回经济损失643万余元。

【科普示范】 2022年，开展农村科普宣传活动，以“科技之春”宣传月等开展各种宣传活动，发放各类宣传资料5000余册。开展科普统计，全县省级科普示范基地达到3家、市级科普基地1家。

（程明渊）

事业单位人事管理及工资福利

【概况】 2022年，进一步规范和优化事业单位岗位设置，出台了《北川羌族自治县关于集中调整事业单位岗位设置的通知》（北人社函〔2021〕99号）和《北川羌族自治县关于规范和优化事业单位岗位设置管理工作的通知》（北人社函〔2021〕100号）,发挥岗位管理在事业单位人事管理中的基础性作用。强化事业单位人员流动管理，县人事调动联席会议研究讨论通过了96名流动人员的调动申请，县内调动68人，调往县外24人，县外调入4人。

【事业单位职级晋升】 2022年，持续推进事业单位管理岗位职员等级晋升工作，制定《北川羌族自治县事业单位管理岗位职员等级晋升实施细则（试行）》《北川羌族自治县事业单位管理岗位职员等级晋升积分制管理办法（试行）》，完成277个事业单位首轮晋升积分填报资料的收集汇总、分数核定和公示等工作，制定职员等级晋升考察方案，并组织考察；经征求县纪委监委、县委政法委、县委统战部、县信访局意见后，确定拟晋升六级职员5人、七级职员24人、八级职员94人，编外用工出台《机关事业单位编外用工管理办法》，完成全县各机关事业单位编外用工控制数的核定。人才招引通过公开考试招聘、招才引智、公开考核招聘、赴高校考核招聘、选调等方式招聘引进人才8次，到岗120人。专业技术人员职称评审通过275人，职称工资福利完成事业单位工作人员工资薪级晋升3189人、工龄认定121人。

（樊李茂）

科学普及

【概况】 2022年，发挥科技优势，服务北川经济发展，开展科技帮扶，助力乡村振兴，大力开展农技培训，联合农技协会、农业科技公司等开展各类实用技术培训10期、培训农民800余人次。推选北川羌族自治县伊珎羌绣有限公司和北川赵氏魔芋种植家庭农场2位选手参加2022绵阳市第七届乡土人才创新创业大赛，申报院士（专家）工作站1个(四川康养健生物科技有限公司)，推选康养健生物科技有限公司等5家企业报名参加四川省第二届“科创会”。利用线上线下相结合的方式，创新科普新模式，线上利用微信公众号，推送防洪防汛、疫情防护、防诈反诈、食品安全等为主题的科普知识；线下不定期组织科普志愿者到各社区、学校开展常态化科普宣传活动40余次，科普讲座10余场，提供咨询服务1200余人次，发放科普宣传资料2.8万余份。

【组织参加绵阳市第37届青少年科技创新大赛】 2022年，组织全县中小学师生参加绵阳市第37届青少年科技创新大赛，擂鼓中学《高压育种玉米对产量的影响研究》获科技竞赛一等奖，获科幻画一等奖15个、科幻画二等奖46个、科幻画三等奖29个，县科协等7个单位获得优秀组织单位奖。在“全国科普日”北川主场活动暨颁奖典礼上，为优秀组织单位和获奖师生进行颁奖。

【全县“最美科技工作者”评选活动】 5月，按照“先进性”“代表性”“典型性”原则，县科协、县委组织部、县委宣传部、县工信科技局联合评选10名2022年度县级“最美科技工作者”，分别是：县中羌医医院院长助理马晓燕，七一职业中学汽车专业主任方全双，永昌小学教师刘元军，县公安局情报信息大队重大案件预警中队长杨子江，安昌小学教师陈刚，县农业农村局水利管理站站长周坤，县交通运输局规建股股长郑业伟，县疾病预防控制中心、结艾科科长贾修伟，绵阳市北川生态环境局监测站副站长、环境监测工程师高丽，绵阳军威模型有限公司董事长梁大银。

【全国科普日系列活动】 9月，

9月27日，“喜迎二十大，科普向未来”2022年全国科普日北川主场活动暨颁奖典礼

开展以“喜迎二十大 科普向未来”为主题的全国科普日北川主场活动；11月，开展“礼赞二十大 科普向未来”为主题的北川羌族自治县首届手掷纸飞机比赛和“筑梦航空 心向蓝天”航空科普研学活动等“全国科普日”系列分场活动，以上两项活动均被四川科技网宣传报道。

【召开北川科协第五次代表大会】 4月27～28日，北川科协第五次代表大会召开。完成《北川羌族自治县科协系统改革实施意见》规定的目标任务，来自一线科技工作者代表所占比例提高至68%，45岁以下青年科技工作者达到73%，从一线优秀科技工作者中产生兼职副主席1名，使科协组织“三型”建设进一步深入。

【“天府科技云”平台建设】 2022年，充分发挥“天府科技云服务”互联网科技市场优势，动员50家企业入驻“天府科技云”平台，线上装修企事业单位工作室120个，安排专人负责“天府科技云服务”工作，落实体制内“保姆”3名和专职“保姆”3名，切实深入学（协）会等科技工作者聚集地及企事业单位、农技协等挖掘科技需求和科技所能，已完成“保姆式”服务800余单。申报四川省天府科技云共享基地7个，获得科普奖励经费7万元；申报绵阳市2022年乡村振兴科普惠民共享基地4个，获得科普奖励经费2万元。全县共有四川省天府科技云共享基地20个，绵阳市乡村振兴科普惠民共享基地6个，排在全市第一方阵。

（王巡凤）

气象监测和服务

【概况】 2022年，县气象局编制气象高质量发展纲要，加大安全监管力度，全力做好防灾减灾、为农气象服务和重大活动气象保障等工作，完成气象灾害风险普查出图工作。及时发布预报预警，并根据天气演变形势及时更新降雨落区开展递进式、渐进式气象服务，实时滚动发布天气形势、降雨落区及雨情，有效应对“7·16”和“8·19”暴雨洪涝。全年共计发布气候趋势预测17期，各类灾害性天气预警信号29期，预警12期，灾害短时临近天气预警50余期，发布气象短信180万余条。完成39套区域自动站点、14套北斗通信以及3套人影烟炉设备安装使用。开展易燃易爆场防雷安全检查20次，发现问题均已完成整改，开展氢气球施放巡查12次，无违规施放活动。

【气象灾害风险普查】 2022年，完成大风、暴雨、低温、高温、干旱、冰雹、雪灾、雷电8个灾种的致灾危险性分布图共8张；完成大风、暴雨、低温、高温、干旱、冰雹、雪灾7个灾种的人口、GDP、小麦、玉米、水稻风险区划图绘制35张；完成雷电灾害的人口、GDP风险区划图2张；全县综合致灾危险性分布图1张；人口、GDP综合致灾风险分布图共2张；《北川羌族自治县气象灾害风险评估与区划报告》1份。相关图件及文档资料上传普查系统。

12月30日，县气象局在永安镇开展人影作业

【人工影响天气作业】2022年，在青片河流域、白草河流域、通口河流域安装人工影响天气烟炉设备3套投入使用。人影烟炉原理是利用灶做让上升气流将催化剂带入云中从而达到增雨效果。该系统安装在山区足够高的地方，不受空域管制的限制，可以全天候、长时间、大剂量地作业，还具有节省人力、费用低廉、安全可靠等优点。抓住有利时机，主动应对高森林火险、干旱、重污染天气和重大活动保障开展人工增雨作业。全年共开展抗旱、森林防灭火、改善空气质量人工增雨作业6次，发射增雨火箭弹24枚，燃烧碘化银焰条5根。

（冯　祥）

通信技术服务

【概况】2022年，持续落实省委、省政府和市委、市政府关于做好乡镇行政区划和村级建制调整改革“后半篇”文章工作要求，进一步完善乡村信息通信基础设施建设，弥合城乡“数字鸿沟”，不断增强农村信息服务能力，带动农业农村现代化发展。在前期实现行政村光纤网络及4G网络100%覆盖、5G网络乡（镇）通的基础上，全县补点建设4G基站55个，逐步消除偏远地区信号盲区，新建5G基站75个，进一步延伸5G网络覆盖范围，完成全县19个乡镇场镇千兆宽带设备开通，能够满足场镇及周边农村区域千兆宽带接入，全面达成乡（镇）“全千兆”目标。

【中国移动北川分公司】2022年，新建家庭宽端口5192线，整体端口利用率50.76%，加快通信基础设施建设，5G核心城区覆盖率达95.57%，全年网络运行情况趋稳，家庭宽带群障碍同比下降17%，超频、超长故障同比下降87%，全年大面积断站零发生，重要故障处理零超时。北川移动“科技治超智慧交通平台”项目完成交付，系统整合了原北川智慧园区企业端源头数据，新开发融合电子运单管理系统、货物源头装载管理系统、不停车检测系统、固定治超称重复核系统、交通执法管理系统、车辆黑名单管理系统等服务，构建“源头—平台—路面”监管模式，通过“线上监管、线下执法”的方式，形成执法合力，有效破解双超治理难点，解决全县道路交通拥堵问题。

（王军华）

【中国联通北川分公司】2022年，中国联通北川分公司在县内建有基站315座，宽带端口2.67万个，移动网用户2.8万户，宽带用户5300户，全年实现营业收入1107万元。家庭用户实际使用宽带平均300兆，平均资费低于0.25元/兆，资费水平同比下降10%；政企专线资费低于25元/兆，特别对中小企业通过其他有价项目填充,实际光纤使用费低至1.5元/兆。全力做好乡（镇）应急事务信息化支撑，积极融入乡村振兴，推动以村级集体经济组织为主体成立通信合作社，壮大村集体经济，疫情期间有序开展防疫门磁的安装和维护，展现企业社会担当。（李和平）

▶文 化

概 述

【概况】 2022年，全县有文物保护单位33处，其中国家级文物保护单位1处、省级文物保护单位6处、市级文物保护单位7处、县级文物保护单位19处，不可移动文物保护点247处。有可移动文物1089件，其中二级文物2件、三级文物121件。有广播电视台1个、广播喇叭2043只、调频台和转播台3个，电缆长度940千米，光缆长度2600千米，通广播、电视的行政村均为202个，广播、电视覆盖人口均为22.93万人；有线电视台1个，有线广播电视用户2.95万户，中央电视台和省、市、县电视台覆盖率均达100%；1个县级平台，19个乡级平台，33个社区平台和202个村级平台，新建应急广播点位163个。全县有城市影院2家（8块银屏）、乡镇固定放映点19个、农村公益电影工作站1个、农村公益电影放映队1个(11个放映员，每个放映员负责一个片区）。全县有网吧9家、歌舞娱乐场所21家、电子游戏（艺）2家、演出团队2个、印刷企业3家、出版物发行单位（网点）11家。

【新闻出版与版权】 2022年，完成出版社经营许可证2件，一次性内部资料出版物30件。推进全县软件正版化工作，全县机关单位软件正版率达100%，规范设置版权登记工作站，完成作品登记600余件。开展“正道2022”“新风2022”集中行动，开展出版物市场、店档摊点、印刷复制企业清查252个次，收缴各类非法出版物30余件。结合“开学第一课”主题班会、校园广播等形式推荐优秀出版物30余次，举办“绿书签 伴成长”主题阅读活动100余场次，张贴“护苗2022专项行动”宣传海报200余张。

【北川羌族民俗博物馆】2022年，羌族民俗博物馆坚持全天候免费对外开放，全年接待游客9.82万人次。开展“‘5·18’国际博物馆日”“‘5·19’中国旅游日”“文化和自然遗产日”等专题日活动，共发放宣传资料2000余份，展出各类展板100余张。按照属地管理的原则，与文物所在地人民政府签订《2022年度文物安全工作目标责任书》，将文物安全保护责任落到实处，确保全年无安全事故发生。落实全县33个县级及以上不可移动文物保护单位、185个文物保护点责任单位的直接责任人、安全管理员，报送绵阳市文化广播电视和旅游局进行备案，并将文保单位安全责任管理主体进行公告公示。结合节前安全大检查及疫情防控工作，出动32人次开展文物安全检查8次，对33处文物保护单位开展常态化安全检查。北川羌族民俗博物馆被评选为四川省青少年社会实践教育基地。

【第四届海峡两岸大禹文化交流活动暨2022年大禹诞辰祭祀】 7月4日（六月初六），由省人民政府台湾事务办公室和市人民政府主办，市人民政府台湾事务办公室、市文化广播电视和旅游局、县人民政府承办第三届海峡两岸大禹文化交流活动暨2021（辛丑）年大禹诞辰祭祀在北川举行。省政协副主席林书成，省台办主任罗治平、台湾人民共产党主席林德旺，省政协港澳台侨和外事委员会专职副主任钟勇，省台办副主任张军,市委常委、统战部部长、市委秘书长姚永红,市人大常委会副主任李京平，市人民政府副市长李南希，省委统战部二级巡视员李晓翔，省民宗委二级巡视员赵克彬，省侨联二级巡视员龙博，市政协副主席尚丽平、瞿永安，县委书记李昊天，县委副书记、县长周福兰，县人大常委会主任李光辉，县政协主席王军等领导、嘉宾，以及台湾同胞、大禹后裔、学术专家和相关企业代表等出席。本届活动以“寻根大禹故里 传承中华文明”为主题，采取线上线下结合、两岸共同祭祀形式，缅怀大禹治水的丰功伟绩，弘扬“公而忘私、艰苦奋斗、科学创新、民为邦本” 大禹精神，让两岸同胞在寻根问祖中增进文化与血脉认同、增强民族凝聚和文化自信，在推动台湾与绵阳、北川经贸与文化交流合作中，厚植同胞情谊、实现合作共赢。活动历时3天，除举办开幕式、祭祀典礼外，还包括海峡两岸（北川）投资推介会、川台农文旅融合发展北川交流会、两岸大禹后裔禹里行以及民间祭祀、网络祭祀、台湾民意代表高金素梅女士助学金发放仪式等。

【首届“大禹杯”文化旅游创意大赛】 3月18日，北川羌族自治县首届“大禹杯”文化旅游创意大赛启动仪式暨新闻发布会在成都市城市名人酒店举行。由四川省文化和旅游厅指导，北川羌族自治县人民政府主办，四川文化创意产业研究院、北川羌族自治县文化广播电视和旅游局、北川羌族自治县禹泉文旅集团共同承办。四川省文化和旅游厅二级巡视员吕志军、四川文化创意产业研究院院长魏湘军、四川文化创意产业研究院副院长张晶、北川羌族自治县人民政府副县长邱勇出席活动，县文广旅局、禹泉文旅集团负责人，部分业内设计师，新闻媒体到场参加。本次大赛主题为“中国羌调·创意北川”，面向全社会公开征集传统手工创意、文旅文创设计、数字文创创作三类作品，共征集参赛作品448件，经行业专家评审，三个赛道分别选出金奖各 1名、银奖各2名、铜奖各 3 名、优秀奖各 10 名，共48件优秀作品。

2022年北川羌族自治县文物保护单位名录

表1

序号	文保单位	级别	年代	类别	地址	责任单位
1	永平堡古城	国家	明	古遗址	开坪乡	开坪乡人民政府
2	烟云洞遗址	省级	旧石器时代	古遗址	桂溪镇	桂溪镇人民政府
3	大寨子遗址		明至民国	古遗址	青片乡	青片乡人民政府
4	伏羌堡遗址		明	古遗址	都贯乡	都贯乡人民政府
5	北川板凳桥		清	古建筑	永昌镇	永昌镇人民政府
6	红三十一军军总医院旧址		近现代	近现代重要史迹及代表性建筑	马槽乡	马槽乡人民政府
7	北川老县城地震遗址		2008年	近现代重要史迹及代表性建筑	曲山镇	5·12汶川特大地震纪念馆管理中心

续表1

序号	文保单位	级别	年代	类别	地址	责任单位
8	“禹穴”题刻	市级	唐、清	石窟寺及石刻	禹里镇	禹里镇人民政府
9	“甘泉”题刻		唐	石窟寺及石刻	禹里镇	禹里镇人民政府
10	“石纽”题刻		南北朝	石窟寺及石刻	禹里镇	禹里镇人民政府
11	国恩寺		明	古建筑	永昌镇	县民宗局、永昌镇人民政府
12	黑水羌寨民居		20世纪60～70年代	近现代重要史迹及代表性建筑	马槽乡	马槽乡人民政府
13	刘公馆		民国	近现代重要史迹及代表性建筑	永安镇	永安镇人民政府
14	梁步禅碉楼		清	古建筑	开坪乡	开坪乡人民政府
15	圆通寺	县级	清	古建筑	擂鼓镇	县民宗局、擂鼓镇人民政府
16	温泉观		清同治十二年（1873）	古建筑	永昌镇	永昌镇人民政府
17	福田寺		明成化二十二年（1486）	古建筑	永昌镇	永昌镇人民政府
18	南塔寺		清乾隆五十四年（1789）	古建筑	永昌镇	县民宗局、永昌镇人民政府
19	禹王庙		清乾隆三十二年（1767）	古建筑	禹里镇	禹里镇人民政府
20	治城烈士陵园		1950年	近现代重要史迹及代表性建筑	禹里镇	县退役军人事务局、禹里镇人民政府
21	卢维仁碉楼		1945年	近现代重要史迹及代表性建筑	片口乡	片口乡人民政府
22	片口天主教堂		1897年	近现代重要史迹及代表性建筑	片口乡	县民宗局、片口乡人民政府
23	永兴碉楼遗址		民国	近现代重要史迹及代表性建筑	坝底乡	坝底乡人民政府
24	鸡窝坪红军战壕遗址		1935年	近现代重要史迹及代表性建筑	禹里镇	禹里镇人民政府
25	沙汀墓		近现代	近现代重要史迹及代表性建筑	永昌镇	沙汀纪念馆、永昌镇人民政府
26	红军碑林		近现代	近现代重要史迹及代表性建筑	禹里镇	禹里镇人民政府
27	通口烈士陵园		1972年	近现代重要史迹及代表性建筑	通泉镇	县退役军人事务局、通泉镇人民政府
28	九成号城址		明末清初	古遗址	桃龙藏族乡	桃龙藏族乡人民政府
29	抑盗安民碑及历久不易碑		清	石窟寺及石刻	通泉镇	通泉镇人民政府
30	禹穴碑		唐	石窟寺及石刻	禹里镇	禹里镇人民政府
31	小坝桥头摩崖石刻		元	石窟寺及石刻	小坝镇	小坝镇人民政府
32	唐家山堰塞湖和漩坪乡水下场镇遗址		2008年	近现代重要史迹及代表性建筑	漩坪乡	县唐家山堰塞湖管理中心、漩坪乡人民政府
33	千佛山红军战斗遗址		1935年	近现代重要史迹及代表性建筑	坝底乡	坝底乡人民政府

非遗保护

【概况】 2022年，全县有非物质文化遗产列入联合国教科文组织急需保护名录1项，有国家级非物质文化遗产代表项目3项、省级非物质文化遗产代表项目17项、市级非物质文化遗产代表项目37项、县级非物质文化遗产代表项目101项。有省级非物质文化遗产传承人16名，市级非遗传承人27人，县级非遗传承人127人。

5月13日，北川非物质文化遗产保护协会成立

【北川非物质文化遗产保护协会成立】 5月13日，北川羌族自治县非物质文化遗产保护协会在新北川宾馆举行成立大会。县委常委、副县长刘大先，副县长邱勇出席会议,县文广旅局、县行政审批局、县民政局、县农业农村局、县民宗局、县市场监管局等部门负责人和非物质文化遗产传承人代表参加会议。会上通过北川非物质文化遗产保护协会筹备工作报告，审议通过《北川羌族自治县非物质文化遗产保护协会章程》、选举办法；选举产生北川羌族自治县非物质文化遗产保护协会第一届理事会成员以及会长、副会长、秘书长、副秘书长。刘大先、邱勇为当选会长、副会长，秘书长、副秘书长颁发了证书，并为北川羌族自治县非物质文化遗产保护协会授牌。新当选的协会会长作表态发言。协会的成立，旨在进一步加强非遗文化的保护传承、创新转化、文旅融合。

【“寻找绵阳最美非遗”首站走进北川】 4月23日,由绵阳市委宣传部、市文广旅局、市广播电视台共同主办，北川羌族自治县委宣传部、县文广旅局承办的2022“寻找绵阳最美非遗”大型文旅推广活动首站走进北川。嘉宾来到巴拿恰商业步行街A区入口，观赏了神秘的释比展演和古老的羊皮鼓舞展演，体验了羌族迎宾仪式的魅力，参观了羌族非遗展品，现场观赏了羌笛、口弦音乐、羌戈大战、打岔等非遗活态展演。此项活动，将通过嘉宾的所见所闻所感，全面推广北川非遗项目的丰富多样、非遗传承人的精湛技艺以及特色鲜明的非遗创意产品，让更多的人知晓和认识北川最美非遗，共同保护和传承北川最美非遗，弘扬中华优秀传统文化。

2022年北川羌族自治县非物质文化遗产代表性项目名录

表2

序号	项目名称	入选县级名录批次	入选市级名录批次	入选省级名录批次	入选国家级名录批次
1	羌戈大战	第一批		第二批	
2	药王传说	第二批	第四批		
3	荞麦的传说	第二批	第二批		

续表2

序号	项目名称	入选县级名录批次	入选市级名录批次	入选省级名录批次	入选国家级名录批次
4	羌族神灵柱传说	第六批			
5	火盆山石椅传说	第七批			
6	木头井传说	第七批			
7	禹的传说	第一批	第一批	第二批	第三批
8	羌族吹吹	第一批	第二批		
9	羌族响器	第二批	第二批		
10	山歌	第四批	第二批		
11	嫁女歌	第五批			
12	民间小调	第五批			
13	口弦音乐	第一批	第一批	第一批	第三批
14	羌族民歌	第一批			
15	羌笛演奏技艺	第一批	第三批	第一二批扩展	
16	羌族多声部	第八批			
17	腰梆	第一批	第一批		
18	羌族花棒	第一批			
19	羌族麻龙马灯	第一批	第二批	第三批	
20	羊皮鼓舞	第一批			
21	高跷狮舞	第一批	第二批		
22	羌族丧舞	第二批	第二批		
23	羌族沙朗	第一批	第一批	第二批	
24	端公羊皮鼓舞	第四批	第一批		
25	许家湾十二花灯	第一批	第一批	第一批	
26	川剧	第八批			
27	金钱板	第六批			
28	打岔	第二批	第一批		
29	羌族推杆	第一批	第二批	第二批	
30	押枷	第八批			
31	羌族泥塑	第一批			
32	羌族木雕	第一批	第二批		
33	羌族民俗题材画	第七批			
34	羌族题材画（版画）	第八批			
35	玉米酒酿制技艺	第一批	第二批	第四批	
36	羌绣传统刺绣工艺	第一批	第一批	第三批（第一、二批扩展）	
37	羌族碉楼营造技艺	第一批		第二批	

续表2

序号	项目名称	入选县级名录批次	入选市级名录批次	入选省级名录批次	入选国家级名录批次
38	羌族水磨漆艺	第一批		第二批	
39	造火纸	第一批			
40	北川老腊肉制作技艺	第四批	第四批		
41	石头雕刻技艺	第四批			
42	化石雕刻技艺	第七批			
43	禹羌夏布手工制作技艺	第四批			
44	陶土制作技艺	第四批			
45	羌族狩猎技艺	第四批			
46	荞面凉粉面条制作技艺	第五批			
47	猕猴桃酒制作技艺	第五批			
48	西路边茶制作技艺	第五批			
49	豆腐干制作技艺	第五批			
50	茶叶餐饮制作技艺	第五批			
51	咂酒酿造技艺	第五批			
52	手工制杆秤技艺	第五批			
53	山核桃制作技艺	第五批			
54	羌族银饰制作技艺	第六批			
55	胆水豆腐制作技艺	第六批			
56	玉米面条粉条手工制作技艺	第六批			
57	生漆采割技艺	第六批			
58	羊皮褂制作技艺	第六批	第六批		
59	糖塑	第六批			
60	羌族服饰配饰制作技艺	第六批			
61	冯氏骨科医药技艺	第七批			
62	私房牛肉干制作技艺	第七批			
63	糖画制作技艺	第七批			
64	蜂蜜酒制作技艺	第七批			
65	传统民居营造技艺	第一批		第二批	
66	羌茶手工制作技艺	第四批	第四批		
67	羌族草编制作工艺	第四批	第四批		
68	羌族石匠技艺	第一批			
69	羌族罐罐茶制作技艺	第一批	第三批	第五批	
70	羌族竹编	第八批			
71	手工核桃蘸制作技艺	第八批			

续表2

序号	项目名称	入选县级名录批次	入选市级名录批次	入选省级名录批次	入选国家级名录批次
72	皂角液制作技艺	第八批			
73	羌医	第一批			
74	藏历年	第六批			
75	羌族婚俗	第一批	第三批	第三批	
76	沙朗节	第五批			
77	羌族转山会	第一批	第二批		
78	羌族狩猎节	第一批			
79	免冠礼	第一批			
80	舞龙巡寨	第一批			
81	羌族饮食	第一批			
82	西窝羌族文化村	第一批			
83	羌族丧俗	第一批			
84	茶马古道	第一批			
85	催芽节	第一批			
86	七贤柏庙会	第五批			
87	羌族风俗	第二批	第一批		
88	千佛山佛祖庙会	第二批	第二批		
89	土建习俗		第二批		
90	道家丧葬习俗		第二批		
91	羌族情歌节	第五批			
92	望果节	第六批			
93	雪顿节	第六批			
94	吃剖膛肉	第六批			
95	羌年	第一批	第二批	第一批	第二批
96	大禹祭祀习俗	第一批	第二批	第二批	
97	正河羌族文化村	第一批	第一批		
98	羌族释比	第一批			
99	“三月三”抢童子	第五批	第五批		
100	“六月十九”抬狗羞灵官·祭天耍水龙	第五批	第五批		
101	“上九会”烧龙灯	第八批	第五批		

禹羌文化研究

【概况】2022年，收集整理民间传说故事20余个、禹羌美食45道、羌族民歌23首，特色村落文化遗产资料6万余字，电子化资料15万余字。配合省文旅厅开展“禹的传说”调研，收集整理材料8万字。撰写论文《重论禹生石纽在北川》《大禹对领导干部的启示》，参与制定餐饮、旅游饭店、特色餐馆等服务规范，编印《大禹文化》一期、《北川味道》图书1部。完成绵阳市社会科学联合会立项书稿《天府旅游名县北川羌族自治县旅游资源集萃》，并结项。

【学术交流】 2022年，参与“中国大禹陵第二届大禹文化学术研讨会”“2022年中国先秦史学会大禹研究分会成立授牌仪式暨尧舜禹文化一体化研究学术研讨会”“第二届中国廉政文化·遂宁论坛”“四川省社科联第八次代表大会”等，配合武汉大学、四川大学等高校，四川省社科院，四川省社科联等机构积极开展学术交流活动。

【禹羌文化研究成果转化】 2022年，推动非遗文化融入景区、酒店、民宿、餐厅工作，举行“非遗进景区启动仪式”，支持非遗传承人、非遗产品入驻景区、民宿。参与“川台农文旅融合发展北川交流会”“两岸大禹后裔禹里行”“‘创意下乡、创意进景区’座谈会”等活动，通过吸引专家、企业推动北川禹羌非遗产品的提升渠道。参与由“体验中国 天府四川”拍摄组拍摄的四川省委宣传部外宣项目《大禹走过的路》在微博、抖音、快手、今日头条、爱奇艺、优酷等15个平台面向国内和国外同步播出，助力大禹文化在海外的传播；中国水利部文协史诗巨制《大禹》电影的项目接洽；指导禹穴沟景区重建，针对景区的发展，进一步挖掘和融入禹穴沟大禹降生文化，增添人文景点。制定《北川羌族自治县弘扬中华优秀文化·彰显禹羌文化特色·服务高质量发展工作方案》；开展北川美食普查工作，参与酒店、饭店禹羌文化打造、文创产品设计、特色美食谱确定、制定餐饮服务标准、设置全县美食地图等工作；协助以汇德轩、和谐草编等文创产品为龙头的北川旅游文旅产品走向全国。

（王培芳）

文艺创作

【主题文艺活动】 2022年，举办《奋进新征程 建功新时代——北川柯城两地新春联欢晚会》，线上观众收看人数突破50万，推动东西部协作文化交流。举办“强国复兴有我”文艺百姓故事汇20场次，邀请羌绣、羌族草编等非遗传承人讲述中华优秀传统文化传承故事，特别邀请党的二十大代表、省级非物质文化羌绣代表性传承人陈云珍开展巡回宣讲18场次。举办“喜迎二十大 建功新时代”“文艺轻骑兵·百场进基层”文艺汇演20余场次，创作拍摄羌族非遗“打岔”、《羌乡儿女十颂党恩》等党的二十大精神文艺宣讲视频20余个，被省“理响巴蜀”采用刊播4个，推送“我眼中的新时代”主题文艺作品18件，让党的二十大精神飞入寻常百姓家。抓好各文艺家协会活动。县音协举办首届“禹王杯”职业打击乐全国邀请赛，新浪、搜狐、人民网进行专题报道；县舞协打造实景舞台剧《再见羊角花》并在成都、都江堰地区巡回演出50余场；县摄影家协会赴绵阳及省内各地以及河北、重庆、珠海、衢州等地开展“羌风镜头行神州文化采风”活动20余次，参加绵阳市总工会主办的“中国梦·劳动美——喜迎二十大 建功新时代”系列职工文化活动摄影比赛，参加由国土绿化杂志社、北京市园林绿化局宣传中心主办的首届古树名木保护摄影大赛；县美协组织参加著名油画家张国忠老师采风写生活动，组织创作反映九绵高速建设的大型油画，至年底完成80%的工作量，县书协举办“歌颂二十大 翰墨写华章”主题书法作品展。

【乡村文化振兴活动】 2022年，按照“一村一景”思路，深入挖掘乡村文化资源，培育文明乡风。县美术家协会通过绘制壁画、打造微景观等方式，完成擂鼓镇盖头村茶文化、永昌镇观音庙巷老安昌记忆、永安镇社区三线建设文化、禹里镇禹里村大禹文化等北川首批8个乡村文化振兴示范点位打造；县音乐家协会按照“一镇一曲”创作乡村歌曲等方式，完成首批4个乡镇主题歌曲创作；基层文艺工作者和乡土文化能人参加第二届乡村文化振兴魅力竞演大赛活动，县音乐家协会会员何国良、张伟获市级文化能人，县民族艺术团成员王官才获评省级文化能人，县乡村3D画家李佳月获评省级乡村代言人；开展送文化下乡及文艺家进校园活动。全年共组织“文艺轻骑兵”开展文艺下乡活动20余次，开展“羌歌羌舞”传承培训25次，开展文艺家进校园活动8次。

【文艺创作】 2022年，文学创作方面，任继红创作的以川北少数民族地区森林资源保护、生态建设保护为背景，37万字的长篇小说《裸神》（暂定名），获四川省作家协会2022年重点作品扶持，列为“生态文明建设专项”；散文《薛叔》《陈家坝纪事》《北川乡村映像》（组诗）在《剑南文学》刊登。诗歌创作方面，编印《禹松——黄成发诗词选》《向阳而生——李忠阳诗词楹联选》《禹风》总第85期暨“天府旅游名县”专号，《家国之恋》被列为绵阳市沙汀文学艺术基金扶持项目。美术创作方面，会员唐鲲作品《羌红献亲人》参加由国家民委、中国文联、中国美协举办的2022年全国少数民族美术作品展并被民族文化宫收藏，作品《盛事·羌舞》在“群星向党 翰墨铸魂”全国群众美术、书法、摄影主题联展中获评四川省文旅厅省级第二名，作品《庆丰收》在省直机关工委、省文联主办的“喜迎二十大 奋进新征程”四川省机关干部职工主题书法绘画作品展 中获省级优秀奖；会员梁怀友油画作品《家有喜事·羌寨迎亲》入围中国美协主办的“悲鸿风度·首届油画双年展”并获四川省油画学会主办的四川省“油画星光大道”月赛二等奖，油画《时代记忆——共筑幸福新天路》入选中国文联、中国美协主办的“礼赞新时代——主题性美术作品展览”创作选题，油画《时代欢歌· 美丽羌寨》入围中国美协主办的第三届“香凝如故”全国美术作品展，油画《品味时光·江南情韵》入围中国美协主办的诗意江南——2022中国油画作品展；会员张兴作品国画《羌山里的文宣队》在9月四川省总工会举办“中国梦·劳动美——喜迎二十大 建功新时代”四川省职工书画展中获优秀奖。音乐创作方面，编创并公开发行《禹魂》《永不倒下的死字旗》《永恒的羌山》《热情北川》《禹里》《羌笛无怨》《望羌山》7首原创歌曲。摄影创作方面，会员任钰程、卓俊池在第七届“碚城（双城）同读一本书”全民阅读活动中，荣获影像征集比赛“优秀奖”；向道蓉、唐林蓉摄影作品在《四川画报》多次刊登；“献礼党的二十大摄影展”中，会员覃杨明作品获一等奖，任涛、赵泉英作品获二等奖。舞蹈创作方面，县舞协创作舞蹈《沙朗》参加绵阳市老年健身舞蹈比赛获得二等奖，舞蹈《哦茨呼子克》参加四川少数民族运动会获得一等奖。

（王颖如　王培芳）

社会科学

【概况】 2022年，全县社科工作依托理事会、交流研讨会等平台，组织广大社科界人士深学细悟习近平新时代中国特色社会主义思想，深入学习宣传贯彻党的十九届六中、七中全会精神以及党的二十大精神，宣讲党和国家关于推动哲学社会科学繁荣发展的方针政策。围绕生态立县、文旅兴县、工业富县、开放活县、城乡融合的发展思路和加快建成全省民族地区高质量发展先行县发展战略，结合弘扬禹羌文化、乡村振兴等重点领域开展社科理论研究阐释工作。申报市级社科规划研究项目，立项并完成《北川文化旅游小词典——天府旅游名县北川羌族自治县旅游资源集萃》《优秀羌族传统文化基因现代化传承研究》等7篇研究文章。其中《“四环四主”家庭教育模式助力乡村振兴的实践研究——以北川永昌为例》获优秀等级，其余6项为合格等级。组织县内各相关单位参与绵阳市第十八次社会科学优秀科研成果评奖工作，收集申报课题5项，其中，《绵阳北川精准发力高质量创建“天府旅游名县”》《北川县农村学校“空心化”问题研究》2项获市级优秀奖。

【禹羌文化普及】 2022年，省级社科普及基地禹羌文化普及基地，创新开展多形式的禹羌文化宣传普及，扩大宣传范围和受众人群，让更多的群众了解禹羌文化。通过“流动博物馆”、悬挂标语、发放宣传资料、现场咨询、图片展览、视频展播、禹羌文化展演等形式广泛宣传科普知识，做到普及入基层、普及入群众。7月，基地面向社会公开招募9名学生成为“小小讲解员”，推动了禹羌文化的传承、延续和发展。开展省级社科普及基地3年评审工作，组织社科联、博物馆、禹羌文化研究中心等单位，围绕组织领导、阵地建设、管理制度、活动开展、社会效益等方面，开展资料图片收集工作，形成了汇报材料、PPT和工作佐证资料上报省社科联，评审工作采取视频连线报告的方式由省社科联组织专家评审，顺利通过评审。

（王颖如）

城乡文化

【概况】 2022年，全县有文化馆1个，国家级文化品牌2个，美术馆1个，乡镇综合文化站 23个、文化广场23个， 文化演艺场所1个、演出团体3个。成立文旅志愿者服务大队，与19个乡镇的23个文化专干签订劳务合同，开展智游天府文旅志愿者活动2场。开展羊皮鼓舞进校园培训1期，开展羌茶技能专项培训1场次，开展书法公益培训和舞蹈公益培训活动，开展文化专干培训4期。

【文化惠民】 2022年，县文化馆舞蹈室、曲艺室、书画室、多功能排练厅等持续对外免费开放，供群众开展文化活动，辅导全县业余作者开展文学艺术创作、普及禹羌文化常识，策划录制《再唱山歌给党听》并报送四川省大家唱民族歌咏活动，排练舞蹈《皮鼓声声》参加第九届少数民族艺术节，创编现代川剧小戏《喜盈门》、四川清音《云上北川》。举办“欢乐春节 安逸四川”新春文旅惠、庆羌年等大型文化活动和辛夷花生态旅游节、年猪节、羌茶节、枇杷节、情歌节等乡村文旅活动以及首届美食厨艺大赛，开展我们的节日系列文艺演出4场。推进文化惠民工作，对部分村文化室达标升级，提升文化室服务功能。深入全县乡镇、社区、村寨开展“送文化”“种文化”惠民活动8场次，送戏剧进乡村196场。县文化馆获绵阳市文化广播电视和旅游局颁发的公共文化理论研究征文评选活动优秀组织奖。

【奋进新征程 建功新时代——北川、柯城两地新春联欢会】 以“奋进新征程 建功新时代”为主题，举办2022年北川—柯城新春联欢晚会。两地共34个民族的群众自编自导自演，用艺术语言互贺新春、纳吉纳鲁。歌舞表演《龙腾虎跃》拉开晚会序幕，节目连线《北川—柯城互拜新年》续写两地协作新篇章，民族歌舞《浙川同情》共叙两地深厚友谊，现场播报《群众点赞十件事》体现了人民群众的获得感、

奋进新征程 建功新时代——2022年北川—柯城新春联欢晚会现场

幸福感、安全感不断增强；音乐说唱《建设美丽新北川》展示羌族儿女共同为“加快建成全省民族地区高质量发展先行县”感恩奋进、勇往直前的精神面貌。晚会展示北川、柯城两地年俗文化盛景，展示北川、柯城两地干部、群众在东西部协作过程中结下的情谊。整场晚会通过网络的方式进行直播，话剧小品、非遗展演、民族舞蹈等形式多样的艺术节目也让柯城的观众感受到了不一样的年俗文化。整台晚会北川、柯城线上直播观看人数超40万，国家公共文化云直播观看人数达15万。

（王培芳）

公共图书馆

【概况】 2022年，全县有公共图书馆 1个，纸质图书22万册，电子资源5TB；有农家书屋202个，社区书屋33个，其他单位书屋14个。县图书馆、农家书屋、社区书屋藏书223438册。新增纸质图书579种，订阅报纸60种、期刊343种，更新电子期刊100余种、电子书2000册。县图书馆坚持全天候免费开放，确保每周开放时间达到60个小时。全年，图书馆办理读者卡145张，外借图书7.8万余册，接待6.5万人次。开展线上线下《弘扬雷锋精神争当道德模范》《优秀共产党员楷模》等党史阅读活动。组织流动图书车到军营、校园、村社、企业开展活动20余次，建立5个景区阅读点。县图书馆评为2022年度学会工作先进单位。

【全民阅读】 2022年，全县各农家书屋补充更新图书60册。打造线上线下同步红色经典阅读平台，推出“喜迎二十大·书香伴我行”全民阅读系列书籍推荐7期。在国庆节等重要时间节点推广相关书籍，开通扫码阅读，以纸质书籍、电子书籍双重形式为广大读者提供丰富资源。开展“悦读红色经典 拓展文明实践 喜迎党的二十大”农家书屋主题阅读活动，通过赠送红色经典书籍、现场分享领读、交流学习体会等形式，组织基层群众阅读红色经典读物。开展“‘4·23’世界读书日”主题活动，举办2022年全民阅读活动启动仪式，开展流动图书车进社区活动，免费发放各类书籍500余册。开展好乡村阅读季活动，推荐刘胜燕参评发现乡村阅读榜样，征集“我的书屋·我的梦”农村少年儿童阅读实践活动作品，报送作品200余件。县新华文轩和“三人行”等书店参加天府书展系列活动，及“喜迎党的二十大 百城百店展示展销”活动。提炼总结永昌镇金龟村农家书屋好的经验做法，作为农家书屋创新示范案例积极上报。

（王颖如、王培芳）

融媒体

【概况】 2022年，县融媒体中心（县广播电视台）有采访、直录播高清摄像机10台，小型演播室1个，演播厅1个，标清非线性制作编辑系统1套，高清非线性制作编辑系统3套，标清播出系统1套，高清播出系统1套，直播车1辆。坚持“创新机制体制，激发职工创造力；创新聚合模式，提升平台合力；创新服务模式，激发内容吸引力”的方针，加快广播电视媒体融合发展。全年全媒体矩阵平台“1端2微2台”（新闻客户端，微博、微信，广播台、电视台）运行平稳有序，全年中央电视台用稿151条（其中《新闻联播》用稿15条），四川广播电视台用稿241条，市广播电视台用稿607条。《新闻联播》用稿同比增长25%，中央电视台用稿同比增长7.5%，外宣总量位居全市第一方阵，在全年的创优推优工作中，选送8件参加绵阳市2021～2022年度优秀广播电视节目（新闻类）暨新媒体节目评审推选，其中4件节目获得优秀奖，4件节目获得提名奖，4件作品代表绵阳参加全省评奖，优秀奖数量和送省参评数量排名县市区首位；制作公益广告《心系一片绿 心防一把火》获四川省“森林草原防火”优秀宣传作品二等奖，《清风常在 德行羌山》获“清风润绵州”廉洁文化作品征集活动视频类三等奖；短视频《百年复兴路 天堑变通途》《时光易逝 步履向前》在全省重大文化项目“时代光影 百部川扬”网络视听节目中展播。

【融合媒体打造】 2022年，推进媒体深度融合工作。整合各类宣传平台，构建起“策、采、编、审、发”一体化全媒体业务流程，形成“一体策划、一次采集、多种生成、多元发布”的工作格局。全年完成新闻稿《北川新闻》共编辑播出稿件近960余条；《北川发布》手机客户端、《大爱北川》微信公众号等新媒体平台累计发布图文、视讯信息4500余条，组织直播、录播“羌食荟”“白山羊美食文化节”“第四届海峡两岸大禹文化交流活动”等大型活动6场次，全媒体矩阵关注度达到了15万+，其中《北川发布》手机App注册用户达到3万+。持续完善《北川发布》App、大爱北川微信公众号问政功能，开设《曝光台》、开通《北川新闻》媒体热线，加强新闻事实调查，全程跟踪民意反馈。《曝光台》上线以来围绕安全生产、生态环保、疫情防控、文明城市创建等领域，开展图文信息、短视频、电视、电台曝光98余期，推动各类问题解决165余件。

【深化体制改革】 2月，县委、县政府联合印发《进一步推进县融媒体中心高质量融合发展的实施意见》。融媒体中心坚持正确方向、一体发展、移动优先、科学布局、改革创新，推动传统媒体和新兴媒体在体制机制、政策措施、流程管理、人才技术等方面加快融合步伐。制定《北川羌族自治县融媒体中心同工同酬实施方案》对中心聘用的专业技术人才实行同工同酬，全年落实20余人特色人才薪酬。根据《北川羌族自治县融媒体中心首席记者、首席编辑、首席播音员主持人评聘制度（试行）》，设立首席记者、首席编辑、首席播音员岗位，评选出首席记者、首席编辑各一名，激发采编队伍活力；县融媒体中心所属羌城新媒体中心（县属国企）探索建立了“新闻+政务服务商务”的运营模式，参与重大项目的建设和运营，服务地方经济发展。

【专题专栏宣传报道】 2022年，运用传统媒体与新媒体优势，采取“大屏+小屏”“线上+线下”方式，以《北川新闻》《大爱北川》微信公众号、《北川发布》App为主要载体，围绕党的二十大、文明城市创建、“五大攻坚行动”、疫情防控、乡村振兴等主题，策划开设《喜迎二十大 建功新时代》《创文进行时》《真抓实干 五大攻坚来比拼》《防疫专题》《稳经济 抓发展》《乡村振兴 》《五清专项行动》等主题专栏10余个，全方位展示10年来全县各条战线、各领域取得的重要成就，展示人民群众实实在在的获得感、幸福感和安全感。10月16日，中国共产党第二十次全国代表大会开幕，《北川发布》App高频率、高密度、高方位的规范转载报道二十大新闻48条，点击量6万+；记者走进羌寨以及党代表陈云珍的家乡等具有特色的点位，用镜头、图片、文字记录羌乡大地收听收看大会的盛况，采编稿件《全县干部群众收听收看中国共产党第二十次全国代表大会开幕会》《心潮澎湃！党的二十大报告在羌乡大地反响强烈》等5条，点击量2万+。策划“北川各行人士说我们的新时代”“决战四季度、奋战一百天”“党的二十大代表 北川绣娘带着羌绣上北京”等60多个重点选题，采写的新闻在中央电视台新闻频道、央视CGTN《说说我们的新时代》《二十大特别报道》等节目（栏目）和央视官方新媒体播出稿件10件（次），在四川广播电视台《四川新闻联播》《今日视点》《文旅新闻》《早安四川》《乡村新闻》播出35件（次），在绵阳广播电视台播出49件（次），在《北川发布》《大爱北川》、北川广播电视台等平台推出相关稿件650多件（次）。

（刘晓红）

▶旅 游

概 述

【概况】 2022年，编制《北川羌族自治县文旅产业发展五年行动方案》《文旅产业链2022年行动计划》《北川羌族自治县弘扬中华优秀文化，彰显禹羌文化特色，服务高质量发展工作方案》《全国禹羌文化全域旅游目的地战略规划及三年行动计划》《北川羌族自治县乡镇级片区旅游发展专项规划》《北川羌族自治县“十四五”文化和旅游业发展规划》。在建文旅重点项目14个，年度计划投资3.1亿元，已完成投资3.1亿元，完成投资率100%；对上争取目标为1350万元，已经向上争取资金1350万元，完成100%。全县接待游客320.414万人次，实现旅游综合收入12.84亿元。

【项目建设】 2022年，策划包装文旅项目60个，概算总投资156亿元。培育旅行社2家；招引四川海瑞国际贸易有限公司在北川注册云中依莱民族服饰品牌并落地建设；与力方数字科技集团签约北川新县城文旅综合提升项目，完成北川安昌河“一河两岸”水利基础设施提升项目融资和北川文化综合提升项目融资；与福建功夫动漫有限公司签约北川城市数字IP提升项目；完成6个东西部协作项目建设；加快推进千佛山战役遗址公园、大熊猫动植物园、大禹文化公园项目建设；推进6个市内协同项目建设，已完工1个；对上申报专项债券项目2个、中央预算内项目1个（千佛山战役遗址公园项目）、市级文化产业项目1个（羌族草编传承保护与发展建设项目）、四川省文化旅游融合示范项目1个（巴拿恰双创民俗文化旅游街项目）。

【巴拿恰入选全国非遗与旅游融合发展优选项目名录】 11月，中国非物质文化遗产保护协会公布2022年全国非遗与旅游融合发展优选项目名录，北川巴拿恰入选非遗旅游街区。巴拿恰位于全国唯一的羌族自治县“天府旅游名县”北川新县城中轴线上，是北川新县城的门户，也是四川最大的羌文化旅游商业步行街，全长582米，宽130米，占地7.46公顷，总建筑面积7.56万平方米，由27栋单体建筑、7座碉楼和1个大型广场构成。街区里民俗文化丰富，常态化的民俗文化展演，一年四季开口即唱山歌、起身便跳莎朗舞，可以体验的非遗有羌年、瓦尔俄足节、大禹祭祀、羊皮鼓舞、体育竞技推杆、羌族草编竹编；可以品尝的非遗有砸酒、腊肉、烤白山羊；可以带走的非遗有羌绣、北川苔子茶；留在心间的非遗有情景体验剧《走北川》以四个舞台“四

北川巴拿恰

季轮转”的艺术形式呈现羌族采茶、民间祭祀等诸多禹羌元素。

旅游资源

【概况】 2022年，全县有国家AAAAA级景区1家，国家AAAA级景区4家，国家AAA级景区1家，星级农家乐102家，国家级AAAA级特色旅游商品购物点1个，旅行社12个；全县拥有星级农家乐（乡村酒店）102家，其中四星级农家乐2家，三星级乡村酒店3家，三星级农家乐35家，二星级农家乐44家，一星级农家乐18家，62家正常营业，40家因故停业，其中10家因受疫情影响，5家因为扩建、装修停业，12家因受地质灾害、洪涝灾害破坏，4家因为道路交通不畅、难以供应原料停业，9家因为其他原因停业；全县共有旅游资源1697项，其中，五级资源（全球知名）18项、四级资源（全国知名）55项、三级（全省知名）385项、新发现159项，149项分布于全县范围、1548项分布在各乡镇。

【旅游精品线路】 2022年，全县旅游线路21条，其中精品线路5条。精品旅游线路分别为：民族风情一日游：进入北川→寻龙山景区→羌族民俗博物馆→巴拿恰→北川新县城→城市夜游汇→返程；研学体验两日游：进入北川→老县城地震遗址→雪狼训练营→巴拿恰商业街→羌族民俗博物馆→飞鸿滑草场→应急管理学院→维斯特农业休闲旅游区→返程；生态民俗三日游：进入北川→巴拿恰→羌族民俗博物馆→飞鸿滑草场→吉娜羌寨→老县城地震遗址→药王谷景区→九皇山景区→返程；古羌文化四日游：进入北川→巴拿恰商业街→羌族民俗博物馆→城市夜游汇→滑草场→吉娜羌寨→老县城地震遗址→小寨子沟→返程；休闲养生五日游：进入北川→巴拿恰商业街→羌族民俗博物馆→寻龙山景区→城市夜游汇→老县城地震遗址→恩达羌寨→九皇山景区→药王谷景区→返程。

【文旅品牌创建】 2022年，北川维斯特农业科技示范园、5·12汶川特大地震纪念馆被评为2021～2025年度第一批全国科普教育基地；九皇山民族文化研学实践教育基地、北川巴拿恰羌族草编研学旅行实践教育基地、绵阳飞行职业学院航空主题研学基地被评为省级研学旅行实践基地；石椅村荣获天府旅游名村；天府旅游命名县提升建设年度考评北川位居全省第十八名；北川入选“2022中国县域旅游发展潜力百强县市名单”第32名；青片乡荣获省级乡村文化振兴样板乡；北川羌城旅游区评为2022年度四川省体育旅游示范基地；宝城村、玉皇山村成功创建省级乡村旅游重点村；九皇山、大禹文创入选天府文旅IP项目库入库项目；“羌食荟”五个一大礼包、竹编文创耳环和羌绣茶席分别被评为天府旅游名县特色旅游商品网络大赛金奖和银奖。

旅游市场推广

【概况】 2022年，组织县内

文旅企业（商家）参加“多彩山水·悦览绵阳”2022绵阳文旅推介会，“绵品出川”厦门行、东莞行、苏州行和海南国际文创周等文旅文博会、2022重庆国际都市文旅消费节。举办“悦享北川 游购羌城”2022秋冬文旅产品暨国庆黄金周精品线路发布会，宣传推介北川文旅产品，开展元旦、春节、“三八”妇女节、“五一”劳动节、“5·19”中国旅游日、端午节、七夕节、中秋节、国庆节等节前宣传营销推广活动。拍摄“文旅局长说文旅”“文旅人带你游北川”系列短视频，40余期，浏览量超20万。整合全县智慧旅游平台，广泛开展智慧旅游宣传推广，更新“智游天府”智慧旅游平台各项内容，更新完善全县文旅一张图以及美食地图，全年向绵阳旅游微信平台提供微信素材200余条，并同步更新、推送到微信、抖音等媒体平台。

【“悦享北川·游购羌城”2022秋冬文旅推介会】 9月28日，“悦享北川·游购羌城”2022秋冬文旅推介暨潮游黄金周主题嘉年华精品线路发布会在北川举行。推荐会由北川羌族自治县文化广播电视和旅游局和北川羌族自治县商务经合局联合主办，北川县级相关部门、各行业协会代表、企业代表以及媒体界代表参加会议。“北川发布”和“大爱北川”两大平台同步直播。发布会介绍“悦享北川·游购羌城”消费券活动成效情况，发布北川文旅资源推介、国庆活动及研学线路。国庆黄金周来临之际，组织各景区、景点、星级酒店、星级农家乐、民宿、餐饮店铺等提前召开专题会议，为黄金周活动做好充分准备，精心策划推出一系列精品线路、优惠活动和一大波2022国庆“悦享北川·游购羌城”消费券，推动全县文旅产业有序复苏。

【参加“绵阳出川”厦门行】 6月，组织北川禹珍实业、四川汇德轩代表北川好物参加“绵品出川”厦门行。羌绣、草编、水墨漆等文创产品，茶叶、腊肉、魔芋等60余种系列产品亮相厦门。活动现场厦门市民观看北川羌族自治县民族艺术团的文化艺术表演，通过线上线下等方式购买北川好物。本次活动，北川农特、文旅产品线上线下销售总额48.6万元，其中，线下销售22.8万元，线上销售25.8万元，签订购销协议350万元。

（王培芳）

2022年北川羌族自治县星级农家乐（乡村酒店）名录

表3

序号	名称	类型	级别	地址	评定时间	是否营业	停业原因	停业时间
通泉镇（12家）								
1	西羌神木寨	农家乐	四星	通泉镇神木寨村	2016	是		
永昌镇（12家）								
2	乡里人家野泥鳅农家乐	农家乐	二星	永昌镇沙汀村	2017	是		
3	龙泉山庄	农家乐	二星	永昌镇沙汀村	2016	是		
4	圣逸园	农家乐	二星	永昌镇圣灯山村	2016	是		
5	桥瑞明宿康养园	农家乐	三星	永昌镇圣灯山村	2019	否	疫情影响	2021
6	北山公园休闲山庄	农家乐	三星	永昌镇北山公园	2016	是		
7	谭玺贝羌妹子山庄农家乐	农家乐	三星	永昌镇开茂村	2016	是		
8	乡旮旯农家乐	农家乐	三星	永昌镇开茂村	2016	是		
9	西羌莫尼山庄园	农家乐	三星	永昌镇金龟村	2017	否	正在扩建	2020

续表3

序号	名称	类型	级别	地址	评定时间	是否营业	停业原因	停业时间
10	龙凤羌寨	农家乐	四星	永昌镇开茂村	2019	是		
11	圣灯休闲庄	农家乐	三星	永昌镇圣灯山村	2013	是		
12	银杏山庄	农家乐	三星	永昌镇安昌社区	2013	是		
13	蓝色春天	农家乐	三星	永昌镇纳溪村	2013	否	正在扩建	2020
				永安镇（3家）				
14	泉水河农家乐	农家乐	三星	永安镇向阳村	2016	是		
15	乡巴佬	农家乐	三星	永安镇平桥村	2013	是		
16	镶门坝生态园	农家乐	三星	永安镇元门坝村	2013	是		
				曲山镇（12家）				
17	陈家大院	农家乐	三星	曲山镇石椅村	2015	是		
18	迎天下山庄	农家乐	三星	曲山镇石椅村	2015	是		
19	云朵山庄	农家乐	三星	曲山镇石椅村	2015	是		
20	花果山庄	农家乐	三星	曲山镇石椅村	2015	是		
21	石椅羌寨	农家乐	三星	曲山镇石椅村	2013	是		
22	玉景苑	农家乐	三星	曲山镇玉皇山村	2017	否	整修装修	2020
23	绿丰园	农家乐	三星	曲山镇石椅村	2017	是		
24	青峰寨农家乐	农家乐	二星	曲山镇石椅村	2018	是		
25	山顶人家	农家乐	二星	曲山镇石椅村	2017	是		
26	北川景家羌韵家庭农场	农家乐	一星	曲山镇玉皇山村	2018	否	疫情影响	2022
27	云中避暑山寨	农家乐	一星	曲山镇玉皇山村	2018	否	地灾影响	2022.5
28	尔玛人家	农家乐	二星	曲山镇石椅村	2015	否	正在装修	2022.3
				片口乡（1家）				
29	康源避暑山庄	农家乐	三星	片口乡泽可村	2016	否	个人原因	2021
				马槽乡（2家）				
30	明水山庄	农家乐	三星	马槽乡明头村	2016	是		
31	黑水羌寨	农家乐	二星	马槽乡黑水村	2019	否	洪灾影响	2020
				都贯乡（2家）				
32	云贯羌寨	农家乐	三星	都贯乡林埝村	2017	是		
33	老秦家农家院	农家乐	二星	都贯乡皇帝庙村	2017	否	其他规划	2021
34	羌王竹海	农家乐	三星	擂鼓镇楠竹村	2017	是		
35	惠德山庄	农家乐	二星	擂鼓镇盖头村	2013	是		
36	黄家大院	农家乐	一星	擂鼓镇楠竹村	2017	是		
37	九成号酒庄	农家乐	三星	桃龙藏族乡九成村	2019	否	道路不畅	2022
38	桃花寨农家乐	农家乐	三星	桃龙藏族乡桃花村	2019	否	洪灾毁路	2022

续表3

序号	名 称	类 型	级 别	地址	评定时间	是否营业	停业原因	停 业 时 间
坝底乡（1 家）								
39	北川山岔沟风景区有限公司	农家乐	三星	坝底乡马坪村	2019	否		
40	益康生态农业专业合作社	农家乐	三星	陈家坝黎山村	2019	是		
禹里镇(4家）								
41	归原居	农家乐	三星	禹里镇禹里村	2019	是		
42	禹里农庄	农家乐	二星	禹里镇石泉社区	2014	是		
43	土布拉吉	农家乐	二星	禹里镇禹里村	2014	是		
44	禹王山庄	农家乐	二星	禹里镇禹穴村	2016	否	洪灾损毁	2020
青片乡(13家）								
45	羌山别院休闲农庄	农家乐	三星	青片乡上五村	2019	否	洪灾影响	2020
46	西羌源假日酒店	农家乐	三星	青片乡上五村	2019	是		
47	小寨龙堂	农家乐	三星	青片乡上五村	2019	是		
48	五龙寨	农家乐	三星	青片乡正河村	2015	否	路道建设	2020
49	天赐原	农家乐	二星	青片乡正河村	2015	否	路道建设	2020
50	西窝羌寨	农家乐	二星	青片乡上五村	2015	否	洪灾影响	2020
51	1977熊猫酒店	乡村酒店	三星	青片乡安棉村	2019	是		
52	顺琴客栈	农家乐	二星	青片乡安棉村	2017	否	洪灾影响	2020
53	林枝楼	农家乐	二星	青片乡高峰村	2017	否	洪灾影响	2020
54	汇海楼	农家乐	二星	青片乡高峰村	2017	否	洪灾影响	2020
55	古羌山庄	农家乐	二星	青片乡上午村	2017	否	正在装修	
56	羌寨风情	农家乐	二星	青片乡上午村	2017	否	洪灾影响	2020
57	小寨山庄	农家乐	二星	青片乡青片社区	2018	否	洪灾影响	2020
漩坪乡(1家）								
58	岩门子农家乐	农家乐	二星	漩坪乡岩门村	2018	否	交通不便	2021.1
桂溪镇(44家）								
59	尔玛水寨休闲中心	农家乐	二星	桂溪镇永乐村	2014	否	疫情影响	2021.1
60	羌寨人家	农家乐	二星	桂溪镇宝城村	2014	是		
61	羌家山寨饭店	农家乐	二星	桂溪镇辛夷村	2014	是		
62	羌家客栈	农家乐	二星	桂溪镇宝城村	2014	是		
63	玉源餐厅	农家乐	三星	桂溪镇永乐村	2014	是		
64	九环人家	农家乐	一星	桂溪镇渭沟村	2016	否	疫情影响	2020
65	娜禄人家	农家乐	一星	桂溪镇渭沟村	2016	否	疫情影响	2021
66	西羌农家	农家乐	一星	桂溪镇宝城村	2016	否	花期太短	
67	山里人家	农家乐	一星	桂溪镇宝城村	2016	是		
68	农家小院	农家乐	一星	桂溪镇渭沟村	2016	否	业主生病	2019

续表3

序号	名 称	类 型	级 别	地址	评定时间	是否营业	停业原因	停业时间
69	辛夷山庄	农家乐	二星	桂溪镇宝城村	2016	是		
70	山野庄饭店	农家乐	二星	桂溪镇辛夷村	2016	是		
71	宝哥农家乐	农家乐	二星	桂溪镇宝城村	2016	是		
72	阳光农家乐	农家乐	二星	桂溪镇宝城村	2016	是		
73	花溪景巩家寨缘来聚	农家乐	二星	桂溪镇宝城村	2016	是		
74	丽城农家乐	农家乐	二星	桂溪镇宝城村	2016	否	疫情影响	2020
75	花溪景王家大院	农家乐	二星	桂溪镇宝城村	2016	是		
76	汪氏天麻鸡野菜饭店	农家乐	二星	桂溪镇辛夷村	2016	否	游客不多	2020
77	李家大院农家乐园	农家乐	二星	桂溪镇宝城村	2017	是		
78	紫薇山庄农家乐	农家乐	二星	桂溪镇辛夷村	2017	是		
79	三姐羌家乐园	农家乐	二星	桂溪镇宝城村	2017	是		
80	龙门客栈	农家乐	二星	桂溪镇宝城村	2017	是		
81	金明农家乐园	农家乐	一星	桂溪镇渭沟村	2017	否	疫情影响	2020
82	兴忠农家乐园	农家乐	一星	桂溪镇渭沟村	2017	否	疫情影响	2020
83	高山农家乐	农家乐	一星	桂溪镇宝城村	2017	否	业主生病	2022
84	九煌宾馆	农家乐	三星	桂溪镇宝城村	2018	是		
85	甘溪林隆酒店	农家乐	三星	桂溪镇永乐村	2018	是		
86	沙窝商务宾馆	农家乐	三星	桂溪镇辛夷村	2018	否	出租他用	2020
87	半坡老家农家乐	农家乐	二星	桂溪镇宝城村	2018	是		
88	瑟儿人家农家乐园	农家乐	二星	桂溪镇渭沟村	2018	否	疫情影响	2020
89	古猿山庄农家乐园	农家乐	二星	桂溪镇宝城村	2018	是		
90	玉玲农家乐	农家乐	二星	桂溪镇宝城村	2018	是		
91	西羌花谷农家乐园	农家乐	一星	桂溪镇宝城村	2018	否	人手不够	2020
92	吴氏休闲农家乐	农家乐	一星	桂溪镇辛夷村	2018	否		
93	玉福羌园农家乐	农家乐	一星	桂溪镇渭沟村	2018	是		
94	猿山饭店	农家乐	一星	桂溪镇宝城村	2018	是		
95	羌乡三妹农家乐园	农家乐	一星	桂溪镇宝城村	2018	否	地灾影响	2022.7
96	程程农家乐餐厅	农家乐	一星	桂溪镇宝城村	2018	是		
97	羌家小苑餐厅	农家乐	一星	桂溪镇宝城村	2018	是		
98	幸福农庄农家乐	农家乐	二星	桂溪镇宝城村	2019	否	疫情影响	2020
99	赵家大院幺哥农家乐	农家乐	二星	桂溪镇辛夷村	2019	是		
100	览景苑农家乐	农家乐	二星	桂溪镇辛夷村	2019	否	花期太短	
101	羌苑酒店	乡村酒店	三星	桂溪镇宝城村	2019	是		
102	禹羌之醉	乡村酒店	三星	桂溪镇宝城村	2019	是		

5·12汶川特大地震纪念馆

【概况】2022年，5·12汶川特大地震纪念馆接待社会公众68.2万人次。完成地震遗址本体保护及周边环境治理等项目，保障地震遗址安全；实施文物库房改造提升，建设标准文物库房2个；征集文献实物资料550件（套），录制亲历者口述采访视频20组。成立抗震救灾精神宣讲团和人才工作室，挖掘抗震救灾精神内涵。举办“地震纪念馆杯”“小小讲解员”“七进”（进校园、进机关、进社区、进乡村、进企业、进军队、进网络）等主题活动，开展社教活动738场次。启动地震纪念馆主题陈展改展提升工程，举办临展4个，引进展览2个，举办巡展11场次。开展科研课题5项，发表科研论文8篇，提供科研服务29次。被中国科学技术学会复核认定为全国科普教育基地（2021～2025）、被教育部办公厅、科技部办公厅联合认定为首批“大思政课”实践教学基地科学精神专题实践教学基地，北川老县城地震遗址列入四川省第二批不可移动革命文物名录，48件（套）珍贵文物入选四川省第二批可移动革命文物名录。

【抗震救灾精神宣讲团】2022年8月23日，抗震救灾精神宣讲团及其工作室挂牌成立，首批成员共5名。编写、报审《从抗震救灾精神中汲取前行力量》宣讲提纲，宣讲团成员编制课程，在西南财经大学天府学院、中国民航飞行学院绵阳分院、四川幼儿师范高等专科学校等宣讲党的二十大精神、抗震救灾精神6场次，累计960人参与宣讲活动。通过系列宣讲，让抗震救灾精神深入高校师生，为高校思想政治教育注入了新活力。

【“地震纪念馆杯”系列品牌活动】7月11～15日，5·12汶川特大地震纪念馆举办“地震纪念馆杯”小小讲解员暑期培训班，培训小小讲解员32人。11月3日，市委宣传部、市文明办、市社科联、市教体局和5·12汶川特大地震纪念馆在绵阳市青少年活动中心联合举办绵阳市第四届“地震纪念馆杯”爱国主义教育基地、社科普及基地小小讲解员比赛活动，本次决赛小学组30人，中学组26人参赛，小学组吴馨雨等十人、中学组黄思涵等十人分别荣获“十佳小小讲解员”奖项。

【北川老县城地震遗址保护】2022年，5·12汶川特大地震纪念馆完成北川老县城地震遗址文物本体巡查320余次，采集照片2100余张。实施北川老县城地震遗址北川大酒店、K06商住楼（室外部分）文物加固保护项目，实施北川老县城东侧危岩群地质灾害治理、北川老县城堤防“8·15”水毁恢复重建工程等项目，西山坡地灾治理水毁修复、王家岩滑坡治理项目进入自然资源部项目库，完成老县城本体建筑预警监测项目方案设计、财政评审等工作。

（赵建平）

▶ 教育·体育

概　述

【概况】 2022年，全县现有各级各类学校32所，其中，公立学校23所（幼儿园4所、小学13所、初中4所、普高1所、中职1所；含附属幼儿园9所）；民办学校9所（幼儿园7所，中职1所，高职1所）。在校学生31590人〔幼儿园4079人，小学9657人，初中5539人，北川中学3374人，七一职中3065人，泛美飞校5876人（含高职）〕，北川户籍留守儿童1423人，残疾儿童129人。在编教职员工1717人(党员759人），特岗教师28名，退休教职工1185人（退休教师党员212人）。2022年度，县级一般公共预算教育经费投入45398万元，较2021年增长0.91%，生均一般公共预算教育经费学前、小学、初中、普高、中职分别为8372元、15841元、23895元、17232元、17590元，较2021年分别增长2.26%、1.54%、0.45%、2.25%、0.01%，实现了教育投入“两个只增不减”。全年累计争取资金1.5亿元，较目标任务（1.42亿元）增加0.05%。着力做好民生实事，全年累计发放教育扶贫救助基金1400余万元，资助12000余人次，确保全县887名留守儿童健康成长，129名适龄残疾儿童全部入学。全覆盖落实十五年免费教育、“三免一补”和营养改善计划等教育惠民政策，全年共计投入8398余万元。

【教育项目建设】 2022年，推进基础设施建设，项目投资8088.4494万元，实施永昌小学运动场改造、北川中学学生公寓改造等各类维建修及设施设备采购项目55个，永昌镇体育公园项目成功入库。其中改造运动场地25000余平方米、维修校舍墙面45000余平方米，维修改造地面20000余平方米，对6000余平方米的屋顶进行防水处理，改造教师周转房50套，改善全县义务教育学校办学条件，解决乡村教师周转住宿困难问题。推进永昌第三幼儿园项目前期工作，已签订工程设计合同，正在开展工程设计。

【深化教育改革】 2022年，组建县教育发展研究所，改革学科教研员选拔聘任办法，成立31人的教育科研团队，有序推动全县师培和教育科研工作。改革教育质量评价体系，修订、完善《中小学、幼儿园教育质量评价方案》，强调过程评价，注重增值性评价，激发学校的内驱力。组建学区责任督学团队，建立20人的学区督学队伍，全部下沉学校实施挂牌督学，督促、指导、规范各校的办学行为。实施学校重点工作点评，每月一主题，对各校重点工作按照月度安排进行汇报，进行面对面点评，促进各项工作保质、保量、高效推进。组建家庭教育讲师团，成立北川家长学校总校，在全县遴选33名优秀教师组建家庭教育讲师团，开展家庭教育讲座20余次，覆盖家长约万人，形成家校共育合力。组建艺体特长师资库，入库艺体教师38人，化解全县校外教育、课后服务、特长训练等专业力量不足矛盾。强化劳动实践教育，因地制宜开辟劳动教育基地，组织编写《北川羌族自治县劳动实践教育手册》，指导不同学段学生开展劳动实践教育。注重学生心理健康教育，与清华大学合作开展积极心理学“心种子”项目建设，组建“心种子”团队教师50名，在全县师生中开展积极心理教育实践活动，努力培养师生健康的心灵。

【实施“一校一品、一校一特”学校特色建设】 2022年，实施以茶艺为特色的擂鼓幼儿园、以木工为特色的永昌幼儿园、以羌绣为特色的馨羌蕾幼儿园、以“非遗”文化为特色的永昌小学、以羽毛球为特色的永昌实验学校、以管乐合唱为特色的安昌小学、以书法文化为特色的擂鼓小学、以花棒为特色的坝底小学、以军旅文化和科技文化为特色的擂鼓八一中学、以农耕文化为特色的西苑中学、以中医药文化为特色的永昌中学、以大爱大同大匠为特色的七一职中、以棒球为特色的北川中学等一批特色学校,带动北川教育特色发展、内涵发展。2022年，幸福小学三年级3班中队被共青团中央、教育部、全国少工委表彰为“全国优秀少先队集体”。

【铸牢中华民族共同体意识教育】 2022年，打造永昌小学、擂鼓八一中学、七一职业中学等一批省、市级民族团结进步示范学校和中华民族共同体意识教育基地，8月，“富民安康”项目在北川中学落地，300名甘孜籍学生报到就读。在“铸牢中华民族共同体意识”的指引下，学校特设民教处，与高一年级团队和甘孜州管理团队精细管理，因材施教，探寻适合每个学生成长的新路径。一生一档，精细管理；利用周末，夯实基础，补齐短板；甘孜州管理团队深度参与，共同管理；周末“结对子”活动，促进民族融合；中秋节、民族融合节、中华民族优秀传统文化节等活动丰富；学校勤服务水平提升，丰富菜品、建设洗衣房，让生活越来越便捷；每个月300元生活补足按时发放，并对家庭困难学生实施进一步帮扶，免除上学后顾之忧。

【东西部扶贫协作教育人才交流】 8月，柯城区教育局选派高海霞等6名教师到北川开展支教工作，支教时间为一年。为充分利用好浙江柯城区教育资源，把东部教育先进理念和教育教学方法与北川实际紧密结合，本着“人岗相适”的原则，县教体局把6名教师分别安排到永昌中学、永昌实验学校2所学校支教。10月，县教体局选派考试中心副主任陈亮到柯城区挂职副局长，挂职时间一年；选派唐明等3名干部教师赴柯城区开展为期3个月的挂职学习，主要学习东

北川中学“富民安康”班首届学生正式报到入学

部地区先进的教育思想、管理理念和教学方法。9月，在柯城区教育局的大力支持下，北川七一职业中学选派28名农村籍学生到衢州市工程技术中等专业学校开展为期一年的职业技术培训，巩固脱贫成果，助力乡村振兴。柯城区使用资金7万元，为全县开展学前学普幼儿园教师培训213名。11月，北川选派18名乡村未来教育家到柯城区开展为期5天的培训活动，主要学习东部地区先进的教育理念和教学方法，开阔教师眼界，拓展职业视野。

教育管理

【师资队伍建设】 2022年，全县招聘新教师84名，除北川中学、七一职业中学、县城幼儿园的44名教师直接招聘到校外，其他40名教师（包括省属公费生4名、公招22名、幼儿园4名、特岗10名）都分配在乡镇中小学、幼儿园任教。全县中小学新提拔党组织书记10名，新培养党员干部30余名，发展14名优秀骨干教师为共产党员；组建31人的教育科研团队，成立名师工作室11个，确立“乡村未来教育家”培养对象34名，“卓越教师”培养对象25名；建立一支20人的学区督学队伍，全部下沉学校实施挂牌督学，督促、指导、规范各校的办学行为，推进学校治理体系和治理能力提升；整合全县力量，组建一支38人的艺体特长教师队伍，由青少年活动中心进行统一管理和调配，化解全县校外教育、课后服务、特长训练等专业力量不足矛盾；成立北川家长学校总校，各学校成立家长学校分校，在全县遴选33名优秀教师组建家庭教育讲师团，开展家庭教育讲座，更新家长家庭教育观念，提升家庭教育水平，形成家校共育合力，构建和谐家校关系。注重年轻干部梯次培养。建立健全《学校行政干部后备人才建设管理办法》，明确“新提拔的学校干部在后备人才库中优先选拔，35周岁及以下干部数应达到干部总人数的40%以上”，年轻教师的发展得到优质的政策保障。开展“学校行政干部后备人才”选拔工作，选拔校园长、副校园长、中层干部后备人才35名进行培养培训；参加国家、省、市级培训40余人次，开展县级干部培训、学科教师培训、新教师培训、骨干教师培训等1200余人次、教师信息技术应用能力提升工程2.0培训1629人次。全年全县共计有29所学校实施农村教师生活补助，受益教师1013名，补助金额494.92万元（省级专项补助资金274万元、市级专项补助资金73.66万元、县级财政配套补助资金147.26万元）。

【教育信息化建设】 2022年，投入1410万元，配备智慧黑板、监控、教育网、云计算机教室、智慧照明系统及各类功能室等设备，提高教育信息智能化水平。课堂教学运用多媒体教学设备大大提高课堂教学效率，既促进教师信息化教学能力的提升又培养学生信息技术知识、技能、应用能力以及信息意识等方面的信息素养，同时信息化教学手段的应用更能提高教师培养学生自主获取知识的能力，有利于指导学生学习探索活动。

【学校安全管理】 2022年，全面落实安全工作“党政同责、一岗双责”，在校园内部推行安全“四包”（包学习、包思想、包生活、包家访服务）和“八制”（门卫安全管理制度、课堂教学安全制度、设施设备检查制度、饮水安全制度、课间安全管理制度、物品放置安全制度、用电安全制度、节假日安全值班制度）方针，落实“五值”制度（值周边、值校门、值宿舍、值监控、值厕所），对全县留守儿童、单亲家庭、离异家庭等八类重点学生建立台账，包保到位，关心到位。成立教体局安全信访股，指导各校建立健全综治安全工作管理机构。加强各方力量的合作联动，聘请31名法治副校长，全县31所各级各类学校建立定期家长会制度，形成信息共享、体系共建、问题共治的工作格局，校园安全工作在全市做典型发言。抓好校园安防建设，安防建设6个100%全部达标。抓好安全隐患排查，全年共排查出一般隐患

41个，及时化解学生之间、师生之间及其他矛盾纠纷36起。补齐漏洞短板，完善校园周边警示标识100余处，设置“护学岗”，校门50米范围内，在放晚学、周五、节假日放学的重点时段“见警车、亮警灯、听警笛”。所有学校设置高度不低于2米的围墙或其他实体屏障，实行封闭式管理。邀请消防、公安、交通、卫健专业人员进校园，开展消防、交通、校园欺凌、卫生等安全讲座及隐患排查。开展安全宣传教育，举办型防溺水宣传活动30余场，应急演练100余场，印发《防溺水、森林草原防灭火、道路交通安全致家长一封信》3万余份，防溺水、森林草原防灭火、道路交通安全即时贴1.6万余份，防溺水、森林草原防灭火、道路交通安全宣传条幅100多条。组织全县五年级以上学生参加2022年全国青少年禁毒知识竞赛，及格率90%，满分率70%。开展文明出行宣传教育活动，发放宣传资料3万余份，普及“一盔一带一反光”交通安全法规知识。举办校园防欺凌教育30余场次，摸排管制刀具100余次，开展法治讲座100余场次，有效地预防未成年人违法犯罪。全县开展消防专题班会课500多场次，受教育学生达3万余人次。落实保险责任，维护校园安全稳定，按照“参保自愿”原则，在校园内推进学生监护人责任保险，参保覆盖率达54.5%；全县31所中小学、幼儿园共计27534人均已投保校方责任保险、校方无过失责任保险；校方责任保险提供每校累计保额1600万元，校方无过失责任保险提供每校累计保额500万元；全县25所中小学、幼儿园投保食品安全责任保险，每校按最高保额500万元进行投保。

【学校后勤服务监管】 2022年，制定下发《关于做好2022年春季学校食品安全工作的通知》和《关于进一步加强学校食品安全管理的通知》，强调学校加强食品安全管理工作，确保学校食品安全；联合县市场监管局、县卫健局开展学校及校园周边食品、卫生安全专项督导检查；通过“互联网+明厨亮灶”和“食堂食品安全智能化管理系统”实现对食品的事前预防、事中监测、事后追溯等环节进行智能化管理，接受监管部门和社会监督。采取“现场+线上”方式对全县学校分管领导、食堂管理员和食堂从业人员共计500余人进行食品安全培训，并进行食品安全知识考试。修订宿舍管理员的工作职责和工作细则，制定有效的宿舍突发事件应急预案，做到卫生检查、值班登记、作息情况记录等信息详细、准确，抓实常规管理与服务，做好值班管理、生活秩序管理、作息管理、资产管理等宿舍管理与服务工作，保障宿舍生活秩序正常，为学生创造良好的住宿生活条件。投入资金450余万元对县城中小学宿舍基础设施进行改造提升，提升学生宿舍住宿环境。2022年，由县教体局作为业主招标采购粮油550万元、牛奶600万元；由学校做业主自主招标采购蔬菜、肉类和干杂调味品等4300万元。

（肖明阳）

基础教育

【概况】 2022年，全县有公办建制幼儿园4所、民办幼儿园7所、小学附设幼儿园9所，学前教育实现公民办并举，协调发展；全县有义务教育学校17所，其中初中4所、小学13所，以强校带弱小模式进一步提升教育质量；县域内有1所普通高中。

【学校布局调整】 2020年起，启动小坝初中、坝底初中和片口义校初中部（更名为片口小学）的撤并工作，至2022年，完成青片小学、白什小学、马槽小学、桃龙小学、开坪小学、漩坪小学、白坭小学、邓家小学、任家坪小学、香泉小学、陈家坝中学、通泉义校初中部等12所学校的撤并，剥离永昌实验学校初中部，永昌中学整体搬迁入永昌实验学校，集中力量进行初中教育教学，将永昌实验学校小学部整体迁入现永昌中学校址，建成城区寄宿制小学，保留永昌实验学校机构，挂永昌实验学校牌子，与永昌小学组建永昌小学教育集团，继续与市教科所实施合作办学。2020年以来所撤并的16所中小学和2所义务教育学校初中部涉及教师265人，采取县内公开选调安置45人，公开考核选岗安置103人，组织统筹安置学校领导干部、大龄教师、工人、卫生保健人员117人。全县教师队伍结构得到优化，尤其是中小学艺体教师得到保障，也较大降低办学成本。

【学前教育】 2022年，强化公办引领，实施民族地区“一村一幼”计划，公办幼儿园占比达到68.04%，普惠性幼儿园覆盖率达91.11%，学前三年毛入园率达92.28%。全县4所公办幼儿园采取“1+X+Y模式”（1所公办幼儿园带动X个小学附设幼儿园和Y个民办幼儿园），建构4个学前教育发展共同体，覆盖9所小学附设幼儿园和7所民办幼儿园，通过园际间“城带乡、强带弱、公带民”结对帮扶的方式，运用“管理制度一体化”“文化渗透与培植”“资源整合与共享”“专项帮扶与引领”等一系列措施，带动薄弱园共同进步，有效促进农村薄弱园、民办幼儿园在办园思想、课程管理、环境创设、队伍建设等多方面获得长足发展。2022年春季为全县5439名学前幼儿减免保教费，减免资金652.68万元；2022年秋季减免保教费4032人，减免资金483.84万元，共计减免资金1136.52万元。

【义务教育】 2022年，聚焦“补短板、强弱项”，探索实施教育集团化办学，按照“1+1+N”（1所领航学校和1所龙头学校结对帮扶N个薄弱学校）模式组建永昌学区、擂鼓学区、禹里学区、桂溪学区4个学区共同体，建立永昌中学教育集团、西苑中学教育集团，有效构建学区和教育集团内“资源共享、师资互补、学生互动、教师共研”的发展格局，推进县域义务教育优质均衡发展，荣获全市义务教育质量特等奖。学区共同体教学教研共通共进，义务教育学区共同体内统一教学常规管理，在课程设置、校本研修、教学过程的管理、教学质量的监测等方面制定统一的制度，实施统一的管理。建立统一的教育科研活动制度，全面推进学校的素质教育，着力加强学区共同体校本研修，以务实创新的举措，针对性研究学科短板，共同备课、共享课件、共享优质教育资源，以科研为抓手促进教育管理水平和教育质量提升。学区共同体内统一教学质量监测，在期末考试试卷命制、监测管理、质量分析、问题整改等方面学区内统一管理。学区共同体内统一开展师生活动，如运动会、研学实践、社会实践、劳动实践、艺术节等完全实现互联互动。开展义务教育控辍保学工作，结合脱贫攻坚“义务教育有保障”扎实开展控辍保学工作，确保每一位适龄儿童少年全部入学，入学率100%。规范义务教育学校的招生秩序、作业负担、课后服务、班额编排等方位实行全方位的规范，减轻学生过重的课业负担，促进中小学生健康成长。2022年春季享受家庭困难学生生活补助6335人，其中寄宿生4772人，非寄宿生1563人，发放资金305·1250万元；2022年秋季享受生活补助6144人，其中寄宿生4577人，非寄宿生1567人，发放资金297.15万元，全年共计发放资金602.28万元。

【普通高中教育】 2022年，通过“学思课堂”建设、与绵阳中学“联合办学”，北川中学绵中班、富民安康班发展态势良好，北川中学连续12年获绵阳市普通高中教育质量综合评估特等奖。8月，甘孜“富民安康”班300名学生顺利报名入校；学校规模达到3370人。北川中学实施十五年免费教育，2022年3370名普通高中学生享受免学费和提供免费教科书，减免金额387.1万元；1200名家庭困难学生享受国家助学金，发放资金240万元。

职业教育

【概况】 2022年，北川有中职学校2所，即北川七一职业中学和绵阳泛美飞行职业技术学校，全县职普学生比达2.6∶1。七一职中连续11年蝉联绵阳市技能大赛冠军，并成功创建成为四川省中职“双示范学校”和四川省四星级中职学校，荣获全市职业教育质量特等奖。绵阳泛美飞行职业技术学校招收全国各地学生6000余人。

【北川七一职业中学“双示范”建设】 2022年，北川七一职中围绕“4468工程”，落实“民族地区特色鲜明的示范性强的中等职业学校”建设目标，实施“立足北川、服务乡村振兴、辐射民族地区”建设思路，16 个遴选条件和 54 项基本指标全部达标，完成四川省示范中等职业学校建设验收要点481个，完成率100%。取得标志性成果7项，受益学生3200余人，受益教职工200余人，社会培训8000余人。至2022年年底，学校获省级教学成果奖2项，省级名校长1人，省级优秀教师1人，省级教学能力大赛获奖56人次，全国教学能力大赛获奖1人，省级及以上标志性成果计7项。

【北川七一职业中学“三名工程”建设】 2022年，北川七一职中推进名校名专业名实训基地“三名”工程建设。结合现代化北川建设总体规划和乡村振兴战略布局，优化专业设置，深度产教融合，打造名师团队，全面提质培优。两个“名专业”围绕新技术，新工艺，进行数字化、智能化升级。成立校企文旅党建联盟，实施文旅融合重点工程，培养能胜任乡村旅游发展需求，传承羌民族文化与技艺，服务本地经济发展的高素质旅游人才。“名实训基地”围绕专业发展，提升基础建设水平、打造优质实训环境，参与各级各类技能竞赛、建设教学资源库、开展社会化培训、深度校企融合、优化信息化及管理、扩大共享范围，为建设川北省域经济副中心提供人才和技能支撑。

招生考试

【普通高考】 2022年普通高考全县2886人报名，比2021年增加793人，经审查，共1706名考生具有加分录取资格，781名考生具有国家专项报考资格，478名考生具有地方专项报考资格，1348名考生具有省级公费师范生报考资格。高考选派各类监考员和考试工作人员403名。1715名考生参加高考,设北川中学一个考点，58个正式考场（文科18个、理科33个、职教7个），另设3个常规备用考场、3个疫情防控专用考场。2022年，高考再传捷报，990人参加高考，600分以上的特优生9 人，一本上线153人，上线率15.45%，本科上线605人，上线率61.11%，共有865名学生被国内各级院校录取（一本及以上录取271人，录取率27.37%；二本及以上录取666人，录取率达67.27%），其中1名学生被北京大学录取。

【中考】 2022年，北川考区共有中考考生1643人，生地考生1714人。正式考点设在北川中学，设置58个考场，2个备用考场，3个防疫考场。另设置永昌小学作为备用考点，国防宾馆为防疫考点，县人民医院设置隔离考场。共抽调监考员和各类工作人员280余人。中考上线大幅攀升，文考硬上国重线（南山中学线740分）58人，是2021年人数的2倍；均衡加分后上国重线77人，是去年的2.2倍（2021年均衡加分后上线35人）。

【成人高考与自学考试】 2022年，全县共398人报名参加全国成人高等学校招生统一考试，考点设在永昌小学，考点共15个考场，2个常规备用考场，3个防疫专用考场。选派监考员和考试工作人员120余人。两次自考共2543人报名，报考科次6228科次，考点均设置在永昌小学，共设置正式考场240个，防疫考场3个。选聘监考员和考试工作人员300余人。

高等教育

【概况】 2022年，全县有高等教育院校1所（绵阳飞行职业学院），为专科层次民办营利性全日制普通高等学校，实施专科层次的职业教育，由四川泛美教育投资集团有限责任公司举办，四川省教育厅主管，为中国首家民营飞行学院。学院位于中国科技城(北川)航空城，是北川重点建设项目“大美羌城—泛美航空科技城”的核心部分，总投资近20亿元，可容纳师生2万余人。

【绵阳飞行职业学院】2022年，学院面向20个省份进行专科批次招生，录取新生2039人。学院现有专科专业15个，其中2022年新增设“建筑消防技术”“新能源汽车技术”“跨境电子商务”“数字媒体技术”“应用电子技术”五个专业，印发《关于编制“十四五”专业建设规划的指导意见》《关于制定（修订）课程标准指导意见》《关于做好22级专业人才培养方案修订指导意见》等规范文件，确定“空中乘务”“直升机驾驶技术”“无人机应用技术”和“飞机机电设备维修”4个重点建设专业，完成31门课程标准的制定，完成22级专业人才培养方案修订。落实高职称教师与青年教师“一对X”帮扶工程，全年共开设教学类专题讲座21次，帮扶指导专业负责人8人，对口指导帮助年轻教师12人，组织20名新入职教师参加2022年高校新入职教师职业技能（岗前）培训；学院2名教师获评绵阳市优秀教师、1名教师获评绵阳市优秀教育工作者；组织开展教师说课比赛，评出一等奖2名、二等奖4名、三等奖4名、优秀奖3名、信息化教学专项奖1名。组织11次就业指导讲座，对2020级学生一对一进行就业指导，组织用人单位宣讲29场，提供就业岗位129个，12名20级学生通过面试到岗实习，10名21级学生参加实践教学工学交替学习。全年2名学生获评绵阳市三好学生、1名学生干部获评绵阳市优秀学生干部、1个班级获评绵阳市先进班集体；在首届泛美航空职教集团技能大赛中，学院飞工学院无人机专业荣获“团体二等奖”、航服学院安检组荣获“团体二等奖”，空乘专业、空保专业荣获“优秀组织奖”；22级空乘专业朱俊熙同学获2022国际超模大赛中国区总决赛季军、中国小姐。1人获得国家奖学金，金额0.8万元；31人获得国家励志奖学金，金额15.5万元；1559人获得国家助学金，金额444.615万元；为243名学生办理生源地助学贷款，金额279.99万元。

【教育与教学】2022年，修订完善《教学事故认定与评定暂行办法》《教学督导工作实施意见》《教师月教学工作考核实施细则》《教师与教学管理岗位工作职责》教学管理制度7个。完善督导管理体制和制度，建立二级学院兼职督导员制度和中层以上干部听评课制度。抓好学生体能和英语素质双升工程。90%以上的学生不同程度提高身体素质，20、21级学生体能合格率达95%。在“外研社·国才杯”四川省高等职业院校学生英语挑战赛中，1人获写作赛项省级三等奖、2人获写作赛项省级优胜奖、1人获演讲赛项省级优胜奖。推进云教育应用，移动互联网教育生态系统建设成效明显，师生个人网络学习空间开通率达100%。组织开展“超星杯”教师教学信息化应用能力比赛。本学年开设的课程中，共有104门课程使用超星学习通等线上教学手段辅助教学，占总课程比例100%。完成6门微课与碎片资源、3本云教材的编写任务。探索“1+X”证书试点工作，5月学院被四川省教育厅确定为“1+X”证书试点院校，学院空乘专业与第三方单位北京翔宇教育咨询有限公司签订共建“1+X”民航旅客地面服务职业技能等级证书考点合作协议，确定合作开展民航空中服务、民航旅客地面服务中级技能等级证书“1+X”课程培训与考评等相关事宜，启动2项职业技能等级考证培训，75名学生参加培训，组织无人机驾驶员执照培训及中级电工证培训，56名学生参加无人机驾驶员执照培训、24名学生参加中级电工证，有效提升学生专业技能。

【科研工作】 2022年，教育厅立项课题《高职院校思政课程中人生观教育路径研究》结题，立项院级课题《民办高职院校思政课程建设路径探究》《高职院校班级管理策略探究》《教育信息化背景下的语言类科目混合教学模式研究》3项。推进《思想政治课示范课堂》《具有职业教育特点的课程思政教育案例》《具有辐射引领作用的直升机驾驶技术专业化产教融合实训基地》3个提质培优项目工作开展。全年，在各级各类刊物和比赛中发表论文7篇。

【校企合作】 2022年，持续深化产教融合、校企合作，加强与泛美通航、泛美星程、泛美智飞等集团内企业深度合作，共建直升机、无人机实践性产教融合实训基地，不断深化在人才培养方案和课程标准制定、专业人才培养等方面的合作；与天津滨海迅腾集团共建智能科技产业学院，与成都中消未来公司共建消防应急管理学院，与北川中羌医院在社区康复领域开展教学实践深度融合探索，建立教师互聘机制，初步形成校企一体化人才培养模式。

体　育

【概况】 2022年，县体育中心体育场、体育馆、健身场地等设施实行免费对外开放，体育馆举办的各种活动16次，参与人数10万余人次；县体育中心开展全民健身知识宣传，全年免费完成国民体质监测2600人，年接待人数达20万人。全县中小学运动场实施节假日免费对外开放，满足不同人群对体育健身的需求，对外免费开放人数2万人次。县教体局被省人社厅、省体育局评为“四川省体育先进单位”。

【学校体育】 2022年，认真贯彻《体育工作条例》，落实学校体育与健康教育的开展，确保学生每天锻炼1小时，开足开齐体育课与健康教育课，学校体育工作稳中求进。组织召开全县青少年校园“三大球”的比赛，承办绵阳市“贡嘎杯”小学组排球、初中组篮球联赛总决赛。北川中学棒球队代表绵阳市参加四川省第十四届运动会荣获第五名。

【群众体育】 2022年，承办“体总杯”三大球中国城市联赛选拔赛暨三大球四川城市四川联赛（篮球项目）、四川省老年人太极拳（剑）、柔力球、广场健身舞、健身秧歌视频比赛、全县全民健身运动会等体育赛事10余次；组队参加全国第四届老年健身大会广场舞比赛、2022年四川省“百城千乡万村·社区”广场舞展演、四川省第16届少数民族传统体育运动会、绵阳市首届老年运动会等体育赛事活动5次。自筹资金完成对永昌镇各社区的体育器材进行全部维修和北桥篮球场的改建；向上争取资金140万元为漩坪乡、白坭乡等乡镇新建多功能运动场7个。

【竞技体育】 2022年，组队参加中国怒江皮划艇野水公开赛，北川籍运动员李薛雪荣获全国女子极限皮艇赛第七名，四人橡皮艇短距离赛第五名，女子单人皮艇短距离赛第四名；组队绵阳市第四届残运会暨第三届特奥会组队，获得金牌12枚、银牌16枚、铜牌30枚，组队参加四川省第十六届省民运会，荣获竞技类：一等奖1个、二等奖8个、三等奖19个，表演类：一等奖1个、三等奖2个；组队参加绵阳市第一届老年人健身大会取得团体总分第三名的佳绩，同时荣获优秀组织奖和道德风尚奖。各项目人才输送，西苑中学学生李薛雪、骆悦彤输送到绵阳市体校皮划艇训练队，两位运动员刻苦训练，随后李薛雪被输送到激流回旋省队，骆悦彤帆船帆板省队；永昌小学学生李澄宇输送到绵阳市第七中学，目前在四川女足成都大学附属中学读书，在省队训练足球；安昌小学学生刘施岐、刘俊岐、熊琳琳、张艾静、严嘉林、李长治、龚南浩哲输送到绵阳市普明中学田径队；幸福小学吴浩、陈语涵输送到绵阳市柔道队，杨伟输送到绵阳市武术队；北川中学学生郑洋杨输送到成都体育学院竞技体校田径队。

【体育产业】 2022年，县体育中心、纳森户外运动创建成四川省三星级体育服务综合体；羌城旅游区成功创建四川省体育旅游示范基地；全年销售体育彩票1500余万元；承办的省、市体育赛事2000余人参赛，带动参加人数4000余人，创造经济收入500余万元；绵阳飞鸿现代农业开发有限公司接待游客5万人次，实现经济收入500万元左右，解决50人就业；四川纳森户外运动有限责任公司全年接待社会各界人士拓展活动合计29500余人次，营收310余万元，带动周边村民增收40余万元，提供临时工作用工岗位500余个。北川九皇山生态旅游股份有限公司全年接待游客19.18万人次，实现营收5597万元，少交税金148万元，解决300余人就业。

（肖明阳）

7月，“体总杯”三大球中国城市联赛选拔赛暨三大球四川城市联赛

▶卫生与健康

概　述

【概况】　2022年，全县共有各类医疗卫生机构246个，其中，县级综合医院1个、县级中医类医院1个、县级专科医院1个、县级妇幼保健机构1个、县级疾病控制机构1个、乡镇卫生院19个、社区卫生服务中心2个、个体诊所22个、村卫生室187个、社区卫生服务站5个，实现县乡村三级卫生网络全覆盖。设置编制病床1266张，实际开放床位2209张，每千人口拥有床位数为12.69张。全县有卫生专业技术人员1660人,现有执业（助理）医师552人，每千人执业医师数3.17人，注册护士718人，每千人注册护士数4.12人。全年总诊疗人次121.8452万人次，收治门（急）诊病人104.076万人次，收治住院病人3.9169万人次。

医疗技术

【概况】　2022年，全县现有各级各类医疗机构246个，能常规开展中羌医、西医、预防保健、院前急救、慢性病康复等医疗业务，满足常见病、多发病、医疗急救、部分疑难病症的医疗服务需求；开展放射、检验、心电、B超、内窥镜等医疗检查服务，能提供磁共振、CT等大型医疗检查；开设新业务、新技术28项，能常规开展部分三、四级医疗手术服务。全县设立院前急救网络医院22个，配备院前急救车辆22辆，全年共接到“120”呼入电话24597次，有效呼救2282次，调度院前急救网络医院2287次，救治病人总数2136人，接回病人总数2006人。

【HPV民生项目】　2022年，召开全县在校适龄女孩HPV疫苗接种补助项目工作启动暨培训会，联合相关部门制定印发《北川羌族自治县适龄女孩开展HPV疫苗接种补助项目实施方案》，成立了项目工作领导小组、技术指导组及疑似预防异常反应处置组。县卫健局设置7个疫苗接种点，5个医疗保障组，县教体局对在校适龄女孩13～14岁目标人群进行全面摸排，并组织在校适龄女孩13～14岁目标人群到所在地接种点进行接种；县财政做好专项资金筹集、拨付等工作，县医保局做好城镇职工医保个人账户资金可用于支付HPV疫苗费用，县市场监管局对HPV疫苗质量进行监管。全年全县在校适龄女孩接种HPV疫苗1610人。

卫生防疫

【传染病管理】　2022年，全县无甲类传染病报告，共报告乙、丙类法定传染病12种1386

例，发病率为804.565/10万，比2021年同期（436.6486/10万）上升84.26%。共报告死亡病例2种6例，死亡率为3.483/10万，比2021年同期（0.467/10万）上升645.82%。全县共完成艾滋病病毒(HIV)抗体检测95623人次，检测人数占全县常住人口的54.92%。年内随访管理艾滋病感染者和病人199例,其中抗病毒治疗195例。干预娱乐场所人员、男性行为人群、吸毒人群5983人次，HIV抗体检测135人，无阳性。全年接诊肺结核病人和可疑肺结核症状者88人，查痰88例，查痰率100%，发现活动性肺结核病人36例；对24例肺结核涂阳患者的密切接触者开展结核病流行病学调查，未发现活动性肺结核病患者。

【预防接种】 2022年，规范实施疫苗采购、出入库管理和疫苗配送，全年冷链运转12轮。开展接种率快速评估，乙肝疫苗和麻腮风疫苗各调查210名适龄儿童，实际接种210人，快速评估接种率100%，其他免疫规划疫苗共调查210名儿童，应接种1680剂次，实际接种1676剂次，快速评估接种率99.76%。开展疑似麻疹/风疹病例监测与处置。对各医疗机构开展疑似麻疹/风疹主动监测36旬，对报告的5例疑似麻疹/风疹病例及时进行流行病学调查、标本采集、个案录入、审核和订正，监测敏感性、及时性、特异性指标均达到国家方案要求。加强AFP病例监测，保持无脊灰状态。对各医疗机构开展AFP病例主动监测36旬，对报告的1例AFP病例，及时开展流行病学调查、样品采集送检、个案录入、病例的60天随访等工作，监测敏感性、及时性、完整性均达到国家方案要求。开展AEFI监测与处置，确保疫苗使用安全性，对报告的31例AEFI中的6例异常反应进行个案调查。

【慢性非传染性疾病管理】 2022年，组织各地开展高血压、糖尿病管理，共管理高血压12377人，规范管理10730人，规范管理率86.69%；共管理糖尿病3854人，规范管理3262人，规范管理率86.48%。老年人健康管理34357人，规范管理25121人，规范管理率73.12%。开展死因监测、肿瘤随访登记、急性心脑血管事件登记报告工作，各项指标均达到有关要求。推进风湿病和慢阻肺省级扶贫项目工作。至项目开展以来，累计培训健康管理员105名，2022年度培训健康指导员878人次，指导群众17535人次。规范管理慢阻肺798人，规范管理率95.91%；规范管理风湿病468人，规范管理率96.69%。

【地方病防治工作】 2022年，血吸虫病防治查螺576.225万平方米,药物灭螺171.416万平方米。完成巡检查病3486人，救助晚血病人4人。碘缺乏病监测抽取8～10岁儿童和孕妇尿样、盐样共307份，尿碘和盐碘均达到消除标准指标要求。大骨节病病人管理34人，开展治疗14人。组织、指导各地开展三热病人疟疾检测130份，抽样复核13份，均未发现阳性血片。在开坪乡和小坝镇坝开展黑热病媒介白蛉监测工作，捕获白蛉7只，均为中华白蛉，犬只监测25只，发现阳性犬2只。

【卫生监测工作】 2022年，报告食源性疾病1199例，对上报的2起食源性疾病事件进行流行病学调查和现场处置。持续开展各类饮用水水质检测，完成饮用水项目水质检测232个样。落实职业卫生及职业病监测工作，对既往9例尘肺病患者开展随访并完善了相关信息；完成16家工作场所职业病危害因素监测，完成15家医疗机构医用辐射防护监测和5家非医疗机构放射性危害因素监测相关数据报告。开展病媒生物监测，在永昌镇每月开展蚊、蝇、鼠、蟑螂病媒生物监测,及时掌握密度水平，为除四害工作提供数据支撑。持续开展外环境霍乱监测，每月对海产品、江河水、重点人群等采样开展霍乱弧菌检测，共计采样102份，检测均为阴性。

中羌医

【概况】 2022年，出台《北川羌族自治县中羌医药强县建设行动方案的通知》（北府办发〔2022〕27号），促进中医药传承创新，落实全国中医药大会精神，推动全县中医药服务能力。100%基层医疗机构和社区卫生服务中心建有中医馆。开展中医适宜技术培训262余人次，推广中医药适宜技术4项。开展“百千万”中医师驻村帮扶工作。累计派驻中医药专家250余人，坐诊诊疗1700余人次，带教250余人次，开展培训讲座、健康宣教200余次，推广中医适宜技术9种，参加人员1500余人次；培养中医全科转岗医生18人、中药材骨干人员培训5人、中医药大健康产业领军人才培养1人、中医药综合统计人员培训25人。

【中羌医药推广】 2022年，投入64万元资金提升安昌、桃龙等卫生院中医馆服务能力建设。永安镇和永昌镇中心卫生院的中羌医科成功创建四川省基层医疗机构临床特色科室。致力科技创新，立项厅局级项目2项，在研项目国家级1项，省部级1项，厅局级2项；建有羌医药康养博士工作站和濒危中羌药材繁育博士工作站，在陈家坝镇黎山村建立了国家现代农业产业技术体系四川道地中药材创新团队服务示范点；引进康养健生物科技有限公司，开发了中医药制剂护肤产品。常年人工种植、采收草本药材4万亩左右，年药材总产量3.3万吨左右。全年累计组织现场咨询、义诊、健康宣讲等送活动40余场次，发放中医预防、保健知识宣传资料50000余份，常见病、慢性病、中医预防知识手册及健康教育处方10000余份，65岁以上老年人中医药健康管理服务覆盖率71%，0～36个月儿童中医药健康管理服务覆盖率92%。全年服务普通人群15万余人次。

妇幼健康

【概况】 2022年，启动全县在校适龄女孩HPV疫苗接种补助项目工作，完成目标人群“愿接尽接”1610人，愿接率101.45%。全县有助产机构8所，其中，一级助产机构3所，二级助产机构5所。全年无孕产妇死亡，婴儿死亡率、5岁以下儿童死亡率分别控制在1.75‰、1.75‰。全县户籍活产1142人，孕产妇1132人，孕产妇管理1128人，系统管理率99.20%，高危孕产妇管理率100%；县内助产机构活产585人，剖宫产活产325人，剖宫产率55.56%；产后访视率99.83%，新生儿访视率99.83%；3岁以下儿童3559人，系统管理3510人，管理率98.62%。以妇女儿童健康为中心，实施母婴安全行动计划，以推动妇幼健康事业高质量发展为主题，巩固落实母婴安全五项制度，加强服务质量提升、专科能力提升和群众满意度提升，持续强化质量安全管理，提高辖区管理和医疗机构服务能力，降低孕产妇、婴儿死亡率。

【县人民医院成功创建产前筛查机构】 2022年，县人民医院通过人员培训、设备采购、环境规划、资质申报、现场评审、省级备案等多个环节创建成县级产前筛查中心，获准开展“产前筛查”技术服务，成为四川省189家、绵阳市13家之一、北川羌族自治县唯一的产前筛查机构。县人民医院与四川大学华西附二院、绵阳市妇幼保健院签署合作协议，形成省、市、县三级产前筛查网络，可开展胎儿四维超声、胎儿超声心动图、胎儿颈项透明层（NT）、孕妇外周血胎儿游离DNA、唐氏筛查等检查，更全面地为辖区孕妇提供产前筛查。至年底已完成无创DNA采血9例，唐氏筛查66例。

【妇幼公共卫生项目】 2022年，继续实施预防艾滋病、梅毒和乙肝母婴传播项目。艾滋病、梅毒和乙肝免费检测996人次，孕期检测率均为100%。孕早期检测940人，孕早期检测率97.31%。艾滋病阳性0人，梅毒阳性2人，乙肝阳性22人，检测出阳性孕产妇给予孕期干预，所生儿童给予预防用药、规范治疗和随访管理。全县常住育龄妇女32988人，孕情监测28034人，监测率84.98%；HIV检测3634人，检测率11.02%,梅毒检测3267人，检测率9.9%,乙肝检测3191人,检测率9.67%；HIV感染育龄妇女22人，21人治疗服药,落实每季度孕期检测及各项管理工作，HIV母婴传播率为0。继续做好出生缺陷防治工作，完善出生缺陷三级防治网络，统筹推进健康教育、婚前医学检查、孕前优生健康检查、增补叶酸、产前筛查和新生儿疾病筛查出生缺陷三级防控。规范实施新生儿疾病筛查市级民生工程项目，实现应筛尽筛，机构活产585人，新生儿筛查585人，筛查率100%；推进儿童营养改善项目，全年应发放2107人，实际发放1842人,发放率87.42%，有效服用率98.69%，咨询指导率98.37%。持续推进免费婚检、免费孕前优生健康检查、农村妇女“两癌”筛查、农村妇女增补叶酸等妇幼公共卫生服务项目，结合“我为群众办实事”实践活动，建立“流动产检车”进乡村、免费送健康系列服务活动，有效提高适龄妇女的参与率，宫颈癌筛查4987人，乳腺癌筛查2902人，免费婚检率达96.02%，孕前优生健康检查覆盖率达104.28%。

基层卫生

【概况】 2022年，持续推进“两项改革”后半篇文章工作，进一步完善乡镇卫生院、社区卫生服务中心、村卫生室及乡村医生全面整合，共设置乡镇卫生院19个，社区卫生服务中心2个，村卫生室（站）187个，配备合格乡村医生211名。出台《关于进一步加强乡村医生队伍建设的实施意见》《乡村医疗服务能力提升工作方案》《医疗卫生次中心设置规划（2021～2025年）》《基层医疗卫生机构财政保障和绩效工资管理实施方案》《关于调整退出乡村医生生活补助标准的通知》等文件，落实基层医疗卫生机构绩效考核管理，保障乡村医生待遇，稳定优化乡村医生队伍。退出乡村医生给予退出生活补助、在职乡村医生购买养老保险给予补助、村卫生室给予差额补助。组建家庭医生签约服务团队124个，签约居民12.9万人，占常住人口的74.1%，签约重点人群3.07万人，占重点人群的91.2%，签约服务满意率90%。

【基层医疗服务能力提升】 2022年，县卫健局联合县委组织部举办东西部协作乡村医生培训班2期，对全县210名乡村医生开展为期6天的业务知识培训，培训内容重点围绕基层医疗技术、常见病、多发病诊治、急诊急救、基本公共卫生服务项目知识、卫生法律法规等方面。选派29名骨干乡村医生到县中羌医医院进行为期30天的培训。全年，参与县级医卫保障活动45次，保障天数80天，参与保障医务人员214人次，救护车定点保障出动62次。

卫生行政管理

【概况】 2022年，全县进一步深化医药卫生体制改革，深入学习推广福建省三明市医改经验，稳步推进医疗机构服务能力提升；推进县级公立医院综合改革，制定《北川羌族自治县推动公立医院高质量发展实施方案》，累计完成省市级重点专科建设13个;完善医疗机构规划布局，设置县域医疗次中心3个；合理设置医疗机构246个（包含备案诊所），新增个体诊所3个，开展医疗机构校验228个；完成新增医师注册31人、护士注册38人，开展医师定期考核合格461人；全县设立院前急救网络医院22个，配备院前急救车辆22辆，共接到“120”呼入电话24597次，有效呼救2282次，调度院前急救网络医院2287次，救治病人总数2136人，接回病人总数2006人。

【基础设施建设】 2022年，传

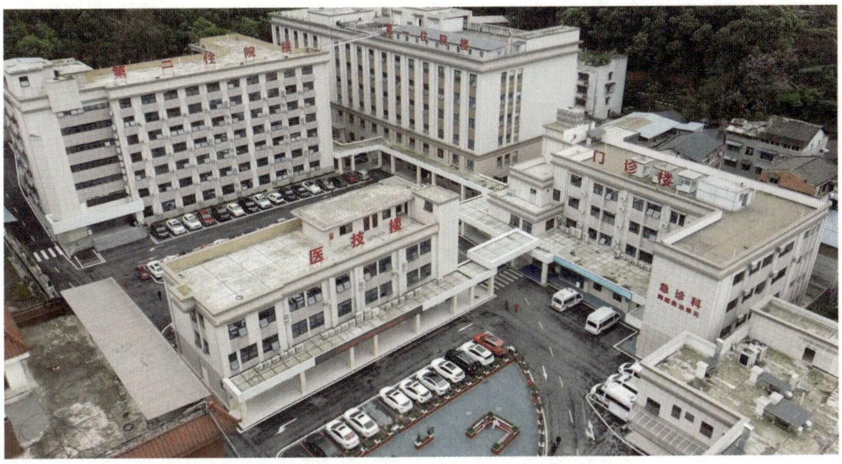

第三人民医院门诊医技综合楼住院楼改建项目

染病专科医院与集中隔离留观、中羌医医院综合服务能力建设项目有序推进；县人民医院内儿科大楼、第三人民医院门诊医技综合楼住院楼改建项目建成投用；实现固定资产投资19973万元。

【卫生人才队伍建设】 2022年，开展各类招聘5次，招聘医、护、药、技专业技术人员共56人，其中医师11人，护士13人，药剂师6人，其他技术人员26人。充实基层疫情防疫和救治力量。开展医考、卫考、护考现场报名、审核、缴费等工作。开展高级职称审评和全科医生转岗培训。卫生继续教育学习参加率98%，学分达标率97%。

【医院等级能力提升】 2022年，持续推进县域医疗次中心建设工作，禹里镇中心卫生院县域医疗次中心建设创建完成省级验收；启动擂鼓镇中心卫生院县域医疗次中心建设工作。推进县人民医院国家卒中中心、胸痛中心能力提升，并通过中国基层胸痛中心认证授牌；北川—柯城东西部协作“诊间支付”项目在县人民医院上线并在县直医疗机构推广；胸痛中心“全国心电一张网”在全县铺开运行，并得到省市媒体及《健康报》点赞报道；持续推进国家“优质服务基层行”活动，永安镇中心卫生院创建成国家推荐标准。全县累计共8个乡镇卫生院达到国家基本标准、4个乡镇卫生院达到国家推荐标准。永昌镇中心卫生院中医全科、永安镇中心卫生院中医羌医结合全科创建成四川省第一批基层临床特色科室。启动县人民医院、县第三人民医院、县中羌医医院等级医院设置变更。

【巩固拓展健康扶贫成果同乡村振兴有效衔接】 2022年，制定《北川羌族自治县巩固拓展健康扶贫成果同乡村振兴有效衔接2022年工作方案》。围绕让群众“少生病、有地方看病、看得好病、看得起病”的核心任务，严格落实“四个不摘”（摘帽不摘责任、摘帽不摘政策、摘帽不摘帮扶和摘帽不摘监管）工作要求，做实做细家庭医生签约服务，大病专项救治的医疗服务，“先诊疗后付费”和“一站式”即时结算等工作。加强县级医院龙头作用、发挥乡镇卫生院中间枢纽作用，扎实建立村级卫生室网底作用，确保常见病、慢性病，在县、乡、村三级医疗机构能得到及时诊治。接受全省第三方评估检查。

爱国卫生运动

【概况】 2022年，贯彻落实《国务院关于深入开展爱国卫生运动的意见》《四川省人民政府关于进一步加强新时期爱国卫生工作的实施意见》，开展全县爱国卫生工作。开展为期3个月的“迎新春”爱国卫生专项活动，各单位以“讲究卫生、清脏治乱、病媒防制”等为重点，引导社会各界和广大市民养成文明健康、绿色环保生活方式。开展以“文明健康、绿色环保”为主题的第34个爱国卫生月活动，通过县电视台、“北川发布”等媒体，开展主题宣传，餐饮店增设文明用餐、节约粮食、光盘行动等公益广告1000余幅，各乡镇村（社区）规范张贴文明健康、保持社交距离等科学防疫公益广告2000余幅，发放《文明健康绿色环保生活方式手册》、垃圾分类、光盘行动等手册共计2000余份，增强群众对文明健康生活方式的认识。开展以“承诺戒烟，共享无烟环境”为主题的第35个世界无烟日宣传活动和控烟知识“进机关、进学校、进企业、进社区、进场镇”等活动。

【卫生创建工作】 2022年，继续开展省市卫生乡镇（村）、卫生单位、无烟单位创建工作。全年创建4个省级卫生单位，1个市级卫生单位，4个省级无吸烟无烟单位，18个市级无吸烟无烟单位，1个省级卫生乡镇，3个省级卫生村，无烟党政机关共计140个。

【病媒生物防治工作】 2022年，开展全域环境大整治和城乡环境整洁行动，县级部门和乡镇干部群众认真清除“四害”孳生地，从源头上控制并消除鼠、蟑、蚊、蝇等病媒生物孳生环境。党政机关干部和企事业工作人员以及社区志愿者和党团员投入爱卫运动中，大家动手清理卫生死角、清除积水、翻盆倒罐，尤其地下室、车棚车库、窨井(缸)等重点部位，清理蚊虫孳生地和成蚊灭杀工作，修补、完善防鼠设施，填堵鼠洞，确保鼠药投放率、覆盖率和有效性。县爱卫办采购病媒生物防制专业服务，全年服务费15余万元，分春秋两季进行，使用氟鼠灵灭鼠毒饵2500千克，高效氯氰氯氟醚400千克、灭蟑饵剂1.2万包、吡虫啉杀蟑烟雾剂2000升，投放毒饵盒500个，通过统一杀灭，有效降低鼠、蚊、蝇、蟑螂密度。

人口与计划生育

【概况】 2022年，全县人口232562人，其中，女性115035人。出生人口1142人，死亡人口1892人,人口自然增长率为-3.22‰。

【计生惠民】 2022年，全县农村独生子女父母奖励、农村计生家庭奖励扶助、计生家庭特别扶助（以下简称“三金”）工作通过宣传发动、窗口申报、入户调查、乡级核查、初审、公示、县级复查审批等程序，完成目标人群的审核审批、奖特扶信息管理系统录入工作及通过“一卡通”系统资金发放。全年共享受人数28833人，发放资金2475.198万元。其中，农村独生子女父母奖励人员5384人，发放资金32.304万元；农村计划生育家庭奖励扶助享受人员9800人，发放资金940.8万元；计划生育家庭特别扶助享受人员728人（伤残136人，死亡592人），手术并发症人443人（二级1人，三级442人），发放资金903.15万元；北川《变通规定县级扶助》享受人数12478人，发放资金598.944万元。

【托育工作】 2022年，组织开展托育服务机构备案工作，永昌幼儿园、安昌幼儿园、彩虹托育中心、蓝天托育中心、太阳宝宝托育中心、宇宸托育中心六家托育机构于12月备案。

大型医院简介

【北川羌族自治县人民医院】 2022年，北川羌族自治县人民医院有职工394人，其中专业技术人员362人，工勤31人，管理1人。正高级职称5人，副高级职称21人，中级职称62人，初级职称274人。研究生1人，本科185人，大专169人。开放床位300张，开设科室47个，市级重点专科8个（含立项3个），县级医疗质控中心27个。全年总诊疗251780人次（挂号216333次，120出诊、义诊、血透、个人体检合计35447人次)，同比减少1022人次（-0.40%），其中门诊诊疗164227人次（含敬老院门诊人次），同比减少20112人次（-10.91%），急诊诊疗28315人次，同比增加2518人次（9.76%）。急诊入院3078人次，急诊留观25人次，急诊科手术81例，急诊科危重抢救159人次。全年入院11054人次，出院11036人次，入院同比增加18人次（0.16%），出院同比减少143人次（-1.31%），住院手术2219台次（其中,三级手术1120台次，占50.47%，四级手术182台次，占8.2%），同比增加211台（10.35%），组织院外会诊

31人次（其中远程会诊16次），院内会诊28人次。下级医疗卫生机构转入494人次，向上级医疗机构转诊239人次。全年实现总收入12366.4万元，医疗业务收入11224.8万元，财政补助收入1016.5万元，非同级财政拨款108.8万元，其他收入16.3万元，医疗业务收入较同期增加725.8万元（6.9%）。

完成高考体检、征兵体检、干部体检、全县中小学生健康体检、公共卫生突发事件处置等社会公益任务。同四川大学华西医院、省人民医院、市中心医院、市第三人民医院、市404医院等11个科室建立科-科联盟，5个专业建立专科联盟。

【北川羌族自治县中羌医医院】

北川羌族自治县中羌医医院是一所以民族医药为特色，中、羌、西医并重，集医疗、教学、科研为一体的国家二级甲等民族医医院。商业保险、工伤保险、城镇职工和城乡居民基本医疗保险、慢性病定点医院、公共场所人员健康证办理定点医院、驾驶员体检、残疾人肢体残疾鉴定、职业病健康检查、结核病定点医疗机构。四川省骨科医院医疗协作体单位，雅安市中医医院、绵阳市中医医院对口帮扶医院。下设分支机构有四川省中医药科学院羌医药研究分院（北川羌医药研究中心）、桂溪分院、北川大拇指培智学校。

5月31日，县中羌医医院在永昌中学开展中医药文化进校园活动

医院成立于1986年，编制床位300张，开放床位200张。2022年，有职工205人，其中,研究生3人,高级职称19人，中级职称44人。三级中医院考核取得民族医医院B+的优异成绩；获得第三届改善医疗服务全国县市医院擂台赛“最具组织奖”、微视频“百佳之星”、急诊急救主题“优秀案例”等国家级荣誉8项；获得“巾帼英雄杯”全省护理技能大赛；获得实用新型专利3个，发表论文10余篇。开展电测听、视野计、动脉硬化检测仪护理新技术3项；获得“绵阳市优秀护士”市级荣誉2项；“喜迎二十大，健康百年路”主题演讲比赛获得县级荣誉4项。立项厅局级项目2项，在研项目国家级1项，省部级1项，厅局级2项（立项厅局级项目资金23.4万元）；投入金额50万元改善大拇指培智学校环境、硬件设施和提升教学服务能力。开展全国文明城市、省健康促进县、慢病示范县创建工作。

整合优势资源先后与永昌中学、盖头山茶园联合申报省中医药文化传承和健康旅游基地；深入校园举办以“端午艾草香 关注眼健康”为主题的中羌医药文化主题日活动；赴阿坝、北川羌区调研羌医药发展现状，收集整理方法、方药、单方、验方，已收集整理10余名老羌医的学术思想及工作经验；参加绵阳梓潼中医药文化活动展；申报中医药健康文化建设与救治能力服务提升项目和“十四五”县级中医医院扶优补短建设项目；与浙江省衢州市柯城区中医医院建立长效沟通机制，双方就党建工作、党建品牌建设、党建业务融合、党员管理等方面进行云交流1次，管理交流26次；引进针灸技术，建立杨继洲工作室，该工作室正在设计招标过程中;柯城区人民医院派驻帮扶1人,举办院内专题培训3次。

【北川羌族自治县第三人民医院】 2022年，有职工414名，有卫技人员368名，其中副高及以上职称11名；中级职称53名。开放病床750张，业务用房3万平方米。获得“绵阳市三八红旗集体”“绵阳市老年友善医疗机构”等称号，4名专业技术人员在市级竞赛中取得优异成绩，中医科被评为“四川省基层医疗卫生机构临床特色科室”，周明同志获得省级专家称号，接受了“全国文明城市创建”“四川省健康促进县”“绵阳市最佳文明单位”评审等。医院现设有：急诊科、内科、外科、精神卫生科、全科、中医科、中西医结合科、疼痛科、耳鼻喉科、儿科、妇产科、肛肠科、重症医学科、放射科、检验科、超声科等临床辅助科室24个，住院病区14个。其中针灸科为市级重点专科。

拥有1.5T超导磁共振仪、64排螺旋CT、双板悬吊DR、美国GE彩超仪、双能X线骨密度仪、奥林巴斯电子胃肠镜、电子腹(宫)腔镜、电子纤维支气管镜、椎间孔镜、前列腺电切镜、膀胱镜、胆道镜、关节镜、等离子体手术系统、钬激光治疗机、MECT治疗仪、心理CT等现代医疗设备和智慧数字化医院管理系统。

2022年门诊医技住院楼改造项目完工并投入使用,开展新项目新技术21项,新增设重症医学科、磁共振检查室等,群众就医体验感显著提升。全年门诊诊疗总人次21.27万,同比2021年增长15.4%,收治入院12034人次,同比增长18.3%,手术3940台次(门诊手术1785台次,住院手术2155台次)同比增长17%,实现总收入1.27亿元,同比增长29.19%。

【北川羌族自治县妇幼保健院】 北川羌族自治县妇幼保健院是一所集妇幼保健、医疗、教学、计划生育服务为一体的公益一类卫生事业单位。属国家级爱婴医院、二级乙等妇幼保健院,获得“全国巾帼文明岗”称号,是绵阳市中心医院、绵阳市第三人民医院医联体单位，与绵阳市妇幼保健院建立区域专科联盟。医院占地面积4500平方米，总建面积4800平方米，编制床位36张，实际开放床位15张。2022年全院有职工总数64人，其中专业技术人员51人，中、高级职称14人。医院按照二级妇幼保健院标准，设置孕产保健部、儿童保健部、妇女保健与计划生育服务三大部，承担全县妇女、儿童保健技术服务，业务指导、督查等工作；对妇幼网络医院及社区服务中心的妇幼工作进行指导、督查。设置妇产科、儿科、妇女保健科、影像科、检验科等10个业务科室，拥有四维彩超、腹腔镜、宫腔镜、盆底康复仪、DR等设备，提供孕前、孕中、产后“一条龙”服务及腹腔镜微创手术、四维彩超、产后（盆底）康复、中药熏蒸等特色服务。

（张丽娟）

▶综合管理与监督

发展与改革

【概况】 2022年，制定出台《北川羌族自治县区域协同发展规划（2022～2025年）》《北川羌族自治县“十四五”基本公共服务体系规划》《北川羌族自治县“园区提质”“企业满园”行动实施方案》《北川羌族自治县激励乡镇抓经济发展工作措施（试行）》《北川羌族自治县“7·16”“8·19”暴雨洪涝地质灾害灾后恢复重建总体规划》。全面落实“周监测、月调度、季盘点”工作机制，紧盯重点行业、重点企业、重点项目，抓好全覆盖、全周期监测调度，确保经济运行在合理区间。完成国资国企、农业农村、财税金融等195项改革事项，“科技治超”赋能智慧交通建设等60余项改革经验被国省主流媒体宣传报道，社区青春“5+”行动等7项经验做法入选国省改革案例。推进经开区全员聘用制改革，干部职工积极性、创造性有效激发。深化园区放权赋能，下放园区54项审批类服务，基本实现企业办事不出园。开展乡镇级片区国土空间规划编制，健全完善全域支撑体系。坚持稳制、分权、搞活原则，推进农村承包土地“三权分置”，全县农村土地流转面积达1.57万亩。

【专项行动】 2022年，落实市委“园区提质”“企业满园”行动决策部署，落实县委书记任园区第一书记要求，召开提质满园工作推进会8次。印发“园区提质”“企业满园”行动“1+3”行动方案，完成全市园区高质量发展大会北川分会场现场拉练活动。申报园区政策性开发性金融工具项目2个、到位资金1.08亿元。推进乡镇抓经济发展试点，成立由县政府主要领导任组长的试点工作领导小组，增加试点乡镇工作经费161万元。加强金融服务会诊，召开试点乡镇企业家座谈会，成功放贷322户12.01亿元。试点乡镇实施道路硬化、供水管网、污水处理等基础设施、产业发展类项目117个，年度计划投资45.97亿元。加快推动灾后恢复重建，完成《白什乡场镇功能恢复规划》编制，按照“轻重缓急”原则，谋划灾后重建项目38个，计划总投资6.31亿元，在建13个，完工6个，开展前期19个。推进碳达峰、碳中和，落实能源消费总量和强度“双控”制度，严把“两高”项目准入关口，备案审批项目均按规定填报《固定资产投资项目能耗统计表》。GDP综合能耗、单位GDP二氧化碳排放强度、能耗增速控制等节能降碳相关指标均完成目标任务。开展小水电清理，按照“一站一策”退出方案，2022年至年底七星沟二级电站和白水沟一级电站退出。

【优化营商环境】 2022年，出台《北川羌族自治县2022年优化营商环境工作方案》，细化132项任务清单。设立稳经济政策落实办公室。制定《北川羌族自治县“优化营商环境面对面”专题座谈会闭环管理工作机制》，解决沃姆斯科技有限公司、建诚木业有限公司等企业在发展过程中的痛点难点问题49个。实施政务服务事项“四减”行动，单一政务服务事项提速96.1%以上、一次办达100%。深入推进“一窗综合受理”提档升级行动，省一体化政务服务平台乡镇综合窗口覆盖率达100%，镇（街道）便民服务中心电子政务外网接入率达100%，村（社区）便民服务站电子政务外网接入率达96%以上，白坭等5个乡镇便民服务中心入选省级示范中心。全年新增各类市场主体2562户，总量达13967户。

【深化开放合作】 2022年，实施“招商突破年行动”，充实驻外招商力量，签约项目25个、金额124亿元，引进5亿元及以上项目8个，国内省外到位资金20亿元。连续4年举办海峡两岸大禹文化交流活动。借力“绵品出川”厦门行、东莞行等活动，销售农特、文旅产品3500万元，现场签订购销协议达3亿元。实现对外贸易进出口总额4200万元、增长15%。发挥“人才十条”新政作用，引进高素质、高学历人才394人，建成人才公寓50套，保障更多人才在北川落地生根。拓展外联通道，九绵高速北川段主体完工，S107永安绕场镇改线工程即将落地开建。与安州区签订《深化多领域合作推动安州—北川协同发展协作协议》。持续深化东西部协作，年度考核进入全省“好”的行列。

【项目审批和备案】 2022年，全县通过在线审批平台批准项目583个，总投资256.83亿元。其中，审批制项目380个、161.57亿元，备案制项目203个、95.26亿元。

【项目建设和储备】 2022年，全县市重点项目4个（其中续建项目3个，新开工项目1个），总投资18.82亿元，年度计划投资6.39亿元，1～12月完成投资8.82亿元，超时间进度37.95个百分点。严格执行项目投资“红黑榜”通报机制，要素保障部门提前介入招引项目评估研判，一季度项目前期工作入围全省50强，获省市激励资金300万元。年度实施项目154个，完成投资57.12亿元、增长9.7%。强化对上争取，县财政安排1000万元对上争取专项经费，争取地方政府新增专项债3.46亿元，中央、省预算内资金700万元，政策性开发性金融工具（基金项目）资金1.08亿元。对上争取力度持续加大，投资65亿元的抽水蓄能电站纳入省政府电源电网发展规划，列入省发展改革委核准计划，“十四五”内将开工建设。投资26.4亿元的唐家山水库工程纳入省“十四五”规划及专项规划，已全面启动地勘和前置专题报告编制。

【粮油购销】 2022年，全县共建立县级储备粮油4220.1吨，其中小麦2000吨，稻谷2000吨，小包装成品粮大米200.1吨，散装成品菜籽油15吨，小包装成品菜籽油5吨，切实履行党委政府粮食安全职责。落实30家粮食应急保障储备监测供应网点储备应急粮油116吨，新增1家粮食应急保障加工企业，切实提高全县粮食应急保障能力。出台《北川羌族自治县县级储备粮管理暂行办法》《北川羌族自治县县级储备粮轮换管理暂行办法》《进一步提高粮食安全保障水平的实施意见》《北川羌族自治县成品粮管理办法》，履行行业监管责任。举办“3·15”消费者权益日、“爱粮节粮”大讲堂、粮食和物资储备科技活动周、食品安全宣传周、世界粮食日、粮食安全宣传周等宣传教育活动，强化节粮减损反对浪费。

【物价管理】 2022年，落实“欠费不停供”等优惠政策。出台《关于贯彻落实降低市场主体用水用电用气成本有关事项的通知》，为全县商业企业降低用能成本共计12万元。开展“水电气暖领域涉企违规收费自查自纠”工作，加大转供电政策宣传，责令4家存在多收价款的转供电主体对多收费用进行清退，清退多收价款15.92万元。发放价格临时补贴涉及3.7万人次、83.95万余元。认真完成价格认证、监测工作，全年开展价格监测300余次，价格分析24期，为全县提供了生活物资、农资等物品的价格与分析。完成公、检、法三家委托的涉案评估案件21件，涉案标的52.2万元。

（魏永波）

审　计

【概况】　2022年，完成计划内审计项目20个（含上级审计统筹项目2个），围绕县委、县政府“五大攻坚行动”（实施产业倍增发展攻坚行动、实施交通设施建设攻坚行动、实施城镇建设提升攻坚行动、实施美丽乡村建设攻坚行动和实施基层治理能力提升攻坚行动），重点对乡村振兴、耕地保护、优化营商环境和各类工程建设等内容进行审查，发现问题228个、涉及资金90167.19万元，提出审计建议59条，移送案件线索3起。

【财政审计】　2022年，组织实施2021年度县本级、县发改局和县卫健局预算执行和其他财政收支审计、2021年度县本级财政总决算（草案）审签4个项目，审计揭示问题46个，查出管理不规范金额73655.89万元，提出审计建议9条。

【投资审计】　2022年，以健全投资审计监督机制，提高政府投资绩效为目标，实施县发展和改革局2021年度预算执行和其他财务收支情况审计、工程项目管理专项审计调查、新建永昌第一中学、擂鼓至禹里农村公路改造提升工程、第三人民医院业务综合楼建设、2020年高标准农田建设项目竣工结算审计6个，审计揭示问题66个，查出管理不规范资金2928.39万元，提出审计建议24条，移送案件线索3起。

【经责资环审计】　2022年，聚焦权力运行和履职担当，实施县卫生健康局主要领导干部任期经济责任审计、禹里镇党委和政府主要领导干部离任（任期）经济责任审计3个，审计揭示问题55个，查出管理不规范资金11121.84万元，提出审计建议7条，向县委县府报送审计专报一期。

【专项审计】　2022年，聚焦专项资金管理，提升专项资金使用绩效，组织实施平武县耕地保护政策落实情况、优化营商环境、乡村振兴衔接资金、乡镇基本运行情况、工程项目管理专项审计调查5个，完成“天府旅游名县”创建经费联合审查和北川“7·16”洪灾抢险救灾资金审查等交办项目2个，出具专项审计调查报告5份，联合审查资金报告2份，审计发现问题61个，查出管理不规范资金2461.07万元，提出审计建议19条。

（孙丽萍）

财　政

【概况】　2022年，全县一般公共预算收入实现299520万元，其中：县级一般公共预算收入56360万元，上级补助收入196684万元，接受其他地区援助收入3900万元，地方政府一般债券转贷收入24616万元，上年结转数2203万元，调入资金15757万元。全县一般公共预算支出实现274861万元，其中：县级一般公共预算支出225281万元，一般债券还本支出23940万元，上解支出11209万元，补充预算稳定调节基金14431万元，结转下年支出24659万元。

【重点支出情况】　2022年，一般公共服务支出32840万元；国防支出766万元；公共安全支出9871万元；教育支出45398万元；科学技术支出451万元；文化旅游体育与传媒支出2566万元；社会保障和就业支出24423万元；卫生健康支出17614万元；节能环保支出1438万元；城乡社区支出3423万元；农林水支出47661万元；交通运输支出18967万元；资源勘探工业信息等支出1453万元；商业服务业等支出245万元；金融支出317万元；自然资源海洋气象等支出2865万元；住房保障支出4869万元；粮油物资储备支出193万元；灾害防治及应急管理支出2355万元；其他支出424万元；债务付息支出7121万元；债务发行费用支出21万元。

【脱贫攻坚与乡村振兴财政投入】 2022年，为持续巩固脱贫成果、推进乡村振兴提供财力保障，全县整合涉农资金11919万元。其中，计划整合中央资金8504万元、省级资金2863万元，市级资金552万元。

【助企纾困工作】 2022年，全县各项贷款余额155.67亿元，累计新增、续贷或展期贷款26.62亿元，惠及市场主体611户。

【政策奖补工作】 2022年，经建股兑现政府奖补：工业经济高质量发展奖励资金597.26万元，科技创新奖励资金116.7万元，中小微企业纾困资金113.244万元，服务业、外贸进出口奖励扶持政策资金530.8668万元，服务业恢复发展（含消费促进）费用535.083839万元，科技孵化器运营补助252.55万元，2022省级财政农业改革创新科技示范奖补资金（贷款贴息方向）84.4225万元；2022年度市级财政央省支农项目奖补资金221万元。

【财政资金监管】 2022年，主动接受人大监督、审计检查，各级巡视巡察等外部监督，不断完善财政系统内控制度体系，开展全县83个行政事业单位严肃财经纪律及财务管理风险的专项排查工作；完成全县预算单位地方财经秩序专项整治行动复查工作与形成专题报告；开展2021年度地方预决算公开情况的检查工作，2021年度预决算应公开部门数为162户，实际公开部门数162户，公开率为100%；对县退役事务局、县综合行政执法局、通泉镇人民政府等3家单位进行会计信息质量重点检查；完成县委巡察办交办的对县粮油公司的财务检查，对该公司处以罚款2万元的行政处罚与会计人员处以1万元的行政处罚。2022年共完成采购数量228批次，节约采购资金1494.06万元，节约率达到4.41%。受理投诉3件（驳回投诉2件、撤销1件），对采购人、供应商作出行政处罚4件，回复部门网络信箱1件。

（卢　玲）

税　务

【概况】 2022年，依法组织税费总收入179133万元。其中：税收收入55952万元，较2021年同期减收2276万元，降幅3.9%，县本级税收收入37630万元，同比增收73万元，增幅0.2%；非税收入58589万元，同比增收55355万元，增幅1711.7%；社会保险费收入64592万元，同比增收5591万元，增幅9.5%。

【减税降费】 2022年，通过宣传辅导、政策享受、测算分析等措施，落实组合式税费支持政策，落实税费红利政策。在政策落实过程中打通纵向关节、上下一心，连接“统筹—落实—攻坚”三条主线，实现领导小组统筹全局、工作组推动落实、专项组强化攻坚的“三条主线”稳固连接。采用团队化作业模式紧扣留抵退税关键环节，建立服务、审核、退库等工作团队，实现各事项紧密对接与闭环管理。从“用户需求”和“用户体验”角度出发，为不同行业、不同规模市场主体分别打造组合式税费支持政策“套餐”，开展“管家式服务”，管家发放“无忧卡”47张，主动对符合条件企业提供“量体裁衣”的纳税服务，做到政策落实“零时差”。全年新增退税减税降费共计10751万元，其中新增留抵退税118户共计3313万元；享受新增减税降费政策10081户共计7438万元，制造业中小微企业缓税4020万元。

【纳税服务】 2022年，坚持

“以人民为中心”理念，联合召开“优化营商环境面对面”专题座谈会，切实解决企业在涉税涉费方面困难问题，共收集意见建议14条，现场解决9条，协调其他部门解决5条。开展第31个税收宣传月活动，开展“开门大走访、登门大调研”活动，向纳税人缴费人发放宣传政策折页2000余份，确保纳税人应知尽知、应享尽享。打造“税无忧”税费服务产品，开通“税无忧”VIP服务专区，与邮政、信用社联合培育34名解优员，实现办税缴费“无忧”，营商环境“更优”。

【发票电子化改革】 2022年，加强科学研判，准确把握形势，统筹“快速放量、全面覆盖、回头看”三阶段推广任务，推进全电发票受票扩围试点、统一身份管理平台上线、电子税务局全电发票业务上线等工作。采取“业务部门+专家团队+管理分局”的组合模式，划定网格化责任，采取“面对面”“手把手”宣传辅导方式，普及全电发票知识，宣传全电发票的优势、法律效力和具体操作指引。合作打造“微税厅”23个，培养一批精通全电票政策、熟练网上办税操作的网点业务员作为“全电解忧员”，承担起便民惠企服务全电票推广职能，辐射形成“办税服务厅+政务服务中心+金融网点”为半径的“10分钟便民办税圈”。成立由业务骨干组成的咨询辅导团队，提供在线操作辅导和问题解答服务，实现远程帮办、问办结合，做到咨询快速答、疑难线上解，让纳税人办税不再城乡“两头跑”，将服务触角延伸到大山深处。全年全县共3931户纳税人开具数字化发票14987份，金额118404万元。

【税收治理】 2022年，围绕“一条一策”开展税收征管质量5C+5R监控评价和征管质量疑点数据清理工作，持续规范清缴欠税6691万元。发挥税收职能作用，构建“智慧矿山”绿色征管新模式，全年矿产砂石行业税收入库14590万元。加强与公、检、法、司“五维”互动，推动与法院在破产重组、欠税追缴等方面信息共享与沟通协作。稳妥承接2项非税收入划转，189项税务事项上线四川一体化政务服务平台，涉税信息共享和征管协作走向常态。

2022年收入情况统计表

表4

项目	累计入库			
	本年累计（万元）	2021年同期（万元）	比2021年增加额（万元）	比2021年增长（%）
一、各项收入总计	179133	120463	58670	48.7
二、税收收入	55952	58228	–2276	-3.9
中央级税收收入	18549	20927	–2378	–11.4
地方级税收收入	37403	37301	102	0.3
其中：省级收入	–227	–256	29	—
县本级税收收入	37630	37557	73	0.2
1.增值税	23288	26565	–3277	–12.3
2.国内消费税	19	48	–29	–60.4
3.企业所得税	7070	7157	–87	–1.2
4.个人所得税	3131	4035	–904	–22.4

续表4

项目	累计入库			
	本年累计（万元）	2021年同期（万元）	比2021年增加额（万元）	比2021年增长（%）
5.资源税	3536	4981	–1445	–29.0
6.城镇土地使用税	2752	1910	842	44.1
7.城市维护建设税	1040	1380	–340	–24.6
8.印花税	639	525	114	21.7
9.土地增值税	4214	4286	–72	–1.7
10.房产税	1805	1441	364	25.3
11.车船税	348	304	44	14.5
12.车辆购置税	763	868	–105	–12.1
13.耕地占用税	1401	1482	–81	–5.5
14.契税	5680	3028	2652	87.6
15.环境保护税	262	191	71	37.2
16.营业税	4	27	–23	–85.2
三、非税收入	58589	3234	55355	1711.7
四、社会保险基金	64592	59001	5591	9.5

2022 年北川羌族自治县纳税前 50 名企业名单

表5

序号	纳税人名称
1	北川发展投资有限责任公司
2	北川中联水泥有限公司
3	北川禹创三元发展集团有限公司
4	北川四星水泥有限公司
5	国能北川通口河流域电力开发有限公司
6	绵阳瑞弘房地产开发有限公司
7	绵阳启明星水电开发有限责任公司
8	北川羌族自治县农村信用合作联社
9	四川省烟草公司绵阳市公司北川分公司
10	中铁十八局集团第五工程有限公司
11	北川羌族自治县土地统征储备中心
12	国网四川省电力公司北川羌族自治县供电分公司
13	中国农业银行股份有限公司北川羌族自治县支行
14	北川羌族自治县禹羌投资集团有限责任公司
15	北川聚龙旅游发展有限公司
16	北川巴源矿业发展有限公司
17	北川佳星实业有限责任公司

续表5

序号	纳税人名称
18	北川力达矿业有限公司
19	绵阳越众置业有限公司
20	北川卓兴矿业有限公司
21	绵阳市华汇置业发展有限公司
22	绵阳恒城实业发展有限公司
23	北川三力供应链有限公司
24	广东冠粤路桥有限公司
25	北川羌族自治县好山建材有限公司
26	四川北川羌族自治县富民村镇银行有限责任公司
27	四川华信达科技有限公司
28	浙江广厦北川水电开发有限公司
29	绵阳市圣鼎房地产开发有限公司
30	绵阳福瑞置业发展有限公司
31	绵阳永晖新材料科技有限公司
32	北川羌族自治县家园实业投资有限责任公司
33	北川九皇山生态旅游股份有限公司
34	北川中油能源有限责任公司
35	四川北川羌族自治县富民村镇银行有限责任公司安昌支行
36	中国人民财产保险股份有限公司北川支公司
37	绵阳市北川圣鼎房地产开发有限公司
38	北川羌恒实业有限公司
39	北川发展酒店管理有限责任公司
40	北川元通矿业新材料有限公司
41	四川金冠电子机械有限公司
42	北川天讯新材料有限公司
43	温州建峰矿山工程有限公司北川分公司
44	四川龙睿建设有限公司
45	北川卓兴矿产开发有限公司
46	北川永芯矿业有限公司
47	中核华泰建设有限公司
48	北川平康运输有限公司
49	四川中原宏达商贸有限公司
50	绵阳市商业银行股份有限公司北川支行

（邓婕茜）

市场监督管理

【市场主体登记】 2022年，大力推进“一网通办”，实现市场主体营业执照零见面办理，落实食品行业“证照联办”，鼓励个体工商户进行“个转企”。全年新增市场主体2562户，其中企业491户，农民专业合作社16户，个体工商户2055户。至年底，全县各类市场主体共计13967户，其中企业3143户，农民专业合作社556户，个体工商户10268户。

【知识产权保护】 2022年，组织开展知识产权执法专项行动，严厉打击侵犯专利、商标、地理标志和制售假冒伪劣商品等违法行为，建立北川知识产权保护工作站，立案查处侵犯注册商标专用权案3件，专利违法案件3件，撤回非正常专利申请29件。加大知识产权保护力度，将“北川茶叶”“羌笛”“禹珍”等品牌上报省市场监管局作为知识产权保护重点监测保护对象。至年底，北川县有效注册商标2470件，有效发明专利70件，专利授权量164件，地理标志保护产品3件，地理标志商标1件。

【市场秩序监管】 2022年，组织开展打击传销行为，根据市局安排核查如新公司涉嫌违规经营问题。发放宣传资料100余份，检查网络经营者10余户。开展涉及反不正当竞争燃气排查，出动执法人员138人次，检查燃气具销售企业161户次。与县烟草专卖局联合开展电子烟市场的检查，出动执法人员6人次，检查电子烟经营者8户次。开展医疗卫生领域商业贿赂专项整治工作，检查医疗卫生机构16家。加强元旦、春节、“五一”“十一”期间市场价格监管，出动执法人员365人次，执法车辆136辆次，检查旅游景区、商场超市、集贸市场、药店、水、电、气等相关经营单位560户次。规范了市场经营秩序。

【市场执法监督】 2022年，全力抓好“春雷行动2022”“铁拳行动”“养老诈骗”“市场监管领域安全”等专项执法行动，开展“群众最不满意的十件事”之农贸市场整治行动，对全县16个农贸市场进行整治，解决农贸市场秩序监管不到位，存在占道经营、卫生环境差等问题，规范市场经营秩序，打击市场乱象，震慑违法行为。全年共查办市场监管领域各类违法违规案件84件，处罚没款37万余元。

【食品药品监督】 2022年，承办绵阳市2022年Ⅲ级食品安全事件应急演练，打造擂鼓镇为绵阳市第三批“食品安全示范乡镇”。扎实开展食品安全“守查保”专项行动、餐饮质量安全提升行动、学校及校园周边食品安全整治、食品安全宣传周活动、“长江禁捕、打非断链”专项行动等。共检查经营户7500余户次，完成食品抽检220批次，食用农产品抽检340批次，立案查处各类食品案件43件，罚没款18万余元，移送涉嫌食品安全犯罪线索1件，限制从业人员资格4人。开展药品安全专项整治行动，医疗器械质量安全风险隐患排查工作，重点对中药饮片、中选药品、无菌和植入医疗器械、儿童化妆品开展专项整治。全覆盖检查经营使用单位640余家次，共立案各类违法案件17件，罚款5.09万余元。

【质量技术监督】 2022年，北川县质量满意度监测得分82.83分，是全市13个县（市、区）、园区最高分。制定《北川羌族自治县2022～2023年重点产品质量安全监管目录》，涵盖生活消费品、危化品、电线电缆、建材、燃气具、低速电动车、食品相关产品等197项民生产品。开展民生商品质量抽检、低速电动车、燃气具、取暖用品、民生计量监管等整治行动。对民生产品和消费品进行监督抽查，共抽检80批次，立案查处9件，罚没款0.9万余元。持续开展质量提升工作，组织起草制定“北川茶叶”“北川苔子茶”“马槽玉米酒”等4个地方标准，并发布实施。

（陈　园）

自然资源规划管理

【概况】 2022年，组织专家评审会8次、规委会10次，审查规划方案和建设项目方案42个，出具地块规划条件38个，核发建设用地规划许可证19件，建设工程规划许可证18件，办理建设工程规划核实及土地核验合格证8个，完成设施农用地上图入库22宗，完成7个建设用地控制性指标调整。国土空间规划“一张图”实施监督信息系统已进入系统调试阶段；推进乡镇级片区规划，全县形成4个乡镇级片区规划成果，启动擂鼓镇竹海康养园片区村级规划编制。

制定并执行土地利用年度计划和供地计划，累计供应土地29宗1409.48亩，取得土地价款收入5.055亿元；办理林地占用78宗106.97公顷；向园区委托用地规划许可、土地资产处置等9个审批事项，处置批而未供土地638.34亩，园区闲置土地46.315亩，近五年平均供地率达100%，完成标准地供应2宗。

全年受理各类登记业务12182件，办结12182件，办结率达100%。完成生态护林员选聘465人，发放生态护林员资金392.625万元；发放国有林管护资金789.1万元，发放新增国有公益林补偿资金139万元，集体和个人所有国家级公益林森林生态效益补偿资金530.48万元，天然商品林停伐管护补助资金856.24万元，退耕还林补助资金264.39万元。新增管护森林面积143.76万亩。

【自然资源保护】 2022年，推进耕地保护专项整治行动和土地整治项目清理，组织核查耕地流出图斑7895个，恢复耕地1769亩，编制北川县2022年度耕地进出平衡总体方案。完善第四轮矿产资源总体规划，督促54宗矿业权完成《矿山地质环境保护与土地复垦方案》编制，53宗矿业权建立矿山地质环境恢复治理基金账户并签订监管协议；《北川羌族自治县矿产资源管理条例》修订已通过县政府常务会和县人大常委会第二次审议，把矿产开采以法条的形式进行明确，持续实行“三个最严”“积分制”“采运凭单”管理制度；积极推动矿山生态复绿，复绿面积达211亩，推进生态红线内矿业权退出工作，制定《北川羌族自治县生态保护红线内矿业权分类退出工作方案》，完成26宗矿业权退出。建立林长制三级责任体系，全年核查森林督查反馈疑似图斑1014个，管护森林面积200.87万亩，执行限额采伐121825.92立方米，完成森林保险投保108.9万亩，缴纳保费77.37万元，监测松林8.48万亩，防治林业有害生物2.9万亩。加强自然保护区、森林公园、国有林场等野生动物栖息地监测巡护，组织野生动物保护宣传18场，发放宣传单2万余份，救护野生动物14只（头），理赔野生动物肇事损失355件，赔付损失23.68余万元，重点保护动植物保护率100%。

【地质灾害防治】 2022年，推进地质灾害防治三年行动计划，建立联防联动工作机制和地质灾害指挥部办公室工作专班实质化运行机制，召开调度会议8次，发布预警17次，销号隐患点115处，新增32处，在册449处，组织培训457场次、发放“两卡”3836份，开展综合演练38场次，5000余人参与夜间“三断”（电源、交通、通讯中断）演练。先后启动地质灾害工程治理、排危除险和水毁修复项目27处。汛期过渡转移670户1522人，临时转移47678人次。核定地质灾害避险搬迁642户2224人。

【国土资源管理】 2022年，结合“4·22”世界地球日、“6·25”土地日、“安全生产月”等活动，深入矿山、社区、农村等宣传自然资源领域法律法规、森林防火、地质灾害防治等知识，全县共制作宣传资料20万余份，标语600余个，横幅50余幅，工作简报100期。组织开展耕地、矿产等卫片图斑核查10426个。发现并有效制止违法用地、非法采矿行为27件，涉案罚款153.55万元。核实省级下达森林督查疑似图斑220个，已全部查处结案。办理涉林案件87件，涉案罚款298.525万元，其中行政处罚66件，不予处罚5件，不予立案16件。移交森林警察大队查处2件。

【科学划定“三区三线”】2022年，统筹划定落实“三区三线”（城镇空间、农业空间、生态空间三种类型的国土空间，以及分别对应划定的城镇开发边界、永久基本农田、生态保护红线三条控制线），落实最严格的耕地保护制度、生态环境保护制度和节约用地制度，将三条控制线作为调整经济结构、规划产业发展、推进城镇化不可逾越的红线。全县划定耕地保护面积10.74万亩（71.63平方千米），划定永久基本农田面积7.15万亩（47.68平方千米），划定生态保护红线976.52平方千米。在优先划定耕地和永久基本农田、生态保护红线的基础上，避让自然灾害高风险区域，以城镇开发建设现状为基础，结合城镇建设适宜性评价内容，综合考虑资源承载能力、人口分布、经济布局、城乡统筹、城镇发展阶段和发展潜力，划定城镇开发边界26.15平方千米。11月1日，包括绵阳市在内的四川省“三区三线”划定成果获得自然资源部批复正式启用。

（陈尚炜）

国资公司经营与管理

【概况】 2022年,县属国有企业经营性国有资产总额达92.57亿元，比2021年资产总额72.73亿元增加19.84亿元，增长27.28%；所有者权益总额45.34亿元，比2021年43.66亿元增加1.68亿元，增长3.85%。企业实现经营总收入15920万元，经营总支出21146.54万元。实现上缴税费4720.94万元。上缴国有资本经营收入9201万元。

【国资公司管理】 2022年，国资公司企业出资人统一变更为县财政局，实现经营性国有资产集中统一监管；理顺机制体制，逐步实现县属国有企业去平台化，实现经营业务政企分离；完善国有企业法人治理结构，推进国有企业内部机制改革和组织架构建设，优化业务、人员、资产、资本等内部结构，强化管理、运营、投融资、项目建设等内部能力，完善相关配套改革措施，提升运营效率。

（卢　玲）

禹羌投资集团有限公司

【概况】 2022年，禹羌投资集团总资产66亿元，净资产33.38亿元，全年实现经营性收入8448.94万元，缴纳税金24541.46万元（含土地出让金和水土保持补偿费）。

【国有资产管理和处置】 2022年,完成新北川148个商业门面拍卖工作，拍卖成交47宗，全面收款到账，合计金额3038.82万元；启动擂鼓95套安置房公开销售的前期工作；对管理的香泉、小坝等部分乡镇闲置资产进行招租。根据全县资产移交清单，将集团部分国有资产移交禹泉文旅及禹创三元集团，接收各乡镇办公楼、教育用房等闲置资产共30处，对第一批注入的国有资产进行梳理和评估，评估价值为2.53亿元。同时，着手对第二批拟注入的国有资产进行评估，确保资产价值真实，划转及时。下属子公司资产管理公司接收各乡镇供水站17处，合计运营20处供水站，乡镇污水处理厂22处，全年供水站总体收入36.76万元，制定《供水站运营管理办法》《污水处理厂运营管理办法》及考核制度，规范乡镇供水站及污水处理厂运营管理。擂鼓污水处理厂、永安污水处理厂等7个污水处理厂环境信用等级均被市环保局评为优良。制定并印发《国有资产管理实施细则》，对国有资产的管理工作进行了明确的规范化管控。

【小额贷款和贷款担保】 2022年，禹羌投资集团子公司担保公司和小贷公司，立足扶微助小市场定位，累计向“三农”、小微企业等主体提供各类担保和贷款共计30余亿元，探索开创“党建+担保”服务新模式，依托“红色增信”贷款担保服务将市场主体红色信用转化成发展“红利”，合力推动乡村振兴实施和实体经济发展。全年实现业务发生6882万元、利息保费各类收入544.10万元、担保业务奖补51万元、现金清收2400余万元、创新金融服务产品3个。担保公司和小贷公司被绵阳市融资担保小额贷款行业协会评为行业内先进单位。

【项目融资】 2022年，通过精细项目包装、拓宽融资渠道、压低成本、降低融资利率等举措，整合各种融资渠道融资11.4亿元，到位资金9.23亿元。

【项目建设】 2022年，公司承接项目共28个（含储备项目），总投资约75.2亿元，其中承接政府公路、市政等民生项目20个，总投资约24.35亿元，经营性项目7个，总投资约24.85亿元，重大水利工程项目1个，总投资约26亿元。全年在建项目共12个，开展建设的项目点位达27个，总投资约23亿元，已完成投资约7亿元：S216北川墩上乡至青片乡灾毁修复整治工程已完成投资总额的75.4%；S313北川开坪乡至片口乡灾毁修复整治工程已完成投资总额的53.5%；大熊猫动植物园一期圈舍及配套项目，伴生动物区建设已完成总工程量的60%，预计12月底完成主体结构建设任务，大熊猫救护区项目——大熊猫兽舍等单体建筑及室外附属建安工程已完成招标，正在进行招标公示；羊角花开工程已完成投资额的60%；污水处理厂灾毁恢复工程已基本完成，受“7·16”突发山洪灾害影响白什乡、青片乡、桃龙乡需采取重大设计变更重建；省道107安昌至永安绕场镇改线工程已进场，已完成项目部的建设和地勘，正开展全专业内业设计；乡村振兴实训基地人才服务中心1#楼已封顶，2#楼三层结构层完成，3#楼二层结构层完成，体育中心独立基础已完成，地下消防水池基础土方已完成，食堂会议中心支护桩已完成，基础土方完成70%；开茂水库灌区工程（安江干渠）项目已完成总投资额的35%；大禹文化陈列馆项目已完成临时道路修建和电力迁改施工进场等工作；北川羌族自治县农村公路安保工程建设项目总体进度达69%；千佛山战役遗址公园已完成总工程量20%；年产200台大型吨级航空应急救援无人机研发、生产、运营服务总部基地装修综合进度95%。已完工（含即将完工）项目4个，总投资约1亿元：S107线北川老县城地震遗址段公路黑化工程已完工投用；G247北川县林家坝至沙窝子段灾毁恢复重建工程已完工投用；郊野公园一期安和塔项目已完工，待验收后即可投用；金船山公墓迁建项目裕清墓区已全面完工，项目进入运营阶段。储备项目12个，估算投资约52亿元：唐家山水库工程，可研编制单位已进场开展工作，正在进行地质勘察、编制可研报告及各项专题报告，市县共建方案（投资协议书）等资料正在由市水务集团报市级部门审批；开茂水库管护道路工程，已与永昌镇、县水利发展中心等部门进行现场踏勘，初步明确项目征地相关事项，下一步将配合水利发展中心开展后续建设工作；S313 北川开坪乡至片口乡灾毁修复整治工程支线段（小桃路黑化）改建工程，已完成设计单位招标工作，正在进行施工图设计文件及预算编制，计划12月底前完成编制，并按程序报送行业主管部门审查；温泉文旅综合体（暂定名），策划设计方正在对编制可研报告招标；北川康养融合项目一期（暂定名），至年底选址已基本确定，正在加快推进前期工作；大熊猫动植物园二（三）期，已完成配套基础建设设计任务书及项目招标代理机构招采工作，发布二、三期文旅板块招商公告，正在进行招标代理招标公示，下一步将加快开展二、三期项目配套基础设施建设工程设计；北川文化综合提升项目——安昌停车场建设，已完成项目测绘，设计预算评审，下步将启动项目设计工作；北川文化综合提升项目——郊野公园二期郊野林、郊野林

（一期）已完成第一稿施工图设计，现正进行补充勘察、设计、林地征占等相关工作，郊野林（二期）正在进行前期准备工作，郊野林（三期）正在编制《创意设计方案》；北川二次资源综合利用新型项目，已完成物料搬迁、承建子公司注册等前期工作，正在完善临时用地手续办理和地勘；S107段桑永路、山东大道路面恢复工程，已完成项目立项和施工图设计，施工图预算已送县财政评审中心评审；北川污水处理厂二期工程，正在准备启动招标；北川文化综合提升项目——郊野公园三期水岸商街，《创意设计方案》及概算已编制完成。

【国有企业改革】 2022年，禹羌投资集团围绕国企改革三年行动方案，抓重点、补短板、强弱项，把握党建引领、产业布局、内部治理等方向。已完成创建党建品牌（开路先锋党旗红）、经理层契约化管理、董事会成员外大于内、“五张清单”等共计19项改革大类，66项目标任务，103项具体改革举措及成果形式，形成各类制度、方案及报告共计68项，任务完成率100%。

（冯邦葛）

北川禹创三元发展集团有限公司

【概况】 2022年,北川禹创三元发展集团有限公司资产总额24.75亿元，年初资产总额14.48亿元；负债总额13.64亿元，年初负债总额5.07亿元；年末资产负债率55.11%，年初资产负债率35.01%；全年实现营业收入7358万元；缴纳各项税费共计3089.9万元；经营性资产租金、物业费共收取751.48万元，因疫情减免187.04万元。完成2万吨中储粮进口周转大豆的轮换入库和储存任务；4000吨县级原粮储备、200.1吨县级成品粮大米储备、5吨县级小包装成品油储备、15吨县级散装成品油储备的储存任务。

【国有资产管理和处置】 2022年，取得土地26宗（2022年取得12宗），面积约2496亩；门面114间，公寓楼9144.05平方米，办公楼6131.76平方米，标准化厂房约23.5万平方米（包括丰煜、俊泰厂房）。完成北川羌族自治县鸿裕粮油有限责任公司资产划转,及接收各乡镇农贸市场资产7处。

【项目融资】 2022年，成立北川羌城发展股权投资基金合伙企业（有限合伙）。基金成立后的首个投资目标公司拟选为丰鸟无人机科技有限公司，助力北川通用航空产业发展。全年，禹创三元集团共融资到位8.266亿元，其中实现发放贷款2.796亿元，专项债券发行4.39亿元，农发基金1.08亿元。

【项目建设】 2022年，公司参建项目27个，估算总投资约30亿元，完成投资约6亿元。续建项目10个：北川通用机场建设项目，项目总投资约63563万元，已完成北川段跑道建设，航站楼、消防中心主体完工，累计完成投资4.5亿元；2020年暴雨洪灾水毁堤防修复和岸坡冲毁急需新建防洪堤坝项目，共9个项目，估算总投资5589万元，已完工。新开工项目12个：永安工业集中区标准化厂房建设项目（二期）现代农业产业园工程——道路及附属设施项目，估算投资1800万元，已完工；北川桂花河公园项目，估算总投资5亿元，完成总工程量（一期）的30%；中国（绵阳）科技城国防航空科普体验基地A区（九洲湖）项目，估算总投资1.5亿元，完成总工程量的40%；北川柳林工业园区基础设施建设项目——标准化厂房建设，估算总投资1.333341亿元，完成主体工程（一期）的75%；北川柳林工业园区基础设施建设项目——园区道路建设项目，估算总投资2600万元，完成总工程量的10%；北川经济开发区“一中心，多组团”园区配套基础设施提升项目，估算总投资750万元，已完工；北川俊泰电子厂房道路及管网绿化设施建设项目，估算总投资360万元，已完成总工程量的

70%；四川北川经济开发区核心区配套基础设施项目——市政工程项目（羊角花开项目），估算总投资4100万元，该项目由禹羌公司代建，完成总工程量的60%；北川无人机产业园东二区改造提升项目，估算总投资260万元，12月进场实施；完成小坝、片口、坝底河道疏浚工作并完成验收，完成产值约 110万元；绵阳市传染病医院第一备用医院改造项目，已完工并验收，完成产值约110万元；北川健康食品示范产业园基础设施建设项目，估算总投资5亿元，已确定EPC工程总承包实施单位，已进场。拟开工项目5个：禹创三元紫宸院房地产开发项目，估算总投资4.2亿元；北川安昌河“一河两岸”水利基础设施提升项目，估算总投资4.02亿元；北川柳林工业园区基础设施建设项目——排洪沟工程，总投资约600万元；北川全流域物料中心建设项目，估算总投资5927.67万元；绵阳科技城北川通航产业园（一期）标准厂房及配套设施建设项目（无人机产业园）C-03-01地块，估算总投资1.9亿元。拟开工项目5个。至年底，已完工13个，其他项目正在有序推进中。

（周　敏）

禹泉文旅集团有限公司

【概况】 2022年,公司经营性国有资产总额1.59亿元，同比增长27.46%；负债总额0.41亿元；资产负债率25.79%。全年实现经营总收入1108万元，实现上缴税费78万元，为北川国家储备林项目融资贷款7.5亿元。

【国有资产管理和处置】 2022年，国有商业门面租金收入591.81万元，县城内国有商业门面出租率达97%以上，租赁收入同比增长10%，涉及减免门面户数321户，减免金额292.73万元；广告位等媒介资源经营收入28万元；实现停车场、路边停车泊位经营收入152.55万元，停车泊位、广告出租等资产出租率同比上涨7.5%。

【项目建设】 2022年，项目总投资约10.62亿元，共9个项目，其中5个为在建项目，4个已完成。曲桂路美化提升项目总投资270万元，已竣工验收。北川白山羊主题餐厅总投资40万元，已竣工验收；四川北川经开区规划馆项目总投资887.5万元，已竣工验收。有机茶园建设项目——茶旅融合建设项目（茶产业园）总投资1449.3万元，已完成主体建设和茶园土地流转以及茶园整理，共计拨付项目进度款695万元；国家储备林建设项目（林业产业园）总投资9.69亿元，银行融资贷款7.5亿元已通过银行审批授信，正在推进项目招采程序；启动唐家坪森林防灭火道路建设工程项目，总投资486.47万元，北山公园森林防灭火通道新建1.4千米正在施工；与力方数字科技集团成立北川禹昌文化旅游发展有限公司共同推进北川新县城文旅综合提升项目，现已对巴拿恰商业街现场进行考察调研并谋划规整方案，重点策划禹王桥和友谊园的整体提升打造；与功夫动漫成立合资公司共同实施北川城市IP提升项目，总投资6000万元，至年底已完成前期工作并召开北川城市IP形象发布会；党性教育基地项目总投资200万元，正在施工；开展走北川·购云朵上的羌食荟。坚持“品牌兴农”战略，制定产品生产标准体系，开发一块老腊肉、一盘花魔芋、一杯苔子茶等五个一系列产品，参加“绵品出川”衢州行、东莞行、苏州行等展示展销活动，不断提升北川区域农产品公用品牌影响力、凝聚力。

【新开发研学项目运营】 2022年，依托北川独特的生命教育资源及红色旅游资源，推出“大爱知行”研学品牌共4条全域研学产品，分别是以生命教育为主题的研学产品《未来抗震设计师》，以羌文化为主题的研学产品《云朵护卫队》，以北川苔子茶为主题的研学产品《大禹的秘密茶园》，以北川红色文化为主题的研学产品《我向祖国说北川之黎明号角》；旅行社项目，以巴拿恰为中心，开发辐射县城周边景点、景区的一日游、二日游产品，在羌历年期间，北川羌城旅游区咨询服务中心开市营业，成功开发景区景点票务销售业务，并推出巴拿恰街区观光讲解业务及车辆租赁业务，全年实现收入90余万元；文创产品项目，结合北川特色农特及非遗产品，现已开发和销售苔子茶、腊肉、花魔芋、城市伴手礼等主打产品共计20余款，全年实现销售腊肉礼盒等文创产品1万盒（套），实现销售收入52万元。

【走北川·赏云朵上的尔玛民俗体验剧】 6月27日至7月5日在禹王广场举办实景体验剧，依托县文化馆推出剧场版、巡演版、实景版等新模式。体验剧引领观众走进《春之茶》《夏之花》《秋之果》《冬之礼》的北川色彩，在“感知式”的观演和体验中，领略传统禹羌文化与现代文明的交融，迸发活力与新生的北川魅力，是擦亮北川“天府旅游名县”的有力举措，进一步活跃了夜间经济，聚集了更大的人气和商气，促进文旅产业高质量发展。7月，以走北川·赏云朵上的尔玛民俗体验剧为背景的《民俗文化点亮夜间经济》新闻接连在央视一套、四套报道播出。

（赵　传）

统　计

【概况】 2022年，县统计局以“稳经济、保增长、促发展”总体目标为工作抓手，克服疫情反复影响，立足单位职能职责开展全县经济发展状况预判、预警、分析，协调和指导行业主管部门弥补短板指标、扩大优势指标。组织2021年度“四上”企业年报暨业务培训会、季度“四上”企业业务培训会、全县劳动工资季报样本单位统计业务培训会6场，2000余人次参加培训会。全年共编发统计信息60余篇、《统计月报》12期、《统计快报》17期、《统计专报》6期、《统计分析》6期，发布《2021年国民经济与社会发展统计公报》。

【2021年县域经济分析】 2022年，为加强全省县域经济考评指标统计监测，了解和反映北川在全省58个生态功能区中各项指标的完成和排位情况，参照功效系数法对收集到的全省58个生态功能区2021年县域经济考评10项涉统指标数据进行分值测算，总分为43分，北川得分为35.2674分，在58个生态功能区中居第5位，比前三季度位次上升一位。组织撰写《2021年全省58个生态功能区监测数据完成情况分析》，全面剖析全县排位情况，指出优势、劣势指标，提出下步工作建议。

【统计工作制度解读】 2022年，按照统计改革与发展的新形势和新要求，县统计局在对各项统计工作进行全面梳理的基础上，有针对性地筛选、总结、归纳统计知识要点，组织编制北川《统计工作制度解读》，主要内容包括统计法律法规、地区生产总值统计、农业统计、工业统计、建筑业统计、商贸统计、规上服务业统计、劳动工资统计、固定资产投资统计、乡村振兴统计监测、基本单位名录维护、调查单位入退库工作、普查制度共十三个部分。印发《制度解读》200份，分送县委、政府领导、行业主管部门及各乡镇，供领导决策和行业主管部门、乡镇参考，加强全县统计基础工作，提高全县统计工作规范化水平，保证统计工作正常、有序开展，确保统计数据真实、准确。

【企业升规入统】 2022年，加强与发改、工信、商务、住建局等行业主管部门的沟通衔接，加大挖掘、培育、申报、审核、培训等方面协作力度，严格执行“先进库，后有数”的原则，做好月度入库申报工作，严格做到符合标准的“四上”企业应统尽统。全年新增入库调查单位24户，其中资质内建筑业2户，房地产开发2户，工业8户，商贸8户，服务业4户。入库项目145个（包含房地产项目3个），总投资额53.83亿元，为全县经济发展提供新的增长点。

【统计数据质量核查】 2022

年，开展“四上”企业的数据核查工作，组织各专业分管领导、业务人员共80余人次实地核查规上工业企业50家、规上服务业企业25家、限上商贸单位54家、规下样本单位115个。通过核查发现个别企业存在统计台账缺失、资料不规范、因统计人员变动频繁导致对统计口径理解有误等问题，核查人员现场对企业统计基础工作进行指导，帮助企业建立和完善统计台账，规范数据上报流程，夯实全县统计基层基础工作。

（张晓莉）

统计调查

【概况】 2022年,完成城乡居民收支调查、粮食产量调查、劳动力调查、农民工监测、畜禽监测、退耕还林监测等16项常规国家调查项目，完成住户调查大样本轮换、农作物对地抽样调查样本轮换工作。全年开展大豆油菜种植意愿、北川中药材种植情况、工伤和失业保险省级统筹情况、农业保险发展情况、企业复工复产情况等专项调研12次，撰写调研报告12篇，被县级领导批示6篇次，被国家统计局采用1篇次。

【住户调查大样本轮换】 2022年，开展住户调查大样本轮换工作，成立全县住户调查大样本轮换工作专班，与县人社局、农业农村局密切配合，召开工作推进专题会议6次，完成两轮样本框信息核实共计2500余户清查摸底住宅信息抽选，上报建筑物清查、住宅名录、小区简图，抽中15个调查小区150户调查户，完成大样本轮换。

【农作物对地抽样调查样本轮换】 2022年，开展农作物对地抽样调查样本轮换工作，召开专业培训会议5次、利用BIGEMAP地图软件制作需要核实的样本方图层开展抽样框数据核实整理工作、新样本网点辅助调查员选聘培训工作，购置农业遥感测量专业配置手持调查终端PDA 6台，完成10个粮食播面产量调查点样本轮换。

【北川企业复工复产情况调研】 2022年，通过问卷调查和实地走访座谈等方式对北川部分央企、民营企业开展疫情后的复工复产情况调研，调研对象涉及制造业、电子产品加工、食品加工等行业。调查真实地反映北川县企业复工复产及生产经营状况，通过数据汇总分析，形成调研报告1篇，为全县企业发展提供参考。

（罗　萍）

卫生执法监督管理

【概况】 2022年，以问题为导向，全方位、多轮次开展执法检查。全年开展日常监督检查1513户次，查处违法案件20件，收缴罚没款共计16.6万元，关停整顿2家医疗机构；完成“双随机一公开”抽检任务87家，任务完结率达100%；行政处罚、行政许可双公示率100%，重大卫生行政处罚决定法制审核率100%，行政执法全过程记录率100%；受理投诉举报案件1件，办理率、结案率、答复率、投诉对象满意率均达100%；同时加强执法队伍建设，通过多种学习方式，不断充实执法理论水平，提升执法服务水平，全年累计1078学时。

【医疗卫生监督检查】 2022年，开展临床用血、医疗质量、医疗废物、母婴保健等各种专项检查295户次，出动卫生监督员及协管员600余人次，累计下达监督意见书600余份；积极推进诊所在线监管、医疗机构自查等工作；结合扫黑除恶、养老诈骗专项整治开展打击非法行医专项行动，对医疗机构、生活美容馆、农贸市场、敬老院等重点场所进行全面排查。全年立案查处医疗卫生案件4起，罚款11.2万元。

【学校卫生监督检查】 2022年，联合县教体局、县市场监管局开展2022年春季、秋季开学前学校卫生安全专项检查工作。为确保高、中、成考顺利进行，提前开展保障服务；对“双随机”抽取的学校进行抽检，对3所学校因黑板照度抽检不合格进行约谈，并督促整改到位。

【职业、放射卫生监督检查】 2022年，对全县14家持有《放射诊疗许可证》的医疗机构开展专项检查，下达监督意见书14份。结合职业病危害专项治理、粉尘和噪声危害专项整治、国家双随机抽检等对30余家企业进行现场督导检查，对1家未按要求组织一线职人健康体检的企业立案查处，罚款5万元。

【生活饮用水卫生监督检查】 2022年，对全县19个乡镇，3个千吨以上的供水单位、11个小型集中式供水单位、4家二次供水单位、3个现制现售供水单位，6家使用直饮水学校监督全覆盖督导检查，下达监督意见书80余份。“7·16”洪灾发生后立即启动应急预案赶赴灾区，对临时取水点的消毒进行检查、指导，确保灾区生活饮用水安全。

【公共场所卫生监督检查】 2022年，对全县的270多家公共场所、18家足浴按摩场所进行全覆盖监督检查。节假日对大型景区、公共场所、医疗安全、生活饮用水等方面安全维稳检查以及海峡文化交流活动及大禹祭祀等活动保障工作。开展全县安全套推广工作，发放相关艾滋病预防宣传资料1000余份，公共场所安全套摆放率达100%，无偿提供率达100%。对存在违法行为的4家公共场所进行立案查处，罚款0.2万元。

（张丽娟）

综合行政执法监管

【概况】 2022年，县综合行政执法局行政权力事项经梳理后，相对集中行使行政处罚1352项、行政强制72项、与业务主管部门共同行使行政检查50项，共计1474项。全年指导乡镇开展执法工作30余次，推进一支队伍管执法。推进《北川羌族自治县综合行政执法条例》修订工作，专题召开修订工作推进会4次。全年围绕文化旅游、交通运输、农业水务、城市管理四个领域展开执法，重点针对超限超载、非法营运、长江流域十年禁渔、河道非法采砂、大气污染防治、道路扬尘治理、违法乱建等违法现象，加强执法检查并严肃查处。

【文化旅游领域行政执法】 2022年，依法履行文化旅游领域相关行政执法监管职责，检查出版物市场、旅游景区、电影院、网吧及KTV。开展校园周边文化市场专项检查、冬奥会执法保障行动、舞厅类娱乐场所专项整治、未经许可经营旅行社业务专项整治行动、艺术品市场专项整治、网络文化市场巡查、文保单位执法巡查、出版物市场专项检查等一系列专项整治行动，持续开展“扫黄打非”专项行动。检查并督促各文化旅游市场经营场所做好疫情防控和安全生产工作。全年出动执法人员400余人次，检查文化市场经营单位300余家次，涉旅单位60余家次，文物保护单位10余次。行政约谈1家，收缴非法出版物20余本，发出责令整改通知书14份，查处案件4起。因涉及刑事违法犯罪移送公安机关案件1起。

【交通运输领域行政执法】 2022年，建成货运源头、货运通道、站点检测、终端处理四位一体的智慧交通运输管理信息系统，3月7日公告启用运行，日均检测3700余辆货车，货运车辆超限发生率降至5‰以下，被市级以上媒体报道6次，其中《北川县以“科技治超”赋能智慧交通建设终端见效》被《四川改革动态》专题刊发。以强化路面整治+严格卡点值守+启用智慧治超平台+打击非法营运+道路生态环境整治等为重点，全力整治交通运输违法行为。全年出动执法人员3347人次，检查车辆283729辆，查处道路运输违法违规行为67起；联合公安交警、农业农村局等单位，报废拆解6辆违规农机车；北门联合治超点检查超限超载行为352起，共卸载无运单或超载货物4142.6吨。发放《拒绝非法营运，确保安全出行》宣传手册2970余册。

【农业水务领域行政执法】2022年，加强生猪运输、屠宰、销售等环节的巡查，预防非洲猪瘟防控等重大动物疫情发生。对全县饲料、兽药经营销售点拉网式排查，对销售违禁兽药、“三无”产品进行严格查处。开展春秋两季农资集中检查，严厉打击假冒伪劣行为。开展河道巡查，加强违法采砂行为的严厉查处。采取定期巡查和不定期夜间突查的方式开展河道巡查工作，严厉打击使用电、毒、炸等破坏渔业资源的方式进行捕捞的行为，保障天然水域水生生物安全。全年出动执法人950余人次，检查农资销售点16家次，河道巡查200余次，发放禁渔普法宣传单1000余份，处理线索举报20余次，查处非法采砂案件6起；非法捕鱼案件4起，禁渔期内违规游钓2起；经营假农药1起；经营不合格饲料1起；使用国家禁止的农业投入产品1起；未达到安全间隔期、休药期的农产品2起；移交绵阳经济技术开发区人民法院强制执行4起。

【城市管理领域行政执法】2022年，规范城市管理中违搭乱建、占道经营、游商小贩随意摆摊设点、小广告乱贴乱发、非机动车乱停乱放、杂物乱堆乱放、市场秩序混乱等城市乱象，清理巴拿恰、小木屋、禹王广场违规经营。全年开展各项专项整治9次，劝导制止占道经营3000余处，清理横幅150余条、小广告1000余张，规范非机动1200余辆/次，清理乱堆乱放50余处，清理杂物48车，清理小木屋30余户、搬迁游乐场经营摊主10余家，发放《温馨提示》1000余份，签订“装饰装修”承诺书500余户。立案处罚1起未取得《污水排入排水管网许可证》擅自向城市管网排污。

【大气污染防治及道路扬尘治理行政执法】 2022年，严禁“五烧”（烧秸秆、烧垃圾、烧纸钱、熏腊肉、放鞭炮）整治行动共出动执法人员500余人次巡查点位。“餐饮油烟”复查整治行动共走访餐饮门店300余家，发现存在油烟问题门店5家，整改5家，整改率100%；加大对在建工地的巡查力度，要求各在建工地规范设置施工围挡，开启喷淋设施，严格控制施工扬尘；节假日期间，重点实施烟花爆竹燃放管控，引导市民爱护大气环境。联合县交警队在山东大道永安鱼嘴路口、永通路分水村路段设立脏车检查点，对赃车进行劝返清洗，督促企业源头完善清洗设备，严禁未经清洗的车辆上路行驶。

【“十年禁渔”专项整治行动】1月1日起，县综合行政执法局联合县公安局、县农业农村局，开展“十年禁渔”专项整治行动，依法打击非法捕捞行为，加强县境长江流域渔业资源保护。以“清竿”行动为抓手，大力打击非法捕捞及违法游钓行为，有效保护和改善水域生态环境，确保鱼类繁育季节鱼类能够正常繁衍生息。积极宣传，营造氛围，设置渔政执法流动宣传车，流动宣传120余次，发放宣传单1000余份，利用电视、广播、微信平台等方式宣传“十年禁渔”“禁渔期”政策，积极普法。设置举报电话，鼓励举报涉渔违法犯罪线索，加大举报线索处置力度。全年办理违法游钓案2起；非法捕捞案4起；开出违法游钓警告书50份，劝阻违法游钓人员180余人次，开展联合执法3次。

（曾　丽）

▶应急管理

概　述

【概况】　2022年，开展安全生产专项整治三年行动“巩固提升年”活动，成立检查组1152个，检查企事业单位4566家次，排查一般安全生产隐患762个，已整改752个，剩余10个整改中；完成自建房排查76334栋，整体排查率95.34%，对初判存在安全隐患的经营性自建房37栋均采取整治措施，风险管控率100%。累计出动检查人员62人次，聘用专家50人次，采取“四不两直”（不发通知、不打招呼、不听汇报、不用陪同接待，直奔基层、直插现场）方式，运用“专家+执法”等监管新模式暗访检查危险化学品企业28家，发现问题隐患168条，整改168条，立案查处企业1家，处罚款2.3万元。每季度组织开展安全生产风险会商研判，印发安全提示函23份，督促限期整改通知书9份。采取“四不两直”方式派出督导组22个，排查单位86个，发出通报2份，整改完成2021年12月31日在北川发布曝光台上曝光的12个安全问题。派出检查组13个，出动执法人员22人次，聘用安全专家3人次，检查企业16家次，立案查处7家，处罚款14.4万元。调查生产安全事故2起，立案查处事故责任单位2家及责任人员4人，收缴事故罚款76.18961万元，移送司法机关追究刑事责任1人。开展水电站安全教育培训，有限空间作业安全管理指导培训会、非煤矿山等培训10余场，参训人员400余人次；召开2022年安全生产约谈会议6次；制作安全曝光片3部，警示教育片3部。全年北川中学创建为国家防震减灾科普示范学校，县应管理局荣获2021年度四川省防震减灾救灾先进集体。

【防灾减灾】　2022年，广泛开展防灾减灾知识“五进”活动，共发放宣传折页、宣传单等宣传资料3.9万余份，发放淘米器、水杯等宣传产品2.3万余件，提升社会公众防灾意识。组织气象、自然资源、农业农村等部门，对全县自然灾害风险形式及防控对策进行风险研判并形成风险报告；转发气象部门关于低温雨雪冰冻和强降雨、大风等极端天气预警信号24期。集中培训全县各乡镇分管领导及灾害信息员46人2天，承办2022年森林草原火灾应急实战演练、2022年洪涝地灾应急实战演练、2022年主汛期洪涝地灾应急实战演练、和绵阳市2022年应对地震灾害综合演练北川科目，全县各乡镇同步开展综合应急实战演练；县、乡（镇）累计开展演练280余场。建立各类专业半专业队伍41支1232人，村（社区）综合应急分队235支2519人；清理全县应急物资库存数量，指导乡（镇）规范管理应急物资，同时收集各乡（镇）应急物资需求，拟定所需90.81万元应急物资采购需求并报送县发改局；除原有18部电台外，给各乡镇和县应急委重要涉灾部门新配电台26台、对讲机300部、卫星电话4部，现有卫星电话37部。通过“四川省应急管理厅惠民惠农财政补贴一卡通自然灾害救助资金审批系统完成冬春救灾资金发放3377户9713人104.658万元；发放因灾住房维修加固43户68人4.02万元；紧急转移安置22户78人2.34万元；遇难人员家属抚慰金8户9人18万元。利用三频信标接收站，结合“一中心九台站”系统，实现“空天地”一体化监测，监测数据与省、市互联共享。科学高效应对处置“2·1”禹里4.0级地震和“5·8”漩坪4.1级地震。全年累计发生雪灾1次、暴雨洪涝灾害6次、干旱灾害2次，经济损失共计8.217亿元。

【安全应急产业发展】 2022年，推进安全应急产业发展。与西南科技大学环资学院签订校地合作协议，成立“安全应急产业发展与人才培养研究中心”；与省应急产学研协调创新联盟签订《战略合作协议》。与经开区共同推进“四川省航空应急救援中心西北分中心”应急救援基地建设。完成北川应急管理培训学院、雪狼基地等4家安全应急教育培训机构优化整合，组建北川安全应急教育培训联盟。引进浙江誓安消防科技有限公司、安徽新品源2家企业落地北川。利用校地合作契机与绵阳安福魔芋、兴禄科技达成校企合作意向，实现科研成果转化落地落实，培育壮大本地龙头企业；推进多灾种体验中心建设工作。至年底，辖区涉及安全应急产业12家企业实现产值（营业收入）1.55亿元。

【科技赋能防灾减灾】 2022年，北川与四川纵横无人机技术有限公司合作，引进纵横大鹏无人机运用在森林防火、防汛、地质灾害、河道管理的监测、预警、救援路线规划等方面，形成空中无人机、地上网格员的“空地一体”应急预警救援体系。开展巡检飞行12架次，巡查面积500平方千米；片口乡探索森林草原防灭火智能大数据系统，通过森林防火设卡AI人脸识别系统、森林火灾高位烟火识别系统、烟雾传感系统、可视化大数据分析预警系统等，将全乡的森林全面置于监控范围内，实现全天候火源监控。

（赖康健）

安全生产管理

【概况】 2022年，县委、县政府将安全生产工作纳入重要议事日程，及时传达学习关于安全生产工作的重要指示批示精神及上级关于安全生产工作重要决策部署，听取安全生产工作汇报，及时研究解决安全生产重大问题。全年全县专题学习传达有关规定及精神11次，专题研究14次，组织召开县安委会（扩大）会议5次。开展专项督查检查4次，全覆盖综合督查检查8次，制作安全宣传警示片3部、安全曝光片4部、安全动漫片1部。开展安全生产月宣传、“5·12”防灾减

7月11日，北川羌族自治县安委会2022年安全生产警示教育暨三季度安全工作（扩大）会议召开

灾日、“119”消防宣传月等活动，发放宣传资料3万余份，张贴燃气监督卡3000份。建立安全“五进”示范点10个，观看《生命重于泰山》、安全警示教育片，推进安全责任落实，开展多层次多领域多批次的安全宣传教育培训，大力宣传安全知识，职工群众的安全防范意识明显增强。

全年共发生一般生产安全事故2起，死亡2人，经济损失211.8万元。事故起数、死亡人数较上年均下降33.3%，

【防火防汛应急准备】 2022年，全面落实防火期各项工作任务，压紧压实各级责任，加大隐患排查整治和火源管控力度，强化防火劝导卡点值班值守，开展森林防灭火演练50余次，成功应对8月高温晴热天气带来的高火险考验，全年未发生森林草原火灾。认真开展防汛减灾专项整治，成立县防汛减灾联合指挥部，制定专项整治工作方案，督促各乡镇、相关部门强化责任落实，围绕思想认识、工作机制、责任落实、防灾准备、监测预报预警、巡查值守、转移避险7个方面，聚焦问题细化23项措施，完成防汛整治工作。

（赖康健）

地震监测与预警

【概况】 2022年，北川地震监测系统建有1个地震监测中心，1个测震台（曲山测震台）、5个强震台（坝底、禹里、曲山、永安、永昌）、2个地下水监测站（永昌镇41井、通泉镇43井）、1个GPS观测站（擂鼓）、11个地震预警烈度速报点（永昌、片口、擂鼓、开坪、白什、贯岭、白坭、青片、永安、陈家坝、通泉），实现在地震发生后第一时间内速报震情基本情况。

【地震监测】 2022年，北川及紧邻地区全年发生ML1.0级以上地震107次，其中1.0～1.9级地震37次、2.0～2.9级地震55次、3.0～3.9级地震12次、4.0～4.9级地震3次。北川前兆台网川41井处理数据：动水位分钟值519366个、中层水温分钟值519336个、气压分钟值519336个；川41井仪器运行完整率98.81%；川43井共处理前兆数据：静水位分钟值518287个、中层水温分钟值518287个、气压分钟值518287个，43井仪器运行完整率98.61%。

（赖康健）

公共卫生应急处置

【概况】 2022年，开展25个医疗机构分别开展地震应急演练1次。依托2022年东西部协作乡村医生培训班对全县109名乡村医生进行了突发公共卫生事件应急处置等应急知识培训，提升基层卫生的应急能力。“1·20”国际急救日县紧急救援指挥中心联合21家120网络医院开展以“救在身边”为主题的系列科普活动，发放宣传资料2000余份，张贴宣传海报80余张。全年共接到“120”求救电话24261次，有效接警2172次，有效接警率8.95%，救治病人总人

2022年北川及紧邻地区3级及以上地震活动分布示意图

数2010人，接回病人总数1909人，现场死亡101人，抢救成功率 94.71%。院前急救病伤人数中疾病类726人，创伤及事故类1059人，中毒类72人，其他类153人。“7·16”洪灾中，共派出医疗人员488人次，防疫人员709人次，救治伤病员1128人次，环境消杀147.97万平方米。参与县级保障活动40次，保障天数72.5天，参与保障医务人员197人次，救护车定点保障出动64次。共提供疫苗接种医疗保障车辆246台次，出动医疗保障人员976人次。

【公共卫生事件监测预警和处置】2022年，全县无突发公共卫生事件报告。开展传染病监测分析及风险评估。全年完成法定传染病与突发公共卫生事件监测周分析52期，月分析12期，季度分析4期。处理传染病自动预警信息系统发出的预警信息102条，其他感染性腹泻病29条，流行性感冒17条，手足口病8条，病原学阳性5条，麻疹4条，无病原学结果3条，病原学阴性2条，流行性腮腺炎2条，利福平耐药1条。

（张丽娟）

“7·16”突发山洪灾害

【概况】 7月15日20时到16日8时，北川西部出现强降雨天气过程，桃龙、小坝、青片熊猫广场降水量为106～148毫米，白什69毫米、马槽63毫米，暴雨引发山洪，19个乡镇不同程度受灾，各类基础设施严重受损。特别是白什乡损失惨重，临街房屋被淹，部分房屋被冲毁，交通、电力、通信全部中断。全县经济损失总计69421.424万元。

【人员及家庭财产损失】 8月1日，暴雨导致全县19个乡镇35279人受灾，18人因灾死亡、失联，其中：12人确认死亡，剩余6人失联。全县共紧急转移安置738户2012人，其中：集中安置223户609人，分散安置515户1403人。白什乡转移安置496人。房屋倒塌27户73间严重受损58户153间；一般受损214户569间。房屋损失共计1914万元。白什乡场镇200余户房屋进水、进淤泥，导致家电、家具、百货、生活用品等被淹，损失4400余万元;片口乡、都贯乡、桃龙乡、通泉镇、陈家坝镇、漩坪乡、白坭乡、马槽乡等农户因房屋进水、进泥沙导致农机农具、饲料、家具、家电等受损，经济损失77.358万元；青片乡600多户因停电冰箱内食物坏掉，损失227.6万元。财产损失共计4704.958万元。房屋及家庭财产经济损失共计6618.958万元。

【产业损失】 北川兴荣建材厂厂房进水，建材损失40万元；九皇山景区因雷击损坏电力设施设备，防火通道16处受损，损失281万元；药王谷景区抽水泵被冲走，排洪沟被冲毁，客房部屋顶防水受损，景区道路受损严重，损失103.24万元；西羌幽谷道路受损，损失10万元；洒啦溪网红河堤、漂流闸门等受损点13处，受损栈道70米、漂流航道5千米，损失300万元。工矿商贸

“7·16”突发山洪灾害后的白什街道

业经济损失共计734.24万元。桃龙乡、都贯乡、白什乡大春作物受灾100公顷、成灾80公顷、绝收50公顷，药材受灾100公顷、成灾80公顷、绝收50公顷，损失1226万元；受灾畜禽324头，损失121万元。农、林、牧、渔经济损失共计1347万元。

【基础设施损失】 国省道塌方252处，其中断道56处，已抢通56处。路基损毁218877立方米，路面损毁48090平方米，防护工程120102立方米，坍塌方133235立方米，边沟阻塞约38.265千米，损失15511万元。农村公路已排查公路损毁断道657处，其中：路基损毁292948立方米，防护工程损毁146397立方米，路面损毁335861.5平方米，塌方172493方，已抢通454处，共计投入机械350台次、人员1200人次，损失24829.111万元。交通设施经济损失共计40340.111 万元。全县林区道路受损95.7千米，其中白什乡20千米、片口保护区8千米、青片乡10千米、小坝镇25.4千米、桃龙乡23.3千米、漩坪乡9千米。林区道路受损金额共计3381万元。白什乡等5个乡镇供水工程多处受损，损失1558.8万元；电站严重受损4座、一般受损9座，损失3688万元；河堤损毁及基础空虚约3.486千米，损失2788.8万元；堤防工程水毁，损失约84万元。水利基础设施经济损失共计8119.6万元。通信线路受损128.49千米、基站受损11座、箱体设备受损150个、基站变压器受损1台、基站设备损坏21处；电力线路受损18千米、输变电设备受损5台、供电皮卡车冲毁1辆、供电所受损1处。电力通信损失共计1307.515万元。基础设施损失共计53148.226万元。

【公共服务设施设备损失】 2022年，小坝敬老院、桂溪敬老院等房屋、饮水管道受损，损失21万元；白什乡政府办公楼1楼被淹，设施设备损失200万元；白什乡星河村等5个村级活动室、桃龙藏族乡龙藏社区活动室等不同程度受损、设施设备受灾，损失309万元。民政系统损失共计530万元。白什乡卫生院地基塌陷严重，40余间房屋受损，桃龙藏族乡、白坭乡、小坝镇、禹里镇、都贯乡等8所卫生院不同程度受灾。卫健系统损失共计4297万元。白什、桃龙、片口等乡镇全民健身场所及设施，篮球场、健身广场、乒乓球桌等农体工程受损严重，损失约500万元；桃龙小学运动场、围墙及部分设施受损，损失120万元。教育系统损失共计620万元。白什乡、桃龙藏族乡、坝底乡等7座污水处理厂不同程度受损，损失1290万元；漩坪乡、白坭乡、白什乡等7个乡镇污水管网受损6.22千米，损失746.4万元。住建系统损失共计2036.4万元。白什乡、桃龙藏族乡文化站设施设备、图书等损失9.6万元；广播电视线路、监控杆、摄像头等设施设备损失65万元；村村响广播，线路损坏11.5千米，收扩机、喇叭部分损坏，损失15万元。文广旅系统损失共计89.6万元。公共服务设施设备经济损失共计7573万元。

【抢险救灾】 灾情发生后，县防汛抗旱指挥部统一指挥，统筹整合各方力量、资源全力开展抢险救灾工作。组织公安、消防、应急、民兵及当地干部群众1000余人和抢险救援车辆99台，使用工程设备、河道监控视频、无人机、望远镜等设备对场镇及沿线河道展开搜救工作。将白什乡小学安置点受灾群众转移至坝底中学安置点。全县共调运发放米面油、蔬菜、肉3.15万千克，方便面、矿泉水、面包、饼干、牛奶等物资3800余件，组织党员干部、志愿者等人员开展联络帮扶、生活保障、秩序维护等工作。分散安置的受灾群众，安排乡镇干部分组包户，落实一一对应，确保人员安置妥善，避免群众返回危房和灾害威胁区房屋居住。同时全力做好遇难、失联群众家属安抚工作。组织交通、通讯、电力等专业队伍4300余人次，调度挖掘机、推土机等机械装备1213台次、后勤保障用车100余辆，推进保通保畅工作。重点开展白什乡场镇路段、青片河白什场镇段河道清淤工作，场镇清淤5.2万余立方米、河道清淤47.1万余立方米；同时对其余乡镇开展交通道路、电力、通信恢复及清淤排涝工作。组织医护、疾控、消杀指导人员441人次，在集中安置点开展环境消杀和医卫服务工作，对投亲靠友分散安置群众发放应急药品等服务，对灾害区域进行防疫消杀，做好食品和饮用水卫生监督监测等重点工作，普及灾后医疗救治和自我防护注意事项，指导受灾群众做好家庭卫生和个人卫生，消杀面积81.7万平方米。

（赖康健）

火灾防控

【概况】 2022年，办理公众聚集场所投入使用、营业前消防安全检查7件，共抽查单位1099家；发现火灾隐患1505处；督促整改火灾隐患1505处；下发责令改正通知书891份；临时查封7家，重大火灾隐患挂牌2家、摘牌3家，下发行政处罚决定书35份，罚款金额10.184万元，责令三停单位10家。火灾扑救97起。

【消防安全专项治理】 2022年，结合辖区消防特点，开展消防安全三年行动巩固提升、护安2022、消防安全大检查、易燃易爆、自建房、老旧小区、全省燃气安全检查、消防技术服务机构检查、四川省危险化学品重大危险源企业2022年第一次检查督导等专项整治行动，全县29个住宅小区、43个公共建筑已完成标识划线。

【消防知识宣传】 2022年，按照“一街一校一站两园”的模式打造宣传教育集群式阵地，并依托辖区丰富的旅游资源精心设置“消防+旅游”沉浸式体验精品线路，同时在寻龙山景区打造富含民国元素的消防宣传志愿服务站，拓宽消防宣传覆盖面。结合志愿服务活动建立北川“羌橙”消防志愿宣传服务队，以老幼为重点持续推进消防宣传“五进”活动，同步推广全民消防学习平台，取得良好成效。开展“119”消防宣传月“‘羌橙’伴随你我、守护平安家园”主题活动，被央视报道。全年开展“羌橙”消防志愿服务走访慰问活80余次，开展“进红门”沉浸式体验活动以及消防安全培训和灭火疏散逃生演练100余次，发放宣传资料及消防宣传礼品3万份，累计受益群众5万余人。

（范小华）

【森林草原防灭火】 2022年，森防指办牵头通过广播电视、手机短信、宣传标语等多种形式，发放宣传单6万余份、森林防火倡议书2000余份，印发防火命令10万份，发送森林防火提示短信40万余条，气象预警信息5万余条，推送防火彩铃2200个，出动流动宣传车900余台次，开展宣传教育活动30余场；组织“小手拉大手”和开学第一课森林草原防灭火主题教育活动48场，主题班会1000余次，覆盖学生3万余人，签订家长承诺书2.5万余份。落实隐患整改形成闭环的要求，做到“一患一档”，采取“清单制+责任制+销号制”管理，整改销号。排查全县林区输配电（高、低压）线路火灾隐患117处，全部完成整改，同时完成与15户小水电企业承诺书的填报、签订，再次明确和落实52条重点森林防火输配电线路；清理道路、村庄、坟地、加油站周边，有效减少林区林缘可燃物载量,最大限度降低火灾发生风险。承办和组织市县大型森林草原防灭火演练2次，各乡镇组织开展演练19次，组织专项演练9次；组织各类专题培训22次，组织地方专业扑火队伍开展带装巡护及宣传培训120余次，培训半专业扑火队50余次，走进辖区各乡（镇）、村（社）重点场所消防知识宣传90余次。开展集中督导5次，机动督导3次，各成员单位按月开展常规督导。督导督查反馈问题103个，发出督查通报7期，整改通知书52份，按期完成整改。全县未发生火灾。及时完善“一对一”包保责任，落实责任清单1618条，防火期全县扫码督导次数达370余次；加强防控末端体系建设，切实把防控责任逐级压实到乡镇、村组，对智障人员、老人儿童等特殊人群落实了专人监护，严防人为引发火灾。查处违规野外用火行政案件4起，行政拘留4人。

【2022年森林草原小火打早打了应急演练】 12月13日，在永昌镇沙金村举行森林草原小火打早打了应急演练。县人武部副部长、县森防指副指挥长肖骞，县森防指专职指挥长邓勇，县森防指成员单位及各乡镇分管负责人出席和观摩此次演练。本次演练活动共出动县专业扑火队，乡镇、涉林企事业单位半专业扑火队员和义务扑火队员等90余人。以模拟发生森林火灾为背景，紧紧围绕信息接报、初期火情处置、会商研判、启动响应、指挥调度、现场扑救等科目进行。并做好了安全撤离、余火清理、现场留守等后续工作。演练过程中，指令清楚，调度有序，演练顺利完成。

北川羌族自治县2022年森林草原小火打早打了应急演练

（陈尚炜）

▶ 城乡建设与管理

城乡基础设施建设

【概况】 2022年，全县城建攻坚项目26个，包括房地产、基础设施建设、民生工程等县重点项目8个，项目估算总投资约57.1亿元，年内完成城建投资8.027亿元。固定资产投资计划投资7.01亿元，完成投资7.6亿元。实施重点项目18个，对上争取中央城镇保障性安居工程老旧小区改造资金、省级城镇保障性安居工程老旧小区改造资金、城乡建设资金（乡镇污水处理设施）、城镇污水城乡垃圾处理设施建设资金、危房改造资金等7472万元，超全年目标任务1710万元。

【S216北川墩上乡至青片乡灾毁修复整治工程】 项目估算总投资为4.58亿元，资金来源为县上自筹和上级补助。路线起于青片乡，接S216线水晶（平武）至青片段，沿原路改建经白什乡、马槽乡和坝底乡，止于墩上乡，顺接S216线墩上至邛崃段，并与G347线平交，路线全长约34.4千米。全线新建大桥1座133.5米，新建棚洞66.8米。全线采用三级公路标准建设，设计速度30千米/小时，路基宽7.5米，全线采用沥青混凝土路面。建设周期18个月。2022年已完成投资总额的75.4%。其中，一标段完成平交道口混泥土2500立方米，C20片石锥坡132立方米，二标段完成钢管桩1125米，托梁180立方米，托梁上挡墙100立方米，AC-20C沥青23025平方米，三标段完成透层7388平方米，AC-20C沥青7866平方米。四标段完成波形护栏悬挑基础100米，建筑基础浇筑50平方米。

【S313北川开坪乡至片口乡灾毁修复整治工程】 项目估算总投资为6.9亿元，资金来源为县上自筹和上级补助。项目路线起于北川开坪乡开坪大桥附近，接S313线桂溪至开坪乡段，经小坝镇，止于片口乡白羊界，顺接S313线松潘段，并与S216线平交，路线全长约31.1千米。其中，片口乡场镇过境约1.6千米路段为新建，其余路段均为原路改建。全线新建大桥5座746米，修复利用大桥85米，新建棚洞30米。全线采用三级公路技术标准，设计速度30千米/小时，路基宽度7.5米(片口场镇过境约1.6千米，路基宽度12米)，全线采用沥青混凝土路面。资金来源为县上自筹和上级补助；财评金额53144万元。全年已完成投资总额的53.5%。其中一标段完成挡土墙1000立方米，开坪大桥第一跨、第二跨湿接缝、横隔板混凝土浇筑、明洞第一节、第三节墙身混凝土浇筑，盖板涵2道。二标段完成桥梁桩基10米，防护支挡工程200立方米。三标段完成挡墙完成1000立方米，梭子口小桥梁板预制完成3片，圆管涵完成20米。

【北川中华大熊猫动植物园项目】 项目由禹羌投资集团作为项目业主实施，建于北川羌族自治县永昌镇云盘山，估算总投资7.12亿元，资金来源为争取地方政府专项债券资金、银行融资及自筹。总占地面积约3000亩，拟将项目建设成为大熊猫保护和科研的重要基地；大熊猫文化推广和文创产品的研发中心；公众康养、休闲、度假的生态综合体示范地；展示大熊猫国家公园珍稀动植物的国际窗口为目标，根据云盘山的地形地貌特点，计划建成一园（大熊猫动植物园）三区（一期大熊猫救护区、二期配套服务区、三期户外山地运动区）的旅游综合体项目。至年底伴生动物区建设已完成总工程量的60%，大熊猫救护区项目——大熊猫兽舍等单体建筑及室外附属建安工程已完成招标。

【羊角花开工程】 项目总投资0.52亿元，道路总长553.158米，其中城市市政隧道109米，道路宽度14米，隧洞尺寸净高5.4米，单洞宽11米，总宽（含中隔墙）23米。至年底完成投资额的60%。其中，A段模板支撑体系完成80%，筏板混凝土养护完成。B段顶板混凝土顶板养护完成。

【污水处理厂灾毁恢复工程】 项目估算总投资10650万元，主要对受强降雨影响的沿河污水管网、厂站、设备等进行恢复。2022年，桂溪包：完成100%；擂鼓包：完成总体进度98%；青片包：完成总体进度80%。

【省道S107安昌至永安绕场镇改线工程】 项目估算总投资4.66亿元，起于北川县安昌镇群联村,顺接省道107安州段，经翼泉村、白马堰大桥，止于跃进村附近，接省道107北川至平武段并与国道347平交，路线全长12.3千米。其中新建路段4.6千米，改扩建路段7.7千米，白马堰大桥西侧新增6～20米预应力小箱梁桥。全线采用一级公路标准建设，路基宽20米，桥涵设计荷载公路-Ⅰ级，设计速度60千米/小时;全线采用沥青混凝土路面。至年底完成项目立项，启动项目预算编制和财评。

【乡村振兴实训基地人才服务中心项目】 项目位于现党校校区内，总投资1.7亿元，规划建设净用地面积25500平方米，新建总建筑面积22500平方米。其中:新建实训基地9870平方米、人才创业服务中心2030平方米、学员宿舍4100平方米、食堂1200平方米、地下建筑5300平方米。至年底，1#楼已封顶，2#楼三层结构层完成，3#楼二层结构层完成，体育中心独立基础已完成，地下消防水池基础土方已完成，食堂会议中心支护桩已完成，基础土方完成70%。

【安江干渠工程（北川段）】项目由8个隧洞、4条暗渠、3条明渠、6段渡槽组成，全长6.58千米，概算投资3674.53万元。至年底蒲家院子隧洞共计完成进尺1308.24米，剩余270米；水磨洞隧洞共计完成进尺123米，剩余197米；完成水磨洞暗渠、冲沟施工。

【北川文化提升项目——大禹文化陈列馆】 项目估算总投资0.65亿元，位于郊野公园内，同时处于永昌大道南北两侧，北侧地块布置“大禹文化陈列馆”，南侧地块规划“禹羌文创园”，总规划设计用地约为103800平方米(155.7亩)。陈列馆主要功能为地方历史性、文化性展示的公益场所，让参观者体验到历史的文化魅力;南侧禹羌文创园主要是特色文化展示活动及商业配套服务设施，主要包括通过现代多媒体技术让文化自身具有与参展者沟通能力，增强观展互动体验。至年底完成临时道路修建、电力迁改、施工进场等工作。

【千佛山战役遗址公园项目马槽红三十一军总医院旧址、北川红军纪念馆展陈提升及“三防”建设和马槽红三十一军总医院旧址环境整治项目】 项目总投资约2000万元，主要对马槽红三十一军总医院旧址、北川红军纪念馆进行修缮维护及三防建设，同时提升马槽红三十一军总医院旧址及北川红军纪念馆的陈列展示，更好地保护革命历史文化遗产。至年底红军纪念馆完成原设施撤展、展陈基础、乳胶漆基层、消防及应急照明部分管线敷设，马槽红三十一军总医院完成旧址挡土墙鹅卵石装贴、架钢结构转换层焊接安装、防腐防虫施工。

【北川羌族自治县无人机产业园1#、3#楼1层装修改造及室外环境提升项目】 项目总投资500万元，主要包括1＃、3＃楼1层室内装修改造及室外绿化区域提升和停机坪改造。至年底，室内：3#楼消防施工完成，吊顶施工完成；1#楼展示台施工完成20%，吊顶施工完成50%。室外：停机坪硬化区域混凝土浇筑完成。

【S107线北川老县城地震遗址段公路黑化工程】 项目总投资1419.26万元，起于老县城前大门(K0+000)止于老县城后大门(K4+400)，全长4.4千米。主要内容为: K0+000～K2+300局部修补; K2+300～K4+400 段恢复沥青路面16290 平方米，现浇C25混凝土土路肩1354.4立方米、混凝土边沟975.2立方米等。至年底全面完工投用。

【北川郊野公园及配套工程】 项目总投资2.26亿元，分三期按时序建设:一期安和塔，二期郊野林，三期水岸苑。主要包含城市标志物1座(安和塔)，郊野林主题景观区，水岸特色休闲区，以及纪念馆、广场、观景台、园路、停车场、园区服务管理配套设施等。项目总用地面积498400平方米,总建筑面积27160平方米，绿地率大于75%。至年底完成一期安和塔建设。

【金船山公异地迁建项目】 该项目估算总投资3.025亿元，规划面积280亩，新建墓穴30321座，业务、管理及附属用房1900平方米（其中：业务用房700平方米、管理用房400平方米、附属用房800平方米），停车场3000平方米、牌坊1座、纪念碑1座、广场两个及园区内道路、绿化等附属配套工程，分为2期建设。至年底裕清墓区一期完工，项目进入试运营阶段。

（席建军　冯邦菖）

建筑业管理

【概况】 2022年，完成建筑业总产值21.79105亿元，同比增长19.1%。新增建筑入库总承包企业2家，入库建筑总承包企业30家。新增办理《建设工程质量安全监督登记》45个，公益类提前介入质量安全监督项目6个。全年参与建设工程监督项目共计81个，总建筑面积约84.92万平方米，其中，市政基础设施和配套项目26个，投资额约4.56亿元；房地产开发项目11 个，总建筑面积约50.21万平方米；公共建筑项目15个，总建筑面积约20.16万平方米；厂房项目 4 个，总建筑面积约14.55万平方米；加装电梯项目25个。全年累计监督出勤1031人次，监督覆盖率100%；参与监督竣工验收工程共计20个，竣工验收通过率100%。办理特殊建设工程消防设计意见书的项目0个，通过消防专项验收的项目有2个，抽查备案的项目有7个，其中抽中1个，备案率100%。办理建筑起重机械设备准许使用登记17台；处理质量、扬尘及噪声投诉共40件，其中，日常电话投诉和到办公室现场投诉的37件、市长热线电话投诉2件、市长公开交办单1件，分别为一般质量缺陷问题投诉29件、扬尘及噪声投诉11件。投诉案件处理率100%，满意率100%。

（席建军）

房地产开发

【概况】 2022年，县内新开工房地产投资项目3个，计划总投资10.85亿元，续建房地产投资项目6个，计划总投资13.15亿元，年内共完成投资5.04亿元。完成商品房销售面积15.93万平方米，同比增长12.74%。新建商品房买卖合同备案1684套，销售面积9.33万平方米，实现销售金额4.81亿元。商品房上市面积10.96万平方米，其中，商品住房7.79万平方米。房地产从业人员工资总额10770千元，同比增长10%。

【瑞弘锦博樾】 项目由绵阳瑞弘房地产开发有限公司开发建设，位于永昌镇西羌北街62号。总投资39000万元，占地面积24232.71平方米，容积率2.2；总建筑面积75706.48平方米，共6幢468套住宅；机动车位534个。6月通过施工设计规划审核，取得《不动产权证书》《建设工程用地规划许可证》《建设工程规划许可证》《施工许可证》。至年底主体全部封顶。

【越众·悦府】 项目由绵阳越众置业有限公司开发建设，位于北川羌族自治县永昌镇茂州街18号，由重庆龙港建设工程（集团）有限公司、四川博迈建设有限公司承建，项目总投资49000万元，本项目分为40-1、41-1两个地块，总建筑面积98167.86平方米，共13幢577套住宅，65套商业；机动停车位720个（地面停车位85辆；地下停车位635辆），非机动车停车位549.94平方米。6月，通过规划审批，取得《建设工程用地规划许可证》《建设工程规划许可证》，8月，施工图审查合格，取得《施工许可证》。至年底1、2、3、4、9、10幢主体封顶，5、8幢一层施工，6、7幢二层施工。

【卓信·北川智慧农贸广场】 由绵阳市钰和置业有限公司开发建设，位于永昌镇青片路24号。项目总投资15000万元，占地面积13267.64平方米，容积率1.96；总建筑面积22531.74平方米，共3幢，1、2幢为公寓和商业共计204套，3幢为市场307套；机动车位133个，非机动车位500.81平方米。7月，通过施工设计规划审核，取得《不动产权证书》《建设工程用地规划许可证》《建设工程规划许可证》《施工许可证》。至年底正进行项目主体施工。

（席建军）

住房保障

【概况】 2022年，严格按照保障性住房的申报条件和程序，对全县公租房、廉租房申报资料进行审核、公示及配租。全县纳入住房保障系统住房1562套，县住建局直管941套，全年共配租保障性住房25套，退出保障性住房25套，收取欠租和当年租金共计116.8654万元，入户核查死亡户9户，清退转租转借2户。审核通过乡镇上报租赁补贴资料16户，在“惠民惠农一卡通”发放系统发放租赁补贴2.23072万元。

【保障性住房日常维护】 2022年，安昌保障性住房维修工作有序开展进行中，主要对永昌镇大北街29号（代管楼）和东风路统建老旧房屋进行室内整体线路改造，大北街政协楼进行排危工作，维修竹园小区2、3、4、5幢长期外墙渗水的“老大难”问题。提升改造竹园小区：新增设休闲广场公共桌椅4套、门卫值班室及监控系统，硬化提升小区内的道路及扩建消防通道。

（席建军）

住房公积金管理

【概况】 2022年，全年实现住房公积金归集2.2亿元，同比增加1509.44万元，同比增长率为7.37%；全县累计归集总额198924.97万元，归集余额112200万元。住房公积金提取共计3558人，合计金额1.69亿元；发放住房公积金贷款60户，合计发放额2575.9万元；回收贷款本金6249.3万元，贷款完结157户。全年新增缴存企事业单位22个269人，完成全年目标任务150人的179 %。

【住房公积金缴存政策调整】 2022年，调整住房公积金缴存政策：开通灵活就业人员缴存，取消农民工和个体从业人员缴存。已满16周岁不满65周岁,以个体经营、非全日制、新就业形态等方式灵活就业的人员，可自愿缴存住房公积金，并享受住房公积金贷款政策。灵活就业人员缴存的住房公积金自计入个人账户起，按一年期定期存款基准利率计息，缴存满3年即可申请公积金贷款，享受公积金贷款利率。夫妻双方正常缴存住房公积金的家庭，最高贷款额度为70万元；单方参加灵活就业人员住房公积金制度试点且正常缴存住房公积金的家庭，最高贷款额度为50万元。

【住房公积金提取政策调整】2022年，调整住房公积金提取政策：2023年6月30日前，绵阳本市正常缴存住房公积金的缴存职工，在绵阳市辖区内的新购自住住房，可提取配偶及双方直系亲属（仅限父母、子女）的住房公积金用于支付购房首付款和偿还住房公积金贷款。缴存职工提取住房公积金偿还自住住房贷款本息的，提取频次调整为可每月提取一次，且一个自然年度内累计不超过12次。

【住房公积金贷款政策调整】2022年，调整住房公积金贷款政策：调整市单、双缴存职工住房公积金最高贷款额度分别为50万元、70万元，且购买、建造、翻建、大修自住房及“商转公”申请住房公积金贷款均适用。2023年6月30日前，住房公积金流动性调节系数执行1.2，即在住房公积金最高贷款额度限额内，缴存职工家庭住房公积金贷款可贷额度上浮20%。调整住房公积金贷款房屋套数认定方式，2023年6月30日前，以中国人民银行个人征信报告住房贷款记录作为住房公积金贷款房屋套数认定方式，无尚未结清住房商业贷款的，执行首套房住房公积金贷款政策；有一笔尚未结清住房商业贷款的，执行第二套房住房公积金贷款政策。自2022年10月1日起，下调首套个人住房公积金贷款利率0.15个百分点，5年以下（含5年）和5年以上利率分别调整为2.6%和3.1%。

【住房公积金贷款风险防控工作】2022年，落实住房公积金逾期贷款包人责任制。为解决2022年前住房公积金逾期贷款问题，实行逾期贷款包人责任制，管理部主任主动承包难度最大的逾期贷款户，其他职工两到三人负责一户逾期户，分工负责逾期贷款户的逾期贷款催收工作。第一季度就实现了住房公积金逾期贷款“清0”的目标，并保持了“清0”后“保0”的目标。

【住房公积金审批人制度】2022年，组建责任心强、业务精通的审批人队伍，由4名干部担任审批人，通过各管理部之间交流学习，不断提升干部职工政策业务水平。按照绵阳市公积金中心统一安排，审核、审批全市推送的各类业务，各管理部窗口前台受理,受理后的业务由系统随机推送至业务审核人,业务审核人审核后的业务由系统随机推送至业务审批人，贷款业务审批完成后进入贷款制单流程,提取业务审批完成后进行财务人员支付流程，有效提高业务的审核质效。全年审批归集、贷款等业务共计17893件。

【住房公积金政策法规宣传】2022年，常态化进行住房公积金政策法规宣传。联合受托银行，邀请县内各房地产开发企业召开座谈会议，详细解读市政府、住

住房公积金政策宣传

房公积金管委会出台的促进绵阳市房地产市场平稳健康发展若干政策和住房公积金阶段性支持政策，并解答企业对政策中涉及的住房公积金提取、贷款等提问；结合工作实际，利用“瑞弘·锦博樾”楼盘开盘时机，开展“惠民公积金 服务暖人心”送政策送服务进楼盘活动，向企业、缴存职工及群众详细宣传住房公积金阶段性支持政策、灵活就业人员缴存住房公积金政策和住房公积金使用相关政策，并就职工关心的公积金缴存、提取和贷款等系列问题现场答疑解惑，提高住房公积金政策影响力，共计发放资料600余份，接受咨询人次500余人。

（向雪婷）

智慧城市建设

【数字化城市管理】 2022年，数字化城市管理中心统筹县城数字化城市管理工作，负责各类事件的派遣、处置、协调、督查督办，各村、各相关部门建立联络员制度，制定工作方案，落实数字化城市管理工作，做好系统平台硬件、软件设备维护工作，系统管理平台运行情况良好，全年通过“6012319”热线来电反映、视频监控、网络举报、网格化服务管理上报等方式共受理案件886件，已结案886件，结案率100%，日常巡查案件共计3625件，录入市系统案件1785件；对北川吧、网易新闻、西蜀网、天府社区、麻辣社区、大成社区等网络舆情集中的重点站点进行全天候监察，利用公众账号“北川数字城管”受理网上舆情80余次；加强维护，搭建网络安全平台，中心系统软件主要涉及网络调试、硬件设备检查维修、计算机病毒预防与处理、软件故障数据恢复等，一般性网络维护与硬件维修共计10余次，定期巡查节假日安全检查3次，做到每周定期检查维护，保证设备稳定工作，杜绝网络攻击意外事件发生。

（席建军）

【天网工程】 2022年，试点“天网”前端视频结构化应用，探索视觉智能运算运用，提升公共视频监控应用水平和实战效能。对人员聚集、流动性大、涉及要害部门的重要场所视频监控探头20个进行高清化升级，提升图像质量；对现有100路公共视频监控图像进行结构化处理，从视频画面中自动解析出人、车、物等目标，并根据目标特征进行分类处理，汇总整理入资源库；在应用平台上探索增设视觉智能计算模块1项，通过AI技术，实现“以图搜索”“轨迹追踪”及活动特征等分析研判功能，提升公共视频监控系统自主、智能水平。

（刘军）

城乡综合服务

【城市供水】 2022年，城市供水主管网覆盖整个北川新县城城区，供水主管网长60余千米，主要供水区域为北川新县城5个住宅小区（尔玛小区、禹龙小区、新川小区、永昌小区、新建西区）和新开发的10个商业住宅区（泊堤欧、公爵府、御景豪庭、佳星广场、御景名苑、羌多娜雅苑、羌多娜溪院、御景名苑、慧锦苑、瑞弘·华府）的1.54万余户居民以及300余户企事业单位用户。全年安全达标供水451万吨，比2021年减少17.12万吨，增长-3.66%。

【城市供气】 2022年，永昌燃气公司供县城及永昌镇沙金村、开茂村、福田村、裕清村、北山村用气。总户数20414户，其中，城镇居民15963户、农村居民用户3931户、非居民用户520户，全年购进天然气1059万立方米。年内上门抢险服务2445次，其中，处理漏气277次、表故障298次、卡故障291次、压低气小10次、地管挖坏40次、无气428次、开气736次、其他服务252次。

（席建军）

电力管理

【概况】 2022年，国网北川

县供电公司完成电量5.95亿千瓦时，同比降低0.95%；上缴税金1037.65万元，同比降低13.04%；全网最高负荷11.43万千瓦，最大日用电量218.53万千瓦时。全年受理高低压新装增容业务868笔，净增容量7.2万千伏安。加入北川县规委会，主动服务融入全县“园区提质”“企业满园”等系列行动，严格执行业扩配套政策，推动永晖新材料、宏欣科技等招商引资重点项目落地见效。开展“大走访、大宣传、大服务”专项行动，“量身定制”“上门投递”120余份降费方案，帮助企业节能降耗和降本增效。加强税电指数分析，为县委县政府科学决策提供依据。实施低电压、重过载、频繁停电台区“动态清零”行动，协助县工信局等部门对客户产权小区、重要客户、重要场所开展隐患排查，督促整治隐患65处。深化“电管家”品牌建设，连续45个月保持营销服务类“零投诉”。严格执行惠企利民政策，兑现企业主动错避峰响应费用52.00万元，对“低保五保户”减免优惠电费37.91万元。与永昌镇新华村、曲山镇石椅村等22个乡村振兴帮扶村签订“村网共建”合作协议，制定《北川电力助力乡村振兴十大落地措施》。试点开展文化赋能乡村振兴探索，将国网文化、羌族文化融入“电力家具”“电力展览馆”，开展省公司电力助推乡村振兴创建示范点。

【电网建设】 2022年，累计投入电网建设资金8400余万元，完成35千伏白什站主变增容，推进35千伏擂禹二线新建工程，完成9个农村电网改造升级项目和82台农村配网公变增容工作，新增配变容量6915千伏安，9个项目获评市公司配电网标准化示范工程。优化修编“十四五”电网发展规划，新增35千伏飞山、邓家输变电工程。率先试点开展配网5G通信建设，建成全国首个县域5G电力虚拟专网+配网示范应用系统，获国家5G应用大赛四川区一等奖。

【安全管理】 2022年，推进安全生产专项整治三年行动，开展春秋安检查、安全生产月等专项活动，排查各类问题隐患165项，并全部完成整改。常态化开展林区输配电设施火灾隐患排查整治，安装森林防火自动化柱开20套，治理线路通道隐患108处。认真开展办公建筑火灾隐患、生产辅助性房屋安全隐患排查整治工作。修订完善应急预案，组织开展综合应急演练。顺利完成安全生产巡察、应急能力建设评估、消防安全性评价等迎检工作，得到专家组充分肯定。创新开展典型违章“微课堂”及“百日问答”活动，试点开展“家庭助安”，广泛汇聚安全合力。

【电力保供】 2022年，快速应对白什“7·16”突发山洪灾害，连续奋战30余小时，安全高效恢复主网供电，得到县委县政府高度肯定并向省市供电公司致信感谢。面对历史同期最高极端高温、最少降雨量、最高电力负荷、最长持续时间的“四最”叠加高温“烤验”，第一时间发出“让电于民”号召。与县工信局联合成立工作专班，政企“日会商”“日调度”，推动县政府办公室、县住建局、县机关事务服务中心等部门分别出台多项保电节电支持性文件、多渠道开展节约用电倡议宣传，形成工业停产让电、商业减少用电、群众主动节电的保电格局。组织员工开展“扫街”式让电于民宣传督导，全力以赴守住大电网安全和民生用电底线。抗洪抢险、高温保供相关报道登上央视、川台、国网报等媒体，展示责任央企形象。完成第四届海峡两岸大禹文化交流活动、党的二十大、高中考等重要保电任务46项。

（宋科翰）

市政设施管理

【概况】 2022年，市政设施维护工作费用达到14625397.48元。开展市政基础设施日常维护，维修市政道路（花岗石、透水砖、青砂石、盲道砖）9304.239平方米，路沿石2550.76米，维护更换阻车柱581根，铺设沥青路面及混泥土路面12185.88平方米，维修校正路名牌、警示牌及交通指示牌475处，维修更换道路隔离栏1674.36米；城市家具（铁质栏杆、凉亭、扶手、木质栏杆、地板、公交站台、隔离栏、灯杆）防腐刷漆31590.021平方米，维修更换损坏防腐木35430.74米，施划翻新城区道路标线14441.072平方米，阻车球、花箱、石柱融入羌文化2178个，更换老旧配电柜设备8套。开展城市地下管网普查工作，共普查窨井盖14919个，维修更换井盖、雨水箅子1081套，更换旧损检查井安全网20个，新砌检查井（污水井、雨水井、电缆井）47座，查明破损、沉降、渗漏等缺陷和病害，为管网治理提供依据。做好防汛排涝工作，成立防汛抢险突击队，制定汛期排涝抢险预案，储备充足防汛物资，加强雨季值班制度，开展应急救援演练，对城区内（马鞍路、云盘路、蒋家河路、滨河路、东风大沟、北门）6条行洪通道进行隐患排查，疏通污水管网2971.39米，清掏雨水篦子内杂物558处，对城区主要防汛排涝区域的排水沟进行清淤，清淤量1500立方米。

（席建军）

城市卫生与绿化

【概况】 2022年，修剪草皮、灌木8次，共计750万平方米，打捞景观河道漂浮物约7.8吨，绿化病虫害防治喷洒药剂100余吨，清运绿化枝叶、杂草250多吨，绿化抗旱浇水720余吨。通过“微更新”“微改造”，对县城部分重要节点景观进行改造，建设“口袋公园”4个、“美丽街角”3处、打造花海景观2处。北川口袋公园建设成为北川园林绿化工作的特色亮点，获得央视媒体持续关注播报。实施安昌人民公园房建等基础设施维护项目，启动安昌人民公园改造提升工作。组织居住小区和单位参加市级园林式居住小区（单位）评选，8家获得“绵阳市园林式居住小区（单位）”称号。安北路城区段道路绿地获得“绵阳市2022年度优秀道路绿地”称号。全年维护维修路灯500余盏，更换LED灯具120套，更换电缆线680米、铜芯线1600米、护导线600米，处理跳闸事故共110余起。增设湿地公园至“溪苑”商住区路灯18柱。

（席建军）

城市交通管理

【概况】 2022年，推进“泛西南六省份联合整治货车”“减量控大”“周末酒醉驾夜查”“整治群众最不满意的十件事”、夏季治安打击整治“百日行动”等专项行动工作，保障全县道路交通安全形势持续稳定。建立全省首例智慧交通运输管理系统，通过全覆盖布控、全链条监督、全行业共享，实现“货运源头监管、不停车检测系统初查、固定治超点复检处罚、指定卸货场卸货消除违法”的闭环管理。建成货车分道行驶综合管控体系，在辽宁大道板凳桥至彩虹桥，山东大道白马堰至任家坪两处道路增设40处电子警察抓拍设备，累计查处货车不按规定车道行驶873起，货车靠右规范通行秩序得到优化。多警种协同参与交通执勤工作，县局每日抽调9名局机关部门警力上路开展交通巡逻执勤，加强城区主干道交通纠违和社会车辆安全驾驶引导。开展“大排查、大整治、大提升”三大行动，建立全警种参战联动工作机制，累计投入2400余名机关警力参与交通巡逻执勤工作，协同开展联合整治40余次。排查治理道路风险隐患，核对上报各类道路交通安全隐患594处，规划经开区园区内停车位300余处，安装各类固定交通标牌480余块，减速震荡标线300余平方米，安装各类警示曝闪灯42组，移动式红绿灯8个。

【道路交通违法惩处】 2022年，落实城区路面管控“三重三见”，细化完善机动车缉查布控系统预警信息与实战联动工作机制，查处机动车不按规定停放4537起，劝导违停驾驶员1200余人，查处非机动车及行人违法行为22048起。拓宽交通安全宣传覆盖，持续开展“高风险运输企业”“突出违法车辆”“典型交通事故案例”“典型交通违法案例”“突出安全隐患”五大曝光行动，累计出动警力1600余人次，发放宣传资料26000余份，张贴宣传海报、警示标语160余份，通过微博、绵阳“103.3”等平台开展重点时段出行提示60余次，重点违法预警提示25次，通过微博微信群开展警示教育30次，发布、转载微博信息900余条，通过自建微信群、“12123”App、网页推送安全提示和典型事故35条。

户籍管理

【城乡户政管理】 2022年，深化“放管服”改革，严格落实便民利企24条措施，完善“四川一体化政务服务平台”、政务服务“互联网+监管”及双公示平台，落实“英才卡”服务机制和《绵阳市引进人才落户办法》，建立辖区重点企业台账和“羌山英才卡”人员库55人，确定服务专员，定期征询高层次人才办理户政业务方面的需求，提供全方位、全流程服务，实现企业引进人才城镇落户“零门槛”。开展“虚假出生医学证明”人员专项清理，核查档案资料共计2754份，发现1起1人使用虚假出生医学证明并及时纠正。开展“疑似死亡应注销”人员专项清理，清理核实应销人员587人次，确保人口信息的鲜活性。开展户籍专项清理整治，清理核查户籍管理历史欠账，确保不发生“错重假”户籍，“补录虚假户口”“利用被盗、遗失出生医学证明办理户口”“办理虚假户口迁移”“冒领骗领居民户口簿、居民身份证”“违规更正出生日期”“违规变更姓名”“违规变更更正民族”“对涉及的内部人员处理不到位”等类问题，确保全县户籍信息的准确性、及时性。全年共受理身份证业务3398笔，户籍业务4861笔。全年农村转移城镇人口1799人，外来流动人口办理居住证明1635人次。

【出入境管理】 2022年，加强窗口作风建设，规范窗口服务，严密证件签发，严格境外人员管控，强化涉外社会面防控，保持对妨害国（边）境管理犯罪、跨境赌博犯罪、“三非”外国人的高压打击态势，维护全县正常出入境秩序。共受理各类出国（境）证件及签注业务55笔，边境通行证业务1680笔，接受群众咨询出入境各类问题8000余人次。

（刘　军）

城市消防

【概况】 2022年，县消防救援大队辖1个国家综合消防救援站（白草路消防救援站），5个政府专职消防站（永昌专职消防站、擂鼓专职消防站、禹里专职消防站、陈家坝专职消防站、坝底专职消防站），1个消防志愿服务站（巴拿恰刘大爷志愿服务站），列管辖区重点单位46家。有各类消防人员86人，其中，大队及救援站干部9人、国家队消防救援人员19人、政府专职消防员和森林草原专业扑火队员53人、专职消防文员5人。大队现有执法业务用车3辆、灭火救援消防车18辆（泡沫水罐消防车3两、水罐消防车11辆、多功能抢险救援车3辆、32米登高平台消防车1辆），皮卡车2辆，橡皮艇2艘，冲锋舟1艘，并配备侦检、警戒、堵漏、救生、破拆、照明、供水及个人防护装具等10余类100余种消防器材。全年共出警415起，其中火警97起，抢险救援74起，社会救助244起。出动消防员2974人次，车辆580车次。在“7·16”突发山洪灾害期间，协同支队增援力量共转移疏散被困人员220余人，后期共出动车辆115辆次、舟艇4次、人员477人次，累计参与搜救巡河400余千米，清淤36立方、冲洗房屋246间、冲洗街道1500米。

【消防监督】 2022年，针对不同时间节点组织召开消防安全形势分析会，以及重点单位、老旧小区、商业综合体、物业单位消防安全工作培训会，宣传贯彻《四川省消防安全责任制实施办法》，明确工作任务、落实消防主体责任，并联合相关安全职能部门开展消防安全检查15次。开展消防安全三年行动巩固提升、护安2022、消防安全大检查，易燃易爆、自建房、老旧小区、全省燃气安全检查，消防技术服务机构检查。结合“双随机、一公开”监督管理系统，开展监督检查，全年检查单位1058家次，督促整改火灾隐患1491处，下发责令改正通知书872份，行政处罚35起，罚款金额10.184万元。责令三停10起，临时查封7起，重大火灾隐患挂牌2家、摘牌3家。办理开业前消防安全检查7家，火灾调查10起。

【消防宣传】 2022年，大队立足少数民族地区实际，积极探索消防安全科普宣传教育新模式。打造“一街一校一站两园”宣传教育集群式阵地。结合辖区丰富的旅游资源打造“消防+旅游”沉浸式体验精品线路。在寻龙山景区龙隐镇打造富有民国风的消防宣传志愿服务站龙隐镇水龙会，拓宽消防宣传覆盖面优化北川“羌橙”消防志愿宣传服务队，将消防志愿服务活动与新时代文明实践活动相结合，以老幼为重点持续推进消防宣传“五进”活动，同步推广全民消防学习平台，取得良好成效。在石椅羌寨开展“119”消防宣传月“‘羌橙’伴随你我、守护平安家园”主题活动，并登上央视屏幕，受到一致好评。全年开展“羌橙”消防志愿服务走访慰问活80余次，开展“进红门”沉浸式体验活动以及消防安全培训和灭火疏散逃生演练100余次，发放宣传资料及消防宣传礼品3万份，累计受益群众5万余人。

（邓文娟）

城乡环境综合治理

【概况】 2022年，按照“四不两直”的方式，对城乡环境综合提质村社“五清”、场镇“四定”、城区“四化”工程内容进行暗访检查，对检查发现的问题立即交办责任单位整改落实，并报县提质办备案，县提质办每月通报各乡镇排名情况，并采取“回头看”的督导方式确保问题整改落实到位。推进垃圾分类工作，建成地埋式垃圾桶6处，垃圾分类亭2处，智能化垃圾分类房1处。拨付乡镇垃圾转运资金228.64万元，保障乡镇垃圾收集转运工作正常运行，全年共无害化处理生活垃圾3.43万吨，无害化处理率100%。

【污水治理】 2022年，城区和乡镇场镇建成污水处理厂（站）22个，设计日处理能力3.1万吨。城区处理污水607万吨，出水水质达标排放，污水处理率98.8%。乡镇污水处理厂运营基本稳定，处理污水93.54万吨，污水处理率86%。实施城镇生活污水处理项目8个，计划总投资19484.41万元，已完成投资7316万元。

（席建军）

园　林

【概况】 2022年，县城建成区(乡镇机构改革后）面积890公顷，绿地面积385.57公顷、绿地率43.32%。建成区绿化覆盖面积407.437公顷、绿化覆盖率45.78%。公园绿地总面积95.18公顷，人均公园绿地面积15.86平方米（按常住人口6万人计）。城区拥有公园24个（含街旁绿地和广场），其中，综合性公园2个、专类公园2个、社区公园11个、带状公园3个、街旁绿地广场6个，形成完整的城市公园体系，公园绿地服务半径覆盖率为97.27%。每万人拥有综合公园数量0.33个，居民出行实现“100米见绿、200米入园”。

【友谊园简介】 位于永昌河景观带中部，青片路东，与抗震纪念园相连，占地面积4.46公顷。园区绿地以大湖面为核心，取名永昌湖，沿湖建有平台、亲水台阶，湖中建有自然绿岛，是一处开放的水体空间。永昌湖东北侧建有展示羌族独特织绣技艺为主题的羌绣广场，设置有绣坊（亭廊花架）、绣场（小广场）等建筑小品；西侧建有以表达山东援建北川新县城为主题的鲁韵庭院，设置有仁和轩、乐水亭、碑廊、浮雕墙等景观。滨湖景观带与城市相融，以开放的疏林草地形式与湖体相联系。沿湖面下游设置多处小跌水，形成丰富水景。

新县城友谊园

【尔玛园简介】 总占地面积约1.5公顷，原为闲置坡地，山坡下方堆放了大量建渣和弃土，成为市民开荒种地场地，对其进行环境综合整治，打造成为“口袋公园”。因其紧邻尔玛路，故命名“尔玛园”。园内以石笼子3级梯级式堆砌挡土，随坡就势建设休闲步道，以栽植粉黛乱子草为主，搭配墨西哥鼠尾草、木春菊等具有常年观赏效果的景观植物。一到秋季，粉黛子花海如烟似霞，成为北川新晋“网红”打卡地，游客慕名而来，络绎不绝。

（席建军）

新县城尔玛园

▶生态环境保护

生态资源

【土地资源】 2022年，全县有耕地0.77037万公顷。其中，水田0.12816万公顷、水浇地0.00002万公顷、旱地0.64219万公顷。种植园用地0.98348万公顷。其中果园0.19035万公顷、茶园0.07671万公顷、其他园地0.71614万公顷。林地27.13014万公顷。其中，乔木林地19.73127万公顷、竹林地0.11046万公顷、灌木林地6.03037万公顷、其他林地1.25805万公顷。草地0.14386万公顷。湿地0.02739万公顷。城镇村及工矿用地0.6935万公顷。交通运输用地0.1740万公顷。水域及水利设施0.4584万公顷。

【矿产资源】 县内矿产资源“种类多，分布集中，非金属矿多、金属矿少，一般矿产多，重要矿产少，小矿多、大矿少”。至2022年，发现矿产27种。主要分布于永安镇—擂鼓镇—曲山镇—通泉镇一带以南，少量分布于中北部。可供开采的矿产主要有石灰岩(水泥用、建筑石料用、饰面用)、建筑用砂(砾)岩、冶金用白云岩、饰面用板岩、水泥配料用页岩、砖瓦用砂页岩、冶金用石英岩、理疗天然矿泉水(温泉)11种。饰面用灰岩、普通石灰石等潜在矿产资源储量丰富，其中饰面用灰岩矿石储量约2亿吨、水泥用石灰岩矿石储量约15亿吨、普通建筑石料用灰岩矿石储量约34亿吨、石英砂岩矿石储量约27亿吨。

【野生动植物资源】 县境内野生动植物资源十分丰富，珍稀、濒危和保护物种繁多。野生植物有262科882属2150种，其中大型真菌39科79属125种，高等植

小寨子沟国家级自然保护区岩羊

物223科803属2025 种。鱼类有2目4科9种，两栖类有2目9科30种，爬行类有2目8科29种，鸟类有17目58科333种，兽类有7目28科114种，各类脊椎动物共计有5纲30目107科272属515种。鉴定到种的昆虫有19目90科328种。有大熊猫、川金丝猴、珙桐、红豆杉等国家一级保护动植物17种，有小熊猫、水青树等国家二级保护动植物70种，有赤狐、伶鼬、豹猫等四川省重点保护动物15种。属于国际贸易公约 (CITES) 附录I的有大熊猫、川金丝猴、血雉等15种，附录Ⅱ的有猕猴、扭角羚等33种。属于世界自然保护联盟 (IUCN) 濒危的有小熊猫、复齿鼯鼠等4种，易危的有大熊猫、云豹、斑羚等9种，低危的有林麝、金猫等10种。境内共有大熊猫74只，在四川省排名第6位，全国排名第9位；大熊猫栖息地面积9.5691万公顷，在四川省排名第7位，全国排名第8位。

（陈尚炜）

四川小寨子沟国家级自然保护区

【概况】 2022年，小寨子沟管理处结合林长制和“林蜂”行动开展资源保护工作，完成区内35条固定监测样线和18条随机监测样线的巡护、100余台红外线相机的安装和数据整理、区内19条主沟及周边10处社区集体林区内的狩猎工具清除工作。完成大熊猫国家公园北川片区工作内172个界碑、界桩的设立，实地核实片区30个变化图斑未发现人为影响造成生态资源破坏情况。全年无森林火情、安全生产事故、森林病虫害和野生动物疫源疫病情况发生。

【森林防灭火】 2022年，制定《森林火灾应急处置办法》，对资料进行梳理，实地检查防灭火物资储备，更新更换警示牌和标语。与周边村社签订联防联管协议；通过悬挂横幅、发放宣传册、播放音频，到重点区域、重点人群宣传森防工作，全年集中入户4次，走访5000余人次，发放资料2000余份。在白什乡开展森林防灭火应急处置联合演练1次。

【自然教育开展】 2022年，编制《北川生物多样性简报》3期900本、《北川自然教育读本》5册。结合“八五”普法工作，深入村社、街道开展森防、野生动植物保护、公园建设等法律法规的宣传，累计组织300余人次，发放资料2000余份，受众4000余人。以“世界野生动植物日、自然教育周、爱鸟周、国际生物多样性日、世界环境日”为主题，在新北川、片口、禹里、县内中小学举办自然教育活动11次，受众2600余人。组织4所小学46名学生参加由中国野生动物保护协会和红树林基金会（MCF）发起的2022全国湿地自然笔记接力赛正式启动。以“珍爱湿地，人与自然和谐共生”为主题，鼓励中小学生走进湿地，以湿地和鸟类为核心元素，创作自然笔记作品的“2022年全国湿地自然笔记接力赛”活动；荣获全国三等奖1个、赛区优秀作品奖5个、优秀

在馨羌蕾幼儿园开展自然教育活动

指导教师2名、积极组织单位6个等荣誉。

【重点项目推进】 2022年，实施重点项目3个，总投资1342.68万元，大熊猫公园北川片区配套基础设施项目。项目总投资1000万元，中标金额748.4万元；4月开工，7月基本完工，完成支付469.5万元。北川羌族自治县野生大熊猫DNA档案和种群遗传多样性及栖息地现状调查项目。项目总投资197.3万元，周期2年，项目完工率为55%，完成支付78.92万元。各保护站水毁恢复项目和大火地保护站排洪沟改扩建项目。项目总投资145.38万元，已完工验收，支付14.538万元。

（孙　东）

环境质量监测与保护

【概况】 2022年，北川县生态环境工作贯彻落实党中央、国务院和省、市各项生态环境保护决策部署，践行生态环境质量改善和厚植绿色发展理念，打好污染防治攻坚战。全县环境空气有效监测天数365天，优良天数率92.9%。境内主要河流断面地表水水质均达到Ⅱ类，国考、省考断面水质优良率为100%。1～12月地表水环境质量排名全省第九。土壤环境总体可控。

【空气质量】 2022年，北川县环境空气有效监测365天，优良339天，轻度污染26天，PM2.5污染 7天，臭氧污染19天，优良天数率92.9%，优良天数同比增加3天。其中PM2.5均值为25.9微克/立方米。

【地表水饮用水环境质量】 2022年，监测通口河通口镇断面、安昌河板凳桥断面、平通河沙窝子大桥断面、安昌江黄土镇断面、苏保河入安昌河断面、青片河河口县域生态科研趋势断面。通口河通口镇断面、安昌河板凳桥断面、平通河沙窝子大桥断面、青片河河口县域生态科研趋势断面每月监测一次；安昌江黄土镇断面、苏保河入安昌河断面每单月监测一次。2022年，县内地表水6个监测断面Ⅰ–Ⅲ类水质比例占100%。新县城饮用水每半年监测一次集中式饮用水水源地，水质状况良好，所分析的项目均达到《地下水质量标准》（GB/T 14848—2017）要求，达标率100%。乡镇饮用水每半年监测一次擂鼓镇、桂溪镇、陈家坝镇、漩坪乡、禹里镇、白坭乡、小坝镇、片口乡、开坪乡、坝底乡、白什乡、青片乡、都贯乡、桃龙乡、马槽乡地表水，擂鼓镇、通泉镇每半年监测一次地下水。所有饮用水水源地，水质状况良好，所分析的项目均达到《地表水环境质量标准》（GB 3838–2002）；擂鼓镇、通泉镇饮用水水源地水质状况良好，达到《地下水质量标准》（GB/T 14848–2017）要求，达标率100%。2022年，北川县全年地表水环境质量排名全省187个县（市、区）第9位。

【声学环境质量】 2022年，对新县城城区环境噪声进行1次监测。设置监测点位51个，监测指标为昼间等效声级。监测结果表明：新县城城区环境噪声昼间平均值56(A),质量状况等级为三级（一般）。新县城城区道路交通噪声进行1次监测，设置监测点位7个，监测指标为昼间等效声级。新县城城区道路交通噪声昼间平均值63dB(A), 质量状况等级为一级（好）。

【污染源监督性监测】 2022年，每季度监测一次北川县建诚木业有限公司、北川四星水泥有限公司和中联水泥有限公司；每年监测一次北川羌族自治县富森农林产业有限公司。4家公司大气环境重点排污企业所监测项目均达到《大气污染物综合排放标准》（GB16297–1996）表2中二级排放标准；《四川省固定污染源大气挥发性有机物排放标准》（DB51/2377–2017）表3和表4中排放标准。北川四星水泥有限公司昼间和夜间所监测的点位均达到《工业企业厂界环境噪声排放标准》（GB12348–2008）2类标准限值要求。北川发展污水处理有限责任公司每月监测一次。按要求每月监测进口、出口2个点位，各点位分别监测19个项目。出口废水所监测项目均达到《城镇污水处理厂污染物排放标准》（GB 18918-2002）一级标准中A标准限值要求。

2022年北川空气自动站监测数据一览表

表6

城市	各项污染浓度均值						有效监测天数（天）	达标天数（天）	达标率（%）
	SO_2（微克/立方米）	NO_2（微克/立方米）	CO（微克/立方米）	O_3（微克/立方米）	PM10（微克/立方米）	PM2.5（微克/立方米）			
北川新县城	5.6	16.2	0.5	146	41.4	25.9	365	339	92.9
同比（%）	+19.1	+2.9	-28.6	+5.8	-2.8	0	—	—	+0.8

2022年北川地表水环境质量评价结果统计表

表7

河流名称	断面名称	考核类别	实测类别	是否达标
安昌河	板凳桥	Ⅲ	Ⅱ	是
平通河	沙窝子大桥	Ⅱ	Ⅱ	是
青片河	青片河河口	Ⅱ	Ⅱ	是
安昌江	黄土镇	Ⅱ	Ⅱ	是
苏保河入安昌河	苏保河入安昌河	Ⅱ	Ⅱ	是
通口河	通口镇	Ⅰ	Ⅱ	否

【污染防治】 2022年，编制《北川羌族自治县“十四五”生态环境保护规划》《北川羌族自治县2022年大气污染防治工作要点》等，修订《北川羌族自治县重污染天气应急预案》，启动（升级）重污染天气预警12次，督促企业严格落实重污染天气应急措施。科学划定禁燃禁放区域，强化联合执法，加强烟花爆竹禁燃禁放、秸秆禁烧工作。抽检1092辆柴油货车尾气，非道路移动机械133台，完成13个加油站油气回收设施监督性监测。与茂县、安州、江油、平武签订生态环境污染防治联防联控合作协议，开展流域联防联控2次。制定《北川羌族自治县2022年入河排污口排查整治实施方案》，开展入河排污口排查、监测、溯源工作，排查河流岸线长度约885.8千米、入河排污口1156个。持续推进2022年农村生活污

7月12日，绵阳市北川生态环境局对北川四星水泥厂在线监控系统进行专项执法检查

水治理“千村示范工程”，全县202个行政村（不含涉农社区）有163个生活污水得到有效治理，占比80.7%。完成25处乡镇集中式饮用水水源地和永昌镇安昌河饮用水水源地规范化建设，水质达标率100%。加强对医疗机构、国防宾馆等隔离场所医疗废水处理及医疗废物监管。开展北川羌族自治县传染病专科医院集中隔离留观中心A-04-03号地块和永昌镇19号地块（北规条〔2021〕010号）土壤污染状况调查，完成150家企业危险废物申报登记，安全转移处置废矿物油等危险废物51.02余吨。

【环境监管监测】 2022年，针对矿山砂石、畜禽养殖、工业企业等重点行业严格环境监管，出动执法人员700余人（次），检查污染源单位500家（次），重点污染源自动监控设施检查60家（次），应急预案备案21家。受理生态环境信访举报案件89件，立案查处各类环境违法行为7起，下达处罚决定书3件，共处罚款53.53万元。制定《2022年北川羌族自治县生态环境监测方案》，组织10名监测人员参加监测考试，开展各类环境监测130余次，编写专报和各类分析报告77份；全面做好县域内国控、省控3个自动站基础保障及日常巡查，县、乡、村三级巡查907次，严格完成监测任务，不断提升监测能力。

【环境执法】 2022年，实行“在线监控+现场检查”的监管模式，在人工现场检查的基础上，利用“污染源在线监控信息平台”“空气微站”“无人机”“雷达走航扫描车”等科技手段对企业审批手续、污染防治设施运行、危险废物管理、污染物排放等实行24小时精准化监管，提升监管效能。联合住建、统计、交通等部门，出动人员100余人次，对涉及市政设施（污水、垃圾）、环境统计、车辆维修等领域的60余家企业开展联合抽查，对发现问题的企业依法责令整改和跟踪督办，确保整改落实到位。1～10月开展企业生态环境执法检查148家次，发现并督促整改问题10余个。按照《环境信息公开办法》，通过北川政务网、信用中国等平台，及时公开行政处罚、权责清单以及“双随机、一公开”事项清单，严格实施行政执法人员持证上岗、亮证执法的工作要求，对执法检查情况、行政处罚信息及时向社会公开，累计公开各类执法信息200余条（次）。

【环保问题整改】 2022年，印发《关于常态化开展生态环境突出问题排查整改工作的通知》等，健全“发现—整改—核查—巩固”的闭环管理机制，对生态环境突出问题实施定期调度、县级督办。制作环保曝光台、曝光片3期，完成生态环境问题“回头看”82个点位现场核查。全县生态环境问题共计28个，其中14个已完成整改，剩余14个问题正在有序推进。

【“千村示范工程”污水治理】 2022年，省级财政下达2022年农村生活污水治理“千村示范工程”建设专项资金236万元，项目涉及茨沟、田坝、宝城、辛夷、玉皇山3个乡镇5个行政村，465户1445人的生活污水治理，建3处小型污水处理设施及配套污水主管网9.1千米、入户管网8.09千米。污水处理采用微动力净化设备，处理工艺为生物接触氧化法，日处理能力47吨/天，于2022年10月开工，12月完工。其中:茨沟村新建污水管网5.37千米，接入场镇污水处理站,服务农户201户、514人；田坝村建设处理设施2处，处理能力均为15吨/天，服务农户83户280人；宝城村新建三格式化粪池4处，配套管网1.14千米,服务农户50户227人；辛夷村建设处理设施1处，日处理处置能力17吨/天，服务农户27户、108人；玉皇山村新建三格式化粪池6处，配套管网1.88千米，服务农户104户316人。

（董云巧）

▶社会生活

民生实事

【概况】2022年，组织14个县级部门实施省、市、县级民生实事项目43件，其中：省级民生实事23件，年初计划安排资金16000.094万元，全年拨付资金18741.1954万元，占计划安排的117.13%；市级民生实事9件（含票决4件），年初计划安排资金53702.782万元，全年拨付资金53302.746万元，占计划安排的99.26%；县级民生实事11件，年初预算安排资金36498.75万元，全年拨付资金31807.3857万元，占计划安排的87.15%。印发《关于印发〈2022年全县23件省级民生实事实施方案〉〈2022年全县9件市级民生实事实施方案〉〈2022年全县11件县级民生实事实施方案〉的通知》《关于下达2022年23件省级民生实事、9件市级民生实事、11件县级民生实事目标任务的通知》，及时把民生实事项目推进和资金支付目标任务以及进度安排细化分解落实到县级责任部门和有关乡镇。印发《关于在乡镇全面开展民生实事人大代表票决制工作的通知》，从2022年起，在乡镇一级全面开展民生实事项目人大代表票决制工作。全年，县委常委会专题研究部署2次，县委、县政府领导组织召开民生实事工作专题推进会4次，县委目标绩效办组织行业主管部门召开民生项目协调会12次。坚持平时考核与年度考评有机结合，每月对民生实事项目进度进行汇总分析，对滞后项目进行预警提醒，督促各责任单位加大推进力度，并将结果纳入各部门年度目标绩效综合考核，全年通报省级、市级、县级民生项目进度及资金使用、管理情况6次。

【民生工程建设】2022年，改装既有住宅电梯30部，解决老年人出行不便。实施陈家坝镇金鼓村铁索桥改公路桥项目，解决村民20多年的出行难。实施北川地震遗址博物馆连接公路改造项目，项目全长32.65千米，采用三级公路技术标准，更换安装了标识和路边围挡，设计速度30千米/小时，沥青混凝土路面，路基宽度7.5米。整治126处国省干线公路交安设施，实施国省干线公路养护工程1个11千米、G347北川隧道群提质升级工程，完成对G347任禹路唐家山等7座危隧、交通工程及附属设施改造。

【民生实事宣传工作】2022年，印发《关于做好2022年民生实事宣传工作的通知》（北委宣发〔2022〕24号），分解宣传任务到民生实事责任单位、各乡镇。适时督促提醒，制定宣传加分激励政策，调动各部门、乡镇宣传民生实事工作积极性。全年累计在市级及以上媒体宣传343篇、在民生绵阳宣传152篇，其中：“北川聚焦民生福祉 绘就美好生活新画卷”经验做法率先被《绵阳日报》民生专栏报道。

（王丕芳）

乡村振兴

【概况】 2022年，以巩固脱贫攻坚成果同乡村振兴有效衔接为重点，有序推进各项工作。印发《“5+4+N”防止返贫监测帮扶工作机制》《“五联动”跨部门沟通协调机制》等文件，构建防止返贫监测帮扶体系。按照“3+N”配备原则，设定12类网格岗位，设立三级网格力量3669人，建立“县级网格长+乡镇核查员+村级专职监测员+户哨卡员”监测帮扶工作链，兑现2022年村级专职监测员补助24.48万元。核实风险信息11518条，开展集中排查2次，动态识别监测对象77户181人，风险消除24户60人。优化完善县级帮扶措施库，“量体裁衣”式制定帮扶措施。监测对象户均落实帮扶措施4条。开展增收行动，分层分类落实补短措施，其中股权量化分红38户54人，发放股金10.63万元；开发灵活性公益性岗位142户、下达五小产业151户，发放补短资金68.75万元；防贫保处置10户6.6万元；预警基金处置17户14.9万元。“5+4+N”防止返贫监测帮扶工作机制被省委、省政府作为典型经验通报，集中排查“户户过、家家访、项项问、人人签、样样清、村村验”做法被《四川乡村振兴简报》刊登报道，脱贫攻坚同乡村振兴有效衔接工作，连续七年在全省考评中进入“好”的行列。

【资金项目管理】 2022年，中央、省、市共下达衔接资金8599万元，各级衔接资金重点用于茶产业、高山果蔬、中药材、白山羊等特色养殖及村道、桥梁、安全饮水等基础设施巩固提升。66个衔接资金项目全部完工。探索实施乡村振兴资金项目“A+B”轮动推进机制,轮换一批项目13个，资金1400余万元。省政府办公厅投入资金945.7万元用于定点帮扶村（禹里镇禹里村、陈家坝镇黎山村）补齐基础设施短板，加快产业发展，助推黎山村构建“中羌药材+”高山立体循环农业，助力禹里村“农旅融合”产业发展。

【人居环境治理】 2022年，聚焦“三清两改一提升”，全域实施厕所革命、村庄清洁行动、畜禽养殖废弃物资源化利用、农村垃圾治理和农村生活污水治理“五大行动”，全县农村生活垃圾收转运覆盖率达到100%。全县“厕所革命”整村推进项目2个，完成604户，完工率100%。开展两轮农村户厕问题摸排整改“回头看”工作，完成农村户厕问题摸排202个行政村，2013年以来享受财政补助的户改厕共42268户，未发现相关问题。完成2023年农村人居环境整治专项中央预算内投资项目前期地形测绘和可行性研究报告编制，项目估算总投资4170.13万元，项目方案已通过市级审查。牵头编制《北川羌族自治县农村人居环境整治专项规划（2022 ～2035年）》，制定《北川羌族自治县“十四五”美丽宜居乡村建设行动实施方案》，统筹推进村庄清洁行动。

（刘莉娟）

东西部协作

【概况】 2022年，继续深化东西部协作、外输内拓助发展。聚焦“三出五金”（出成果、出模式、出亮点，打造产业协作、数字化转型、消费帮扶、文化交流、援派铁军金名片）目标，高质量推进东西部协作，举办北川—柯城各类人才培训班45期，实现培训2947人次。打造共建产业园区3个，新增引导入驻企业5家，实现投资5228万元。开展北川劳务培训31期共1654人，全力培养技能人才。充分运用“线上+线下”等多种模式，实现消

2月21日，举办“北川–柯城新春‘开门红’东西部协作实现共同富裕”2022年东西部劳务协作专场招聘暨政策宣传活动

费帮扶6847万元。科学谋划3900万元协作资金，实施12个项目，项目推进情况长期位居68个帮扶县前列。启动“圣灯山谷”“蓝莓小镇”等美丽乡村建设项目3个，进一步改善人居环境、促进三产融合。12月，北川代表浙川两省迎接国家东西部协作专项检查，相关工作成效连续在全省考评中进入五连“好”的行列。

【产业协作】2022年，依托两地优势，做好“茶文化、茶产业、茶科技”三篇文章，整合帮扶资金，以“高校+国资+企业”，建成绵阳茶学院北川茶叶展销中心，打造集科研、培训、展示、体验、品牌打造、产品开发等功能于一体的绵阳茶学院北川茶产业乡村振兴示范基地。创新“福田里”蓝莓产业示范园五金增收模式，形成以现代农业产业园为载体、新型经营主体为纽带、多种形式参股分红、农企联合共建共赢的“一园生五金”（一园：福田里蓝莓产业示范园；五金：土地流转“收租金”、就近务工“挣薪金”、委托管护“得酬金”、股权量化“分红金”、产业带动“赚现金”）农村改革模式。坚持“筑巢引凤”，建好柯北产业园，做优食品加工，园区总投资2.4亿元，其中，东西部协作资金投入4700万元。实施“腾笼换鸟”，清除永安工业园区僵尸企业、低效闲置用地，引入浙商企业，通过阶梯式承接东部产业链转移，加快推进汽摩产业、应急设备制造、冷链设备等10余家东部制造产业入驻园区，打造浙川产业园。

【数字化转型】2022年，学习借鉴衢州数字化改革经验，率先在北川4家县属医院开展“诊间支付”改革，打通服务群众就医的“最后1米”，相关经验做法被人民网等主流媒体报道，并上报国家乡村振兴局。深入推进GEP核算，聘请浙江大学杨武教授为科学顾问，探索开展生态GEP核算和“两山银行”试点工作，研究建立碳账户。响应群众诉求，率先实现“跨省通办”并开通58个事项，通过实施“三统一”（统一办事入口、统一事项清单、统一办事指南），搭建“两平台”（建设线上服务专栏、搭建办件流转平台），建立“三机制”（及时响应机制、联系会议机制、免费邮寄机制），让衢绵两个城市的企业和老百姓不用再“多地跑”“折返跑”，异地办事实现“跨省通办、一次办成”。

【消费协作】2022年，构建“产业整合+直播带货+达人培育”的“消费帮扶”新体系。在柯城区建成北川“特产馆”和“直播馆”，带动北川108种农特产品门店增加营业收入，培训新兴电商达人120人以上，建强北川农特产品的营销队伍。创新消费助农“青”字号品牌，为青年群体参与乡村振兴提供可复制、可借鉴的模式和经验，助力实现农特产品销售、预售800余万元，带动240余户农村青少年家庭稳定增收。探索“飞地”搭台、文化“唱戏”的消费帮扶馆经营展销模式。通过“展示+展销”相结合、“文化+文创”相融入、“线上+线下”同推广等多种模式，实现农特产品销售

843万元，意向订单2000万元。

【乡村建设】2022年，邀请中国美院、清华文创院、蜗牛集团、衢州规划院等专家学者赴北川“把脉问诊”，帮助挖掘、梳理乡村特色文化内涵，以“一村一品、一村一业、一村一景”的思路，因地制宜形成多形态、多特色的美丽乡村建设以规划为引进，巧用“企业投入+社会帮扶+群众自筹”的多元化筹资机制，合理引进社会资本，村企合建浙北振兴文旅开发有限公司共同开发永昌镇圣灯山村，着力打造美丽乡村示范样板。积极探索文旅发展新模式，规划蓝莓产业园区民宿、旅游、接待、康养附属设施二期建设项目，打造集特色种植、观光采摘、精深加工、特色民宿、康养度假、休闲娱乐为一体的三产融合农旅示范区。

（刘莉娟）

社会保障

社保保险

【概况】2022年,全县参加企业职工养老保险8.44万人（在职3.84万人），机关事业单位养老保险0.71万人（在职0.46万人），城乡居民养老保险6.7万人（参保缴费5.07万人）；工伤保险1.93万人；失业保险1.42万人。社会保障卡持卡人数达23万人，办理社会保障卡业务2042人次。规范工伤认定工作，受理工伤认定136件，认定133件。中央、省、市、县城乡居保下拨资金2082.85万元，预算资金1972.28万元，完成预算比例下达的105.61%。办理特殊困难群体代缴城乡居保4316人，完成民生代缴目标任务3800人的110.53%；代缴安排资金42万元，完成38.37万元的109.46%。

【社保基金征收】2022年，征缴社会保险基金52411万元。其中：企业职工养老保险32775万元；机关养老保险9332万元，职业年金4766万元；城乡居民养老保险4464万元；工伤保险424万元；失业保险858万元。

【社保待遇发放】2022年，累计发放社会保险基金123993万元。其中：企业养老保险4.6万人，102901万元；机关养老保险0.25万人，16370万元；城乡居民养老保险1.63万人，2490万元；工伤保险1580万元，失业保险653万元。落实养老保险待遇调整，4.43万人企业职工人均月增加养老金97.84元，0.25万人机关事业职工均月增加养老金179.45元，1.62万人城乡居民养老保险人均月增加养老金10元以上。

【社保基金风险防控】2022年，核查重复领取工伤死亡职工供养亲属待遇和企业职工养老保险基本养老金的需追回人数5人，合计金额626643.39元，已追回16062.06元，1人达成还款协议。核查城乡居保风控业务跟踪疑点数据115条，均属于正常业务办理，无一例违规情况。城乡居民领取养老金追回52人次，追回基金3.63万元。

【社保降费】2022年，延续实施阶段性降低失业保险费率政策，失业保险总费率为1%，其中用人单位缴费费率为0.6%、职工个人缴费费率为0.4%。工伤保险缴费费率1～4月下调50%、自5月起下调20%。参保单位减费571户964万元，其中，工伤保险减费106万元，失业保险减费858万元。贯彻落实阶段性缓缴企业职工基本养老保险费、失业保险费、工伤保险费，全县申请缓缴企业40户，缓征社保费517.77万元，其中，缓征养老保险费482.14万元、失业保险费19.04万元、工伤保险费16.59万元。

（马龙平）

医疗保障

【概况】2022年，全县城镇职工参保人数23696人，缴费人数17115人。生育保险参保单位868个，参保人数15541人，城镇职工基本医疗保险退休人员6581人。全县城乡居民医保参保缴费181880人，个人征收5248万元，参保率98.37%。审核城乡居民报销共计223636人次,结算城乡居民医保基金11976.05万元。审核城镇职工报销共计366547人次，统筹基金支出3032.19万元，个人账户支付3806.93万元。

【补充保险参保】2022年，全县参加补充医疗保险人数合计206676人，其中参加职工大额医疗保险22141人，列入公务员医疗补助范围2616人。全年享受补充保险待遇3051人。其中享受城乡居民大病保险待遇人数1343人，享受职工大额医疗保险补助1106人，享受公务员医疗补助602人。

【医疗保险转移】2022年，全县基本医疗保险关系转移续接转入188人，均为职工医保转入职工医保，转入金额31.52万元，转出人数99人，转出金额27.3万元。其中跨省（自治区、直辖市）转入66人，转入金额11.44万元，跨省转出7人，转出金额5.39万元。

【医疗救助】2022年，全县医疗救助资助参保人数19008人，支助金额464.48万元。全年共计救助11618人次，救助金额787.09万元。其中，住院救助3989人次，救助金额676.79万元，门诊救助7629人次，救助金额110.3万元。

【异地就医登记备案】2022年，全县城镇职工异地就医登记备案306人，异地就医2491人，异地就医费用788.46万元，占城镇职工医疗费用的9.72%。城乡居民异地就医登记备案532人，异地就医1463人，异地就医费用2164.58万元，占城镇居民医疗费用的7.15%。

【医保基金监管】2022年，采取“双随机一公开”执法模式，聚焦“假病人”“假病情”“假票据”等“三假”欺诈骗保问题，依法打击欺诈骗保行为，规范医疗服务行为。全年，检查定点医药机构82家（其中医疗机构28家，定点药店54家）涉及违约医疗机构24家，违规金额211.59万元，收取违约金39.48万元，追回违规违约基金251.07万元，涉及违约定点药店37家，涉及违规金额1万元，收取违约金 2.69万元，追回违规违约基金3.69万元。共计追回违规违约基金254.76万元。

【医疗保障基金总额控制】2022年，制定《2022年医疗保障基金总额控制实施方案》，根据绵阳市医保局下达的2022年北川羌族自治县职工医保、城乡居民医保住院和居民门诊总额控制指标基础上，按5%预留本地总控调剂金后，再分别测算下达全县定点医疗机构职工、居民住院和居民门诊总额控制指标。

【医保改革工作】2022年，落实集中采购政策，坚持服务与监管同步到位。全年落实7批次共161种集采用药，采购货款共计265.34万元。深入推进国家组织集中采购中选药品耗材制度，集中带量采购范围的药品价格平均降低55%，最高降幅达到98.72%，有效减轻群众费用负担。

（李　艳）

社会救助

【概况】 2022年，以《社会救助暂行办法》《关于改革完善社会救助制度的实施意见》为依据，聚焦巩固社会救助脱贫攻坚成果，特殊群体，群众关切，按照“应兜尽兜、应救尽救”的要求，统筹城乡社会救助体系，保障困难群众基本生活。

【城乡低保】 6月30日，全县城市居民最低生活保障标准调整为635元/月，农村居民最低生活保障标准调整为435元/月。11月23日，全县城市居民最低生活保障标准调整为700元/月，农村居民最低生活保障标准调整为500元/月。全年发放城市低保17901人次，802.4269万元；农村低保59804人次，2070.3022万元。

【特困人员救助】 6月30日，城市特困人员基本生活标准调整为826元/月，农村特困人员基本生活标准调整为566元/月；11月23日，城市特困人员基本生活标准调整为910元/月，农村特困人员基本生活标准调整为650元/月。全年城乡特困累计救助12066人次833.7128万元，拨付城乡特困照料护理费4030人95.599万元。

【临时救助】 2022年，临时救助因病、因灾等困难群众1106人，发放资金109.7921万元。为解决城乡群众突发性、紧迫性、临时性基本生活困难，向乡镇拨付临时救助备用金40万元。为受疫情影响生活困难的北川籍在外务工人员281人，发放慰问金22.48万元，纳入低保7人，解决临时救助3.899万元。

【设立“禹羌情”专项救助基金】 2022年，制定出台《北川羌族自治县特殊困难家庭专项救助实施办法》，设立“禹羌情”专项救助基金200万元，用于解决遭遇重大灾害、重大意外、重大疾病或其他特殊原因导致基本生活陷入困境、现有社会救助制度暂时无法覆盖或救助之后仍然特别困难的家庭，救助标准提高至最高10万元。全年救助6户19人18.8万元。

（高　榕）

社会福利

【概况】 2022年，出台《关于进一步整改提升养老机构服务安全和服务质量的通知》《关于开展抵制养老服务领域非法集资宣传活动的函》，提升养老机构服务安全和服务质量，保护老年人合法权益。老年大学开设舞蹈、声乐、器乐、健身等20余个班级，培训1200余人次，播鼓老年大学培训学员800余人次。组织老年协会开展“喜迎党的二十大”系列庆祝活动20次。全年发放高龄补贴80554人次，277.35万元；发放困难残疾人生活补贴24447人次，244.47万元，重度残疾人护理补贴33253人次，227.035万元；发放青片河遗属补助68人次，21.0143万元；发放绵阳市大中型水电工程非农业安置和农转非移民生活困难补助金588人次，2.94万元；发放六十年代精简退职老职工补贴资金342人次，13.68万元；发放汶川特大地震伤残学生特殊生活困难救助资金134人次，23.2万元；发放福彩公益金123.22055万元用于养老服务业发展和社工站建设。

【养老项目建设】 2022年，全国居家和社区养老改革试点项目有序推进，投入100.7万元对永昌镇106户符合条件的老年人进行家庭床位适老化改造服务。投入省级资金128万元，实施桂溪敬老院适老化改造提升项目，11月完工并投入使用。老年养护院项目总投资1710万元，并申请县配套资金550万元完善附属配套设施，已完工并验收合格。投入资金153万元，按照300元/人的标准实施2022年居家养老服务，推进养老服务权限下发，在小坝镇开展试点，由乡镇具体负责辖区内居家养老服务工作，11月完工并验收合格。

（高　榕）

社会捐赠

【县红十字会】 1月中旬，县红十字会召开第四次会员代表大会，会议审议通过《县红十字会第三届理事会工作报告》和《县红十字事业发展规划纲要(2022～2026年)》，成功选举产生县红十字会新一届理事会、监事会。出台《中共北川羌族自治县委机构编制委员会关于调整县红十字会领导职数通知》，增核领导职数1名。践行“一线工作法”，深入基层开展送温暖献爱心志愿服务和联系村帮扶工作等扶贫助困活动，累计帮扶困难群众、少年儿童1000余人次。年初发放市红会博爱家庭包20箱，价值5400元。募集人道救助资金10万元，救助困难家庭以及突遭变故入困境的家庭。开展两基金项目救助工作，上报审核通过白血病患者2人，发放救助费用6万元。开展“6·1”爱心捐赠，为永安镇小学筹集爱心资金6万元，用于为全校833名学生统一购置校服和体育用品等物资，改善孩子们的学习、生活条件。全年共募集爱心资金471.42万元、爱心物资价值92.25万元。其中：“7·16”洪灾募集资金32.73万元，物资41.83万元；“9·5”泸定地震募集资金155.04万元;东西部协作资金211万元，物资26.19万元；社会捐赠资金54.19 万元，物资24.23万元。争取上级红会支持，在5·12地震纪念馆建立红十字救护站。加大东西部协作力度，争取柯城区红十字会帮扶资金5万元，与县应急学院共建县红十字救护培训基地。在巴拿恰商业街建立红十字志愿服务大队。深入社区开展救护知识普及宣传，发放宣传资料2000余份。开展救护员持证培训7期，共培训合格288人；普及培训6期，培训1400人，取得良好效果。全县献血累计1757人，血量58.4万毫升。实现造血干细胞捐献10例，今年捐献3例（全市共42例，全年13例），成功挽救3名白血病患者的生命。人体器官捐献志愿登记数151人，遗体捐献1人。

（张丽娟）

【县慈善总会】 2022年，白什“7·16”洪灾发生后，接受社会各界和爱心人士捐赠物资价值56.52万元，衢州市柯城区慈善总会、柯城区开化县慈善总会、绵阳市总会、中国石油绵阳分公司和社会人士捐赠共计资金245.6万元用于抗洪救灾和灾后重建；接收柯城扶贫帮困资金60万元，用于乡村振兴，柯城区农商银行捐赠50万元用于“羌食荟”宣传推广品牌资金；江山市捐赠价值42万元棉袜“情暖万家”保障困难群众，特困人员温暖过冬；中山市克莱斯顿电器、中山市美恒智能科技捐赠暖风机494台（价值70.9万元），为全县村（社区）基层干部送温暖；大力实施金秋助学、省福彩帮困、市慈善总会项目，救助42名学生，拨付资金14.2万元；整合富临儿童基金、“四个一万工程”、省慈善总会重大疾病救助金、白岩松定向资助金项目，开展“情暖万家·新年慰问”活动，发放救助金9.5万元，救助困难群体44人次。

（高　榕）

社会事务

【概况】 2022年，持续开展《中华人民共和国民法典》《婚姻登记条例》《婚姻登记工作规范》等法律法规的宣传工作，发放婚姻登记便民小手册100余份。常态化开展最多跑一次、周末延时和网上预约服务74次，依法开展婚姻信息查询 21次，全年免收工本费24183元，免费婚检1062对。全年办理结婚登记1107对，受理离婚申请611对，办理离婚登记377对，补发结婚证527对，补发离婚证64件，婚姻登记合格率100%。持续开展婚姻登记“跨省通办”和“全市通办”、婚姻人脸识别和电子证照业务，办理跨区县登记39对，扫描婚姻档案2687件，签发电子证照2075件。做好春节、清明节、“5·12”、中元节祭祀安保工作，悬挂宣传标语8幅、标牌14个。推进绿色殡葬、文明祭祀，发放倡议书1000余份。尊重民俗引导规范祭祀，划定8处临时祭祀区域，设立文明祭祀告知牌。落实惠民殡葬政策，惠民殡葬免除服务费441人44.1227万元。全年火化遗体924具。

【儿童关爱保护保障】 2022年，县福利院成立县级未成年人保护中心并挂牌，19个乡镇建设未成年人保护工作站，全县235个村（社区）建立未成年人保护点。争取县财政资金10万元，分片区组织全县254名儿童督导员、儿童主任培训。开展“百镇千村·助爱牵手”儿童关爱专项活动，北川志愿者协会为全县农村留守儿童、困境儿童开展巡查寻访、救助保护、政策链接和未成年人保护宣传等关爱活动18期，为1000余名儿童传递正向感知与信念。全年发放孤儿生活保障金174人次21.04万元，事实无人抚养儿童基本生活保障补贴288人次26.4383万元，“福彩圆梦、孤儿助学工程”130人32.2499万元。办理收养登记4例，解除收养登记1例。

【金船山公墓异地迁建项目建设】 项目规划面积280亩，建设墓穴30321座，业务、管理及附属用房1900平方米，停车场

3000平方米，牌坊1座，纪念碑1座，广场2个及园区内道路、绿化等附属配套工程。一期项目于2020年10月15日开工，2022年年底，已投入使用，建墓穴5063座，可以满足北川10年的安葬需求。

（高　榕）

城乡居民生活

【概况】 2022年，全县城镇居民人均可支配收入39185元，增长4.8%；城镇居民人均生活消费支出24487元，增长2.4%。其中：食品烟酒支出9266元。城镇常住居民恩格尔系数为37.8%。农村居民人均可支配收入18676元，增长6.7%。农村居民人均生活消费支出15247元，增长4.8%。其中：食品烟酒支出6023元。农村常住居民恩格尔系数为39.5%。

2022年北川城乡居民人均可支配收入情况一览表

表8

指标名称	城镇居民		农村居民	
	绝对值（元）	增幅（%）	绝对值（元）	增幅（%）
人均可支配收入	39185	4.8	18676	6.7
工资性收入	23410	4.6	7145	4.9
经营净收入	4771	8.8	6711	12.6
财产净收入	1594	9.6	488	6.5
转移净收入	9411	2.4	4333	1.5

2022 年北川城乡居民人均生活消费支出情况一览表

表9

指标名称	城镇居民		农村居民	
	绝对值（元）	增幅（%）	绝对值（元）	增幅（%）
人均生活消费支出	24487	2.4	15247	4.8
食品烟酒	9266	2.0	6023	4.3
衣着	2246	7.9	1173	8.1
居住	3993	2.9	2482	5.9
生活用品及服务	1715	9.5	1190	9.4
交通通信	3507	1.5	2193	3.8
教育文化娱乐	1382	–8.4	644	–20.1
医疗保健	1794	1.6	1098	12.1
其他用品和服务	584	2.4	444	24.5

（张晓莉）

创业就业

【概况】2022年，城镇新增就业1567人；失业人员再就业364人；困难人员就业145人；城镇登记失业率2.71%。全县19个乡镇建立农村劳动力监测点202个、城镇社区劳动力监测点31个，完善资源数据信息12万条。组织开展直播送岗、专场现场招聘等活动16场次，推送发布招工信息4.2万余条，转移农村劳动力4.83万人。北川电商产业港复核通过市级创业孵化园区。北川获得全省返乡入乡创业示范县；县人力资源和社会保障局获得全省去冬今春农民工服务保障工作先进单位；优秀创业者夏雪莲、李连秀分别获评绵阳市创业明星、创业能手；返乡创业者刘良虎、杨文被评为绵阳市返乡入乡创业明星。

【就业援助】2022年，兑现企业吸纳就业奖补、就业见习补贴等政策，累计发放企业吸纳就业岗位和社保补贴112.87万元，就业见习补贴45.69万元，一次性创业补贴40万元，政府贴息创业担保贷款780万元。开发公益性岗位安置就业困难人员3664人次，发放补贴651.6万元；发放灵活就业社保补贴593人，201.8万元；落实脱贫人口培训交通生活补助支出17.535万元，职业技能培训2557人。

【援助稳岗】2022年，出台《北川羌族自治县稳岗就业十七条措施》《北川羌族自治县巩固拓展人社系统脱贫攻坚成果推进乡村振兴22条措施》等系列具体实施细则，开展线上线下政策宣传，实现脱贫劳动力就业8214人，发放稳岗补贴251户企业253.48万元，惠及职工5124人。

【东西部劳务协作】2022年，东西部劳务协作共转移农村劳动力5137人，转移到东部结对省浙江省就业1028人，其中脱贫劳动力246人；转移到其他省份就业1468人，其中脱贫人数398人；转移省内就近就业2641人，其中脱贫人数1327人。开发爱心岗位安置劳动力60人次，通过协作产业、项目建设和公益性岗位共安置劳动力1000余人次。针对北川羌绣、羌茶、羌山腊肉等特色产业，开展东西部劳务协作“蓝鹰之星”培训5期，开展职业技能培训28期，全年共开办技能培训班33期，累计组织劳动力开展就业技能培训1752人次，培训脱贫人口470人次。

（马龙平）

农民工服务

【概况】2022年，全县外出务工4.83万人，其中，省外1.5万人，省内3.3万。为全县1648名农民工办理身份证 1332件，出国（境）证173件，其他证照143件；协助处理欠薪案件16起，服务农民工368人，督促兑付农民工劳动报酬139.84万元；累计慰问返乡农民工39058人、未返乡农民工5021人，发放慰问品及慰问金合计22.07万元。年内，北川驻广州农民工之家成立。

【农民工稳岗就业】2022年，召开就业专场招聘会16场，其中网络直播招聘2场，现场招聘14

2022年6月，北川驻广州农民工之家成立

场，提供普工、服务员、安保员等岗位13500余个，求职入场人数4.2万余人次，达成就业意向1210余人次；旅途服务志愿者38人，服务农民工1091人次，投入资金0.22万元。

【农民工返乡创业】 2022年，强化项目包装，吸引优秀农民工回家乡创业、发展，与县金融部门对接，为返乡创业人员申请贴息贷款，解决他们创业中的实际困难，实现政策全面落实。全年推荐省级返乡创业示范企业1个、返乡创业示范明星1人，市级返乡创业明星5人。西羌神木寨旅游开发项目作为绵阳唯一入选的返乡创业项目，6月赴江西南昌参加四川省返乡入乡创业项目推介活动，返乡创业成效明显。

【建设村级农民工综合服务站】 2022年，组织电信、邮政、金融等部门，打造“政务服务+电信服务+邮政网点+金融服务”的“四位一体”的农民工综合服务站，进一步强化农民工基层服务能力建设，打通农民工服务保障“最后一千米”，至年底，全县建成村（社区）农民工综合服务站7个。

（郑植耀）

社区管理

【概况】 2022年，认真梳理城乡社区履职清单、协助清单和负面清单，进一步规范村级组织活动阵地机制牌子、证明事项清单。修订完善村规民约（居民公约），发挥好红白理事会作用。永昌镇尔玛社区和禹龙社区已分别建成省级和市级智慧科技型社区。省级县级社区综合服务设施“补短板”达标工程分别在小坝镇小坝社区、陈家坝镇陈家坝社区实施，年底完工并投入使用。参加2021年度第二批省级城乡社区治理试点的永昌镇及尔玛、金霞、禹龙、新川社区5个试点单位，顺利通过省级第三方机构评估验收，其中永昌镇、金霞社区以及新川社区被四川省民政厅、中共四川省委组织部命名为全省基层治理示范单位。

【社区排查和志愿服务保障】 2022年，由组织、民政、卫健、住建等13家单位组成社区排查和志愿服务保障专班，结合各部门职能职责落实责任，印发《专班分组和分工方案》，将任务责任落实到部门（单位）和人员。积极构建“四级网格”，指导社区组建管志愿者服务队伍。配合县委组织部指导乡镇社区建立应急服务保障机制预案，全县建立19个乡镇应急服务保障组，设立33个社区应急指挥部、60个小区一线指挥部，建立小区临时党组织60个，确定180名党员为小区临时党组织书记，组建61支2206人的服务保障力量。

（高　榕）

社团管理

【概况】 2022年，建成县级社会组织孵化中心1个，建设面积260平方米。全县有登记注册社会组织132个(社会团体94个、民办非企业单位38个)，其中，新登记注册社会组织13家，社区备案组织、社区社会组织备案21家。

【社会组织助力社区治理和乡村振兴】 2022年，组织县大鱼青少年公益服务中心、县志愿者服务协会、县禹爱同行公益服务中心、县启智新公益发展中心等社会组织参与乡村治理和乡村振兴工作，筹集善款和物资1万余元开展困境儿童和银龄关爱活动，帮助困境儿童家庭销售农副产品23万元，为贫困家庭送仔猪助力乡村产业发展。

【社会组织年检工作】 2022年，开展对社会团体、民办非企业单位年检系统填报面对面服务（对社会组织年检网上资料填报作出详细指导）。严格按照社会组织自主填报、业务主管单位初审和登记管理机关审核三个程序进行。重点检查社会组织遵守法律法规和国家政策情况、按照章程规定范围的活动开展情况、财务管理及依照规定履行登记情况。对不按时履行登记备案、不按照章程开展活动、财务管理不规范的单位，给予年检不合格等次，并下发限期整改通知单；对连续两年不参加年检或连续两年“年检不合格”的，依法给予撤销登记。全年完成社会组织年检101个，抽查社会组织10个。

【社会组织党建工作】 2022年，扎实推进“两新”党建工作，132个社会组织均落实了党建指导员，在县委组织部、社会组织综合党委指导下成立两个社会组织党支部（大鱼公益青少年发展中心党支部、启智新公益发展中心党支部），大鱼公益青少年发展中心党支部作为全县“两新”党建现场会点位。

（高　榕）

民族宗教

【概况】 2022年，县境内有汉、羌、藏、回、彝、土家等33个民族。少数民族人口90518人，占全县总人口39.5%，其中，羌族人口86082人，占全县总人口37.56%。县境内有宗教团体3个（佛教协会、伊斯兰教协会、基督教三自爱国运动委员会），宗教活动场所14处（佛教8处、道教1处、伊斯兰教2处、天主教2处、基督教1处）。

【民族团结进步工作】 2022年，指导县税务局创建全国民族团结进步示范单位，指导县人民检察院创建为省民族团结进步示范单位，指导永昌镇新川社区、擂鼓八一中学、万豪旅游开发有限公司、羌山雀舌茶业有限公司、北川羌城旅游区服务中心完成省民族团结进步示范区示范单位复核工作。牵头组织运动员60余人参加四川省第十六届少数民族传统体育运动会，获一、二、三等奖共17个，其中表演项目《哦莎呼子克》获一等奖。组织开展民族团结进步及铸牢中华民族共同体意识教育活动10余场次。5月16日，召开县委民族工作会议暨全县宗教工作会议，学习贯彻中央民族工作会议精神和习近平总书记关于宗教工作的重要论述，制定民族宗教工作要点。

【民族类资金项目】 2022年，争取上级资金1562万元，其中中央和省级财政衔接推进乡村振兴补助资金970万元。全年共实施项目17个，其中少数民族特色村寨项目和民族团结进步示范村项目各1个，文旅融合及农业产业项目8个，农村基础设施项目2个，手工业及示范创建等项目5个。在禹龙社区设立民族工作综合服务站，打造民族工作综合体。

【宗教工作】 2022年，制定《举报及参与防范打击非法宗教活动奖励办法(试行)》，通过“七进”等形式，引导全县各民族群众参与防范和打击非法宗教活动的行动。利用普法宣传、学校课堂、村(社)活动、新媒体等平台，宣传习近平新时代中国特色社会主义思想、中华优秀传统文化、社会主义核心价值观，并协同相关单位每季度开展1次送法下村(社)活动。开展宗教政策法规学习宣传月、法律进寺庙、法规知识培训等活动，结合四川省宗教政策自测考题、“我和民法典”网络知识竞赛，大力宣传党的宗教政策相关法律法规知识。持续开展宗教中国化建设，打造国恩寺、梓樑寺等一批文化、生态、食品安全等特色寺院。创新把北川本地苔子茶与宗教相结合，打造龙吟羌红、国恩禅茶、南塔佛茶，进一步解决宗教场所自养问题，并盘活存量、激活增量，通过流转茶地、参与务工等方式助农增收，为乡村振兴提供宗教力量。

（陈兰方）

老龄工作

【概况】 2022年，全县常住人口17.41万人，60岁及以上常住人口4.41万人，占比25.35%，65岁及以上常住人口3.43万人，占比19.72%，县级活动中心1个，乡镇11个，村级2个。

【老龄健康服务】 2022年，开展失能老年人“健康敲门行动”，为450名失能老年人进行失能评估及“三个一”免费健康服务，开通咨询热线21条。完成十一家医疗机构创建老年友善医疗机构的县级评审工作,通过创建不断优化老年患者就医服务流程。组织各医疗单位在永昌镇爱心广场开展“反诈防骗，敬老孝老助老”敬老月主题活动以及开展“改善老年营养，促进老年健康”老年健康周主题宣传活动。永昌镇新华村申报为老年人心理关爱项目试点单位。组织老年人开展老年人心理关爱知识讲座，为老年人免费量血压、理发、按摩等服务，收集老年人身体状况的相关资料，对行动不便的老年人社区采取入户的形式对老年人进行入户看望慰问，发放慢性病宣传资料，宣传居家安全知识，了解他们的家庭生活状况及老人的身体状况，填写相关老年人心理健康评估表，并对老年人身体健康状况问题做统计汇总。

（张丽娟）

残疾人服务

【概况】2022年,全县残疾人量服入库7650人，投入500余万元落实残疾人事业。出台《北川羌族自治县残联紧急救助项目管理暂行办法》，落实残联紧急救助项目资金20万元。制定下发《关于做好巩固拓展残疾人脱贫攻坚成果同乡村振兴有效衔接的实施意见》，将符合条件的50名残疾人纳入动态监测。派遣两名干部开展驻村帮扶工作，积极支持村发展增收项目，解决帮扶村产业发展资金4000元。争取资金对县残疾人康复服务中心的硬件设施进行提升改造；加强残疾人劳动就业服务站机构能力建设、开展部分残疾人个性化培训等。建立无障碍环境建设督导员队伍。配合民政部门审核发放重度残疾护理补贴和困难残疾人生活补贴244447人次，落实护理补贴218.085万元；新增三、四级智力精神残疾1585人次，落实护理补贴7.925万元；全额代缴重度残疾人城乡居民基本医疗保险2436名；提供阳光家园计划——智力精神和重度肢体残疾人托养服务255名；投入18.9万元，完成困难重度残疾人家庭无障碍改造70户；发放下肢残疾人机动轮椅车燃油补贴65名，补贴金额2.3725万元；“温暖万家行”走访慰问435名残疾人，发放慰问金15.13万元；评定困难智力精神和重度残疾人132人，发放补贴1.98万元。残联窗口共接待群众咨询1500余人次，办理残疾人证核发相关业务1436件（其中新办证226件，“跨省通办”业务13件）。全县122名6～14岁残疾适龄儿童通过随班就读、特殊教育、送教上门等方式接受义务教育，入学率达到99%以上，超过目标入学率97%；配合县教育部门对全县2名残疾人参加全国普通高考学生提供便利服务；补助残疾人及残疾人家庭大学新生21名，发放“金秋助学”补助6.7万元；资助残疾少年儿童27名，发放“关爱生命·春雨助残”公益项目资助款2.7万元。全年发放残疾人居家灵活创业就业直补资金234名24.3万元；完成农村残疾人实用技术培训200名，全年推送残疾人专项招聘信息100余条，开展线下招聘2场，带头招聘残疾人工作者1人。制定《北川羌族自治县残疾人联合会残疾人基本辅助器具适配补贴实施办法（试行）》《北川羌族自治县残疾人联合会2022年残疾人辅助器具适配实施方案》，发放7岁以上残疾人适配基本辅助器具436人508件，假肢适配3人。按照应救尽救原则，康复救助33名残疾儿童，其中0～6岁残疾儿童救助21名，7岁以上残疾儿童救助12名。开展残疾人家庭医生签约增值服务1300名、残疾人心理健康支持服务50名；补贴精神残疾康复门诊服药200人、住院治疗50人。开展重度残疾人盲人融合训练15名、肢残康复服务15人、支持性服务465人。完成白内障手术救助44人60例。

【基层残联组织改革】2022年，印发《关于加快推进乡（镇）残联、村（社区）残协组织改革工作的通知》，出台《乡镇残联组织改革工作流程》,明确由村（社区）党支部书记或主任担任残协主席，大幅提高残疾人专职委员质量和数量，保障残疾人工作与其他重点工作相互融入、同步推进。全县选举成立

230个村（社区）残疾人协会，每个村（社区）选举产生5～9名主席团委员，委员中残疾人及残疾人亲属占比60%以上，同步落实村级专职委员待遇补贴，实现村（社区）残疾人工作过去由一个人负责变为现在由一个组织自我管理、自我服务，形成各项工作齐抓共管的网络化服务格局，使服务残疾人的触角真正延伸到残疾人的家门口。

【开办残疾人文化活动中心】 9月26日，县残疾人活动中心正式投入运行，面积100余平方米，是县残联党支部领办的“1+1+1+5”工程，涵盖五个残疾人专门协会办公室、残疾人之家、永昌镇残疾人文化活动中心，是集办公、阅览、棋牌、茶吧、节目排练为一体的残疾人综合性公益活动场所。依托社区新时代文明实践中心（所、站）、县残联完善联动配合、信息共享、共同志愿服务等工作机制，培育康复、心理疏导等“北川残联”特色志愿者服务队伍。开展文明创建、志愿服务27次，盲人观影1次，残疾人趣味文体活动1次，残疾人厨艺比赛1次，为130名重度残疾人订阅《三月风》杂志。参加绵阳市第四届残疾人运动会暨第三届特殊奥林匹克运动会，共获得金牌12枚，银牌16枚，铜牌32枚，北川代表队获优秀组织奖和体育道德风尚奖。

（周永珩）

消费者权益保护

【概况】 2022年，全面推进放心舒心消费环境建设，引导大型商场、超市建立赔偿先付、七天无理由退货制度。扎实做好消费者权益保护工作，共处理各类投诉举报182件，为消费者挽回经济损失14.86万元。开展“3·15”国际消费者权益日系列宣传活动。开展“6·18”“双11”网络巡查工作，有效净化网络消费环境。

【“3·15”国际消费者权益日宣传活动】 2022年，开展“共促消费公平”消费维权年主题系列活动。组织拍摄公益宣传片《凝聚各方力量 共促消费公平》并在北川电视台及《北川发布》App播放。3月15日，在禹王广场开展集中宣传活动，活动现场共设置食品安全、消费公平、质量安全、药品化妆品安全、投诉举报等5大板块，重点对保健食品、反传销知识、防范电信网络诈骗和防范金融诈骗器具识别与正确使用、低速电动车、化妆品安全和化妆品安全使用常识等相关知识进行科普宣传，有36家单位、300余人参加现场宣传活动，共发放各类宣传资料12000余份，受理投诉2件，接受咨询200余人次。通过系列宣传活动，向广大消费者普及消费维权相关知识，引导群众树立科学、理性的消费观念，有效维护自身合法权益，共促消费公平，共同营造放心舒心的消费环境。做好央视“3·15”晚会、全国“12315”平台、“12345”热线电话值班值守工作，全年共处理电话投诉300余个。

【推进放心舒心消费环境建设】 2022年，建立好又多超市消费维权服务站1个，通过省市场监管局对北川县示范单元的提质升级评价工作。完成北川县放心舒心消费示范单位的实地核查评价工作。更新巴拿卡示范街区内羌娃标牌15个，经营户店内承诺书上墙制度牌70余个，补充“一店一码”二维码20余个。

【网络消费环境整治】 2022年，开展网络市场监管专项行动（网剑行动）和“6·18”期间网络交易市场定向监测、国庆中秋期间网络交易监测、淘宝“双11”活动网络交易监测以及野生动植物、燃气灶具、化妆品、守护戎装等7个专项监测，实施人工网页监测频次3100余个次，出动执法人员89人次，网上检查网站、网店392个次，实地检查网站、网店经营者41个次，监测网站、网店、微信公众号405个、监测商品信息2601条。

（陈　园）

志愿服务

【概况】 2022年，建立1个志愿

服务总队+60个大队+200个中队+党员、老年、青年、巾帼4个常态化队伍+理论宣讲、文化文艺服务、助学支教、医疗健身、科学普及、法律服务、卫生环保、扶弱帮困8个+应急救援等N个专业化支队的专兼职文明实践志愿服务队伍网络。全县现有各类志愿服务队伍420余个（含社会公益类志愿服务组织13个），注册志愿者4.4万余人，占全县总人口的18%，有志愿服务时长记录的志愿者达61.25%，注册志愿者培训率达100%。每年召开联席会议2次、制定年度计划1个、修订制度规范10余项，形成县新时代文明实践中心"吹哨"，县级各部门、企事业单位、乡镇"报到"，志愿服务队伍"承接"的志愿服务格局。制定传习理论、传习政策、传习价值、传承文化、传扬新风、传授技能、传扬法治7大类文明实践项目，积极培育"'三队三堂三式'理论宣传宣讲""银龄计划""心沐计划"等39个志愿服务项目。依托志愿服务App云平台，结合"四单法"，制定并规范"提前申请—审批备案—网上公示—志愿者招募—动态发布"的志愿服务流程，实现供需双方统筹管理、精准对接，累计开展志愿服务活动1万余场次，为民办实事、办好事5000余件。

【文明实践阵地建设】 2022年，整合县级部门在基层的阵地资源100余个，结合北川山区人居分散的特点，将文明实践触角延伸到集中安置点、农家乐、景区景点、非遗传习所、人民调解室等阵地，建成1个县级文明实践中心、19个乡镇文明实践所、235个村（社区）文明实践站、100余个文明实践点。设立县新时代文明实践服务中心，配备主任1名、工作人员6名，引入"北川禹爱同行"等志愿服务组织10余个，各文明实践所、站分别配备专兼职工作人员2名。县内各级文明实践阵地均在醒目位置悬挂统一的标识标牌，规章制度、工作流程、年度活动计划、当月及下月活动安排、志愿服务菜单、组织机构图、文明实践地图等均上墙公示，公益广告宣传栏、文化墙等规范更新。整合文明实践中心、融媒体中心资源，打造志愿服务App云平台、文明创建"曝光台""有奖随手拍"，形成平台端口信息联通、线上线下智能互动的县域治理平台。每年开展各类文明实践活动2万余场次，服务群众20万余人次，群众参与文明实践人数占全县常住人口总数的95%，在职党员文明实践志愿服务活动参与率、干部群众对文明实践志愿服务的认同度和支持率均达100%。

【志愿服务品牌项目】 "三队三堂三式"宣讲品牌，建强"结亲宣讲、草根宣讲、羌山雏鹰宣讲"3大类50余支宣讲队伍，用好"微课堂、红色悦享讲堂、大禹智汇讲堂"3项载体，以"故事式、演艺式、指尖式"等三式开展宣传宣讲志愿服务活动3000余场次；"银龄计划"志愿服务品牌，聚焦留守老人，通过"银龄互助""指尖服务""救在身边""银秀芳华"等子项目，以"老帮老""青帮老""邻帮老"等形式，开展健康养老、医疗急救、普法反诈、生活照料等志愿服务活动2000余场次，服务老年人4.1万余人次；"心沐计划"志愿服务品牌，聚焦未成年人，开展"扣好人生第一粒扣子""小手拉大手""小小志愿者""心理警务""亲子同行""职业体验"等志愿服务活动600余场次，惠及青少年2.3万余人次；羌山应急救援品牌，依托县应急管理学院，建立应急救援志愿服务队10余支，开展应急救援培训演练200余场次。

（王颖如）

彩票公益基金

【概况】 2022年，北川收到彩票分成公益资金396.95万元，其中，体彩39.92万元，福彩157.03万元，中央专项彩票200万元。下达教体局体育彩票公益金39.92万元，其中，16.73万元用于开展全民健身运动会；23.19万元用于北川新县城社区健身器材维修更换以及北川新县城社区体育场地维修改造项目。下达民政局福彩资金157.03万元，其中，43.53万元用于养老机构设施补短板；3万元用于养老机构质量和安全评估工作；18.5万元用于养老机构消防设施改造；10万元用于养老机构疫情防控经费；6.24万元用于养老机构安全隐患整治补贴；9万元用于养老机构业务培训经费；8万元用于养老领域安全、防诈骗及非法集资宣传费用；18万元用于县社会工作服务总站建设；1.5万元用于老年活动中心公众责任险及电梯维修保费;3万元用于社工站办公室设施设备采购；9万元用于养老机构文化建设；6.76万元用于关爱困难儿童及慰问高龄老人；8.1万元用于养老机构、未保站及救助站设施设备采购；2.4万元用于养老机构财务审计审查；10万元用于“明眸”健康工程试点项目。下达文广旅局中央专项彩票公益金200万元，用于5·12地震纪念馆公共服务设施提升。

4月30日，北川志愿服务总队组织志愿者在永昌镇金霞社区，面向群众开展“学习实践科学理论 宣传宣讲党的政策”志愿服务活动

（岳思佳）

▶乡　镇

永昌镇

【概况】 2022年，永昌镇辖区总面积129平方千米。辖15个行政村（新华村、双龙村、高安村、鼓楼村、裕清村、开茂村、北山村、群联村、沙汀村、宝林村、川主村、纳溪村、圣灯山村、福田村、金龟村）、11个社区（金霞社区、竹林社区、蔬菜社区、圣灯社区、安昌社区、尔玛社区、禹龙社区、沐曦社区、新川社区、纳润社区、诺西社区）、118个村民小组、115个居民小组。户籍人口26046户69793人，其中，农业人口22760人，羌族人口9504人，常住人口11.5万人。耕地面积1160.2公顷，林地面积5233公顷。

2022 年,全镇地区生产总值预计完成 19.55 亿元,同比增长 15%；实现税收收入 2.76 亿元,规模以上工业总产值预计完成 5.697 亿元,同比增长 14%；固定资产投资预计完成 4.25 亿元,同比增长 12%；社会消费品零售总额预计完成实现税收收入 1.21 亿元,同比增长 10%；城镇居民人均可支配收入 37405 元,同比增长 8.9%。重点项目开复工 7 个,总投资 23 亿元,完成投资 10.5 亿元;招商引资新签约项目 7 个,协议引资额 6.7 亿元,其中落地项目 4 个,落地资金 2.1 亿元。全镇新增规上企业 7 家。

围绕“圣灯山谷”“福田山居”“水墨荷塘”等三大村级片区,持续推进枇杷、蓝莓、稻渔等现代农业园区建设,枇杷产业园扩面 1100 余亩,蓝莓基地新增 600 亩,镇域内产业基地达到 1.5 万亩,培育“圣灯山枇杷”“金龟猕猴桃”“安福魔芋”等 13 个特色农业品牌。创建圣灯山村省级 5 星级枇杷园。引导复泰玫瑰建成香料植物萃取及烘干生产线、奕米农业启动蓝莓果酱果干生产线建设,延长产业链条。严格落实“四个不摘”要求,持续巩固脱贫成效,落实 3 户 3 人动态监测帮扶,脱贫人口和监测对象人均纯收入达到 1.4 万元。实施东西部协作项目 2 个,建成高标准农田 2451 亩,粮食产量达到 539.2 万吨,新（翻）建村道和生产便道 19.43 千米,新建灌溉沟渠 16.14 千米。

围绕现代服务业集聚区建设,实施北川健康食品产业园和亿丰国际商贸城两个大产业集群,推进 15 个老旧小区改造、圣灯山谷、福田蓝莓产业园二期、福田村东西部协作美丽乡村示范点、圣灯山村东西部协作美丽乡村示范点、福田山居一二三融合发展园区建设项目、高标准农田建设项目 7 个重点项目建设,完成投资 10.5 亿元。成立工作专班,服务好大禹纪念馆、大熊猫公园、S107 改线等重大项目建设,完成浮山水泥厂搬迁、红岩砖厂拆迁、房屋拆迁 12 户,坟墓搬迁 460 余座。推进健康食品示范产业园、河西片区建设,下河坝退二进三、老旧小区、西河市场改造等工程顺利完成。

抓好道路、雨污治理等基础设施建设,常态化开展城乡环境治理提质增效行动,开展环境卫生检查20余次,发出督查通报20余期,清运560车次1600余吨农村生活垃圾,同时加快推进生活垃圾分类试点工作。配合做好土壤环境监测治理,土壤环境质量总体稳定。完成中央、省、市生态环保督察及"回头看"反馈问题整改,共整改问题2个。推行河湖长制,完善"河湖长"工作台账和巡查制度,全年镇村共巡查河道1390余次,城市集中式饮用水水源地水质达标率均为100%。开展涉矿涉企生态环境问题整治专项行动,摸排矿山企业7家,发现并处置问题12个。

做好人民大调解工作,开展调解工作421次,化解积案难案7件,加强城区乱象和黄赌毒等社会治安问题专项治理,开展专项行动98次,处理36人次,健全应急管理机制,加强值班值守和信息报送,开展安全生产隐患排查治理和汛期安全检查114次,发现并处置问题277个;分层分类建立红黄蓝三色民生诉求档案,解决蓝色春天征地50人社保参保费用缴纳、棚户区改造57套门面、住房实物分配等4个历史遗留问题,处理信访件45件,调解矛盾纠纷207件,一对一包案化解金霞等5个村(社区)940余套房屋办证历史遗留问题;解决"一老一小""一危一乱"问题,全覆盖排查隐患房屋,拆除危房4处1967平方米,封闭530平方米,拆除乱搭乱建4000余平方米,开展"燃气平安"行动,全覆盖入户排查消防燃气安全隐患,督促3226个问题整改到位。

全年发放低保资金1325户1821人,636.8万元;发放特困供养人员资金188人,108.2万;临时救助181人,7.19万元;殡葬减免资金涉及90人,7.17万元;高龄津贴2256人,发放资金32.93万元。发放困难残疾人补贴552人,50.64万元;申报残疾人居家灵活就业直补57户,5.7万元;发放软座轮椅、护理垫、跟踪定位仪等辅具134件。事实无人抚养儿童申报4人,2.32万元;分散养育孤儿基本生活费申报5人,6.72万元;孤儿助学工程申报12人,3万元。独生子女父母奖励1305户,2089人,发放资金12万余元;农村计划生育国家奖励扶助2937人,发放资金281万余元;农村计划生育省级奖励416人,发放资金39万余元;计划生育家庭特别扶助393人,发放资金459万余元;计划生育县级奖扶6919人,发放资金332万余元。新申请公租房、廉租房12户,改户名、换合同58户,申请住房租赁补贴8户0.1512万元。

【文明城市创建】 2022年,争取资金1500余万元对15个老旧小区实施改造。拆除危房及乱搭乱建6000余平方米,改造棚改空地23处59794平方米,建成共计约12000平方米的口袋公园和7000米停车场。充分挖掘安昌片区历史文化,打造观音庙巷等3处网红打卡地,提升城市品位,开展为期6个月的"综合秩序提质"行动,加强刚性执法力度,出动公安交警、综合执法等630人次,拆除违规搭建的立面广告、雨棚等6600多具,清理飞线3000余米,划定小区内停车线19000余米,解决车辆乱停、商铺乱搭、广告乱贴、杂物乱堆、线路乱拉等突出问题;以尔玛小区为试点推行红色物业,指导老旧小区成立自管委33个、商品房小区成立业委会6个。以党建引领基层治理规范化,以圣灯社区为试点,建立红色茶园一处,定期开展"书记坝坝茶",面对面宣传时政新闻、社区大事;整合辖区内单位、党员和热心公益的群众等志愿力量,开展清洁扫除、交通劝导等志愿服务3.6万人次,开展宣讲、文艺表演等新时代文明实践活动18场次,服务群众2万余人,开展"文明村(社区)""文明小区""文明楼栋""十星级文明户"等10余项先进典型评选活动,常态化开展文明交通、文明餐桌等6项文明风尚行动,引导群众见贤思齐,形成比学赶超良好氛围。

【白山羊美食文化活动】 4月27日，北川各片区因地制宜组织开展丰富的活动，分别推出“全羊宴”“农家味道白山羊”“羌山鱼羊鲜珍”“山野菜羊汤锅”“民宿味道”五桌菜品，形成可制作可推广的菜名和菜单。（永昌片区制定以“全羊宴”为特色的美食）以“品北川味道 过羌调生活”为主题。活动采取线下白山羊主题菜品赛，线上拍摄推广相结合的方式，配以丰富多彩的主题文化节目、趣味游戏等配套活动，形成一场美食及文化活动盛宴。活动大致分为启动、开幕、决赛、民族文化艺术活动表演、游玩、趣味亲子体验、“羌食荟”农特产品展、美食体验活动、美食商旅休闲一日游等几个活动项目。此次活动以打造白山羊美食为主题，通过“政府引导搭台、市场化操作”的方式，带动餐饮行业市场主体挖掘、研发、制作出一系列白山羊美食特色菜谱，打造“白山羊”特色菜品，提升旅游美食品牌，增加新的消费亮点，吸引更多的外来游客，聚集更多的人气商气，加快地区发展。

（王一道）

4月27日，首届北川白山羊美食文化活动暨第二届厨艺大赛在禹王广场举行

永安镇

【概况】 2022年，永安镇辖区总面积97平方千米，辖11个行政村（大安村、后庄村、楠木村、向阳村、跃进村、分水村、永明村、元门村、平桥村、工农村、新石村）、1个社区（九鼎社区）、101个村民小组、5个居民小组。总人口8838户23126人,其中农业人口16710人，羌族人口 919人，常住人口2200人。耕地面积592.4公顷，林地面积6186.67公顷。

全年实现地区生产总值12.97032亿元。工业总产值10.73亿元,农业总产值1.49亿元,第三产业总产值1.29亿元。完成固定资产投资项目12个,总投资3.4亿元(其中技改投资3.13亿元),包装招商引资精品项目10个(其中乡镇自主招商项目2个),签约完成7个,拟吸引总投资6.27亿元。农村居民人均可支配收入22240元,比上年增长11.1%。

全年粮食播种面积14967.99亩,产量4935吨;生猪出栏1.0402万头,现存栏0.282万头;大豆扩种面积1800亩;油菜种植7892.30亩,村级集体经济收入达到54万余元。争取新石村蚕桑种基地规模扩大项目,巩固好向阳村凤凰李种植基地发展规模,完成楠木等4个村枇杷产业园建设,扩大分水村蛋鸡养殖项目二期建设和利华食品公司生产线,申报争创县级优质粮油现代农业园区。推进工业转型升级,永晖新材料科技、鑫宏矿业氧化钙、宏欣科技生物钙等3个工业技改项目已大部分完成,永晖新材料科技已投入生产,新引进恒硕科技、川鞠消防等10家企业协议入驻永安工业园区。

全镇有企业55家(含规上企业11家,建材及砂石企业14家、木材加工企业17家、商贸服务企业5家、物流及其他服务企业8家),矿区14处,矿权面积1.2295平方千米,非煤矿山企业9家。

全年新增监测户11户25人,为17户脱贫户争取“三小产业”政策24500元,落实工农村安全饮水提升项目,补助资金110万元,元门村新增1586米人饮给水管、10个农户水塔,补助资金12.2万元,解决11户脱贫户饮水

浙川通航配套产业园区

困难问题。

实施元通路小微修复项目，修复路面2千米，护栏2000平方米，实施工农村、元门村饮水安全巩固提升项目，解决2个村300多户群众饮水难的问题，开展农村饮水安全水质监测，11个村饮用水水质经检测均合格。争取财政资金和民间资金150余万元，新建群众休闲凉亭1座，修复“和谐广场”710平方米，增添休闲长椅32把，修补破损路面500余平方米、管网370米、人行便道1.5千米，新增场镇绿化400平方米，新安装太阳能路灯40盏、道路交通安全防护栏320米、防撞墩40个。

开展城乡环境综合提质三年行动，投入资金120余万元。垃圾收集转运覆盖率100%。推进农村“厕所革命”，新建三格式厕所270个。实施“四定”和“四化”工程，全镇新划定轿车停车泊位400个、非机动车辆集中停车位12个、大型货车临时停车位150个；组建稳定的场镇清扫保洁队伍1支22人，划定各自清扫保洁区域和时间表，做到“每日清扫、日扫日清”；每周组织大型洒水车对场镇中心区域及主要道路沿线进行洒水降尘、全面冲洗2～3次，重污染天气确保每日冲洗和降尘；全面清洗场镇垃圾收集点位26个、垃圾桶（箱）68个；新建场镇绿化微景观4个，栽种桃梅等绿植800株；拆除影响城市美观的城中养殖圈舍18处。排查整改生态环境突出问题6处，排查整改固体废物堆存场所问题1处，办结7起环保信访事件。

完善矛盾纠纷多元化解机制，成功化解信访积案11件，调解各类矛盾纠纷91起，涉及金额220万元。抓紧抓牢安全生产，召开8次安全生产专题会议，集中约谈3次，安全生产工作部署例会27次。开展安全生产、道路交通、农房、燃气等专项安全检查378次，完成隐患整改113处。开展常态化消费安全检查135次，开展消防培训讲座1次，疏散演练3次、灭火演练3次。投入资金95万元，在场镇打造出以“中国共产党人精神谱系”为主题的百米党建文化长廊和促进军民融合的“拥军文化一条街”。打造场镇“和谐广场”、跃进村“桃花岛”主题公园、新石村苟家沟等环境提质示范点。加强精神文明建设，全镇有新时代文明实践站（所）13个，全年常态化开展精神文明实践活动150余次。九鼎社区被命名为省级健康促进社区。

全年低保保障305人次，发放资金174.3493万元。发放特困人员补助68人次46.9048万元，护理费6.222万元。确认享受高龄津贴700余人次，发放资金32.23万元。优抚抚恤和定期生活补助120余人，发放资金109.2638万元。孤儿基本生活保障2人次，发放资金1.68万元。县、镇临时救助16户45人，发放救助金4.2885万元。惠民殡葬费用减免43人，发放资金3.5438万元。关怀事实无人抚养儿童3人，发放金额3.1699万元。孤儿助学工程1人，发放助学金1万元。建档立卡贫困家庭学生资助18人47500元。发放重度残疾人护理补贴300余人次23.921万元；发放困难残疾人生活补贴216余人次25.94万元。享受市、县级残疾人灵活就业直补22人，金额22000元，残疾人机动车燃油补贴发放11人，4015元，国家计划生育“三项制度”奖励扶助资格确认 2286 人,发放奖扶资金 328.7 万元;城乡医保参保 18715 人。就业困难人员灵活就业社保补贴 44 人,金额 142200 元。落实公益性岗位 74 人次,发放补贴金 53.7 万元。解决欠薪案件 6 件,涉及 29 人,欠款 21.04 万元。

【四川纳森户外运动有限公司创建“三心三力”党建品牌】 四川纳森户外运动有限公司位于永安镇元门村，成立于2016年，占地200余亩，注册资金1000万元，已投资3000多万元，有员工45人。公司探索出村企、校企、企员等合作模式，与元门村党总支建立联合党支部，发展壮大集体经济，100万元扶持资金入股教学楼建设，每年分红5万元；入股产业扶持资金31.5万元，每年分红1.575万元。公司以党建为核心，针对不同人群研发国防教育、劳动教育、生命教育三大课程体系。与绵阳党校合作，开展正科级干部应急能力提升3600人次，政府单位团建1000人次，役前培训1600余人次，夏令营30000人次。全年培训35000人次，收入530万元。

【元门党员积分制建设】 2022年，元门村成立由村书记为组长、其他常职干部为组员的领导小组，结合村规民约制定元门村积分制实施细则，负责村民积分的审核认定，策划并组织各类积分分享实践活动,每年两次对本组村民进行现场评分，考核全过程受村务监督委员会监督;积分内容细化为九大类（共计100分），分别为：清洁卫生类（10分）、教育子女类（10分）、孝老爱幼类（10分）、文明新风类（10分）、节俭持家类（10分）、就业增收类（20分）、公益美德类（10分）、支持村支两委工作类（10分）、遵守法律类（10分），每个类别再细分加减分指标;积分实行累积使用，除兑现奖励清零外，积分逐年累计，作为群众入党、入学、入伍、低保、五保、评先评优等重要参考,激励形式分为兑换服务、物质奖励、精神鼓励和享受有关激励政策。兑换服务、物质奖励由村委会统筹实施，积分兑换礼品一次，兑现清零。全年开展积分兑换活动11次，兑换700余户。

（刘雨金）

擂鼓镇

【概况】 2022年，擂鼓镇辖区总面积147平方千米，辖19个村（茨沟村、银定村、郭牛村、河道村、麻柳湾村、建新村、盖头村、猫儿石村、双流村、胜利村、五星村、桥楼村、擂鼓村、楠竹村、龙坪村、柳林村、田坝村、南华村、许家沟村）、1个社区（擂鼓坪社区）、97个村民小组、5个居民小组。总人口6305户17475人，其中，农业人口13597人，羌族人口4651人。耕地面积784公顷，林地面积12879公顷。

2022 年,擂鼓工业组团工业总产值 12.23 亿元,同比增长 7.25%,实现税收 0.38 亿元,到位投资 0.66 亿元,同比增长 73%,固定资产投资 1.7 亿元,同比增长 43.2%。推进“园区提质、企业满员”行动,北川莫朵格依茶业有限公司等一批企业签约入园,四川百食好食品科技有限公司进入规上企业行列。莫朵格依实现当年引进、当年投产,康养健外贸出口 125 万元。工业组团入驻企业 24 家(规上企业 11 家),亿元级企业 3 家。其中,茶叶、中药材、林木等农特产品加工企业 7 家,商贸服务业 9 家,矿产砂石企业 4 家,家具、车辆零部件、磁性材料制造企业 3 家,市政民生企业 1 家。以盖头村、田坝村为核心区打造现代茶叶产业园区,新增高标准茶园 1500 亩,通过省级现代茶叶产业园区现场考评;粮食种植面积 13227 亩,粮食总产量达 3000 吨;扩大优势中药材规模,以南华村、桥楼村为核心区的中羌药材产业基地已有 2.5 万亩规模,带动 500 余户群众人均增收 2000 元。

全镇下达项目 13 个(乡村振兴项目 7 个、东西部协作项目 1 个、省级专项资金项目 2 个、村级建制村畅通工程项目 1 个、千村示范工程 2 个),补助资金 2716.5991

万元。实施盖头山茶叶产业园区建设项目，田坝村茶叶产业园区建设项目；河道村黄连种植项目；郭牛村、许家沟村饮水安全巩固提升项目；省级农村饮水安全专项资金饮水巩固提升项目；猫儿石村、楠竹村、盖头村人居环境提升项目；盖头村弯道加宽项目；茨沟村农村生活污水治理千村示范工程；田坝村农村生活污水治理千村示范工程；楠竹村农村生活污水治理千村示范工程；民族团结进步示范村乡村旅游提升项目；大安村至许家沟村撤并建制村畅通工程；擂鼓镇五星村桥危旧桥梁改造工程；擂鼓镇茶坊肖家桥危旧桥梁改造工程。

全年接待来访群众40批次，排查化解各类矛盾纠纷30件，其中，成功化解经济矛盾纠纷15起，涉及金额150万元；排查整治道路交通、食品药品、建筑施工、消防等重点领域隐患63次，整改问题89个；开展镇村两级森林防火演练40余次，巡河502次；集中攻坚“五清”“四定”行动，拆除乱搭乱建200余处，7000余平方米；采取“技防＋物理隔离”措施规范场镇车辆停放；推进农村厕所、垃圾、污水“三大革命”，无害化卫生厕所普及率达90%；全覆盖建立农村生活垃圾“户分类、村收集、镇转运”处置模式，提高污水处理率；新建口袋公园、广场、运动场各1个、游步道1054米，改善农村人居环境。

全镇低保共计240户349人，发放低保金159.7986万元，其中农村低保家庭210户311人，发放低保金135.8127万元；城镇低保家庭30户38人次发放低保金23.9859万元。发放特困对象资金16.0974万元，251人次。发放定救对象资金0.96万元，24人次。发放80岁以上老年人津贴22.0675万元，5675人次。发放“三金”补助，其中独生子女2.286万元，244人；国扶47.616万元，496人；县扶30.288万元，631人。县级临时救助20户60人，申请救助金额5.6285万元；解决镇级临时救助3户10人，镇级救助金额2460元。全镇共计残疾人607人，发放重度残疾人护理补贴17.4720万元，215人。发放困难残疾人生活补贴14.88万元，124人。开发使用公益性岗位281人次，劳务输出4310人。参保城乡基本养老保险3419人，参保城乡基本医疗保险13857人。

【创建绵阳市食品安全示范乡镇】 2020年5月，擂鼓镇启动绵阳市第三批食品安全示范乡镇创建工作，2022年5月通过绵阳市食品安全委员会专家组的现场考评验收，成功创建绵阳市食品安全示范乡镇。每年定期拨付村社食品安全网格员（信息员、联络员）食品安全监管经费12万余元，2022年度在全镇7万元安全综合预算经费中，拨出3万余元用于食品安全创建宣传工作，同时向县政府争取食品安全创建经费20万元。全镇村级聘请23名村级动物防疫员及疫情监测员，建立全镇第一家规范化生猪屠宰B级企业，实行屠宰厂定点检疫和市场每日巡视检疫；推进“注册商标”“四川名牌”等产品的申报评定工作，为全镇所有获证食品生产企业和16家小作坊建立电子档案，县市场监管部门在生产企业抽检样品12组，合格率为100%；为83户流通领域食品经营主体开展风险分级评定，实行分类监管，在重点节日开展农村食品安全专项整治，以“网格员”的形式建立完善全镇食品安全立体监管体系，83户经营户的食品安全承诺书均实现上墙公示；开展餐饮消费安全专项整治行动，发放整改责任书近30份，各类宣传材料800余份，80家餐饮单位全部签订食品安全承诺书并上墙公示，所有餐饮经营单位的食品安全风险量化分级均为B级；落实“首问负责制”，对食品安全举报投诉实行统一受理、及时转办、限时办结、按期回复、定期督查，提高食品安全监管效率，全镇食品安全机构工作人员的电话号码进行上墙公开，方便各组织和人民群众在第一时间举报，保证食品安全信息的畅通和事故信息的报送。开展县级食品、食用农产品抽检27批次，农产品快速检测400余批次，农产品质量安全风险监测19批次，查办食品、食用农产品案件6件，罚没金额2万余元，侦办销售有毒有害食品案件1件，抓获犯罪嫌疑人1人。全镇食品加工企业、农家乐、民宿、研学基地等一系列食品相关产业快速发展，新增企业、农家乐、民宿20余家，带动本地群众1000余人就业。至2022年年底，全镇共有食品生产经营单位187户，其中通过SC认证的食品生产加工企业8家，食品生产小作坊16家，食品经营户83户，餐饮经营单位76个，学校食堂4个，集贸市场1个。

【擂鼓镇盖头村现代茶叶产业园区建设】 编制《关于印发〈北川羌族自治县现代农业园区建设推进方案〉的通知》《北川羌族自治县促进茶叶产业高质量发展的意见》《擂鼓镇盖头山羌茶园产业规划》《盖头村村庄规划（2021～2025）》。擂鼓镇盖头村东西部扶贫协作精品茶叶产业项目投入348.96万元、扶持和壮大村集体经济项目120万元、盖头村现代茶叶园区建设项目300万元、旅游资产道路800万元，建成高标准茶园1050亩，计划实施老旧茶园改造提升约1000亩，盖头山羌茶园总面积达2000亩。园区按照“大园区、小业主”的管理机制负责农业生产和日常管理，以“产业联合体”“公司+合作社+农户”“公司+合作社+家庭农场”“公司+合作社+种养大户/普通农户”“公司+村集体经济+农户”等多种组合经营

擂鼓盖头村茶叶园

模式，采取“农民自愿、土地入股、集约经营、利益保障、收益分红”的原则，实行“统一经营、统一管理、统一技术、统一核算”集中统一管理方式。

曲山镇

【概况】 2022年，曲山镇辖区总面积112平方千米，辖13个行政村（沙坝村、玉皇山村、石椅村、任家坪村、朝安村、东溪村、唐家山村、海元村、黄家坝村、三汇村、治新村、云力村、海光村）、2个社区（曲山社区、邓家社区）、65个村民小组、8个居民小组。总人口3866户10475人，其中，农业人口6589人，羌族人口4419人。耕地面积427.86公顷，林地面积7333公顷。

建设标准化茶园2300亩、枇杷园3000亩，投入600万元新建茶叶加工生产线2条，完成茶豆套种试点任务，建成县级玉米大豆、茶叶大豆复合种植示范基地2个。承办首届白山羊美食文化节曲山分会场活动，荣获最佳创意奖。协办首届大爱文化暨乡村振兴座谈活动。赏花采茶等研学项目效益显著，通过农旅互促，接待游客量达40万人次，农旅产值达到6000万元。引导支持辖区企业认证达标，自主研发27℃羌红新品红茶，387亩苔子茶获国家绿色食品认证。玉皇山村成功创建省级乡村旅游重点村，石椅村成功创建天府旅游名村。

引进化石公园等项目7个、总投资9830万元，工业总产值1.5亿元，固定资产投资3695万元，完成率130%。包装应急研学体验等项目29个，新引进北川茶文化服务中心等项目6个，其中北川海洋化石公园、三径里民宿酒店等千万元级项目4个，总投资7900万元。制发《曲山镇项目管理制度》，定期召开项目推进专题会研究项目建设，帮助禹泉文旅、禹羌投资、民间投资等项目

协调用地，限电期间走访宣讲政策，及时处置企业难题，培育岩羊物流、岩羊石英砂矿业升规入统，完成固定资产入库7个。围绕园区、产业、民生争取各级项目资金2100余万元，推进千亩茶叶园区产业步道、茶苗补植、美化亮化、喷淋灌溉等建设。

完成东旭沙场厂房拆除搬离、广荣川封闭施工、好山矿业和石英砂山体复绿20万平方米。高标准整治农村面源污染，组建队伍常态化巡查检查，督促整改问题8个。完善制定《河长制管护方案》，巡河560余次，采用技防人防结合措施，预警、制止偷盗砂石行为3起，发现偷挖盗采砂石违法线索5条，有效遏制偷挖盗采行为。围绕党的二十大召开，开展“访民情、解民忧、保民安”活动，开展政策宣传宣讲活动20余场次，全覆盖摸排在外人员，落实稳控措施，主动化解信访积案和各类矛盾纠纷5起。整合道路交通、森林草原防灭火综合岗亭7个，落实交通协管员、地灾监测员、护林员42人在岗履职，统筹开展自建房、燃气等各类安全隐患排查整治，消除隐患20个，汛期加强受威胁群众转移安置，有效保障群众生命财产安全。

发放城镇低保44.4741万元，农村低保131.5884万元；发放农村特困供养金176938元，城镇特困供养金18638元；发放临时救助金19户37787元；发放两残（困残、重残）补助金21.6470万元；发放惠民殡葬补助4人4800元；发放高龄补贴12.3725万元；城乡居民养老保险参保1786人，养老验证和工伤验证2600人次，办理养老退休40人；申请公益性岗位102人次，发放岗位补贴18.12万元；开设就业培训班5个，培训人数180人次。聚焦暂未就业高校毕业生等重点群体，开展技能培训、就业帮扶。

【387亩苔子茶获国家绿色食品认证】 2022年，曲山镇玉皇山村，省三星级现代农业园区北川苔子茶现代农业园区的核心区域378亩苔子茶获国家绿色食品认证。近年来，基地实施高标准茶园建设等项目，提升园区规模和基础配套水平。引进自动化生产设备，增强加工能力，已建成现代化茶叶加工厂3处，手工茶制作工坊3处，年加工能力达100吨，年产值达1269万元。树牢品牌意识，用好“羌食汇”区域公共品牌，品牌带动茶农增收，提高茶农经济收入，解决茶农卖茶难的问题，带动150户茶农脱贫致富，每户茶农增收3000元。发扬非遗认证手工茶制作工艺，积极培育融观光采摘、精深加工、特色民宿、康养度假、休闲居住于一体的三产融合新业态，按照“农户+合作社+企业+村集体”发展模式，发展乡村旅游接待点43家，年乡村旅游综合收入2300万元。

【石椅村被命名为天府旅游名村】 2022年，石椅村被省文化和旅游产业领导小组评选为天府旅游名村。近年来，石椅村注重发掘、弘扬、保护、传承羌族文化，定期举办3月赏花采茶节、6月瓦尔俄足节暨枇杷节、7月李子节、冬至年猪节等4个节庆活动。培育母广元等一批非遗传承人，组建一支当地村民为主体的羌族文化表演队伍，打造“进羌寨、住羌居、品羌宴、赏羌舞”等游乐项目，成为北川羌俗旅游的名片。建成枇杷基地1200

曲山镇玉皇山村387亩苔子茶绿色食品生产基地

亩，果园游步道3千米，打造农产品小集市2处。间种精品苔子茶、桐子李800亩，开发羌民俗体验、水果采摘、茶文化研学等7类旅游项目，为游客带来沉浸式旅游体验，举办“羌家拿手菜比拼迎新年”大赛，促进羌菜创新，“青葱岁月”获北川第二届厨艺大赛最具创意奖。全域全季特色游将销售转为“游客进地摘、水果不愁卖”，开发羌绣、手工苔子茶等非遗产品，严把枇杷、李子等农产品质量关，主动融入网络销售新形势，至年底网络销售额达到300余万元。

（刘浩林）

通泉镇

【概况】2022年，通泉镇辖区总面积131.08平方千米，辖15个行政村（羊耳沟村、云坪村、通泉村、战斗村、石门村、神木寨村、幸福村、黄江村、龙潭村、太平村、双紫村、双潭村、龙凤村、香泉村、流溪村）、2个社区（通口社区、香江社区）、93个村民小组。总人口4714户14842人，其中，农业人口12894人，羌族人口1675人。耕地面积829公顷，林地面积9536公顷。

实现农业总产值12291万元，农民人均可支配收入20973元。全年粮食总产4170吨，猕猴桃等果蔬产量6252吨，生猪年出栏7522头，禽类29.76万羽，建成高标准农田7000余亩，设施农业生产40.5亩。坚持以“三品”工程引领农业特色产业发展，新增花魔芋等特色产业基地700亩，总投资320.2万元，每户每亩年增收1500元。扩建原有粮油蔬菜基地，项目总投资198.14万元，采取“村级集体+农业新型经营主体+农户”利益联结机制，全镇村级集体经济总额实现67.5万元。

2022年文化和自然遗产日宣传展示暨乡村旅游枇杷采摘节

全年实现工业总产值13.64亿元，同比降低9.8%；规模以上工业企业实现产值8.39亿元，同比增长3.92%；固定资产投资2.13亿元；工业投资1.7亿元，工业技改投资1.5亿元；完成税收收入7342万元。新增入库滴水清溪民宿（一期）等项目8个，总投资7126万元。新增北川通泉清水湾生态旅游观光农场等招引项目16个，总投资5.814亿元。举行通泉镇招商引资项目集中签约仪式暨资源交流推介会。通过人才招募令等方式吸引意向乡村合伙人36人次，现已达成合作12人，新建博士工作站和共建实验室各1处。全年累计获取有效招引项目信息21条，其中，重点工业项目信息8条，农业项目信息4条，现代服务业项目信息9条。

结合“一轴两翼”产业布局，在香泉片区，打造集文化、餐饮、休闲、娱乐于一体的文化民宿产业集群，构建“十五分钟休息文化生活圈”。在通口片区，结合特色产业，以生态农业为依托，旅游观光为载体，打造以健康、宜居、养生、药膳为主的避暑、生态、度假“康养谷”，形成流溪村农旅综合体、太平村杨梅基地、松林民宿、垂钓中心、香泉村猕猴桃基地、龙凤村欧标茶园、双紫村望山民宿、“琳又里”艺术山房、战斗村翠竹长廊、西羌神木寨、羊儿沟水上娱乐等的乡村旅游线路。端午粽子节3天点击率达到1.5亿人次，年接待游客7.5万余人次，实现旅游年收入1000余万元。通过乡村振兴合伙人招募计划，加强与科研院所深度合作，统筹东西部协作资金等财政投资和社会资本投入500余万元，稳步推进双紫村闲置民房和闲置土地80余亩等资产盘活，农旅文旅融合、合伙人招募项目陆续签约开工，总投资达 1.2 亿元。

推进“生活垃圾、污水、厕所”三大革命，卫生厕所改造完成率 96%，无害化厕所改造 1627 户，完成率 48%。实施矿山砂石企业复绿 1000 余亩，治理农村面源污染 3 处。全镇饮用水水质达标率 100%、生活垃圾处置 100%，全年空气优良天数达到 90% 以上。通过镇专题会、村坝坝会、“议事坪”“村村响”广播宣传等方式，印发 4900 余份倡议书、3000 余份宣传单，宣传城乡环境综合提质行动内容。聚焦“五清、四定”工作要求和“干净、整洁、宜居”目标，投入 80 余万元对城乡公共区域清杂去乱，获评绵阳市 2022 年第二季度城乡环境“十佳乡镇（街道）”“省级文明村镇”称号。

全年共受理各类矛盾纠纷 120 余件，网上信访调解 46 起，国家信访系统上访 3 件，转办市长信箱、热线 10 余件，县级领导信箱 3 件，网络舆情 0 件，村调解 72 起。“反诈 App”安装覆盖率达到 50% 以上。开展“法律七进”工作，举办法治宣传教育活动 5 场，法治讲座 4 次，受教育 7000 余人次。综治办针对社区服刑人员进行全覆盖走访谈话，与派出所、卫生院和县精防办人员对 77 人严重精神障碍患者进行全覆盖联合随访，并宣传惠民政策。

全镇农村劳动力登记 7779 人，农民工外出务工 5200 余人次。全年城镇低保保障 163 人次，发放资金 8.1009 万元。农村低保保障 2026 人次，发放资金 69.0064 万元。特困供养保障 552 人次，发放资金 28.4704 万元。特困监护人护理费保障 80 人次，发放资金 4.344 万元。镇级临时救助保障 19 户，发放资金 1.3 万元；县级临时救助保障 14 户，发放资金 3.3353 万元；医疗救助保障 11 户，发放资金 4.704 万元。社会定救保障 36 人次，发放资金 1.48 万元。惠民殡葬 12 户，发放资金 9600 元。保障孤儿及事实无人抚养儿童 24 人次，发放孤儿保障金 2.88 万元。保障高龄人员 5425 人次，发放资金 20.83 万元。登记在册具有二代残疾证的残疾人有 511 人，重度残疾人护理补贴保障 2256 人次，发放资金 15.48 万元；困难残疾人生活补贴保障 1188 人次，发放资金 11.88 万元，居家康养项目保障 60 人次。城乡居民医疗保险参保 9568 人，城镇职工养老保险参保 2800 人；困难村级公益性岗位保障 40 人，发放资金 277200 元；办理灵活就业困难就业人员社保补贴保障 46 人次，发放资金 169600 元。

【永庆竹海上榜省级翠竹长廊】

永庆竹海面积达万余亩，以斑竹、楠竹为主，拥有溶洞、漏斗、块状石芽、峡谷、峭壁等景观，是典型的喀斯特岩溶地貌，属四川盆地向藏东高原过渡的“台阶地带”，森林占总面积的2/3以上，植被覆盖率达90%以上。2022年对上争取资金350万元，实施省级财政乡村振兴转移支付资金竹林基地建设项目，新栽植竹子100亩，竹林精准质量提升2900亩，竹林生产道路0.8千米，森林康养游步道1.8千米，排灌渠3500米，灌溉管网900米，蓄水池4口，道路建设到

西羌神木寨

村进组入户，县道镶通路贯穿整个竹林区，竹景区通行条件优良，综合通行率达到100%，翠竹长廊沿线规划设置有乘车等候区和休息区，并配有休息座椅，沿线有小卖部、公共厕所、垃圾桶等配套设施。2022年永庆竹海获得四川省林业和草原局授予的省级翠竹长廊称号。

【合伙人招募项目】 2022年，通泉镇通过宣传西羌神木寨成功范例，激活返乡农民工创业活力，吸引以杨小红为代表的“归巢雁”群体成为创新创业主力军。立足资源禀赋，以“微田园聚集+集体共有带动+庭院经济融合”的发展模式，开展艺术山房、民宿集群、寄家养老示范区等创业平台建设，向上争取东西部扶贫协作资金、人居环境整治资金等专项资金600余万元，实施培训、孵化、服务“一条龙”服务，引入民宿、山房、寄家养老、亲子菜园、情侣表白地等旅游元素，打造现代农业公园、现代农业示范园、现代养殖园区和现代农业基地、特色果蔬基地、现代农业基地等集群，带动周边村民增收10%以上。

（黄靖杰）

陈家坝镇

【概况】 2022年，陈家坝镇辖区总面积134平方千米，辖12个行政村（西河村、宝桃村、老场村、龙湾村、文兰村、双埝村、九龙村、红岩村、金鼓村、太洪村、永平村、黎山村）、1个社区（陈家坝社区）、77个村民小组。总人口4221户11965人，其中，农业人口10945人，羌族人口6108人。耕地面积1180.11公顷，林地面积128377亩。

全镇农村居民人均可支配收入21204元，比上年增长11%。粮食播种面积13879亩，产量3820吨，生猪存栏16000头，出栏14000头，大豆扩面2000亩，开展撂荒地整治，实施高标准农田建设，改造高标准农田51亩。实施农村供水工程维修养护，新建灌溉水池9口510立方米。推进产业倍增计划，新增茶叶种植200余亩，改造低产茶园300亩，新增枇杷种植200亩、芍药种植500亩。建成省级家庭农场1个、县级家庭农场2个、省级农民专业合作社1个、市级农民专业合作社2个、县级农民专业合作3个、农特产品加工厂1座，累计成立农业专业合作社42个，带动当地175人就业。实施省级现代农业园区培育项目，争创茶叶省级现代农业园区、枇杷市级现代农业园区。

全年实施项目19个，资金总额3800余万元。总投资320万元的农村公路安保工程建设项目全县千米数排名第一，总投资906万元的西河村大桥全面开工；马家道沟、石家沟、龙坪堰塞湖等网红打卡地逐渐形成；黎山村益康生态农庄、九龙云间相继营业；建成四川道地中药材创新团队服务示范点1个，发布乡村招募令2期，实施“本地青年创业回引”工程，回引新乡贤、新村民3名。

城乡环境整治三年共计投入资金达1800余万元，清扫保洁覆盖全镇实施定时清扫、定点收集、定时清运；新建公厕2座，污水处理设施5座，实现污水规范化处理；全镇新栽种绿植500平方米，新安装路灯300盏，新建艺术围墙600平方米，新打造彩化广场1200平方米，新修缮花台2800米，扎实推动人居环境提档升级。联合派出所、市场监管所、畜牧站、村（社区）开展“清杂去乱”专项整治行动20余次，拆除窝棚280余处，规范店商56家，清除广告800余处，清理沟渠230余处，清除违建30余处，路面集中清扫156次。开展河道水域垃圾清理，累计出动清理人员500余人次、铲车、挖掘机30多车次，靠实“河长制”责任，组织河道巡查400多人次，全面清理、取缔非法采砂、乱采滥挖、乱堆乱放废渣、侵占河道等违规行为。

防汛期间严格落实24小时值班制，制定重点区域防汛工作方案，常态化配备救援队伍300余人，排查出石家沟、羊肠子沟等7个易发多发险情的涉水滩涂、峡谷，设立卡点、警示标识，组织镇、村干部开展定点劝导值守150余人次，劝阻山间溪谷、浅滩水域内野游、露营车辆1000余辆，4000余人次，强化防汛知识宣传，以群众喜闻乐见的形式创作《防汛三字经》快板，在全县推广宣传。抓实道路交通安全，交通劝导员上路履职劝导10000余次，出动人员300余次，检查过往车辆2000余次，查处各类道路交通违章100余起，发放宣传道路交通安全传单100余份。对道路交通、食品卫生、消防、居家安全等8方面进行专项检查12次，日常检查100余次，整改安全隐患20起。

全年城乡低保177户269人、特困人员69人，发放资金113.4906万元，解决临时生活困难群众79户192人，救助资金11.448万元，落实居家养老服务200人，开展留守儿童普查登记，发放孤儿基本生活费1人，救助资金1.44万元，事实无人抚养儿童1人，发放资金1.44万元，发放福彩圆梦4人，发放资金4万元。惠民殡葬4人，补助金额0.4247万元。

2022年12月正在建设中的西河村范家坝大桥

【西河村范家坝大桥开工建设】 西河村人口628人，主要发展肉牛养殖、乡村旅游产业，距陈家坝镇政府约5千米，为解决西河村范家坝安置点群众的正常出行，保障村民日常生产生活正常进行，推进马家道沟旅游产业发展。2022年9月，总投资906万元的西河村大桥开工建设，资金来源采用上级补助和地方自筹。范家坝大桥设计新建公路、桥梁工程，全长370米，按四级公路标准建设，其中公路宽度6.5米，长度244米，范家坝大桥全宽7.5米，跨径布置为6×20米，全长126米，项目工程起点接S107，设置桥梁横跨都坝河，路线走向与水流方向正交，止点与范家坝村道连接，至年底，范家坝大桥项目已完成桥墩水泥浇筑。

【黎山村获评2022年度乡村振兴重点帮扶优秀村、全省合并村集体经济融合发展试点先进村】 陈家坝镇黎山村是典型集地震灾区、民族地区、边远山区“三合一”村，全村平均海拔1200米，最高海拔1800米。近年来，黎山村抓住集体经济这个关键，立足自身优势，主要以“合作社+农户+集体经济”的模式，充分整合利用荒山荒坡、土地、房屋等闲置资源资产，塑造“黎山”特色品牌，因地制宜发展特色农业产业，做大做强以芍药为主导的中药材产业，不断丰富乡村旅游业态，完善配套设施，推进一、二、三产融合联动发展。2022年度，黎山村集体经济收益24万

黎山村谭家坪集中安置点

元，先后被评为2022年度乡村振兴重点帮扶优秀村、全省合并村集体经济融合发展试点先进村。

（王 剑）

桂溪镇

【概况】 2022年，桂溪镇辖区总面积129平方千米，辖11个行政村（黄金树村、凤凰村、杜家坝村、云兴村、渭沟村、八角村、桂溪村、永乐村、古龙村、宝城村、辛夷村）、1个社区（云龙社区）、54个村民小组。总人口3142户11185人，其中，农业人口9914人，羌族人口4139人。耕地面积396公顷，林地面积15180公顷。

投入562万元实施茶叶产业园、老茶树改造项目，茶叶面积累计达3000余亩；新栽种枇杷等特色水果1000亩，累计达4000亩；完成3个5000头标准化生猪养殖场建设，全镇年出栏生猪达2万头、仔猪3万头；总投资5.05亿元，集生猪和白山羊核心育种、发酵肉加工、罐头生产于一体的羌山农牧农业综合体项目落地建设；培育省级示范家庭农场2个、市级示范合作社1个；盘活闲置资产、“飞地模式”等方式，探索6种经营模式，不断壮大村集体经济。推进九绵高速桂溪段建设，九绵高速项目建设总工程量已完成70%，完成投资14亿元；拆迁居民安置点项目一期工程全部完工，其中，茶园坪安置点二期工程完工，腊溪堡启动二期配套工程施工。

完成总投资6000万元，新培育花间辛夷、半坡未见山、浦宿等8家优质民宿并投入运营，构建民宿产业集群，逐步形成高中低差异化旅游休闲业态；协助景区举办冰雪节、刨汤节等活动，营销夏季星空露营及亲子避暑，拉动文旅消费，相关情况被央省等媒体报道10余次；承办以鱼羊鲜珍为主题的美食文化活动，推出菜品奶汤鱼羊鲜荣获二等奖，玉源餐厅特色美食叉烧鱼被央视媒体报道；加强汇报对接，协助仙海好运公司与药王谷景区签订托管协议，帮助恢复正常运营；争取市内协同项目资金200万元，用于盘活名岛度假区。至年底全镇累计接待游客100余万人次，实现旅游综合收入7.2亿元。

在渭沟村探索建立“院落管家”制度和“家家美”积分制，实行评分标准，划分四个等级，形成结果运用和积分兑换的激励措施，激发群众环保意识，渭沟村环境治理成效在全县工作调度会上进行工作经验交流；通过看、比、学开展全镇城乡环境综合提质三年行动现场拉练评比，评选优秀村三个，发放奖励金9000元；推行农村生活垃圾“户分类、村收集、镇转运、县处理”模式，新建场镇垃圾房3个，生活垃圾分类实现全覆盖，无害化处理率达100%。

发挥“1319”北川模式，有效运用“三羌”共治，实行领导包案化解机制，创新“马上调”“上门调”“院落管家”等工作方式，构建“镇党委＋村（社区）干部＋党员、村民代表、组长、乡贤”的矛盾纠纷多元化解“共同体”，全年化解矛盾纠纷54件。建立行业领域、重点场所、重点人员安全排查工作制度方案，开展天然气、自建房、物流快递、小庙治理等专项安全检查40余次。加强对学校、卫生院、加油站、敬老院、九绵高速项目部等重点场所排查，累计排查100余次，发现并整改问题58个。开展“安全生产月”“百

半坡·未见山民宿

日攻坚”“有限空间作业安全”等整治攻坚专项行动，守牢安全底线。

完成两轮全覆盖防返贫动态监测帮扶排查，发现问题线索20条，均核实处理，整合镇村及帮扶干部力量，对标补短，迎接2022年省级后评估工作；做好各项帮扶措施落实，完成两期雨露计划核实、系统录入及拨付工作，共拨付79500元，惠及53人次；完成脱贫攻坚档案整理、检查，并顺利移交。

全年发放城乡低保资金138户92万元；困难残疾人生活补贴72人8.6万元；重度残疾人护理补贴145人12.06万元；临时救助资金173人4.658万元。建成退役军人服务站，针对重点优抚对象、现役军人家属等开展走访慰问，全年共采集退役军人信息3人次，光荣牌悬挂13人次，办理优抚证320人，向1092人次发放优抚金126万余元，退役军人服务更加贴心、便民。做好公共卫生工作，镇卫生院成功创建优质服务基层行，对检验科及住院病房进行流程改造。加强教育教学质量，2022年中考，桂溪中学考生勇摘全县桂冠，全校总体参考上线率56.3%，位列全县第二。

【探索设立“院落管家”促进农村环境共管共治】 2022年，设立院落管家模式，将每个村划分为4个院落，分别组建管家自治组织，由院落村民公投选举出具备会说、会管、会协调等特点的村民担任院落管家，选聘院落“管家”40余名，每季度给予200元工作补助。细化分工提升院落环境，制定院落管家环境治理等方面管理职责，动态管理环境“五清”工程、维护交通秩序等；发现公益广告污损、垃圾箱满溢等问题20余个，反馈村委会组织机械、人力及时整改；院落管家收集解决村民意见30余条；结合院落民族建筑等资源，打造禹羌文化等特色院落1个，改善农村人居环境。做好激励促进院落管理，实行一月一评星级管家、一季一评星级户、一年一评星级院落，围绕垃圾转运、房前屋后整洁卫生等院落管理成效开展评比，对获评对象予以通报表扬和最高400元的现金奖励，调动群众主动参与治理积极性，全年开展评比活动16次，表彰31人次。

【羌山农牧农业综合体项目建设】 项目位于桂溪镇永乐村1、6组，由四川省羌山生物科技股份有限公司投资建设，计划总投资5.05亿元，综合体项目包含投资6600万元的年产3000吨发酵肉加工项目、投资18700万元的健康优质生猪核心育种项目、投资9000万元的年产1万吨“羌山”牌新型罐头生产项目、投资16180万元的20万只肉羊种繁工程产业化项目，其中年产3000吨发酵肉加工项目、健康优质生猪核心育种项目、20万只肉羊种繁工程产业化项目已基本完成建设，年产1万吨“羌山”牌新型罐头生产项目正在加快建设。

（何 佳）

都贯乡

【概况】 2022年，都贯乡辖区总面积177.2平方千米，辖8个行政村（林埝村、苔子茶村、茶马村、清溪村、民权村、瓦壶沟村、皇帝庙村、九龙谷村）、2个社区（贯岭社区、都坝社区）、48个村民小组。总人口1752户5997人，其中，农业人口4972人，羌族人口4023人。全乡耕地面积699公顷，林地面积14647公顷。

全乡种植茶叶面积11000余亩，其中“苔子茶”百年老茶树8000余株，发展以川茶2号等为代表的无性系茶叶近2000亩，茶叶年产量超100吨，2个茶叶种植示范基地年加工茶叶300余万斤，“古羌红冠”“古羌香芽”连续4年获国际博览会金奖。皇帝庙村发展芍药种植80亩，林埝村高山源种养专业合作社高山蔬菜种植面积达到500余亩，主要种植老山豆、长线椒、菜椒、螺丝椒、茄子、莲花白等。全乡发展厚朴1万余亩，瓦壶沟厚朴中药材基地园区现有4家公司、2个专业合作社，常年就业110人。2022年生产厚朴中药材饮片180吨、原木2100吨，解决就业务工劳动力 6800 个工日。

举办招商引资项目集中签约仪式，被中国改革报客户端《改革网》刊载报道，招商引资 4000 余万元，改造提升“洒啦溪”景区，新建云栖康养中心、不语书院等 5 处乡村旅游产业，全年接待游客 13 余万人次，带动群众创业就业 300 余人，部分农户实现旅游收益 10 余万元。由 8 个村集体组织入股成立“北川羌族自治县两山农村集体经济组织管理有限公司”，盘活利用原贯岭政府大楼打造了新姿锦绣假日酒店，运营酒店 34 天实现收入 12 万元，利润全部用于集体经济分红，全乡实现村集体经济消薄。

全年组织召开防汛减灾、道路交通、用火用电用气等会议 48 次，开展 7 次应急演练，开展安全检查 80 余次，发现并督促整改问题 76 个，常态化开展巡山护林 380 余人次，张贴《防火告知书》等 6800 余份，争取项目资金 59 万，完成贯岭社区消防安全应急设施建设。建成集人民调解、“雪亮工程”监控平台、心理疏导等于一体的规范化乡综治中心 1 个，村（社区）综治中心 10 个。

升级改造便民服务大厅，试点开展居家养老上门服务工作 220 人次。全年发放农村低保金 1875 人次 58.9 万元；发放城镇低保金 120 人次 5.9 万元。发放城镇特困人员补助 70 人次 5.7 万元；农村特困人员补助 207 人次 11.5 万元。发放临时救助 22 户 81 人，65070 元。发放优抚金 540 人次 33.7 万元。发放耕地地力保护补贴 91 万元；种粮一次性补贴 5659.14 亩，补贴金额 41.3 万元；生态林森林抚育补助 6343.9 亩，补贴金额 12.7 万元；公益林补助 17586 亩，补贴金额 28.1 万元；天然商品林停伐管护补助 15676.4 亩，补贴金额 24.1 万元。农村小额人身保险参保 1290 人次。

【举办“大爱吾羌·古蜀茶文化”活动】 2022年4月29日，由四川古羌茶业有限责任公司及四川檀心文化传播公司主办，县文广旅局、县农业农村局、都贯乡人民政府及县茶叶产业协会为指导单位的“大爱吾羌·古蜀茶文化”在都贯乡举行。活动包含古树茶王树祭祀、古蜀羌茶文化交流研讨会、茶道分享、炒茶体验、直播带货、茶品线上推广等活动。活动深入挖掘古蜀百年古羌苔子茶内涵，展示羌茶文化，讲好羌茶故事，促进茶农茶商交流合作，让消费者走进茶山；结合都贯乡特色古茶树资源，着力培育地方文旅活动品牌，促进消费升级，助力都贯乡文旅融合产业的发展，推动乡村振兴；利用茶文化展示引入新媒体、社交电商平台为北川茶产业赋能，形成线上线下、人与场景的有效联动。

【建立“都坝河”文旅产业微官网】 “都坝河”文旅产业微官网，是都贯乡打造的文旅品牌推介平台，以移动互联网的方式为游客和企业提供公共服务，推进现代信息技术与文旅产业新融合。微官网提供资源展示、产品推介、游玩攻略等丰富多元的文旅公共服务，设置“景美、食美、梦美、人美”羌乡四美版块，充分展现都贯穿特色美景美食、传统文创产品、独特民宿景点，宣传都贯优秀匠人及致富带富能手，为旅游信息化工作注入新动能。至年底发布文化展示、产业介绍等信息52条，带动新增旅游5万余人次，旅游收入460余万元。

【打造瓦壶沟“不语书院”民宿】 不语书院民宿位于都贯乡瓦壶沟村三组原村小学校，是利用原闲置村小学校进行改造和扩建的以国学教育、乡村振兴讲堂为主的文化体验式高端民宿，由北川都坝河农业开发有限责任公司进行统一管理运营。项目总投资800余万元，由北川县委组织部壮大集体经济扶持资金入股100万元，东西部协作资金入股200万元，企业自筹资金500余万元。5月动工，至年底主体建筑全部完成，餐饮接待投入试营业，民宿现有12间房间，乡村振兴讲堂书院150余平方米，餐饮、休闲公共区域200余平方米，文创庭院300余平方米，2023年5月正式营业。

（杨　悦）

漩坪乡

【概况】 2022年，漩坪乡辖区总面积123平方千米，辖10个行政村（椿芽村、石龙村、清洁村、岩门村、张坪村、景家村、四松村、白溪村、楼房村、桐麻村）、1个社区（漩坪社区）、63个村民小组。总人口2290户7103人，其中，农业人口5832人，羌族人口5042人。耕地面积669公顷，林地面积8915公顷。

全年实施项目 12 个(交通项目 5 个、涉农项目 6 个、应急排危除险项目 1 个),完成投资 910 余万元。以“五大攻坚行动”为抓手,挖掘产业资源优势,实施产业倍增行动,采用“茶 +”模式,形成环大梁山茶药农旅融合、环唐家山堰塞湖茶果生态种植的“双圈”产业发展布局,推进 2350 亩茶园改造项目,推进 1250 亩茶果基地项目,完成 1500 亩大豆扩面,建成茶叶基地 8200 余亩、红豆杉基地 6500 余亩、高山水果基地 2100 余亩、黄连等中药材种植基地 4000 余亩培育种养基地 11 个、新型农业经营主体 33 个、茶叶加工厂 3 个,夔凤茶厂获评市级龙头企业,建成蓝莓、茶叶 2 个县级现代农业园区。

4月29日，“大爱吾羌·古蜀茶文化”在都贯乡举行

巩固脱贫成效,加强脱贫人口、边缘人口、农村低收入人口常态化监测和帮扶,对 5 户监测户落实一对一监测预警(2022 年度新增 2 户 4 人动态监测户),持续跟踪收入变化及“两不愁三保障”问题,排查问题 55 个,整改完成 55 个。维护基础设施建设,结合公益性岗位管理,开展好 200 余千米村组道路日常养护管理;推动全乡县、乡、村道环境整治,清理排水沟涵 130 余千米,清理道路杂草杂树 200 余千米,设置警示标志标牌等 80 余个。

推进平安建设,完成乡、村两级综治中心建设,落实 11 个村(社区)的法律顾问,巡回开办法律讲堂 15 次,开展“红袖标”治安巡逻 30 余次,成功调处化解矛盾纠纷 40 起。落实防汛减灾及地灾防治工作,严格执行 24 小时值班值守和领导带班制度,集中开展防汛、地质灾害等检查 20 余次,加强地灾、山洪危险区以及其他危险区隐患排查整治、监测预警。

全年发放城镇低保金 7 人次 0.2615 万元;发放农村最保金 2668 人次 132.205 万元;发放临时救助 16 人次 3.804 万元;发放困难残疾人生活补贴 838 人次 8.38 万元;发放重度残疾人护理补贴 1094 人次 6.843 万元;发放 80 岁以上老人高龄补贴 2728 人次 8.9525 万元;发放孤儿助学工程 4 人次 1 万元;发放分散特困人员救助供养金 318 人次 19.4322 万;发放计生“三金”奖扶 987 人次 54.735 万元;发放公益性岗位补贴 197 人次 32.64 万元;发放城乡医疗救助 12 人次 2.9892 万元。

【绵阳大峡谷漂流项目】 项目总投资1200万元，主要建设内容为河道改造6千米，新建漂流码头3座、游客接待中心300平方米、洗浴间100平方米、仓库200平方米、餐厅300平方米、停车场2000平方米、露营地2000平方米、2 处观察平台，沙滩摩托等娱乐设施场地2处，新建长450米

漩坪绵阳大峡谷漂流项目

宽4.5米道路等相关配套设施。带动岩门村、张坪村、四松村、景家村、白溪村等村产业发展，推动全乡农特产品销售，促进带动群众致富增收。项目运营中可能存在以地震、雷击、洪水、滑坡泥石流等为主的自然灾害，为积极预防，保障安全，在起漂点上游1千米处设置观测点，每年4月至10月设置观测员，发现水位上涨等异常情况时，及时上报处置。

【联合便民服务站建设】 2022年，为解决群众到乡政府办事跑路远、用时多、交通不便等实际困难，破除便民服务中心不便民难题，尽早满足群众“就近、便利、高效”的办事需求，景家村、白溪村、张坪村等8个村联合修建便民服务站。服务站布局便民服务大厅、党员活动室、活动广场、办公用房、卫生室、文化活动室、党群吉米家园、新时代文明实践站、村级综治中心等功能。联合便民服务站拟建设一栋5层楼的多功能办公用房，占地面积约500平方米，建筑总面积约2500平方米，预计资金600余万元。至年底，项目通过县财经委员会、县政府常务会和县委常委会审议，并已完成地勘工作，正加紧编制可研报告和用地论证，预计明年动工。

（张　良）

白坭乡

【概况】 2022年，白坭乡辖区总面积122平方千米，辖8个行政村（红豆杉村、构枝村、中福村、岩福村、林泉村、梓荆村、桃源村、大方岭村）、1个社区（白坭社区）、48个村民小组。总人口1339户4399人，其中农业人口4274人，羌族人口4005人。耕地面积736.47公顷，林地面积10470.5公顷。

全乡农业生产总值达9635.28万元，农村居民人居可支配收入21134.7元。传统种植粮食作物复合面积达到13000亩，大豆扩种1000亩，红豆杉种植面积2000余亩，黄连种植面积1055亩。耕地恢复100余亩，新建成梓荆、构枝、林泉3个村白山羊圈舍2000平方米。黑猪育崽2000余头，白山羊出栏2000只，生猪出栏3500头，肉牛出栏450头，土鸡饲养存栏总量达到10万羽。一期投资2000万元的大方岭黑猪繁育场顺利推进，基本完工具备养殖条件；投入财政资金392万元修复桃源、岩福等4个村水毁道路；投入40余万元对全乡180余千米村组道进行养护维护。

巩固脱贫成果和乡村振兴有效衔接，完成县级行业部门推送共计114条风险线索核实反馈工作。完成四川省防返贫动态监测帮扶信息平台民政、残联、医保等推送的16条风险线索核实反馈录入工作。培育新型职业农民，支持新型职业农民参加市、县级专业培训学习，全年共选派参学新型职业农民15人。引导脱贫户参加就业培训3场200余人次，参加各类招聘会3场，签订就业务工合同20余人。创建“美丽四川宜居乡村”4个、县级乡村振兴示范村3个。

开展道路交通安全专项整治、燃气设备专项检查、农村自建房安全检查、森林草原防灭火检查、山洪地灾专项检查、防控检查等多项重要活动90余次。开展安全生产大检查12次，摸排农房1044户，场镇住房186户。对辖区内生产经营单位开展现场检查12次，发现和消除各类安全隐患30起，责令限期整改4次。组织防汛、消防、地质灾害应急演练5次，开展汛期受威胁群众过渡性转移4000余人次、临时转移3000余人次。

开展城乡环境综合提质三年行动，划定场镇停车线，规范农贸市场排污、废弃物管理，组织群众参与全乡星级评比拉练。开展生态文明宣传3次，秸秆禁烧检查10次，污水直排检查15次，白垭河道垃圾清理工作4次，拆除废弃杂屋、残垣断壁、畜圈等13处，清理乱堆乱放113处、户外大型广告及广告牛皮癣162处。种植蜀葵、绣球等80余棵，组织“村社区全覆盖擂台拉练”1次，乡村面貌改观明显。

全年城乡居民养老保险符合条件参保2209人参保率达100%。城市低保保障5户5人，发放资金3.098万元；农村低保保障192人，累计发放资金72.9882万元。特困人员保障196人次，发放资金12.2417万元。保障高龄人员1570人次，发放资金5.645万元。残疾人重残护理补贴发放928人次，发放资金5.725万元；困难残疾人生活补贴797人次，发放资金7.97万元；优抚对象抚恤和生活补助491人次，发放资金28.4184万元；开发公益性岗位32个，发放补助资金17.94万元。

【建设白垭大方岭黑猪繁育场】
白垭大方岭黑猪繁育场属北川禹珍生态黑猪产业化联合体培育项目、2021年长江经济带（黄河流域）农业面源污染治理项目、2022年东西部协作项目，预计总投资5000万元。其中第一期计划投资2000万元，占地50亩，新建种猪场和附属配套设施6000余平方米，建成后达到养殖能繁“川乡黑猪”母猪1200头，年产仔猪2.5万头的规模，至年底项目基本完工具备养殖条件。项目采用“公司+基地+家庭农场”的模式，并与大方岭村委会签订《2022年东西部协作项目资金利益联结协议》，以项目资金投入繁育场形成固定资产，以股权量化到村集体，每年保底收益分红5%，不断壮大集体经济。

白垭大方岭黑猪繁育场

【实施党建引领城镇建设】
2022年，白垭乡实施党建引领城镇建设提升攻坚行动，落实4方面15项“硬措施”，实施场镇照明、全民健身广场等惠民项目。基础设施更加完善。大力开展白垭场镇市政基础设施补短板行动，以场镇污水管网改造提升建设为先导，修复塌陷下水管道，改造提升住户通往城镇污水管网管道0.2千米，维护管网接头15处；井盖、井座维护更换10处；焦铁匠打铁处新建蓄水池60立方，将山泉水引入场镇现有200米排水沟。修复场镇河堤水毁部分；新建文化站上坡处堡坎约120立方米。场镇面貌不断刷新。落实绿化工程，结合现有200余平方米花台，新建文化站前绿化景观带约400平方米。在场镇及周边构建布局合理、特色鲜明的绿化景观。落实亮化工程，场镇（包括金凤片区、竹坪子）及周边增设太阳能照明灯，民族街和紫杉街拱桥及河堤彩灯亮化。场镇文化更加丰富，弘扬禹羌文化、感恩文化等，推动文化建设与城乡建设深度融合，彰显文化特色。新增广场健身设施。场镇管理更加智慧，强化场镇管理和服务体系智能化建设，结合全乡“雪亮工程”在场镇推广慧眼工程工作，发展民生服务智慧应用，不断提高场镇运行效率。新型城镇一体推进，以全面推进乡村振兴为契机，补齐乡镇基础设施短板，改善人居环境，发展特色产业，培育文明乡风、良好家风、淳朴民风，提高乡镇综合实力。建成有产业、有文化、有活力，宜居宜业的特色小镇。

（唐浩坤）

禹里镇

【概况】2022年，禹里镇辖区总面积218.27平方千米，辖16个行政村（水秀村、紫阳村、石纽村、柏林村、望江村、青杠村、杉柏村、三坪村、新埔村、湔江村、慈竹村、庙坪村、禹里村、禹穴村、三坝村、庙坝村）、1个社区（石泉社区）、107个村（居）民小组。总人口4782户12289人，其中，农业人口9265人，羌族人口11698人。耕地面积1853公顷，林地面积11840公顷。

实现农业总产值2.21亿元，农村居民人均可支配收入达到21802元。采取图斑比对、逐户治理等措施实施耕地撂荒整治，完成土地复耕400余亩，实现粮食扩面2.66万亩、粮食产量7500余吨。推动高山缓季节枇杷、生猪养殖、中羌药材三大现代农业园区建设，全镇枇杷种植面积达5000余亩，中羌药材种植面积达1.5万余亩。扶持特色种养业发展，实现生猪出栏1.84万头，家禽出栏2.89万只，蔬菜产量7100余吨，枇杷产量2600余吨。引导和扶持农业经营主体培育发展，助推农特产品集约化加工销售，实现销售额近亿元。推进省、市、县星级现代农业园区、星级家庭农场示范场创建，培育省级农业龙头企业2户、市级农业龙头企业1户、专合社35户、家庭农场33户。全镇集体经济收入达到86.79万元，经验做法被《绵阳日报》专版宣传报道。

全年实施各类项目20个，项目总投资3514.27万元，已全面完工。完成固定资产投资3000余万元。策划包装文化旅游、康养度假等项目5个，总资金2亿元。累计3次到省、市汇报争取，落实项目2个，资金350余万元，已到位58万元。石纽山家庭农场生猪养殖项目与北川禹穴沟景区恢复重建项目已完成建设，已实现实物投资量1000余万元。实施水毁道路修复、饮水设施巩固提升、风貌改造、以工代赈等基础设施项目10个，改善村组道路60余千米，新建桥梁2座。完成《禹里镇大禹故里旅游度假区规划》和《禹穴沟景区规划》，启动《禹里镇村庄规划编制》。动员引导禹穴沟景区企业多方筹资，争取和实施景区外道路水毁修复、防洪河堤、旅游厕所等项目，完成核心区灾毁重建。完成景区配套民宿“禹里·夏舍”项目建设，启动禹里村特色商业街建设项目，进一步丰富景区业态，提升旅游吸引力和服务力。

接受巩固拓展脱贫攻坚成果同乡村振兴有效衔接第三方评估。全覆盖开展“回头看”“大排查”“大走访”，全年新增6户12人低收入人口纳入动态监测，累计44户86人纳入动态监测，无一例返贫致贫。配强9个脱贫村和1个乡村振兴重点帮扶村第一书记，选派12名机关干部担任驻村工作队员，建立党政领导班子成员联系帮扶机制，全镇44户监测户全部由镇领导班子成员联系帮扶。

深化“放管服”改革，全镇一体化政务服务平台认领事项218项，发布率100%。“一网通办”前提下“最多跑一次”改革加快推进，全年一体化平台办件量达3878件，办结率100%，满意率100%，政务服务事项提速率达99.71%。推动两项改革“后半篇”文章工作，盘活原税务所闲置资产统筹建设禹里镇及石泉社区党群吉米家园，联合17个村（社区）

集体经济组织成立禹里农村集体经济管理有限责任公司抱团发展，村均集体经济收入达5万元以上，全面完成消薄任务。

实施城镇建设提升行动，完成场镇主干道路面黑化、安装路灯149套、划定停车位100余个、实施雨污地下管网改造。做好场镇日常管护，画线定点停车、定时清扫保洁、定期洒水降尘、定位规范经营。新建篮球场、排球场、生态停车场，改造河堤滨河路健身步道，修缮文化广场地面，增设灯具。配齐保洁员队伍124名。推动城乡环境问题整改，依法拆除违章搭建物、废弃建筑等87处，清理标语、广告牌等1500余处（个），排查调处各类矛盾22起。落实领导包案化解责任制和带头接访制，稳妥化解积案8起。制定《山洪地灾防御应急预案》《场镇防汛减灾应急预案》《禹里镇汛期24小时巡查制度》，开展镇、村各类综合应急现场演练80余次，新建山洪观测点4处，新增山洪监控设备12套，新建村级片区前置备灾点物资库2处，轮换、新增应急物资1000余件，汛期过渡转移83户227人，临时转移191户458人，做到“应转尽转、应转必转、应转早转”。

全年发放城乡低保139万余元，城乡五保45万余元。社会养老保险、城乡基本医疗保险分别覆盖7499人、9781人。申报公益性岗位372人次，发放资金66万余元，为93户贫困户家庭解决就业增收问题。全年组织培训农村种养殖技术47人次，输出劳务人员4512人次。创建健康社区1个、健康村2个、健康家庭8户。举办文化下乡演出15场次，评选文明家庭户5户。做好“一老一小”、残疾人等重点群体服务保障工作。

【禹里·夏舍民宿完成建设并投入运营】 “禹里·夏舍”精品民宿位于禹里镇禹里村3组，紧邻禹穴沟景区，是禹里镇发展壮大村集体经济的一次创新尝试，项目占地7亩，由北川羌族自治县禹里农村集体经济组织管理有限责任公司自筹资金150万元，整合东西部扶贫协作资金280万元、扶持壮大村集体经济项目资金200万元、市级乡村振兴先进乡镇奖补资金100万元，共计730万元，完成建设并投入运营。禹里·夏舍民宿拥有接待厅1间、客房10间、茶吧3个、小型会议室1间、观景平台200米。禹里·夏舍民宿形成的固定资产全部注入北川羌族自治县禹里农村集体经济组织管理有限责任公司，实现村集体经济收益，所得收益按16个村、1个社区股权占比分配，预计年租金收益不低于30万元。

【打造生猪优势产业】 2022年，禹里镇以石纽村、望江村等村为核心区域，辐射带动慈竹村、青石村等村，投入资金800余万，依托龙头企业建设生猪种养循环基地，打造禹里镇生猪养殖现代农业园区。园区内，现已建成恒多农林仔猪繁育场、石禹生猪养殖场、石纽山家庭农场等规模场。发挥规模养殖场、家庭农场、种养殖大户引领带动作用，整合禹珍实业、禹农农业等4家龙头企业养殖加工销售资源，采取“公司+基地+合作社（家庭农场）+农户”“龙头企业+订单收购”的生产模式，通过生猪代养、保供回购、技术指导、金融服务等方式，帮助中小型养殖户扩大养殖，走标准化、

禹里·夏舍民宿

规模化养殖发展道路。通过开发生猪加工、冷链运输销售，探索创新加工猪肉即食食品、猪肉预制菜产品和肉脯类产品等10余种。依托水果种植产业、腊肉加工，筹备举办“年猪节”“枇杷采摘节”等节庆活动，展示传统手工腊肉制作技艺，发展乡村旅游，带动农家乐、民宿发展和乡村特色农产品就近就地销售。全镇生猪年出栏达1.84万头，培育年出栏20头以上养殖大户240余户，预计2023年猪肉制品销售额超过1亿元。

（刘　玥）

开坪乡

【概况】 2022年，开坪乡辖区总面积达253平方千米，辖6个行政村（永平堡村、万安堡村、伏地堡村、凤阳村、艾林村、小园村）、1个社区（晓阳社区）、47个村民小组。总人口1195户3287人，其中，农业人口3162人，羌族人口2421人。耕地面积424.8公顷，林地面积22000公顷。

全乡粮食播种7400余亩，发展生猪养殖10000余头、土蜂蜜3000群、中羌药材2万余亩、大豆1250亩，实现六个村集体经济消薄，其中：3个村（小园村、万安堡村、凤阳村）达到20万元以上。以永平堡推进文旅融合、三面山推进农旅融合、小园河推进林旅融合，全年旅游综合收入400余万元，新增本地就业78人，促销农副产品50余万元，农民人均可支配收入约2.4万元。

完成固定投资3714万元，完成率185.7%，民间投资超过65%。推进涉农、人居环境、东西部协作等项目，羌王寨旅游提升项目已完工（100万元），小园村冷水鱼养殖项目已完工（80万元）、中蜂养殖项目已完工（120万元），小园村康养避暑旅游提升项目已完工（307万元），羌河谷市内协同项目已完工（200万元），开坪公路沿线村落人居环境整治提升项目已完工（50万元），伏地堡村人居环境提升项目被绵阳直播报道，小园村、艾林村、伏地堡村高标准农田项目即将进场实施（50万元）。

争取500余万元实施伏地堡、永平堡、艾林、小园、万安堡等村道水毁恢复项目。主动协调S313一标段项目建设，建设进度为白草河三个标段之首，群众出行条件得到显著提升；全力应对汛期隐患，投资400万元建成大鱼口、小园安置点堤防建设，保障群众生命财产安全；恢复建设鹿子坪、大鱼口集中安置点污水处理设施恢复项目，已投入使用。

巩固脱贫成果，开展防返贫监测帮扶集中排查工作，通过对全乡1100余户农户研判分析和入户走访，新增监测对象1户2人，对其发放县级资产收益分红5800元、解决灵活公益性岗位1人，申请纳入低保，未出现返贫现象。

投资50万元完成农村人居环境改造提升项目，用好公益性岗位，维护提升全乡人居环境，开展志愿服务活动100余次，伏地堡村人居环境提升项目被绵阳直播报道。抓好重点行业的安全监管，开展隐患排查18次，认真开展防汛、地质灾害防治、森林防火工作，完善应急预案，成立应急抢险队伍，加强物资储备，常态化开展隐患排查和应急演练工作，创新“巡更”系统、建实“大安全”专班，整合三级安全管理员67人，自建综合巡更网络点位58个，全年对山洪危险区和地灾隐患点受威胁的148户334人员进行安全转移，投入8万元制作森防宣传警示标牌。完成乡村（社区）两级综治中心建设，全年乡村两级共排查矛盾纠纷68起，成功调解61起。

全年参加城乡居民社会养老保险2656人，参保率达99%；参加城乡居民基本医疗保险2851人，参保率达98%，失地农民参加灵活就业人员养老保险816人。全年发放城乡低保金55.4039万元1545人次；优抚对象抚恤和生活补助14.52万元204人次；特困人员供养金17.7431万元313人次；重残户护理补贴4.065万元639人次；困难残疾人生活补贴5.82万元582人次；高龄津贴4.07万元1286人次。做好1183人外出务工人员就业服务，开发公益性岗位22人。

开坪羌王寨

开坪乡刘家村西羌幽谷

【全域旅游示范带建设】2022年，开坪乡以农旅、林旅、文旅融合项目为重点，打造全域旅游示范带，推进羌王寨、西羌幽谷、羌河谷漂流配套设施。羌王寨完成投资5000余万元，基地旅游文化产业区建成民宿26栋、羌王别院2处、观光栈道1.2千米、观景平台6处、文化走廊200米；基地循环农业区建成产业道路4.8千米、采摘道路5千米、灌溉水渠2千米、蓄水池1500立方米、圈舍1000平方米，种植李子450亩、高山蔬菜500亩、中药材200亩、刺竹280亩、风景树600亩、中蜂100群，带动周边群众就地就业60余人，发放工资200余万元，年增收入3万余元。西羌幽谷完成投资6000万元，建成生态河堤4千米，2022年试营业阶段经营收入400万元，带动土猪、土鸡、土蜂蜜等销售70万元，租用原刘家村委会，并通过村集体资产入股100万元，实现村集体经济30万元回报。羌河谷漂流已完成8000万元投资，建成峡谷漂流、餐饮、住宿、休闲娱乐区等项目，占地面积20余亩，长期固定员工30人，夏季临时用工50余人，带动本地相关从业90余人，周边土鸡、土蜂蜜等农产品销售200余万元。

【北川以工代赈案例在全省推广】探索“三个三”工作法（群众三定：建不建由群众定、建什么由群众定、怎么建由群众定；设置三专：方案设专章、务工设专岗、管理设专班；效益三提：就业提质、产业提速、资产提档），采取村民自建方式实施北川县2022年以工代赈示范工程。项目总投资580万元，改扩建宽5.5米，长7千米水泥路（及附属设施建设），提供短期就业岗位73个，发放劳务报酬109.1万元，劳务报酬占申请中央资金的20.2%，为低收入人群设置专门岗位7个，发放报酬15.12万元，为易地扶贫搬迁户、残疾人、已脱贫户设置岗位11个，发放劳务报酬24.8万元，以资产折股量化的方式与北川明俊瑞鸿生态农业旅游开发有限公司签订《北川县2022年以工代赈示范工程劳动就业承诺书》，约定同等条件优先雇用本村村民60余人到公司务工（低收入群体、易地扶贫搬迁户、贫困户优先雇用），每人每年增收1万元以上。

（徐　剑）

小坝镇

【概况】2022年，小坝镇辖区总面积245平方千米，辖16个行政村（甘渔村、新晨村、坝地村、沙坪村、聚宝沟村、酒厂村、团结村、外白村、江永村、庄坪村、太白村、大包村、大梁村、上沟村、金凤村、大华村）、1个社区（小坝社区）、86个村民小组。总人口3349户10454人，其中农业人口7658人，羌族人口7831人。耕地面积2200公顷，林地面积20000公顷。

完成土地规范流转2000余亩，高标准农田核心区改造6000亩。常态化开展非洲猪瘟等兽防工作，生猪出栏超过2.5万头。扩大中羌药材种植规模，厚朴种植面积超过10万亩，枇杷、冬桃、萝卜等种植面积超过5000亩，建成农民合作社19个，其中省级示范社1个，命名家庭农场6家，县级示范场3家。发放地力补贴1.8万余亩。推动玉米、能繁母猪、育肥生猪保险及农村“小额保险”，群众自付投保资金超过8万元。2022年小坝镇16个行政村共实现村级集体经济纯收益100余万元，每个村纯收益超5万元，全面实现村级集体经济消薄，开展村级集体经济分红，村民共享集体经济发展成果，全镇人均分红100元，涉及16个村，惠及村民近1万人。

实现农业总产值1.63亿元，农村居民人均可支配收入2.18万元，分别较去年同期增长7.2%、7.9%，固定资产投资完成5585万元，对上争取完成138.5万元，招商引资完成1300万元。

实施人居环境提质三年行动，通过参观评比、树立模板，发动群众围绕先进干，将“扫干净、摆整齐、去杂乱”落实到位。打造陈家院子、羌河湾、沙坪二组、场镇贺家街、原照德村等点，传播白草羌文化及红军文化。农作物秸秆综合利用率达95%，畜禽粪污资源化综合利用率达90%。推进场镇污水管网恢复。

落实政府及社会资金7466万元用于项目建设，其中民生及产业类项目7个，金凤村枇杷、大梁村白山羊养殖、场镇应急水源、厕所革命等项目已完工，种养循环等项目正在推进。10个基础设施建设项目，大梁、新晨村通组道路硬化、社区公厕滑坡地质灾害应急排危、金大路等已完工，完成3条撤并建制村畅通道路建设，小江、辛新、新晨七组等3座桥梁建设有序推进。

整合派出所民警、村组干部、网格员、护林员、巡河员、交通劝导员、地质灾害监测员等8支队伍，强化镇、村治安联防工作网。重新调整民兵组织，编排基干民兵31人。全面摸排辖区内不稳定因素，帮助解决合理诉求，共处置市长热线25件，网上信访3件，排查化解各类矛盾纠纷13件。加大道路交通、食品药品、建筑施工、消防等重点领域的隐患排查、整治力度，全方位检查100余次，执法75次。在镇域内科学布置高清摄像头，对各交通要道和上山入口进行人脸识别，构建预警报警系统库。制定防汛预案，开展夜间盲演3次，强化河道巡查和隐患整治，汛期每日按时过渡转移163户369人，蓝色及以上预警应转尽转，新设6处观察哨所，科学布置融指挥调度于一体的应急值班室，每8小时轮换值守，确保上传下达高效。

发放农村低保金126.5704万元、城镇低保金11.1735万元、城乡特困供养资金91人63.3165万元、高龄补贴3328人次12.5125万元、重度残疾人护理补贴资金11.12万元、困难残疾人生活补贴13.69万元、定救2人0.96万元、县镇临救21人5.806万元、落实无人抚养孤儿及孤儿助学资金1.951万元、优抚对象生活补助48.7461万元、优抚对象医疗补助4人0.425万元、困难退役军人关爱帮扶基金4人1.25万元，为200位老人进行居家养老服务，为110位老人进行适老化改造，为16位残疾人进行辅助器具适配服务，为235位退役军人办理优待证。举办敬老院“敬老月”“老人读书会”“爱满羌城 大手牵小手”“儿童夏令营”等关心关爱老人儿童活动35场，服务900余人。城乡基本养老保险参保6800人，参保率达到95%，城乡基本医疗保险参保

小坝镇开展“安全守护、健康陪伴、相伴晚年”敬老月主题活动

8326人，参保率达到98%，实现应保尽保。解决掉边掉角户两户，兑现补助11.5万元，计划山洪和地灾搬迁69户。

【开展社工站试点项目】 2022年，小坝镇在全县开展社工站试点项目。项目是在中国福利彩票公益金的支持下、由省市县民政部门统筹推进实施的民生工程，为加快县域三级社会工作服务体系建设注入强劲原动力。项目投资20万元，与党委政府联合办公，设立社工站办公室一间、社工小组活动及会议室一间、与社区联合打造社区社工室一间、设档案管理咨询室一间、儿童活动室一间、阅读区一间、多功能多媒体一间。项目围绕北川羌族自治县小坝社工站为主要阵地，建立社会工作支持服务网络，主要开展社会救助服务、老年关爱服务、儿童关爱服务、社会组织孵化、专业社工培育。社工服务体系建设以来服务总人次5245人次，开展需求评估200余人次，开展救助服务500余人次，老幼关爱1012人次，助力生计发展3321人次，培育社区社会组织4个，支持成立自愿服务队17支，培养志愿者人数136人。

【金凤村建设高山缓季节枇杷基地】 金凤村位于小坝镇西北部，村依一高峰，古名为“则都包”，来自羌语音译，是“有凤来仪”的意思，故现名也叫金凤山，村名也由此得之。村域面积3平方千米，因其地光照时间长，适宜枇杷种植。金凤村党支部在镇党委政府的大力支持下，吸引乡贤返乡创业，组建晨曦种养殖合作社，投资800万元，建设了农业观光、农耕文化体验为一体的综合性高山缓季节枇杷基地，解决本村就业30余人。至年底基地枇杷种植面积700余亩。产量200余吨，产值250万余元。

（贺　超）

桃龙藏族乡

【概况】 2022年，桃龙藏族乡辖区总面积62.66平方千米，辖5个行政村（铁龙村、桃花村、大鹏村、九成村、五龙村）、1个社区（龙藏社区）、33个村民小组。总人口933户3163人，其中，农业人口2726人，藏族787人，羌族1727人。耕地面积458公顷，林地面积4435公顷。

推动县级厚朴园区建设，新增厚朴种植面积50亩，厚朴面积达到4500余亩，新增黄连及苗圃2000余亩。实施集体经济组织项目，新建中药材烘干房1座、冻库2座。全年生猪出栏量1万余头，年底存栏量10047头，农民人均增收2000余元。

全年下达项目共16个，财政补助1013.87万元，已完工12个，正在施工4个。乡村振兴衔接资金下达项目7个，财政补助514.72万元，其中农业产业项目3个，补助资金150.2万元，现已完工验收；交通项目3个，补助资金344.52万元，已完工2个，正在施工1个；基础设施类1个，财政补助20万元，现已完工；地灾治理资金1个，财政补助63万，已完工；农村公益事业财政奖补资金1个，财政补助92.5万元，正在施工中；人居环境整治激励资金2个，财政补助102.65万元，已完工；市内协同发展资金1个，财政补助100万元，正在施工中；扶持新型经营主体项目3个，财政补助41万元，已完工；扶持壮大村级集体经济组织资金1个，财政补助100万元，已完工。推进“花间·桃龙”配套工程、九成村民宿改造、“云上居”民宿建设。

巩固基础设施，新增林区管护路1.1千米，维修水毁产业路4.5千米，新建水池4口，申报2023年中央财政衔接资金产业路6.18千米，推进小桃路黑化、马桃路美丽乡村路前期工作进度。

开展城乡环境综合提质三年行动，配备公益性岗位保洁员38名，每周至少对县乡村道路面和边沟清扫一次，落实各户打扫入户路，户户配置垃圾桶，采取购买服务方式，垃圾车每周四定期清运；拆除更新道路、墙面破损陈旧广告标牌20余处，开展房屋隐患排查整治工作，拆除违法搭建物5处，清理废旧农房和残垣断壁3处；划定场镇停车区域，引导车辆规范停放，落实保洁人员2名，定期对场镇进行清扫并按需洒水降尘。

排查全乡地质灾害点，新增地质灾害点2处，威胁农户39户153人，按点制定应急预案，安全转移111人次，清理泥石流泄洪沟、疏通河道10万余方。推进地质灾害点、山洪威胁区群众搬迁工作，至年底桃龙藏族乡统计有搬迁意愿群众88户，符合政策要求44户，预计在明年汛期来临前完成搬迁。开展安全检查，排查燃气使用户79户，排查城乡住房781处，排查发现的12处问题，及时出台整改方案，推进整改工作，安装大数据智慧森林防火监测系统，配合森林防灭火执勤点，织牢织密人防物防网络。开展国家安全月、反网络诈骗、禁毒日宣传等活动，累计入户宣讲教育6000余人次，推进人民调解工作，成功化解各类矛盾纠纷9起。

发放困难残疾人补贴220人次2.2万元，重度残疾人护理补贴405人次3万余元。发放低保金637人次21.6万余元，特困供养金172人次9.4万余元，高龄补贴784人次2.65万元，乡临时救助3户0.3万元，县临时救助15户3.3万元，上报“羌禹情”项目救助1人次3.5万元。完成城乡居民医疗保险征收1707人次，发放优抚对象生活补助264人次14.95万元。完成508人退休职工养老金领取验证及日常维护工作。登记756名农民工外出务工信息。办理59名退役军人优待证。丰富群众文化生活，开展民族歌舞培训40余人次，龙藏民间舞蹈队组织“坝坝舞”百余场次，邀请县艺术团歌舞表演10余场次，观众2000余人次。

【民族院落班邦积分制管理】搭建班邦话事自治化管理平台，“班邦话事”有议事协商、矛盾调解、管理服务三个方面的主要职能，解决涉及群众利益问题70余个；构建班邦议事精细化评分机制，将社会公德、家庭美德、村规民约、家风家训、产业致富、人居环境等方面内容整合形成“民族院落积分制管理评分标准”；创建班邦示范贴心化服务活动，开展“小院落变大家庭”“老幼照看、农活互助”系

桃龙藏族乡院落积分制年度评选活动

列实践活动，化解邻里矛盾，为独居老人收粮食，帮留守儿童剪头发；组建班邦实践应急化处突队伍，以院落班邦为单位开展“党员结亲帮户”活动，“7·16”洪灾中，及时将3户受威胁群众转移到安全地带，组织群众投工投劳用时10天抢通连村生命通道。

【人居环境整治】2022年，为全面提升农村人居环境水平，建设“美丽四川、宜居乡村”，桃龙藏族乡依托茶马古道文化、民族民俗文化、文旅产业发展规划，向上争取95万元财政奖补资金加自建投资55.354万元，用于九成村及小马路沿线农房人居环境改造提升、配套相应附属设施，新建三格式无害化厕所等，确定以具体的“民办公助、村民自建”方式进行建设，通过项目建设改造后，大幅度提升九成村及小马路沿线的人居环境。

（罗丽娜）

片口乡

【概况】 2022年，片口乡辖区面积119平方千米，辖保尔、松柏、泽可、东江、民希、沟口、磨盘、晒金8个行政村、40个村民小组，1个街道居民委员会。总人口2080户6292人，其中农业1535户4888人，羌族4896人，其他少数民族73人。耕地面积541.51公顷、林地面积9667公顷。

农民人均可支配收入19620.6元，比2021年增加1196.6元，增长7.6%。以现代中医药、冷水鱼、中蜂养殖产业为支撑，新建一批产地仓、气调库、冷藏冷冻保鲜库等设施，挖掘农村生态涵养、休闲观光、文化体验及康养等新价值，促进“农业＋旅游”“农业＋康养”“农业＋文创”等产业融合，培育农村新产业新业态。种植中羌药材10万余亩，养殖20万尾冷水鱼。全年新增县级专业合作社1个，省级家庭农场1个，县级家庭农场2个，新建腊肉加工厂1个，全乡8个村集体经济收入均超过3万元，实现村集体经济消薄。

完成道路交通等基础设施项目8个，总投资717.85万元。其中，交通项目3个，投资398.65万元；饮水安全恢复项目1个，投资17.2万元；农业产业项目2个，投资152万元；市内协同项目1个，100万元；产业转型示范项目1个，50万元。全乡家庭农场达18个、专合社达28个，完成民间投资2060万元。

开展“回头看”排查工作，共摸排1912户，新增监测对象3户5人，选派第一书记及驻村工作队员9名。认真开展防灾减灾工作，召开安全生产会议23次、开展道路交通、消防、森林防火、地灾、山洪等综合检查31次，发现整改各类问题49个，对全乡63个地灾点、12个山洪点落实监测人员75人，明确23名生态护林员以及10名交通劝导员职责；组织森林防火、防汛应急队伍开展培训150人次，组织地灾监测员、生态护林员开展培训96人次；认真开展防汛减灾工作，组织全乡545户、1315人及时进行避让转移，动员全乡45户地灾山洪威胁户搬迁避让；与松潘白羊、平武泗耳乡等相邻乡镇整合

片口乡高山云木香种植基地

资源，形成区域联动力量，应对8·19洪灾，建立白草河流域大熊猫生态文明志愿服务队。

围绕“村社五清·场镇四定”“三包”责任制,努力做好清扫垃圾、场镇环境治理、提升群众意识、提升基础设施等工作,新建停车场2处,增加停车位21个,修缮文化广场1处,综合治理提升居民点3处,推动城乡环境持续向好。

全年为城乡低保对象180户312人,发放资金103.7213万元;累计发放困难残疾人生活补贴727人次7.27万元,累计发放重残护理补贴932人次6.441万元;为28名特困人员发放补助资金19.1664万元,为141名80岁以上老年人办理发放高龄补贴,共计发放资金5.5万元;为26名优抚对象发放资金19.6342万元。全年5450人参加城乡居民养老保险,其中695人每月正常享受待遇,城镇居民基本医疗保险共办理4999人,完成率100%,享受灵活就业2人,享受资金0.54万元。

【区域协作建立大熊猫公园自然保护队伍】 2022年，“绵·阿三县三乡区域协同发展联盟”组织成立“四川百草河大熊猫生态文明志愿服务队”，以“突出生态文明建设”为主题，鼓励各类志愿者及设计和各界力量参与生态环境保护，规范服务形式，做实服务项目；围绕政策宣讲、科普教育、环保监督、交流合作等丰富服务内容；建立考核激励机制，加强服务管理；立足能力建设、业务指导等加强服务保障为目标，开展野外联合巡护自然宣传教育，自然音乐体验活动，共享生态文明建设成果、野生动物保护等丰富多样的专题志愿服务活动。全年共开展5次志愿服务活动。

【构建白草河流域防汛应急响应体系】 2022年，片口乡构建白草河流域防汛应急响应体系，做到防洪信息共享、防汛物资共备、防汛队伍共建。建立白草河流域应急管理群，将上下游乡镇、电站及县应急管理部门相关人员96名拉入群众，发放水情雨情信息100余条/次、天气信息200余条/次，实现雨情水情实时互通、天气信息共享共用；成立“白草河流域应急防汛志愿服务队”30人，组织雨前雨中雨后巡查20余次，劝返河边捞柴群众30余人次、协助清理“8·19”白草河历史峰值过境后的片口企业街1次；安装防汛摄像头，从上游到下游完善科学监控机制。

（罗　艾）

坝底乡

【概况】 2022年，坝底乡辖区总面积151.6平方千米，辖14个行政村（坝底村、水田村、山岔沟村、通坪村、小岭村、金龙村、双合村、青坪村、金山村、岭岗村、石关村、新羊村、坪山村、三溪村）、两个社区（坝底堡社区、武安社区）、60个村民小组。总人口2557户8234人，其中，农业人口7719人，羌族人口5472人。全乡耕地面积1021公顷，林地面积6856公顷。

全年实现产业产值1.496亿元,其中农业总产值11563.76万元,农村人均可支配收入12344元,同比增长10.2%。完成208亩撂荒地、150余亩耕地整治保护工作。粮食作物播种面积为19812亩,总产值5595吨。生猪出栏16657头,牛出栏671头,羊出栏16196头,家禽3万余羽。

全年争取东西部协助项目1个、中央衔接资金项目5个,上级补助资金共计1152.87万元。高标准农田建设4000余亩项目、万亩高山蔬菜农业产业园区项目、金山村肉牛养殖项目、循环农业种养殖基地提升建设项目、坪山村以工代赈项目等顺利推进。做好招商引资、对上争取、固定资产投资入库等工作,全年开展招商活动6次、完成投资3394万元。下达坝底乡交通项目4个,其中危桥重建项目1个,撤并建制村道路提升项目2个,水毁道路修复项目1个,涉及资金391.78万元。

落实监测预警排查定期报告制度,统筹疫情防控、防汛减灾等网格力量,组建网格队伍110余名,实现人口网格化管理。紧盯脱贫不稳定户9户23人、边缘易致贫户4户8人,用好用活公益性岗位,开发保洁员、生态护林员、村道维护等公益性岗位70余个,有效遏制返贫致贫风险。严格卡点值守和地灾预警制度,常态化进行值班值守,组织乡、村、组三级干部开展隐患拉网式排查,修订完善应急避险预案60余份,组织群众开展白天、黑夜两种状态下应急避险和消防演练80余次。办理"最多跑一次"事项700余件,提供政策咨询服务1300余人次。排查化解征占地、邻里纠纷、民事赔偿等方面矛盾纠纷6起,回复处置各类信访案件、市长热线19件,妥善纾解回应洪灾遇难家属、武安库区群众诉求。

"7·16"突发山洪灾害灾后异地重建29户。其中地质灾害搬迁户26户,山洪灾害搬迁户3户,27户选择购房重建,2户选择本地自建住房。异地重建第一批7户已经递交资料审核完毕,拨付资金134万元已下发。剩余22户已有10户购房并入住,等待递交资料审核,12户正在积极购房中。

全乡共有城乡低保对象198户339人,共计发放低保资金1250594元,发放一次性生活补贴31485元。全乡城乡特困人员共计43人,发放资金322837元。为189名80岁以上老年人办理发放高龄补贴,发放资金84400元。为260名老人提供居家养老服务。困难残疾人生活补贴发放1231人次123100元,重残护理补贴发放1331人次92050元。办理退役军人优待证185份,举办技能培训2次,协助追讨农民工工资10万余元,组织育龄妇女积极参加国家免费孕前优生健康检查、两癌筛查累计213人次。

【坝底乡防止"非粮化"整治经验被《中国组织人事报》报道】 5月13日,坝底乡防止"非粮化"整治经验在《中国组织人事报》1876期中被报道。为强化村级党组织责任意识,推动村级集体经济组织肩负起常态化"护地"职责,坝底乡整合土地、人力、项目等要素,破解无人种地难题,支持村级集体经济组织依法履行管理集体资产、开发集体资源职责,金龙村在保护农户承包权的基础上,对无人复耕的撂荒地,由村级集体经济组织引导流转复耕或代管,切实把分散、零星、小块的撂荒地综合利用起来。通过"村党支部+集体经济组织+农户"方式,组织党员、群众志愿者整治撂荒地200余亩。

【水田新村建设】 2022年,水田新村建设专班办公室积极履行职责,广泛对接、协调各方,项目持续推进,总投入1600余万元,委托第三方公司,采用竞争性磋商方式确定地基承载力处理公司,顺利完成一期、二期地基处理工程。同时完成了市政附属设施的设计和财评。由水田新村建设项目专班办公室牵头,积极争取建房优惠政策,6月第一户开始动工建房,并于年底搬入新家。至年底已实现开工建设20余户,其余户正在陆续开展建房工作。

(段小蓉)

马槽乡

【概况】 2022年,马槽乡辖区

高山蔬菜农业产业园区

总面积116.2平方千米，辖5个行政村（黑水村、明头村、红星村、黑亭村、花桥村）、1个社区（马槽社区）、19个村民小组。总人口648户2322人，其中，农业人口2322人，羌族人口2091人，耕地面积296公顷，林地面积7333公顷。

全年种植辣椒、四季豆等高山蔬菜1000余亩，大豆扩种面积900亩，北川合盈家庭农场白山羊养殖场投入使用。出栏生猪7200头，实现经济价值1067.64万元，同比增长10.4%。发放耕地地力保护补贴46.55万元、玉米补贴7.26万元、洋芋补贴7.67万元、大豆复合种子补贴4.9万元、能繁母猪补贴1.25万元。马槽酒酿造超800吨，优质酒糟1600余吨，经济价值1600万元，同比增长8.6%。马槽酒生产技术标准已全面通过市级评审、公示，经省人民政府进行公示，已在国家市场监督管理局备案。创建市级示范家庭农场1个(北川瑞玥祥家庭农场)、县级示范家庭农场2个(北川合盈家庭农场，北川辰跃生态养殖家庭农场)、县级示范合作社1个(羌佳源蔬菜种植农民专业合作社)。

投入299.78万元对黑亭村麻柳湾危桥进行改造；195.06万元对花桥村危桥进行改造；24.67万元对黑水村国家级传统村落核心区34户农户室内用电线路进行改造；13万元对黑水村国家级传统村落消防器材及设施进行完善；86.40万元对原木坪村至黑亭村撤并建制村道路扩建改造。推进墩青路建设，统筹辖区村组干部、党员志愿者等力量，完成33户农户征占地拆迁工作。

建立健全防止返贫致贫长效机制，严格落实“四个不摘”，坚持队伍不撤、力度不减，开展结对走访，全乡干部34名帮扶人全覆盖结对贫困户88户。建档立卡脱贫户人口自然变更5人次，其中人口自然增加2人，人口自然减少3人(其中整户减少1户)。全年实施乡村振兴衔接资金项目(明头村白山羊养殖建设项目)100万元。全乡5个村集体经济收入达90.28万元、收益达19.04万元。

开展农村人居环境提升工作，整合乡村振兴衔接项目资金50万元，从墩青路到白果树院子沿线安装太阳能路灯60盏，对农户门前院边梳理、可食景地(菜地)整理、裸露外立面整理，新建河堤栏杆和对白果树院子200米河道原生态梳理，设置生态翻水坝。累计清理不规范广告、宣传单550余份，横幅标语60幅，破旧展板更换21个，公示明白墙50个，乱搭乱建整治20余户，农村户改厕89户。

开展平安村(社区)创建工作，调整优化网格设置，配强网格工作力量。落实安全生产责任制，开展重点领域安全隐患排查行动20次，整治安全隐患31项。严格执行耕地保护政策，认真落实好耕地“非粮化”“非农化”，履行“田长制”工作职责，积极储备耕地资源，完成新增耕地37亩。

全年城镇新增就业16人，争取临时性公益岗位13个。办理人大代表议案建议8件，完成人大代表票决民生实事项目2个。加强生活困难人员保障工作，发放农村低保金11.24万元、特困供养金5.75万元、发放高龄补贴1.83万元、重度残疾人护理补贴1.66万元、困难残疾人生活补贴1.08万元。举办各类群众文化活动12场，惠及群众2000余人。发放冬春救助资金5.74万元、临时救助金0.53万元、转移安置资金8.07万元、棉被210床、棉大衣210件、棉衣裤105套。

【红色美丽村庄建设】 2022年2月，马槽乡红星村被确定为全国建设红色美丽村庄试点村。统筹整合各类资金1240万元，其中红色美丽村庄试点建设资金400万元、配套资金690万元、扶持壮大村集体经济项目100万元、整合乡村振兴衔接项目资金50万元。红三十一军总医院旧址展陈提升项目，投资500万元，实施内部环境整治及基础设施改造，对旧址内文物建筑进行抢救性修复，开展“三防建设”、环境整治及地质灾害治理，建设三星级游厕所；改造提升北川八一红军小学（绵阳市首所、全国第77所红军小学）项目，投资200万元，主要建设内容为户外区域

马槽北川八一红军小学

旅（对学校大门、入口文化墙、主席台背景墙、教学楼、住宿楼外墙进行改造）、教学楼区域（将原教学楼改造为红色党建展厅、综合体验馆、羌式建筑体验馆、羌乐体验馆、羌医药体验馆、公共卫生及医疗救护体验馆）、住宿楼及食堂区域（将原宿舍楼改造教师宿舍共12间，学生宿舍共16间，改造后将满足最低100人住宿和就餐需求）；编写完成《红星耀羌山》《红星村志》等书籍，编排红色羌族歌曲《红星闪闪照羌山》；打造红军餐厅等业态，以“军民鱼水情”为主题，建设红色主题广场，以“铭记光辉历程、传承红色基因、凝聚奋进力量”为主线，在沿途设置红色主题标识，体验红色文化和乡愁记忆；整合红色美丽村庄试点建设资金，按照“村党组织+村集体经济组织+马槽酒协会+农户”发展模式，建设生物质燃料加工厂，成立北川马槽集体经济组织管理有限公司，同时建立村集体收益“721”利益联结机制，村级集体经济组织实现收入55.45万元，收益突破10万元，人均增收2000元。

【城乡环境综合提质“点长制”】　马槽乡落实市县城乡环境综合提质三年行动要求，以红星村、花桥村为试点，开展城乡环境综合提质“点长制”评选活动，通过点长示范带动，提升村民素质，引导周边群众主动参与城乡环境综合提质行动，通过“点亮繁星”行动，引导村民在争当先进的同时保持城乡环境综合提质成果，最终达到全村“繁星闪烁”。累计评选出城乡环境综合提质党员示范户20户、红色标兵20户、评选“文明卫生户”50户；累计清理不规范广告、宣传单550余份，横幅标语60幅，破旧展板更换21个，公示明白墙50个，乱搭乱建整治20余户；修订完善村规民约；成立“红白理事会”，倡导婚事俭办、喜事新办、丧事简办，反对、制止滥办酒席、天价彩礼、薄养厚葬、攀比炫富、铺张浪费，破除婚丧嫁娶中不良风气，形成文明和谐的新风正气。

（王　浩）

白什乡

【概况】　2022年，白什乡辖区

马槽乡红星村2022年文明户评选大会

总面积115平方千米，辖5个行政村（鱼背村、白什村、星河村、白水村、双溪村）、1个社区（先锋社区）、23个村民小组。总人口1024户3274人，其中，农业人口2934人，羌族人口3061人。耕地面积7143亩，林地面积148350亩。

全乡实现农业总产值 15307 万元，比 2021 年增加 80%；农村居民人均可支配收入 23293.93 元，比 2021 年增长 10.1%。以白山羊养殖产业为畜牧主导产业，新建白山羊特色养殖基地圈舍 5000 余平方米，新增白山羊养殖 1000 余只，年出栏白山羊 3000 余只。发展中羌药材特色种植，全年改扩建中药材种植基地面积约 1000 亩，中羌药材种植面积达到 4 万亩。

新识别纳入监测对象 5 户 10 人，回退风险消除监测对象 1 户 2 人。壮大扶持村集体经济，双溪村与北川绿源康种植合作社合作修建 5 吨每批次中药材烘干房一座，集体经济增收 3 万元以上。

开展“城乡环境综合提质三年行动”，做好村社“五清”、场镇“四定”，组建“策划小队”7 支，攻坚小队 1 支，30 多名公益性岗位职工和 100 多户群众加入“行动小队”，拆除私搭乱建 3 处，整改水源附近养殖 1 处，规范场镇店招 123.5 米、新建雨棚 234.31 平方米、完成墙体画近 1000 平方米、竹木栅栏 3000 余米，获评全县第二季度最佳乡镇。

开展应急演练工作，组织机关干部、民兵、综合应急队、山洪灾害点基层责任人、地质灾害点监测员等 120 余人开展应急演练；组织全乡 30 名半专业扑火队员和 14 名护林员开展森林防灭火半专业队伍和护林员培训会并进行现场演练；全乡 19 个地质灾害点开展应急演练 20 次。开展安全生产大排查，重点对乡内烟花爆竹销售点、人员密集场所等进行“地毯式”排查，共排查场所 16 家，发现隐患 4 家 10 多条，已集中整治到位；组织开展“安全生产月”活动，发放宣传单、宣传手册 500 余份，接受群众咨询和询问 150 余人次。认真落实道路交通安全路长制，对全乡约 83 千米道路、14 座桥梁进行日常养护，全面排查安全隐患，共排查出隐患 32 处，至年底已完成整改 20 处。

全年发放农村低保 1733 人次 51.5999 万元，优抚补助 215 人次 9.6393 万元，社会救济定补对象 20 人次 0.68 万元。发放城乡群众特困救助金 240 人次 12.3388 万元，困难残疾人生活补贴 528 人次 5.28 万元，重度残疾人护理补贴 552 人次 4.056 万元，残疾人灵活就业补贴 2 户 0.2 万元，残疾人机动车燃油补助 4 人 1460 元，残疾人辅助器材 3 套，新办残疾证 2 人。辖区 60 周岁以上老人免费健康体检 600 人次，发放高龄津贴 1152 人次 3.15 万元。开展免费孕前优生检查 5 对。发放教育扶贫救助基金 24 人次 2.16 万元，发放中职学生教育扶贫救助金 15 人次 2.25 万元。开展文化志愿者培训 20 人次，开展文化下乡活动 3 次。开展创业就业培训 20 人次，申报创业补助 4 万元。提供公益性岗位 33 个，发放岗位补贴 22.14 万元。开展周末延时服务，完成便民服务“最多跑一趟”改革，延时服务办事 360 件。

【地质灾害预警体系建设】2022年，在七星沟、白水沟、爬溪沟上游新建前置观察哨所2处，改造2处。在白水沟上游和七星沟上游无人区安装北斗雷达水情监测视频系统2套、视频监测系统2套。在各村（社区）分别安装一套应急广播，同时在场镇和星河村各安装一套大功率报警器。场镇、星河村、白水村、白什村、双溪村增设预警监测人员13名，并配备大功率对讲机。完善白什乡山洪和地质灾害应急指挥作战体系，成立防汛和地质灾害应急处置指挥部，下设四大片区，由乡领导担任各片区副指挥长，指挥部成员还有乡各办、派出所、卫生院、畜牧站、自然资源所等负责人和各驻村干部。指挥部下设8个工作小组，分别为:指挥调度组、监测预警组、转移抢险救援组、治安稳控善后处置组、后勤保障组、水电通信保障组、综合协调信息组、医疗救治疫情防控组，由班子成员兼任工作组组长，确保在突发自然灾害时，各单位能够迅速、高效、安全地转移或撤离危险区域群众，最大限度地减轻灾害所造成的损失，维护人民群众的生命财产安全。

【“7·16”突发山洪灾害】 全乡累计受灾3120人，死亡13人，失联5人。房屋受损314户，房屋进水、生活用品等被淹，损失共计4927.07万元。乡政府办公楼1楼被淹，办公场所、设备、员工宿舍损失200万元；星河村等5个村级活动室不同程度受损、设施设备受灾；乡卫生院地基塌陷严重，40余间房屋受损，房屋、设备及药品损失580余万元；文化站、图书馆设施设备损失5万元；各村广播线路、物资储备、文化广场及活动室等受损294万元；公共服务损失共2768.6万元。四个电站受损，损失3914.25万元。县乡村组道路受损里程7.5千米，损失3854万元；林区道路受损20千米，损失约600万元；污水处理厂及管网损毁损失844万元；电力线路及输变电设备损失525万元，供电服务站设备及物资损失100万元。损失共9837.25万元。星河村、白水村、鱼背村林地受损1170亩损失约210万元。星河村厚朴林种养合作社、星河渔场、各类圈舍和农田作物受损约315万元。直接经济损失18047.92万元，截至年底除场镇外，各村均恢复供电、通信、饮用水、临时便道等基础设施。

7月16日、17日累计转移479人，设立安置点6个，集中安置群众160人，分散安置319人。累计安置群众2600余人次，发放6万余元各类物资。探索共享安全屋模式，结合乡情村情，创新工作举措，在星河村建成160余平方米可容纳80余人的共享生产安全屋，配置了厨房、厕所、洗浴等基础设施，由村“两委”负责共享安全屋的日常管理，解决星河、白水片区群众搬迁重建后返乡生产劳作的临时安全共享用房，正在着手白水村、双溪村及白什小学改扩建可容纳260余人500余平方米的共享安全屋。加快基础设施恢复重建，完成场镇清淤、河道疏浚、卷帘门安装、临时用水恢复建成1个水位视频监测站、4个雨量监测站；预计2023年1月完成污水管网铺设、公共厕所修建和电力恢复，努力争取中小流域综合治理项目；梳理优化重建恢复项目23个，项目总投资5202.39万元，其中白什乡联合便民服务站、场镇农贸市场、锁龙桥和白水桥、村组道路及活动阵地等12个项目的设计方案已完成；全乡74户农户灾后房屋维修加固申报，已全部完成系统审批录入。协助编制《白什乡场镇功能恢复规划》，已完成场镇和原白什小学行洪论证和地质灾害危险性评估；确定在原白什小学位置恢复场镇基本功能，完成场镇平面功能布局，并纳入乡镇级国土空间规划。有序推进受威胁户重建工作，全乡共有地灾、山洪受威胁户306户，前期对异地重建政策进行多维度、多渠道广泛宣传，至年底已递交搬迁申请的共242户，已完成乡级、村级公示并将相关资料上报县级部门184户，完成购房177户；已申请贷款61户，已发放贴息贷款50户共898.6万元；完成乡级、县级验收44户，兑现异地重建补助35户715.5万元。关心关爱受灾群众，以村为单位建立《受灾群众台账》《特殊困难群体台账》安排结对联系责任人，落实“包保”责任制，摸清残疾人、低保、五保等困难群众诉求，解决了26人临时救助共2.6万元；兑现515人紧急转移安置费15.45万元；为受灾群众发放棉被200床、棉衣100套、大衣200件、毛毯100床，为困难群众发放米10855千克、油1400升等生活物资，确保困难群众温暖过冬。

（王苛颖）

青片乡

【概况】 2022年，青片乡辖区总面积563.4平方千米，辖5个行政村（安棉村、正河村、高峰村、茶湾村、上五村）、1个社区（新街社区），27个村民小组。总人口1012户3278人，其中，农业人口3108人，羌族人口3124人。耕地面积313.08公顷，林地面积10680.7公顷。

开展耕地“非粮化”治理工作,全乡粮食播种面积持续稳定在10000亩以上,反季节蔬菜扩面1000亩以上,大豆、土豆播面分别达到690亩、465亩,年出栏生猪1727头、肉牛51头,小家禽3000余只。全乡农业总产值11497.22万元,同比增长4.9%。

摸排全乡89处接待点,对加入合作社、供给能力、服务标准等内容建档登记,以4个文旅专业合作社为统领,围绕羌乡、羌寨、羌俗、羌味、羌食等要素,差异化提供服务供给。围绕文化振兴示范村镇创建,将68名非遗传承人的传承活动纳入文旅产业链条。全年旅游总产值达到800万元,带动360名群众就近务工。探索以点带面、试点示范的思路,形成“小寨子·大世界”文旅产业规划,投资215万元,建设研学基地、非遗传习所等基础性设施。投资718万元,在正河村二八垭建设星空民宿3栋、在茶湾村新建露营基地一个、在西窝羌寨建设羌文化传习所一座。

推进基础设施建设,S216墩青路青片段5千米项目上下边坡完成,路面水稳层、两次沥青层铺设完成4.7千米。正河、安棉、高峰等14.3千米通村道路建设按节点推进。完成场镇、西窝等污水处理设施的运转优化。投资98万元,对保护区类农户养殖圈舍进行腾退,建设98栋无害化集中养殖设施集约养殖,对5处聚居点周边4.3千米河堤纳入建设规划,对7.3千米河道完成清淤作业,建立森林防火、防洪度汛哨点、卡点7处。

以森林防灭火、防汛及地灾安全为重点将林长、河长、路长等“四长”、7处卡点、67名监测员(护林员、网格员)职能进行整合。有序应对“7·16”“8·19”两次特大暴雨山洪,汛期日均转移群众500余人,消除隐患点36个,推进64户240人的农房重建。投入资金13.2万元,保障保洁人员、清运车辆、评比考核等全过程要素,在闭环管理中持续运用“积分制”“红黑榜”等奖惩体系,全员全效成为工作常态。发挥“议话坪”的作用,靠前处置矛盾纠纷6条;坚守生态底线,优化制度7个、消除隐患17个、惩治人员5名;解决农民工工资、征地拆迁等重点领域12个。

城乡居民养老保险正常参保人员2545人,脱贫人口基本医疗保险参保率100%,脱贫人口县内住院和慢性病门诊个人支付比例控制在10%以内。全年发放农村(城市)低保资金103人38.7万元,计生奖扶资金168人10.3万元,县级临时救助资金3户4800元,两残(困残、重残)补助金7.15万元,高龄补贴2.16万元。开发公益性岗位23人,发放岗位补贴5.34万元。开设非遗传承、旅游服务能力、职业技能培训等培训78人次。

【举办第四届沙朗节、红叶节活动】 11月11日,青片乡第四届沙朗节、红叶节在国家级传统村落——上五村西窝羌寨举行,来自全乡5村1社区的7支表演队伍,以“礼赞党的二十大 欢乐青片沙朗节”为主题展演,以羌民族特色的锅庄、羌笛、口弦、打岔等非遗项目,编排《羌乡新貌》《幸福欢歌》等特色节12个,并以“快闪”方式组织全部演职人员和现场观众320余名共唱《歌唱祖国》,以羌家儿女特

11月11日,礼赞党的二十大 欢乐青片沙朗节在西窝羌寨举行

有的方式礼赞党的二十大，感恩新时代。

【羌文化传习所建设】 2022年，采取东西部扶贫协作资金与合作社自筹方式，在国家级传统村落——西窝羌寨，邀请具有多处文旅品牌打造经验的北京无名建造社，以“原址原貌、丰富拓展、生态共生”理念建设研学基地。在新建400平方米的研习中心基础上，整合提升周边4栋既有建筑。项目计划于2023年建成投产后，形成年接待2.3万游客，沉浸式体验羌文化的重要场所，以点带面显著提升羌寨的保护与利用。

(孔明超)

▶人 物

2021年“最美绵阳人物”

【陈云珍】2021年度“最美绵阳人物”。陈云珍，女，51岁，北川青片乡正河村人，现为绵阳北川羌族自治县云珍羌绣专业合作社负责人。党的二十大代表，2012年，她被评为省级羌绣传承人。2015年获得“全国优秀农民工称号”，2019年4月设计的产品获得“四川省旅游商品大赛”金奖，2019年7月荣获“四川省优秀共产党员”称号。9岁的陈云珍就拿起针，跟着母亲一板一眼地学起了羌家刺绣。随着不间断的学习和创造，终于成就了她能绘能画、能剪能裁、能织能绣的羌绣能手，也让她对自己制作的羌绣充满了成就感。2003年，她所在的羌寨建起了名为五龙寨的新寨，旅游业发展迅速。陈云珍发现羌绣受到很多游客喜爱，于是萌生了通过这门传统手艺带动大家增收致富的想法。在她的带动下，很多绣娘利用农闲时间做羌绣，五龙寨成为当地知名的羌绣产地。可是，一场突如其来的“5·12”地震彻底让多年的心血毁于一旦，不仅眼里流泪，而且心在滴血。然而天灾无情、人间有爱，北川的不幸受到了党和政府的高度关怀，全国人民万众一心，山东兄弟千里驰援，很快风雨散尽彩虹重现。为保护和发展羌文化，羌绣受到了特别关注。震后，陈云珍发现一些留守妇女没有收入，部分残障人士也难以自力更生。为了帮助他们实现居家就业，陈云珍在当地政府的支持下于2014年成立云珍羌绣专业合作社。2017年，她创立伊环羌绣有限公司，进一步推动羌绣走出了大山。陈云珍表示，在今后将继续带领北川所有的羌绣爱好者，认真传承这一古老的羌族民间艺术，不断研发适应具有羌族特征、羌族元素的时尚服饰及艺术品，努力推动羌绣工艺产业化，用诚实、用品质树品牌，让古老的羌族文化为促进民族团结和民族进步、为全面建成小康社会贡献力量。

（县委宣传部）

荣立二等功以上的北川籍官兵简介

【蹇祺瑞】男，羌族，绵阳市北川县人，69243部队某班班长，1999年11月出生，2017年12月入伍。该同志向战而行，主动请缨前往任务区，辗转5省份1万余千米，组织拉运弹药40余次，前送物资200余吨，圆满完成上级赋予的保障任务,2021年荣获二等功。

（县退役军人事务局）

▶附　录

2022年北川羌族自治县国民经济和社会发展统计公报

2022 年，全县上下坚定以习近平新时代中国特色社会主义思想为指导，深入学习贯彻党的二十大精神，全面落实习近平总书记对四川工作系列重要指示精神，认真落实党中央、国务院决策部署及省委、省政府和市委、市政府工作要求，全力以赴拼经济搞建设，全县生产生活秩序逐步恢复，经济发展呈稳中向好、稳中提质的良好态势，建成全省民族地区高质量发展先行县迈向新征程。

一、综合

国民经济。根据地区生产总值统一核算初步结果，2022 年北川地区生产总值(GDP) 94.47 亿元，按可比价格计算，比上年增长 4.6%。其中，第一产业增加值 15.09 亿元，增长 4.6%，贡献率为 18.2%；第二产业增加值 24.30 亿元，增长 3.9%，贡献率为 21.1%；第三产业增加值 55.08 亿元，增长 4.8%，贡献率为 60.7%。三次产业结构为 16.0 ： 25.7 ： 58.3。

民营经济。民营经济实现增加值 57.35 亿元，增长 3.1%，占全县经济总量的比重为 60.7%。其中，第一产业增加值 1.85 亿元，同比增长 3.5%；第二产业增加值 22.12 亿元，同比增长 2.0%；第三产业增加值 33.38 亿元，同比增长 3.8%。年末全县私营企业 2779 户，增长 9.7%。

基本单位。年末全县共有基本单位 2708 个，比上年增加 155 个，增长 6.1%。其中，法人单位 2492 个，比上年增加 138 个，增长 5.9%。“四上”企业法人单位 183 个，分专业看，规模以上工业

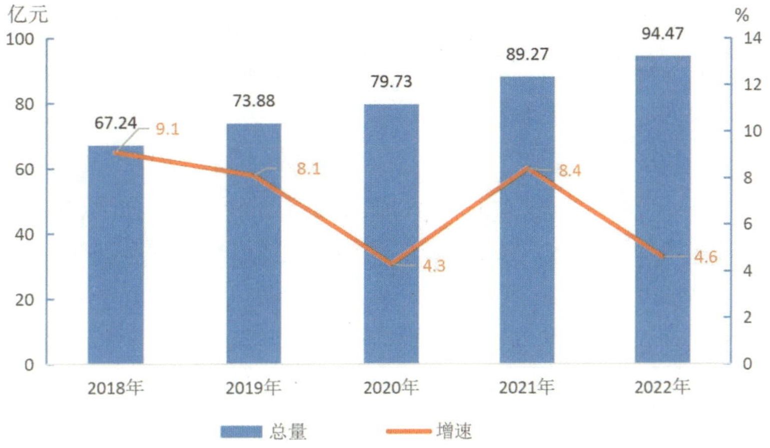

2018～2022年地区生产总值和增长速度

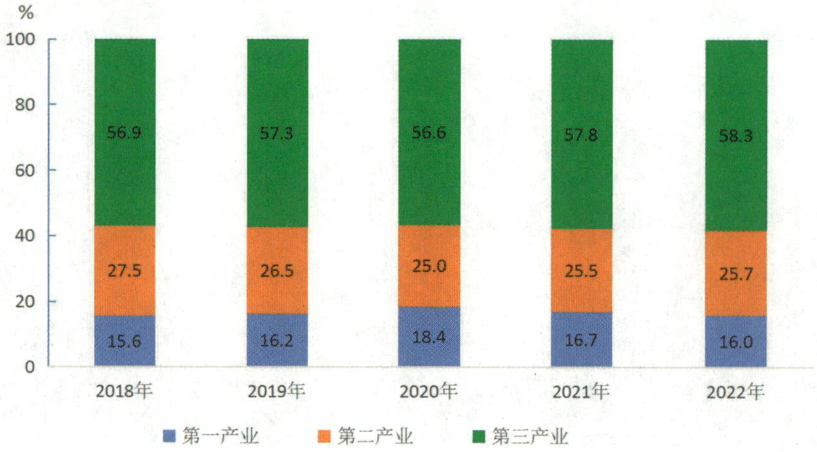

2018～2022年三次产业增加值占GDP的比重

企业74个，资质内建筑业企业30个，房地产企业8个，限额以上商贸企业46个，规模以上服务业企业25个。

二、农业

农业。全年实现农林牧渔业总产值31.61亿元，比上年增长4.8%。其中，农业产值11.22亿元，增长2.8%；林业产值7.56亿元，增长11.2%；牧业产值11.72亿元，增长3.4%；渔业产值0.24亿元，增长1.0%；农林牧渔专业及辅助性活动产值0.87亿元，增长6.2%。

农产品产量。全年农作物播种面积49.47万亩，比上年增长2.6%。其中，粮食播种面积29.26万亩，增长3.8%；油料作物播种面积8.15万亩，增长1.2%。粮食总产量8.64万吨，下降1.7%。其中，大春粮食产量6.57万吨，下降0.3%；小春粮食产量2.07万吨，增长2.8%。经济作物中，油料作物产量0.98万吨，增长5.6%；蔬菜及食用菌产量8.46万吨，增长3.9%。

畜牧业。全年生猪出栏21.85万头，增长3.1%；牛出栏0.76万头，增长4.9%；羊出栏13.42万只，增长1.2%；家禽出栏160.91万只，增长2.0%。其中，猪肉产量1.70万吨，增长15.1%；牛肉产量0.10万吨，增长8.9%；羊肉产量0.2万吨，与上年持平；禽蛋产量0.33万吨，增长3.3%。

林业。全县森林面积20.4万公顷，森林覆盖率66.0%。全县有自然保护地4个，保护地面积为1039.4平方千米。2022年人工造林面积1497.3亩。年末实有封山（沙）育林面积0.14万公顷，对森林实施有效管护面积达13.45万公顷。出产林产品5.1万吨，其中：水果2.16万吨，干果0.15万吨。

农田水利。年末实有规模以上水利工程67处，水利工程蓄引能力0.93万立方米，实际供水0.47万立方米。年末有效灌溉面积0.23万公顷。

三、工业和建筑业

工业生产。全年工业增加值20.25亿元，比上年增长3.6%，对经济增长的贡献率为16.2%。全年规模以上工业增加值增长6.0%。分轻重工业看，轻工业产值下降2.7%，重工业产值增长3.5%。分经济类型看，股份制企业产值增长3.3%，外商及港澳台商投资企业产值下降17.9%，其他经济类型企业产值下降29.9%。

分行业看，规模以上工业19个行业大类中有10个行业呈正增长。其中，汽车制造业增长23.3%，通用设备制造业增长20.5%，农副食品加工业增长18.7%，燃气生产和供应业增长16.5%。

主要工业产品。商品混凝土增长31.1%，石灰石增长30.5%，熟肉制品增长26.9%，水泥增长14.5%，夹层玻璃下降26.6%。

2022年主要工业产品产量及其增长速度一览表

表10

指 标	单位	产量	增长(%)
饮料酒	千升	592	30.7
石灰	吨	384148	11.4
熟肉制品	吨	6185	26.9
石灰石	吨	11518336	30.5
钢材	吨	7639	12.2
硅酸盐水泥熟料	吨	1782223	7
水泥	吨	2964190	14.5
商品混凝土	立方米	338550	31.1
钢化玻璃	平方米	494509	-42.2
夹层玻璃	平方米	190964	-26.6
中空玻璃	平方米	433769	-39.1
人造板	立方米	256115	4.7
精制茶	吨	693	-20.5
电子工业专用设备	台	30368	9.5
塑料制品	吨	13498	3.4
家具	件	17640	-83.2
农产品加工专用设备	台	776	6.6

工业经济效益。全年规模以上工业企业实现营业收入55.70亿元，比上年增长4.3%。实现利润总额3.37亿元，增长1.4%，实现税金总额1.54亿元，下降13.0%。

建筑业。全年建筑业增加值4.05亿元，比上年增长5.5%。建筑业总产值19.32亿元，增长9.3%。全县在库资质以上总承包和专业承包建筑企业30个。

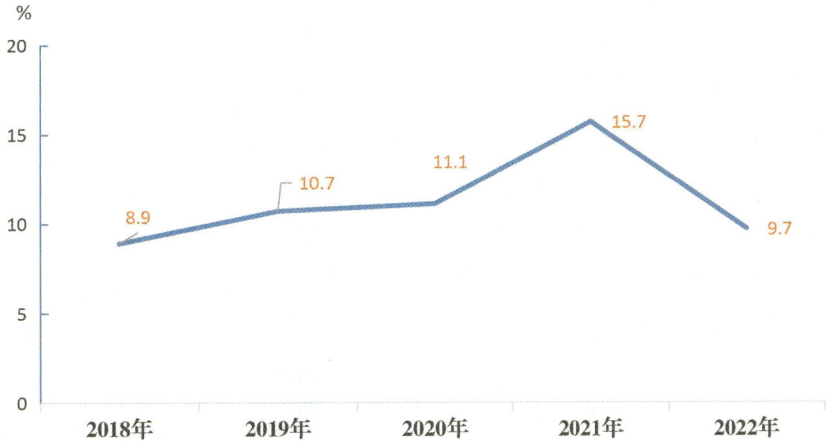

2018～2022年全社会固定资产投资增长速度

四、固定资产投资

固定资产投资。全年全社会固定资产投资增长9.7%。分产业看：第一产业投资增长64.9%；第二产业投资增长11.1%，其中：工业投资增长10.5%；第三产业投资增长5.1%。

房地产。全年房地产开发投资5.05亿元，下降45.9%。商品房施工面积35.28万平方米，下降22.5%。商品房竣工面积6.84万平方米，增长35.7%。商品房销售面积15.93万平方米，增长12.8%。商品房销售额8.90亿元，下降7.4%。

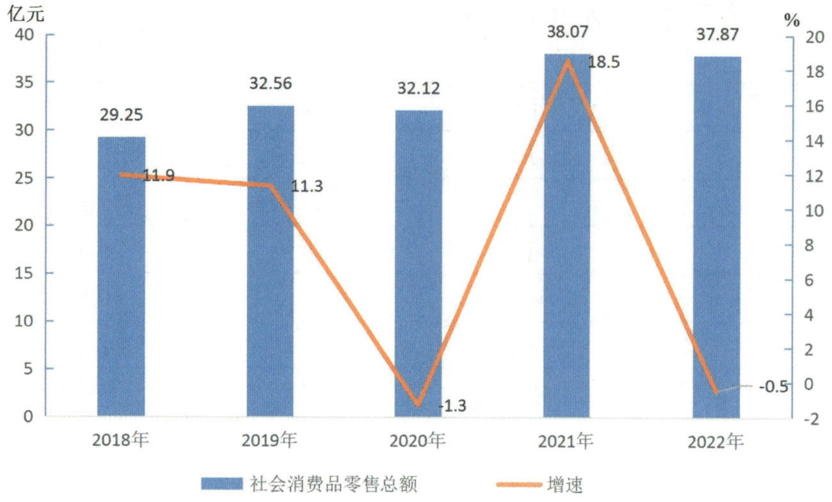

2018～2022年社会消费品零售总额及增速

五、国内贸易和旅游

消费品市场。全年社会消费品零售总额37.87亿元,下降0.5%。按经营地分:城镇市场实现零售额23.56亿元,增长0.0%;乡村市场实现零售额14.31亿元,下降1.3%。限额以上企业(单位)中,通过互联网实现的商品零售额1.18亿元,增长66.8%。

在限额以上企业(单位)主要商品零售额中,石油及制品类实现零售额1.15亿元,增长26.7%;粮油、食品、饮料、烟酒类实现零售额2.49亿元,增长22.9%;家用电器和音像器材类实现零售额0.17亿元,增长21.1%。

旅游。全年A级旅游景区实现总收入12.84亿元,下降7.8%。接待游客320.41万人次,下降10.2%。全县星级农家乐102家,其中:四星级2家,三星级38家,二星级44家,一星18家。

六、招商引资和对外贸易

招商引资。全年新签约内资项目25个,国内省外到位资金20.18亿元。

对外贸易。全年外贸进出口总额(包括转口贸易)4168.95万元,增长104.3%。

七、交通和邮电

交通。年末全县公路通车里程2984.03千米,其中:国道95.35千米,省道230.12千米,县道290.02千米,乡道637.73千米,村道1730.81千米。全年公路旅客周转量7152.12万人千米,公路货物周转量35882.21万吨公里。

邮电业务。年末全县共有邮政网点25处。全年实现邮政业务总量2802.71万元,比上年增长7.1%;完成邮政函件业务0.88万件,包件业务113.86万件,特快专递业务17.99万件。全年完成电信业务总量19938.63万元,固定电话用户4.29万户,移动电话用户25.84万户,互联网宽带用户8.03万户。

八、财政、金融和保险业

财政。全年地方一般公共预算收入实现5.64亿元,增长8.3%,其中:税收收入3.68亿元,增长0.7%;地方一般公共预算支出22.53亿元,下降1.8%。

金融。年末全县共有金融机构9家,营业网点60处。金融机构人民币各项存款余额185.83亿元,比年初增长7.3%。其中:单位存款余额50.67亿元,比年初下降2.2%;城乡居民储蓄存款余额132.94亿元,比年初增长13.3%。人民币各项贷款余额155.67亿元,比年初增长21.9%。其中:短期贷款余额40.82亿元,比年初增长3.7%;中长期贷款109.36亿元,比年初增长27.5%。

2018～2022年地方一般公共预算收入及增速

保险。年末全县共有保险公司8家。其中，产险公司6家，寿险公司2家。全年原保险保费收入1.54亿元，增长5.5%。其中：财产险公司原保险保费收入0.67亿元，人身险公司原保险保费收入0.87亿元。全年支付各项赔款和给付0.54亿元，其中：财产险（公司）赔款支出0.38亿元，人身险（公司）赔付支出0.15亿元。

九、教育和科学技术

教育。年末全县共有各级各类学校32所（不含高校、技工学校及职业培训机构），在校学生30847人，教职工2546人，其中专任教师2184人。

年末共有小学13所，招生1362人，在校学生9657人，小学学龄儿童入学率100％；普通中学5所，招生3395人，在校学生8913人；中等职业教育学校2所，招生2049人，在校学生8198人；学前教育幼儿园12所、附设幼儿班9个，招生693人，在园幼儿4079人。

科学技术。全县已通过国家高新技术企业认定17家。年底拥有科技企业孵化器4个。全年科技型中小企业（科技部评价入库科技型中小企业）总数达到54个，其中新增科技型中小企业12个。全年专利申请授权量214件，发明专利授权量11件。

十、文化、卫生和体育

文化事业。年末有公共图书馆1个，文化馆1个，乡镇综合文化站23个，博物馆1个，美术馆1个，非遗中心1个，剧场2个，影剧院2个。全县广播电视公共服务网点33个，广播覆盖率100%，电视覆盖率100%，城区数字电视转换率100%。

卫生。年末卫健系统共有卫生机构245个（含村卫生室、诊所），其中：二级及以上医疗机构7个。卫生人员1709人，卫生技术人员1660人，执业（助理）医师547人，注册护士620人。卫生机构实有床位数2206张，全年诊疗121.85万人次。紧急救援指挥中心本年度有效接警2282次，调度医院2287次，有效出警2126次，救治总人数2136人，抢救成功率达到94.2%。婴儿死亡率和5岁以下儿童死亡率分别为1.75‰、1.75‰。

体育事业。全县有体育场馆1个，单项体育协会21个。全年开展群众体育活动15次，参加人数1万人次。在参加市级及以上比赛中获奖牌114枚，其中：金牌15枚、银牌34枚。

十一、环境保护和应急管理

环境保护。全年共争取使用国家、省、市各类环境保护资金共计2296万元。

水资源质量。通口河、土门河、安昌河、苏保河流域水资源水质达到《地表水环境质量标准》（GB 38387-2002）Ⅱ类标准。建有县级城市集中式饮用水水源地1个，场镇集中式饮用水水源地23个，饮用水质达标率100%。

环境空气质量。全年北川新县城环境空气有效监测天数365天，参照《环境空气质量标准》(GB3095-2012)，达标339天，达标天数比例为92.9%，其中：优167天，良172天，超标26天，其中轻度污染26天。

新县城环境空气质量PM2.5平均浓度值为25.9微克/立方米，与上年持平；PM10平均浓度值为41.4微克/立方米，下降2.8%。

声环境质量。新县城城区1、2、3、4a类功能区昼间达标率为100%。新县城区域环境昼间噪声平均值为56dB(A)，区域环境噪声总体水平等级为三级，与上一年度相比，区域环境昼间噪声平均值上升2.3dB(A)，等级下降一级。新县城城区道路交通噪声昼间平均值为63dB(A)，道路交通噪声强度等级为一级（好），与去年同期相比上升0.4B(A)，等级不变。

应急响应。全年全县共启动应急响应5次。其中：7月12日，启动防汛Ⅳ级应急响应；7月16日，启动防汛Ⅱ级应急响应；8月4日，启动防汛Ⅳ级应急响应；8月19日启动防汛Ⅳ级应急响应；8月27日，启动防汛Ⅳ级应急响应。

安全生产。全年发生各类生产安全事故2起，死亡2人，均比上年下降33.3%。按事故类型分，2起均为工贸行业。

十二、人口和就业

户籍人口。年末全县总户数7.89万户，总人口22.93万人，户籍人口城镇化率30.15%。

常住人口。年末全县常住

人口17.89万人，比上年减少0.03万人，其中城镇人口6.79万人。常住人口城镇化率37.95%，比上年末提高0.51个百分点。当年出生人口1142人，死亡人口1892人，人口自然增长率-3.22‰。

就业和再就业。全年全县城镇新增就业人员1567人，城镇失业人员再就业364人。失业保险参保人数1.42万人。年末城镇登记失业人员724人，城镇登记失业率为2.71%。

十三、人民生活和社会保障

城乡居民收支。全县城镇居民人均可支配收入39185元，增长4.8%；城镇居民人均生活消费支出24487元，增长2.4%。其中：食品烟酒支出9266元。城镇常住居民恩格尔系数为37.8%。农村居民人均可支配收入18676元，增长6.7%。农村居民人均生活消费支出15247元，增长4.8%。其中：食品烟酒支出6023元。农村常住居民恩格尔系数为39.5%。

2022年城乡居民人均可支配收入情况一览表

表11

指标名称	城镇居民		农村居民	
	绝对值（元）	增幅（%）	绝对值（元）	增幅（%）
人均可支配收入	39185	4.8	18676	6.7
工资性收入	23410	4.6	7145	4.9
经营净收入	4771	8.8	6711	12.6
财产净收入	1594	9.6	488	6.5
转移净收入	9411	2.4	4333	1.5

2022年城乡居民人均生活消费支出情况一览表

表12

指标名称	城镇居民		农村居民	
	绝对值（元）	增幅（%）	绝对值（元）	增幅（%）
人均生活消费支出	24487	2.4	15247	4.8
食品烟酒	9266	2.0	6023	4.3
衣着	2246	7.9	1173	8.1
居住	3993	2.9	2482	5.9
生活用品及服务	1715	9.5	1190	9.4
交通通信	3507	1.5	2193	3.8
教育文化娱乐	1382	-8.4	644	-20.1
医疗保健	1794	1.6	1098	12.1
其他用品和服务	584	2.4	444	24.5

社会保障。全县企业职工养老保险参保人数8.44万人，城乡居民养老保险参保人数6.7万人；城镇职工基本医疗保险参保人数2.43万人，城乡居民基本医疗保险参保人数18.19万人；工伤保险参保人数1.93万人，生育保险参保人数1.59万人。

城镇最低生活保障标准为700元/月，享受最低生活保障补助的城镇居民0.14万人，比上年下降11%；农村最低生活保障标准为500元/月，享受最低生活保障补助的农村居民0.49万人，比上年下降7%。失业保险金标准调整为1576元/月。年末全县各种社会福利收养性单位8个，床位1117张。

说明：

1. 公报中数据为初步统计数，部分数据因四舍五入，存在总计与分项合计不等的情况，未作机械调整。

2. 地区生产总值、各产业及相关行业增加值绝对数按当年价格计算，增长速度按可比价格计算。

3. 公报中农业、林业、渔业、交通运输、邮政、电信、金融、对外贸易、财政、保险、教育、科技、文化、卫生、体育、环境保护、应急管理、人民生活和社会保障等数据来源于相关部门。

（县统计局　国家统计局北川调查队）

2022年度获厅局级及以上表彰与奖励的先进集体和先进个人一览表

2022年度获厅局级及以上表彰的先进集体一览表

表13

获奖单位	获奖名称	授奖单位	授奖时间
北川羌族自治县	表扬2021年度国家重点生态功能区县域生态环境质量监测与评价结果北川位居全省第五	生态环境部办公厅	2022.10.10
北川羌族自治县	全省居民收支调查工作先进县	国家统计局四川调查总队	2022.12.28
北川羌族自治县	2016～2020年四川省普法先进单位	中共四川省委 四川省人民政府	2022.05.01
北川羌族自治县	2022年全省农经工作典型县	四川省农业农村厅	2022.12.05
北川羌族自治县	2022年农产品产地仓储保鲜设施建设“菜篮子”工程冷链设施建设示范县	四川省农业农村厅	2022.06.28
北川羌族自治县	国家储备林建设县	四川省林业和草原局	2022.06.22
北川羌族自治县	全省去冬今春农民工服务保障工作先进单位	中共四川省委办公厅、四川省人民政府办公厅	2022.04.27
北川羌族自治县	2021年度平安建设先进县	中共四川省委办公厅、四川省人民政府办公厅	2022.06.01
北川羌族自治县	2022年度全省人大新闻宣传工作先进单位	四川省人大常委会办公厅	2022.12.09
北川羌族自治县	四川省返乡入乡创业示范县	四川省农民工工作领导小组	2022.11.04
北川羌族自治县	工业和信息化发展先进集体	绵阳市人民政府	2022.01.14
禹里法庭	先进法庭	四川省高级人民法院	2022.01.04
县法院	全省法院环境资源审判工作先进集体	四川省高级人民法院	2022.10.24
县法院	全省法院一站式先进集体	四川省高级人民法院	2022.12.30
县检察院	第七批四川省民族团结进步示范单位	四川省委民宗委、四川省委宣传部、四川省委统战部	2022.12.30
县检察院	四川省妇联	第三届四川省家庭工作先进集体（“熊猫未士·云朵姐姐”未检团队）	2022.05.06

续表13

获奖单位	获奖名称	授奖单位	授奖时间
县委办	血吸虫病防治工作先进单位	绵阳市人民政府	2022.10.07
县政府办（县营商办）	优化营商环境工作先进集体	绵阳市人民政府	2022.10.20
县政府办	血吸虫病防治工作先进单位	绵阳市人民政府	2022.10.07
县纪委监委	四川省纪检监察系统先进集体	四川省纪委机关、监察委员会、省人社厅	2022.04.01
县教体局	全国优秀少先队集体	共青团中央教育部 全国少工委	2022.12
县教体局	四川省体育系统先进集体	四川省人力资源和社会保障厅、四川省体育局	2022.08
县教体局	2022年体育旅游示范基地	四川省体育局、四川省文化和旅游厅	2022.12
县教体局	少数民族传统体育运动会蹴球三等奖	四川省第十六届少数民族传统体育运动会组委会	2022
看守所	四川省公安厅成绩突出集体	四川省公安厅	2022.04
永昌派出所	2021～2022年度四川省青年文明号	共青团四川省委等18部门	2022.08
永昌派出所	心沐计划获铜奖	共青团四川省委等8 部门	2022.11.11
永昌派出所党支部	2021年度全省公安机关“最强支部”	四川省公安厅	2022.06.23
县财政局	2021年度财政总决算编报质量较高、管理水平较好单位	四川省财政厅	2022.11.24
县财政局	2021年度资产年报编报工作成绩突出单位	四川省财政厅	2022.12.15
县财政局	全市血吸虫病防治工作先进单位	绵阳市人民政府	2022.10.07
县自然资源局	2020年绵阳市地质灾害防治工作先进个人	绵阳市人民政府	2022.01.25
县农业农村局	2022年全省农经工作典型地区	四川省农业农村厅	2022.12.05
县卫健局（北川县陈家坝中心卫生院）	关于通报表扬2021年“优质服务基层行”活动中表现突出服务优质机构的通知	国家卫健委办公厅、中医药局办公室	2022.02.09

续表13

获奖单位	获奖名称	授奖单位	授奖时间
县疾病预防控制中心	关于表扬2021年度慢性非传染性疾预防控制工作先进单位的通知	四川省疾病预防控制中心	2022.01.18
县退役军人事务局	烈士纪念设施三年提升行动先进单位	四川省退役军人事务厅	2022.12.08
县退役军人事务局	2021年四川省无烟单位	四川省爱国卫生运动委员会	2022.01.26
县审计局	2021年度审计监督工作先进单位	绵阳市人民政府	2022.06.16
县总工会	基层工会财务会计工作先进单位	四川省总工会	2022.07.29
县关工委	2022年度四川省关心下一代宣传工作先进集体	四川省关工委	2022.11.03
团县委	“请党放心 强国有我”答题挑战赛被评为优秀组织奖	共青团四川省委、四川日报社	2022.08
幸福小学少先队大队	四川省“优秀少先队集体”	共青团四川省委、四川省教育厅、四川省精神文明建设办公室、四川省少工委	2022.10
县税务局第一税务分局	2021～2022年度四川省青年文明号	共青团四川省委等18部门	2022.08.08
北川调查队	2021年综合目标考核二等奖	国家统计局 四川调查总队	2022.01.14
北川调查队	全省农村调查工作二等奖	国家统计局 四川调查总队	2022.01.14
北川调查队	全省住户监测调查工作一等奖	国家统计局 四川调查总队	2022.01.14
北川调查队	全省信息化建设工作二等奖	国家统计局 四川调查总队	2022.01.14
北川调查队	全省劳动力调查工作二等奖	国家统计局 四川调查总队	2022.01.14
北川调查队	全省农业调查工作二等奖	国家统计局 四川调查总队	2022.01.14
北川调查队	全省居民收支调查工作二等奖	国家统计局 四川调查总队	2022.01.14
北川巴拿恰——羌族“非遗”民俗文化街区	2022年全国非遗与旅游融合发展优选项目名录——“非遗”旅游街区	中国非物质文化遗产保护协会	2022.10.24

续表13

获奖单位	获奖名称	授奖单位	授奖时间
北川维斯特农业科技示范园、5·12汶川特大地震纪念馆	2021～2025年第一批全国科普教育基地	中国科协	2022.03.30
永昌镇沐曦社区	2021年度全国综合减灾示范社区	国家减灾委员会 中华人民共和国应急管理部 中国气象局 中国地震局	2022.12.08
永安镇	2021 年度征兵工作先进单位	绵阳市人民政府 绵阳市军分区	2022.10.23
曲山镇石椅村	天府旅游名村	四川省人民政府	2022.10.21
通泉镇双紫村	2021年度四川省乡村振兴重点帮扶优秀村	四川省委办公厅	2022.01.24
通泉镇双紫村	2021年度绵阳市乡村振兴重点帮扶优秀村	中共绵阳市委	2022.03.01
陈家坝镇黎山村	2022年度乡村振兴重点帮扶优秀村	四川省农业农村厅	2023.01.29
陈家坝镇黎山村	全省合并村集体经济融合发展试点先进村	四川省农业农村厅	2022.04.08
都贯乡苔子茶村	2022年度绵阳市乡村振兴示范村	中共绵阳市委 绵阳市人民政府	2023.03.06
都贯乡清溪村	2022年度四川省卫生村	四川省爱国卫生运动委员会	2023.02.28
禹里镇	2023年重点建设的少数民族特色村寨（禹里镇禹里村）	四川省委民宗委	2022.11.07
禹里镇	2021年度绵阳市乡村振兴先进乡镇	中共绵阳市委、绵阳市人民政府	2022.03.01
禹里镇	三星现代农业产业园区（北川县枇杷现代农业园区）	绵阳市人民政府	2022.02.04
禹里镇	2020年地质灾害防治工作先进集体	绵阳市人民政府	2022.01.24
片口乡	2021 年度征兵工作先进单位	绵阳市人民政府 绵阳市军分区	2022.10.23
青片乡	2020年地质灾害防治工作先进集体	绵阳市人民政府	2022.01.20

2022年度获厅局级及以上表彰与奖励的先进个人统计表

表14

姓名	工作单位	获奖名称	授奖单位	授奖时间
杨　勇	县政府	第九届中国（绵阳）科技城国际科技博览会先进个人	中共绵阳市委、绵阳市人民政府	2022.03.07
腾青松	县人大	2022年度全省人大新闻宣传工作先进个人	四川省人大常委会办公厅	2022.12.09
张　赢	县人武部	2021年度征兵工作先进个人	绵阳市人民政府 绵阳军分区	2022.10.23
李雨昂	县法院	四川省高级人民法院	全省法院岗位标兵	2022.07.18
罗春梅	县法院	四川省高级人民法院	全省法院开展长期未结破产案件化解工作先进个人	2022.01.13
罗春梅	县法院	四川省高级人民法院	全省百名优秀女法官	2022.03.09
王　芳	县法院	四川省高级人民法院	全省司法警察实战化训练推进年活动先进个人	2022.01.14
李佶桐	县法院	四川省高级人民法院	全省法院打击治理电信网络诈骗犯罪工作先进个人	2022.12.29
李才勇	县检察院	2019～2021年度检察对口援助工作先进个人	四川省检察院	2022.02.15
程荟璇	县检察院	四川省检察机关案件管理部门案件质量评查人才库	四川省检察院	2022.03.25
陈翌霞	县检察院	四川省青少年普法教育先进工作者	四川省关工委、四川省司法局	2022.11.11
郑　东	县检察院	四川检察机关司法警察履职突出先进个人	四川省检察院	2023.01.18
陈　谋	县政府办	四川省节约型机关建设先进个人	四川省机关事务管理局、四川省人力资源和社会保障厅	2022.03.21
席　清	县委组织部	四川省老干部工作先进个人	四川省委老干部局、四川省委组织部、四川省人力资源和社会保障厅	2022.07.30
罗　丹	县公安局	全省公安机关成绩突出女民警	四川省公安厅	2022.03

续表14

姓名	工作单位	获奖名称	授奖单位	授奖时间
任 军	县公安局	开展“三大战区”压降电信网络诈骗发案攻坚行动突出通报表扬	四川省打击治理电信网络新型违法犯罪工作厅际联席会议办公室	2022.09.23
温高欢	县公安局	全省公安机关成绩突出社区民警	四川省公安厅	2022.11.16
袁 野	县公安局	全国青少年普法教育先进工作者	中国关工委、中央政法委、司法部、共青团中央、中国法学会	2022.03
罗 丹	县公安局	个人二等功	四川省公安厅	2022.11.17
刘 余	县公安局	政保情报体系成绩突出个人	四川省公安厅	2022.12.28
邬 倩	县财政局	《关于表扬2020年地质灾害防治工作先进集体和先进个人的通报》	绵阳市人民政府	2022.01.20
刘天培	县财政局	关于表扬全省财政“七五”普法先进单位（集体）和先进个人的通报	四川省财政厅	2022.04.14
苏 敏	县财政局	全市血吸虫病防治工作先进个人	绵阳市人民政府	2022.10.07
李 霞	县自然资源局	四川省2021年林草生态综合监测评价工作先进个人	四川省林业和草原局	2022.05.30
母全金、贺大全 黎峻屹、叶方龙	县自然资源局	2022年四川省地质灾害防治工作先进集体	绵阳市人民政府	2022.01.25
陈仁毅	县农业农村局	2022年度省“万企兴万村”行动成绩突出单位和表现突出个人名单	四川省工商业联合会	2022.10.08
李志娟	县农业农村局	全国农牧渔业丰收奖——农业技术推广成果奖	中华人民共和国农业农村部	2022.12
陈家杰	商务经合局	第十届中国(绵阳)科技城国际科技博览会组织工作表现突出个人	中共绵阳市委 、绵阳市人民政府	2023.08.20
周 倩	县人民医院	2021年度征兵工作先进个人	绵阳市人民政府、绵阳军分区	2022.10.23

续表14

姓名	工作单位	获奖名称	授奖单位	授奖时间
周　明	北川羌族自治县永昌镇中心卫生院	四川省民族地区基层卫生优秀人才表扬奖励获得者	四川省卫生健康委员会、省人力资源和社会保障厅	2022.12.21
刘梦圆	北川羌族自治县市场监督管理局	“春雷行动2022”执法行动先进个人	四川省市场监督管理局、四川省药品监督管理局	2022.05.31
朱　莉	北川羌族自治县统计局	四川省第七次全国人口普查先进个人	四川省统计局、四川省人力资源和社会保障厅	2022.06.28
陈龙、玥玥	县行政审批局	绵阳市优化营商环境先进个人	绵阳市人民政府	2022.10.20
赵悦玲、黄　英 刘佳蕾	县委党校	绵阳市第十八次社会科学优秀奖	绵阳市人民政府	2022.12
张继升	县税务局	2021年度税收专项工作和专题任务奖励（土地增值税清算专项工作嘉奖）	国家税务总局、四川省税务局	2022.01.10
江　超、秦　磊 王凤美	县税务局	省税务局专业人才	国家税务总局、四川省税务局	2022.08.03
李　怡	县税务局	2021年度绵阳市优化营商环境工作先进个人	绵阳市人民政府	2022.10.20
刘方舟	永昌镇	绵阳市第四届十佳环保卫士	中共绵阳市委	2022.06
李　冬	桃龙藏族乡	2021年度征兵工作先进个人	绵阳市人民政府、绵阳军分区	2022.10.23
韩贵文	桃龙藏族乡	2022年度四川省“最美家庭”	四川省文明办	2022.05.19
马槽乡红星村44名支部党员	红星村	全省红色村“身在基层 党在心中”知识竞赛第一	四川省委组织部	2022.10.25

2022年北川羌族自治县党政群团机关及其工作部门主要领导干部名录

◆北川羌族自治县领导机关

中共北川羌族自治县委员会

书　记　李昊天
副书记　周福兰
　　　　宁顺飞（挂职）
　　　　代小龙
　　　　唐　扬（12月止）
常　委　杨保平（9月止）
　　　　牟华佳（11月起）
　　　　唐　丽
　　　　晁雪飞
　　　　李显作
　　　　陈雪良
　　　　宋　赞
　　　　王　椋
　　　　邓　勇
　　　　车韵飞
　　　　杨志兵（7月止）
　　　　刘大先（11月止）
　　　　马　睿（12月起）

北川羌族自治县人民代表大会常务委员会

主　任　李光辉
副主任　赵海清
　　　　杨国兴
　　　　雍开伟
　　　　张德辉

北川羌族自治县人民政府

县　长　周福兰
副县长　王永昭（9月止）
　　　　杨保平（12月止）
　　　　牟华佳（12月起）
　　　　陈雪良
　　　　杨志兵（7月止）
　　　　马　睿（12月起）
　　　　刘大先（11月止）
　　　　母鑫玥
　　　　杨　勇
　　　　李　强
　　　　邱　勇
　　　　徐　明
　　　　唐明朋

中国人民政治协商会议北川羌族自治县委员会

主　席　王　军
副主席　赵　军
　　　　王　辉
　　　　杨晓军
　　　　兰荣军

◆纪检、法院、检察院

县纪委监委

书记、主任　宋　赞
副书记、副主任　尚祥光
　　　　左尚品

县人民法院

院　长　严　明

县人民检察院

检察长　张　萍

◆党群系统工作部门

县委办公室

主　任　滕跃清

县委组织部

部　长　唐　丽
常务副部长　夏　杰

县委宣传部

部　长　王　椋
常务副部长　黄　楷

县委统一战线工作部

部　长　晁雪飞
常务副部长　陈远迁

县委政法委员会

书　记　邓　勇
常务副书记　刘书勇

县委机构编制委员会办公室

主　任　彭虹媚

县委目标绩效管理办公室

主　任　唐　斌

县委巡察工作领导小组办公室

主　任　尚祥光
常务副主任　鲁晓莉

县委党校

校　长　唐　丽
常务副校长　贾　娅

县委党史研究室

主　任　袁武权（8月止）
　　　　王良波（10月起）

县档案馆

馆　长　席　娅

县融媒体中心

主　任　张　勇

县域民族经济服务中心

主　任　空缺

县总工会

主　席　车韵飞

常务副主席　陈昌军

团县委

书　记　高长源

县妇女联合会

主　席　李　沙

县工商业联合会

主　席　谢　谱（6月止）

　　　　母鑫玥（6月起）

副主席　周　丹

县残疾人联合会

理事长　李晓蓉

县科学技术协会

主　席　肖红霞

◆县人大常委会委、室

办公室

主　任　滕青松

执法监督室

主　任　邹凯川

研究室

主　任　王　建

人事代表工作委员会

主　任　成满国

农业工作委员会

主　任　赵其洲（10月止）

　　　　董文德（10月起）

财经预算工作委员会

主　任　李　刚

城乡建设与环境资源保护委员会

主　任　李加富

法治工作委员会

主　任　左立勇

教科文卫工作委员会

主　任　何　锦

立法民宗外侨工作委员会

主　任　董文德（10月止）

　　　　杨昌军（10月起）

社会建设委员会

主　任　空缺

监察和司法委员会

主　任　张康奇

◆县人民政府系统

县人民政府办公室

主　任　母全金

县发展和改革局

局　长　冯　雄（8月止）

　　　　黄新宇（8月起）

县工业信息化和科技局

局　长　姜顺勇

县教育和体育局

局　长　王　勇

县民族宗教事务局

党组书记　席增斌

局　长　席增斌

县公安局

局　长　李　强

县民政局

局　长　罗金邦

县司法局

局　长　何　涛

县财政局

局　长　朱福勇

县人力资源和社会保障局

局　长　席　俊

县自然资源局

局　长　阮光兵

县住房和城乡建设局

局　长　何　强

县交通运输局

局　长　韩国军

县农业农村局

局　长　陈仁毅

县商务和经济合作局

局　长　孟顺林

县文化广播电视和旅游局

局　长　熊　英

县卫生健康局

局　长　徐晓玲

县退役军人事务局

局　长　黄新宇（8月止）

　　　　袁武权（8月起）

县应急管理局

局　长　李　剑

县审计局

局　长　杨　东

县市场监督管理局

局　长　衡永志

县统计局

局　长　黄发云

县乡村振兴局

局　长　邓　平

县信访局

党组书记　唐　丁

局　长　唐　丁（1月止）

　　　　陈　卓（1月起）

县医疗保障局

局　长　刘　皎

县行政审批局

局　长　徐　进

县综合行政执法局

局　长　何昌益

县供销合作联合社

主　任　汪　勇

县投资服务中心

主　任　陈家杰

县机关事务服务中心

主　任　郑培勇

县信息化工作服务中心
主 任 郑 勇
县水利发展中心
主 任 敬安忠（3月起）
四川小寨子沟国家级自然保护区管理处
主 任 赵 军
县林业草原发展中心
主 任 李 胜(9月起）
县农民工服务中心
主 任 朱 莎

◆县政协委、室

秘书长 潘向东
办公室
主 任 杨东海
研究室
主 任 石卫国
委员工作委
主 任 黄 勇
经济委
主 任 韩世洪
文化文史和学习委
主 任 郭志武
提案委
主 任 闫功华
社会法制和台侨民宗委
主 任 隆仕军
科教卫体委
主 任 杨 玻
城乡建设和资源环境委
主 任 刘 为

◆四川北川经济开发区（绵阳科技城〈北川〉通用航空产业园）

党工委书记 代小龙（3月止）
王 辉（3月起）
管委会主任 王 辉（3月止）
母贤斌（4月起）

◆垂直管理部门

绵阳市北川生态环境局
局 长 吴晓红
县税务局
局 长 张 亮
县气象局
局 长 杨国宇
国家统计局北川调查队
队 长 陈兴明
绵阳市住房公积金服务中心北川管理部
主 任 吴良斌

◆乡 镇

永昌镇
党委书记 母贤斌（3月止）
王 椋（3月起）
镇 长 张维刚
永安镇
党委书记 陈 伟
镇 长 苏天明（8月止）
郁 周（8月起）
擂鼓镇
党委书记 王良波（8月止）
苏天明（8月起）
镇 长 李 曦
曲山镇
党委书记 王仙龙
镇 长 刘 芳
通泉镇
党委书记 唐祖华
镇 长 喻 辉
陈家坝镇
党委书记 胥执邦
镇 长 丁 瑞（8月止）
刘金强（9月起）
桂溪镇
党委书记 赵海波
镇 长 傅渝川
都贯乡
党委书记 朱 毅
乡 长 王国剑
漩坪乡
党委书记 何 涛（8月止）
张文强（8月起）
乡 长 吴加伦
白坭乡
党委书记 王福勇
乡 长 朱颗可
禹里镇
党委书记 黄 丹
镇 长 谭诗成（8月止）
王 豪（8月起）
开坪乡
党委书记 庞 波（8月止）
官雄一（8月起）
乡 长 党少泽
小坝镇
党委书记 贾德春
镇 长 刘 志
桃龙藏族乡
党委书记 蒋 赟
乡 长 蹇开平
片口乡
党委书记 杨 斌
乡 长 刘金强（8月止）
陈 凡（8月起）
坝底乡
党委书记 杨桓宇（8月止）
丁 瑞（8月起）
乡 长 张 亮

马槽乡

党委书记　周李静

乡　　长　王　春

白什乡

党委书记　李元霸（8月止）

　　　　　谭诗成（8月起）

乡　　长　刘邦华

青片乡

党委书记　蹇开勇

乡　　长　母凤鸣

（县委组织部）

2022年县委、县政府重要文件目录

2022年县委重要文件目录

表15

序号	文号	发文单位	文件标题
1	北委发〔2022〕1号	县委、县政府	关于高质量做好2022年“三农”重点工作全面推进乡村振兴的意见
2	北委发〔2022〕5号	县委	关于以实现碳达峰碳中和目标为引领推动经济社会高质量发展的决定
3	北委发〔2022〕8号	县委	关于表彰2021年度“天府旅游名县”建设先进集体和先进个人的决定
4	北委发〔2022〕10号	县委	关于表扬2021年度党建、纪检、宣传、政法、深化改革、依法治县、人大、政协、统战、群团工作先进单位的决定
5	北委发〔2022〕11号	县委、县政府	关于表扬2021年度经济社会发展工作先进集体、先进个人、北川好人的决定
6	北委发〔2022〕12号	县委、县政府	关于表扬2021年度乡村振兴实绩考核先进单位的通知
7	北委发〔2022〕13号	县委、县政府	关于命名2021年度实施乡村振兴战略示范村的通知
8	北委发〔2022〕14号	县委、县政府	关于表扬三八红旗手、三八红旗集体、巾帼文明岗的通报
9	北委发〔2022〕15号	县委、县政府	关于表扬“北川羌族自治县五四红旗团委（团支部）”“北川羌族自治县优秀共青团员”“北川羌族自治县优秀共青团干部”的通报
10	北委发〔2022〕16号	县委、县政府	关于印发《北川羌族自治县法治宣传教育第八个五年规划（2021～2025年）》的通知
11	北委发〔2022〕17号	县委、县政府	北川羌族自治县区域协同发展规划（2021～2025年）
12	北委发〔2022〕20号	县委、县政府、武装部	关于表扬2021年度先进基层武装部、先进民兵应急排和优秀专武干部的通报
13	北委发〔2022〕21号	县委、县政府	关于表扬2021年度精神文明建设先进集体、先进个人，“羌山最美”志愿服务先进典型、“羌山好人”的通报
14	北委发〔2022〕22号	县委、县政府	关于推进2022年全面从严治党、党风廉政建设和反腐败工作的意见
15	北委发〔2022〕23号	县委、县政府	关于表扬2022年度尊师重教先进集体、教体系统优秀教师团队和先进个人的通报
16	北委办〔2022〕28号	县委办、县府办	关于印发《北川羌族自治县创建全国文明城市县级领导、县级部门联系社区、楼栋包住户制度（试行）》的通知

续表15

序号	文号	发文单位	文件标题
17	北委办〔2022〕29号	县委办、县府办	关于印发《北川羌族自治县城乡房屋建筑安全隐患排查整治工作方案》的通知
18	北委办〔2022〕55号	县委办	关于印发《北川羌族自治县全面推行田长制实施方案》的通知
19	北委办〔2022〕1号	县委办、县府办	关于印发《北川羌族自治县产业倍增发展攻坚行动方案（2021～2025）》等五大攻坚行动方案的通知
20	北委办〔2022〕2号	县委办、县府办	关于印发《北川羌族自治县维稳信访工作责任追究办法（试行）》的通知
21	北委办〔2022〕3号	县委办	印发《关于加快推进国家监察向园区延伸的实施方案》
22	北委办〔2022〕5号	县委办、县府办	关于印发《四川北川经济开发区综合改革实施意见》的通知
23	北委办〔2022〕7号	县委办、县府办	关于印发《北川羌族自治县涉稳矛盾及信访积案“减存量、遏增量、防变量”实施方案》的通知
24	北委办〔2022〕8号	县委办、县府办	关于印发《深入践行网上群众路线努力提升网上信访群众满意度的实施方案》的通知
25	北委办〔2022〕13号	县委办、县府办	关于印发《2022年全县23件省级民生实事实施方案》《2022年全县9件市级民生实事实施方案》《2022年全县11件县级民生实事实施方案》的通知
26	北委办〔2022〕16号	县委办、县府办	关于印发《北川羌族自治县推进农业“四大产业”高质量发展实施方案》的通知
27	北委办〔2022〕17号	县委办、县府办	关于印发《北川羌族自治县“园区提质”“企业满园”行动实施方案》的通知
28	北委办〔2022〕18号	县委办、县府办	关于印发《北川羌族自治县促进文化旅游产业高质量发展奖励扶持办法（试行）》的通知
29	北委办〔2022〕19号	县委办、县府办	关于印发《北川羌族自治县“5+4+N”防返贫动态监测和帮扶工作机制》的通知
30	北委办〔2022〕20号	县委办、县府办	关于印发《北川羌族自治县乡村文化振兴工作方案》的通知
31	北委办〔2022〕21号	县委办、县府办	关于印发《北川羌族自治县河道砂石专项整治行动方案》的通知
32	北委办〔2022〕22号	县委办、县府办	关于印发《四川北川经济开发区企业入园管理办法》的通知
33	北委办〔2022〕24号	县委办、县府办	印发《关于深化应急管理综合行政执法改革的实施方案》的通知

续表15

序号	文号	发文单位	文件标题
34	北委办〔2022〕26号	县委办	关于印发《北川羌族自治县事业单位管理岗位职员等级晋升实施细则（试行）》《北川羌族自治县事业单位管理办法（试行）》的通知
35	北委办〔2022〕27号	县委办、县府办	关于印发《北川羌族自治县城乡环境综合提质三年行动实施方案（2022～2024年）》的通知
36	北委办〔2022〕28号	县委办、县府办	关于印发《北川羌族自治县人居环境整治激励资金奖补实施方案》的通知
37	北委办〔2022〕29号	县委办、县府办	关于印发《北川羌族自治县重大经济事项决策实施办法（试行）》的通知
38	北委办〔2022〕30号	县委办、县府办	关于印发《北川羌族自治县激励乡镇抓经济发展工作措施（试行）》的通知
39	北委办〔2022〕32号	县委办、县府办	印发《关于进一步强化防灾减灾的实施意见（试行）》的通知
40	北委办〔2022〕33号	县委办、县府办	关于印发《北川羌族自治县防灾减灾工作责任追究办法（试行）的通知》
41	北委办〔2022〕34号	县委办、县府办	关于印发《四川经济开发区全员聘任制改革实施方案（试行）》的通知
42	北委办〔2022〕35号	县委办、县府办	关于印发《四川经济开发区薪酬制度改革方案（试行）》的通知
43	北委办〔2022〕36号	县委办、县府办	关于印发《北川羌族自治县2022年优化营商环境工作方案》的通知
44	北委办〔2022〕37号	县委办、县府办	关于印发《北川羌族自治县创建国家全域旅游示范区实施方案》的通知
45	北委办〔2022〕38号	县委办、县府办	关于印发《北川羌自治县村（社区）年度目标绩效考核办法（试行）》的通知
46	北委办〔2022〕39号	县委办、县府办	关于印发《北川白山羊产业发展实施意见》的通知
47	北委办〔2022〕40号	县委办、县府办	关于印发《北川羌族自治县茶叶品牌培育实施意见》的通知
48	北委办〔2022〕41号	县委办、县府办	关于印发《北川羌族自治县茶产业链“链主”企业培育实施方案》的通知
49	北委办〔2022〕42号	县委办、县府办	关于印发《北川羌族自治县县域共青团基层组织改革工作实施方案》的通知

（县委办）

2022年县政府重要文件目录

表16

序号	文号	发文单位	文件标题
1	北府发〔2022〕1号	县政府	关于印发《北川羌族自治县“十四五”工业和信息化发展规划》《北川羌族自治县“十四五”科技创新规划》的通知
2	北府发〔2022〕2号	县政府	关于印发《北川羌族自治县“十四五”基本公共服务体系规划》的通知
3	北府发〔2022〕5号	县政府	关于发布实施《四川安县生物礁国家地质公园总体规划（2022~2035年）》的通知
4	北府发〔2022〕6号	县政府	关于印发《北川羌族自治县“十四五”服务业发展规划（2021~2025）》的通知
5	北府发〔2022〕9号	县政府	关于命名2022年县星级现代农业园区的通知
6	北府发〔2022〕10号	县政府	关于印发《四川北川经济开发区（绵阳科技城〈北川〉通用航空产园）“十四五”规划》的通知
7	北府发〔2022〕11号	县政府	关于发布实施《四川江油生物礁国家地质公园总体规划（2021~2035年）》的通知
8	北府发〔2022〕12号	县政府	关于授予杨保平、刘大先同志“北川羌族自治县荣誉市民”称号的决定
9	北府发〔2022〕14号	县政府	关于印发《北川羌族自治县农业产业发展“十四五”规划（2021年~2025年）》的通知
10	北府发〔2022〕15号	县政府	关于印发《北川羌族自治县乡镇承接县级行政权力事项清单（第二批）》的通知
11	北府发〔2022〕16号	县政府	关于印发《北川羌族自治县国土空间规划委员会工作规则（试行）》的通知
12	北府发〔2022〕17号	县政府	关于印发《北川羌族自治县“十四五”文化和旅游业发展规划》的通知
13	北府办发〔2022〕1号	县府办	关于建立全县房地产市场调控协调工作机制的通知
14	北府办发〔2022〕2号	县府办	关于印发《北川羌族自治县品牌创建奖励办法》的通知
15	北府办发〔2022〕4号	县府办	关于印发《北川羌族自治县低温雨雪冰冻灾害应急预案》的通知
16	北府办发〔2022〕5号	县府办	关于印发《北川羌族自治县道路扬尘治理实施方案（试行）》的通知
17	北府办发〔2022〕7号	县府办	关于积极推行乡村振兴“普惠保”医疗保险工作的通知
18	北府办发〔2022〕8号	县府办	关于印发《北川羌族自治县防汛抗旱应急预案（2022年修订）》的通知

续表16

序号	文号	发文单位	文件标题
19	北府办发〔2022〕10号	县府办	关于印发《北川羌族自治县突发地质灾害应急预案（修订）》的通知
20	北府办发〔2022〕11号	县府办	关于印发《北川羌族自治县县级行政权力清单（2021年）》的通知
21	北府办发〔2022〕12号	县府办	关于印发《北川羌族自治县重污染天气应急预案（2022年修订版）》的通知
22	北府办发〔2022〕13号	县府办	关于印发《北川羌族自治县突发事件通信保障应急预案（试行）》《北川羌族自治县通信网络事故应急预案（试行）》的通知
23	北府办发〔2022〕14号	县府办	关于印发《北川羌族自治县大面积停电事件应急预案》的通知
24	北府办发〔2022〕15号	县府办	关于印发《北川羌族自治县金融突发事件应急预案（试行）》的通知
25	北府办发〔2022〕16号	县府办	关于印发《北川羌族自治县突发事件能源供应保障应急预案（试行）》的通知
26	北府办发〔2022〕17号	县府办	关于印发《北川羌族自治县防汛抗旱应急预案（2022年第2次修订）》的通知
27	北府办发〔2022〕18号	县府办	关于印发《北川羌族自治县商务和经济合作局驻外机构管理办法（试行）》的通知
28	北府办发〔2022〕19号	县府办	关于印发《北川羌族自治县食品安全突发事件应急预案（试行）》的通知
29	北府办发〔2022〕20号	县府办	关于印发《北川羌族自治县网络安全事件应急预案（试行）》的通知
30	北府办发〔2022〕21号	县府办	关于印发《北川羌族自治县资产收益资金管理办法（试行）》的通知
31	北府办发〔2022〕22号	县府办	关于印发《北川羌族自治县突发地质灾害应急预案（第二次修订）》的通知
32	北府办发〔2022〕23号	县府办	关于印发《北川羌族自治县2022年“7·16”暴雨洪涝地质灾害灾后住房恢复重建工作实施方案》的通知
33	北府办发〔2022〕24号	县府办	关于印发《北川羌族自治县油气供应中断应急预案（试行）》的通知
34	北府办发〔2022〕25号	县府办	关于印发《北川羌族自治县气象灾害应急预案（试行）》的通知
35	北办规〔2022〕1号	县府办	关于印发《北川羌族自治县特殊困难家庭专项救助实施办法》的通知
36	北办规〔2022〕2号	县府办	关于印发《北川羌族自治县2022年“7·16”暴雨洪涝地质灾害灾后住房异地重建工作实施办法》的通知

续表16

序号	文号	发文单位	文件标题
37	北府办函〔2022〕1号	县府办	关于表扬绵阳市第七届运动会北川代表团先进单位、先进个人的通知
38	北府办函〔2022〕2号	县府办	关于印发《北川羌族自治县县级储备粮管理办法》的通知
39	北府办函〔2022〕3号	县府办	关于印发《北川羌族自治县地质灾害全域综合整治三年行动计划（2021～2023年）》的通知
40	北府办函〔2022〕5号	县府办	关于印发《建立北川羌族自治县抢险救灾项目工程队伍储备库工作方案》的通知
41	北府办函〔2022〕7号	县府办	关于印发《北川羌族自治县违法用地整治攻坚专项行动方案》的通知
42	北府办函〔2022〕10号	县府办	关于印发《创建全国学前教育普及普惠县实施方案》的通知
43	北府办函〔2022〕11号	县府办	关于印发《北川羌族自治县突发事件维护社会秩序应急预案（试行）》的通知
44	北府办函〔2022〕16号	县府办	关于印发《加强督学责任区建设工作实施方案》的通知
45	北府办函〔2022〕19号	县府办	关于印发《北川羌族自治县进一步完善义务教育教师工资待遇长效保障机制工作方案》的通知
46	北府办函〔2022〕22号	县府办	关于印发《大熊猫国家公园北川片区勘界立标工作方案》的通知
47	北府办函〔2022〕30号	县府办	关于印发《北川羌族自治县2020年国家电子商务进农村综合示范项目实施方案》的通知
48	北府办函〔2022〕31号	县府办	关于印发《北川羌族自治县深入推进“两站两员”建设工作实施方案》的通知
49	北府办函〔2022〕32号	县府办	关于印发《2022年大豆玉米带状复合种植示范推广工作实施方案》的通知
50	北府办函〔2022〕33号	县府办	关于表扬2021年度政务信息工作先进集体和先进个人的通报
51	北府办函〔2022〕34号	县府办	关于印发《北川羌族自治县12345政务服务便民热线工作细则》的通知
52	北府办函〔2022〕41号	县府办	关于全面建立健全部门内部法制审核机制的通知
53	北府办函〔2022〕43号	县府办	关于印发《贯彻落实〈四川省2022年县域经济工作要点〉的实施方案》的通知
54	北府办函〔2022〕52号	县府办	关于印发《北川羌族自治县分行业、分领域防范化解非法集资责任分工方案》的通知

（县政府办）

▶索引

说明：(1)本索以人名、地名、机构名称、活动名称、事件（事物）名称为主题词。(2)本索引按主题词汉语拼音字母顺序排列，主题词后面的数字和字母分别表示所在页码和分栏位置(a、b、c表示本页码左、中、右三栏)。(3)本索引主题词主要选自本年鉴正文部分，特载、大事记、附录以及图表、照片不在索引范围内。

主题词索引

A

爱国卫生运动 201
安全监管 119
安全生产 86
安全生产管理 223
安全应急产业发展 223
案件查办 105

B

巴拿恰入选全国非遗与旅游融合发展优选项目名录 181
坝底乡 286
坝底乡防止“非粮化”整治经验被《中国组织人事报》报道 287
白山羊美食文化活动 262
白山羊养殖 148
白什乡 289
办文办会 93
保密工作 61
保障性住房日常维护 232
北川被确定为省林草局直接联系的国家储备林建设县 145
北川城市超级IP《少年禹传奇》正式发布 66
北川抽水蓄能电站项目 148
北川非物质文化遗产保护协会成立 172
北川郊野公园及配套工程 231
北川老县城地震遗址保护 187
北川七一职业中学“三名工程”建设 193
北川七一职业中学“双示范”建设 193
北川企业复工复产情况调研 219
北川羌城旅游区 41
北川羌族民俗博物馆 169
北川羌族自治县第三人民医院 204
北川羌族自治县妇幼保健院 204
北川羌族自治县工会第五次代表大会召开 110
北川羌族自治县林业草原发展中心成立 145
北川羌族自治县农村信用合作联社 163
北川羌族自治县人民医院 202
北川羌族自治县无人机产业园1#、3#楼1层装修改造及室外环境提升项目 231
北川羌族自治县工商业联合会

107
北川羌族自治县中羌医医院 203
北川羌族自治县总工会 107
北川通航产业园实现无人机整机制造 138
北川文化提升项目—大禹文化陈列馆 230
北川以工代赈案例在全省推广 281
北川禹创三元发展集团有限公司 216
北川中华大熊猫动植物园项目 230
《北川羌族自治县年鉴（2022）》出版发行 98
《北川民间故事丛书系列之二——小坝有故事》出版 103
兵员征集 129
病媒生物防治工作 202
补充保险参保 249

C

财政审计 207
财政资金监管 208
彩票公益基金 258
参加“绵阳出川”厦门行 183
参治参建 130
残疾人服务 256
蚕桑种植 144
茶产业发展 141
茶叶种植 143
产业发展 44, 84
产业结构调整 133
产业损失 225
产业协作 247
陈家坝镇 270
成人高考与自学考试 193
城市供气 234
城市管理领域行政执法 221
城市交通管理 236
城市卫生与绿化 236
城市消防 237
城乡低保 249
城乡发展 85
城乡户政管理 237
城乡环境综合提质“点长制” 289
城乡环境综合治理 238
城乡基层治理 63
城乡基础设施建设 229
城乡居民生活 252
城乡文化 178
城乡综合服务 234
城市管理领域行政执法 221
出入境管理 237
畜牧和水产业 148
传染病管理 197
创建绵阳市食品安全示范乡镇 265
创业就业 253

D

打击刑事犯罪 118
打造“红星耀羌山”党建品牌 64
打造红色培训基地 78
打造生猪优势产业 279
打造瓦壶沟“不语书院”民宿 274
大豆种植 143
大气污染防治及道路扬尘治理行政执法 221
大型医院简介 202
大禹故里 40
档案查询利用 75
档案工作 75
档案宣传 75
党的二十大精神宣传 66
党的建设 45
党管武装 129
党建引领促发展 73
党史编研 76
道路安全生产 154
稻渔现代农业园区 149
地表水饮用水环境质量 242
地方病防治工作 198
地方志工作 97
地势地形 38
地震监测与预警 224
地质灾害预警体系建设 290
第四届海峡两岸大禹文化交流活动暨2022年大禹诞辰祭祀 170
第一批镇村志出版 97
电力保供 235
电力管理 234
电网建设 235
电子信息产业 134
调研视察工作 82
东西部劳务协作 253
东西部协作 107, 246
都贯乡 273
对台工作 70
队伍建设 106
“地震纪念馆杯”系列品牌活动 187
东西部扶贫协作教育人才交流 189

地质灾害防治 213
道路交通违法惩处 236

E

2021年“最美绵阳人物” 294
2021年县域经济分析 218
2022年森林草原小火打早打了应急演练 228
儿童关爱保护保障 251
尔玛园简介 239
“尔玛云”云办公系统应用 96

F

发票电子化改革 209
发展与改革 205
法治社会建设 116
法治宣传 118
反诈工作 118
防火防汛应急准备 224
防灾减灾 222
房地产开发 231
非公有制经济工作 70
非遗保护 172
非洲猪瘟防控工作 150
奋进新征程 建功新时代——北川、柯城两地新春联欢会 178
孵化器平台建设 136
服务“三大攻坚战” 121
服务中心大局 124
妇女创业就业 113
妇女儿童维权 114
妇幼公共卫生项目 199
妇幼健康 199
风险化解 67
法治宣传 125

G

改革开放 85
概 述 44
干部培训工作 77
干部人事档案工作 64, 94
干部选拔任用 62
高等教育 193
高科技产业化 165
高山果蔬（含食用菌、魔芋）种植 144
高校毕业生登记和档案管理 94
工会帮扶工作 108
工会会员普惠服务 109
工会经费管理 110
工业产业 134
工资福利与退休管理 95
公安监所运行 120
公安派出所运行管理 120
公共场所卫生监督检查 220
公共法律服务 127
公共服务设施设备损失 226
公共机构节能 93
公共图书馆 179
公共卫生事件监测预警和处置 225
公共卫生应急处置 224
公共资源交易 97
公路养护 153
公务接待 61
公务用车管理 93
公务员管理 63
公益诉讼 121
公益诉讼检察助推传统村落保护 123
供销改革 158
巩固拓展健康扶贫成果同乡村振兴有效衔接 201
共青团北川羌族自治县委 110
构建“1319”多元化矛盾纠纷化解机制 117
构建白草河流域防汛应急响应体系 286
古树小微公园建设 145
关爱妇女儿童 113
光彩事业 107
规模养殖场建设 149
桂溪镇 272
国防教育 130
国有企业改革 216
国有资产管理 94
国有资产管理和处置 214, 216, 217
国资公司管理 214
国土资源管理 213

H

合法性审查指导 126
合伙人招募项目 270
河道管理 146
河流水系 39
红色美丽村庄建设 288
户籍管理 237
户外劳动服务站点建设 110
环保问题整改 244
环境监管监测 244
环境执法 244
环境质量监测与保护 242
黄江大桥病害处置及荷载提升完工 153
火灾防控 227

“火案智慧预警”系统建成 120
货车司机试点党建 64
“海纳北川 才聚羌山”招才引智活动 64
HPV民生项目 197

J

机构编制 71
机构编制管理 72
机关党建 73
机关党组织建设 73
基层残联组织改革 256
基层党组织建设 63
基层工会组织建设 108
基层监督 104
基层卫生 200
基层医疗服务能力提升 200
基础教育 191
基础设施建设 135, 152, 200
基础设施损失 226
集体经济发展 142
计生惠民 202
家禽养殖 148
家庭文明建设 114
监督工作 83
减税降费 208
建立“都坝河”文旅产业微官网 274
建立乡镇联席会议机制 95
建设白坭大方岭黑猪繁育场 277
建设村级农民工综合服务站 254
建筑业管理 231
交通运输 152
交通运输领域行政执法 220
教育项目建设 188
教育信息化建设 190
教育与教学 194
节水型社会建设 146
金船山公墓迁建项目 231
金船山公墓异地迁建项目建设 251
金凤村建设高山缓季节枇杷基地 283
金融风险防范 160
金融为民行动 161
金融综合管理 161
经责资环审计 207
精神文明建设 68
“积极推动优质医疗资源和医保服务事项最后‘一米线’建设”协商 103
竞技体育 195
九皇山风景区 42
九绵高速北川段建设 154
就业创业扶持 131
就业援助 253
举办“大爱吾羌·古蜀茶文化”活动 274
举办第四届沙朗节、红叶节活动 292
接受监督 126

K

开办残疾人文化活动中心 257
开放合作 44
开茂水库工程 147
开展社工站试点项目 283
“扣好人生第一粒扣子——羌山‘青’廉说”诵读活动 106
抗震救灾精神宣讲团 187
科（调）研咨政工作 77
科技赋能防灾减灾 223
科技活动 165
科技人才与人才培养 165
科普示范 165
科学划定“三区三线” 214
科学立法 115
科学普及 166
科研工作 195
科技工作 165
空域管理 138
矿产砂石加工产业 134
矿产资源 240

L

劳动保障法规宣传 128
劳动竞赛和技能培训 108
劳动人事争议仲裁和劳动保障监察 127
老干部服务管理工作 75
老龄工作 255
老龄健康服务 255
擂鼓镇 264
擂鼓镇盖头村现代茶叶产业园区建设 266
黎山村获评2022年度乡村振兴重点帮扶优秀村、全省合并村集体经济融合发展试点先进村 271
理论宣讲 77
历史沿革 40
立法工作 82
立法与执法监督 126
联合便民服务站建设 276
廉政教育 106
练兵备战 129
粮油购销 206

两项改革“后半篇”文章 71
烈士纪念设施提升 131
林长制工作 145
林业产业发展 144
林业资源综合管理 144
临时救助 250
流行病学调查工作 150
旅游精品线路 182
旅游市场推广 182
旅游资源 182
绿化绵州行动 144

M

马槽乡 287
慢性非传染性疾病管理 198
美丽乡村建设 142
绵阳大峡谷漂流项目 275
绵阳飞行职业学院 194
绵阳科技城第二水源开茂水库水厂及配套管网工程 147
绵阳科技城（北川）通航产业园 137
绵阳市商业银行北川支行 162
民商事案件审理 124
民生保障 45
民生工程建设 245
民生实事 245
民生实事宣传工作 245
民族成分 40
民族类资金项目 255
民族团结进步工作 255
民族院落班邦积分制管理 284
民族宗教 255
民族宗教工作 70
目标督查 62
矛盾化解 95

N

纳税服务 208
农产品产业链建设 140
农产品加工产业 134
农产品监管检疫 150
农产品检测 150
农村电商培训 159
农机安全宣传 149
农民工返乡创业 254
农民工服务 253
农民工稳岗就业 253
农业病虫害防治 150
农业产业基地建设 140
农业发展银行北川支行 161
农业机械化管理 149
农业品牌创建 141
农作物对地抽样调查样本轮换 219
农作物种业 143
“女干部打call北川”活动 114

P

片口乡 285
平安北川建设 117
普法与依法治理 126
普通高考 193
普通高中教育 192

Q

企业培育 133
企业升规入统 218
气候 39
气象监测和服务 167
气象灾害风险普查 167
汽运管理 154
“千村示范工程”污水治理 244
千佛山战役遗址公园项目马槽红三十一军总医院旧址、北川红军纪念馆展陈提升及“三防”建设和马槽红三十一军总医院旧址环境整治项目 230
羌山“领头羊”科技人才培养项目 112
羌山农牧农业综合体项目建设 273
羌文化传习所建设 293
羌族风情 41
“羌食荟”农产品区域公用品牌发布会举行 155
抢通保通 153
抢险救灾 130, 226
青年服务工作 111
“青农羌市”公益助农项目 112
青片乡 291
区域协作建立大熊猫公园自然保护队伍 286
曲山镇 266
全国科普日系列活动 166
全民阅读 179
全省51个少数民族县经济社会发展情况调研 102
全县“最美科技工作者”评选活动 166
全域旅游示范带建设 281
群众体育 195

R

人才队伍建设 63

人工影响天气作业 168
人居环境整治 285
人居环境治理 246
人口与计划生育 202
人力资源 94
人民参与和促进法治 127
人民防空 132
人民武装 129
人文历史 40
人员及家庭财产损失 225
任禹路危隧改造工程竣工 153
荣立二等功以上的北川籍官兵简介 294
融合媒体打造 180
瑞弘锦博樾 232
融媒体 179

S

“3·15”国际消费者权益日宣传活动 257
387亩苔子茶获国家绿色食品认证 267
S107线北川老县城地震遗址段公路黑化工程 231
S216北川墩上乡至青片乡灾毁修复整治工程 229
S313北川开坪乡至片口乡灾毁修复整治工程 229
森林草原防灭火 227
森林防灭火 241
山脉 38
设立“禹羌情”专项救助基金 250
社保保险 248
社保待遇发放 248
社保基金风险防控 248
社保基金征收 248
社保降费 248
社会保障 248
社会发展与安全 45
社会福利 250
社会监督 122
社会救助 249
社会捐赠 250
社会科学 177
社会面治理 122
社会民生 85
社会事务 251
社会组织党建工作 255
社会组织年检工作 254
社会组织助力社区治理和乡村振兴 254
社区管理 254
社区矫正与安置帮教 127
社区青春“5+”行动 112
社团管理 254
深化改革 61
深化教育改革 188
深化开放合作 206
深化体制改革 180
深推重大改革项目 125
审批事项 96
生活饮用水卫生监督检查 220
生态资源 240
生猪养殖 148
声学环境质量 242
省三星级茶叶生猪种养循环现代农业园区 141
师资队伍建设 190
石椅村被命名为天府旅游名村 267
实施“一校一品、一校一特”学校特色建设 189
实施党建引领城镇建设 277
食品药品监督 212
史志阅览室建设 97
市场监督管理 212
市场执法监督 212
市场秩序监管 212
市域社会治理现代化试点 67
市政设施管理 235
事业单位登记管理 73
事业单位工作人员流动管理 94
事业单位人事管理及工资福利 166
事业单位职级晋升 166
首个“委员联合工作室”成立 99
首届北川白山羊美食文化活动暨第二届厨艺大赛 156
数字化城市管理 234
数字化转型 247
双拥褒扬纪念 131
水产业 149
水电气产业 135
水利重点工程 146
水田新村建设 287
水土保持 146
税收治理 209
司法公正 116
司法行政 126
思想理论武装 65
思想政治建设 74
四川北川富民村镇银行 163
四川北川经济开发区 135
四川纳森户外运动有限公司创建“三心三力”党建品牌 264
四川小寨子沟国家级自然保护区 241
苏宝河擂鼓镇田坝村防洪治理工

程 146
“十年禁渔”专项整治行动 221
“双减”政策落实情况开展视察 102
首届“大禹杯”文化旅游创意大赛 170
“晒、比、评”基层党建拉练活动 64
诉源治理 124

T

“7·16”突发山洪灾害 225, 291
“天府科技云”平台建设 167
探索设立“院落管家”促进农村环境共管共治 273
唐家山水库工程 146
桃龙藏族乡 283
讨论决定重大事项 83
特困人员救助 249
特色电商活动 159
提案办理 102
提案提交 102
体育产业 196
天安保险有限公司北川支公司 164
通泉镇 268
通信技术服务 168
统计调查 219
统计工作制度解读 218
统计数据质量核查 218
统一战线工作 70
投资审计 207
团组织工作 110
推进放心舒心消费环境建设 257
退役军人权益保障 131
退役军人事务 130
托育工作 202
脱贫攻坚与乡村振兴财政投入 208
“统仓共配”山区快递费降幅 159
“推动落实残疾人水、电、气价格优惠政策”对口协商 103
听证员库建立 122

W

5·12汶川特大地震纪念馆 187
网络消费环境整治 257
维护社会稳定 118
维斯特农业休闲旅游区 42
卫生创建工作 202
卫生防疫 197
卫生监测工作 198
卫生人才队伍建设 201
卫生行政管理 200
卫生执法监督管理 219
为农服务 158
未成年人司法保护 121
文传业务 154
文化惠民 178
文化旅游领域行政执法 220
文化事业发展 65
文旅品牌创建 182
文明城市创建 261
文明实践阵地建设 68, 258
文明细胞培育 69
文史工作 103
文艺创作 176
稳健货币政策 160
污染防治 243
污染源监督性监测 242
污水处理厂灾毁恢复工程 230
物价管理 206

X

西河村范家坝大桥开工建设 271
县慈善总会 251
县工商业联合会（总商会）第五次代表大会 107
县红十字会 250
县人民医院成功创建产前筛查机构 199
县委五届第15次常委会会议 45
县委五届第16次常委会会议 46
县委五届第17次常委会会议 46
县委五届第18次常委会会议 47
县委五届第19次常委会会议 47
县委五届第20次常委会会议 47
县委五届第21次常委会会议 47
县委五届第22次常委会（扩大）会议 48
县委五届第23次常委会会议 48
县委五届第24次常委会(扩大)会议 48
县委五届第25次常委会（扩大）会议 48
县委五届第26次常委会（扩大）会议 49
县委五届第27次常委会会议 49
县委五届第28次常委会（扩大）会议 50
县委五届第29次常委会（扩大）会议 50
县委五届第30次常委会（扩大）会议 51

县委五届第31次常委会（扩大）会议 51
县委五届第32次常委会（扩大）会议 51
县委五届第33次常委会（扩大）会议 52
县委五届第34次常委会（扩大）会议 52
县委五届第35次常委会（扩大）会议 53
县委五届第36次常委会（扩大）会议 53
县委五届第37次常委会（扩大）会议 53
县委五届第38次常委会（扩大）会议 54
县委五届第40次常委会（扩大）会议 54
县委五届第41次常委会（扩大）会议 55
县委五届第42次常委会（扩大）会议 55
县委五届第43次常委会（扩大）会议 56
县委五届第44次常委会（扩大）会议 57
县委五届第45次常委会（扩大）会议 57
县委五届第46次常委会（扩大）会议 58
县委五届第47次常委会（扩大）会议 58
县委五届第48次常委会（扩大）会议 58
县委五届第49次常委会（扩大）会议 59
县委五届第52次（扩大）常委会 60
县委五届第53次（扩大）常委会 60
县委五届三次全会 45
县五届人大常委会第10次会议 81
县五届人大常委会第11次会议 82
县五届人大常委会第2次会议 80
县五届人大常委会第5次会议 80
县五届人大常委会第6次会议 80
县五届人大常委会第8次会议 81
县五届人大常委会第9次会议 81
县政府五届第10次常务会议 87
县政府五届第11次常务会议 88
县政府五届第12次常务会议 88
县政府五届第13次常务会议 88
县政府五届第14次常务会议 88
县政府五届第15次常务会议 89
县政府五届第16次常务会议 89
县政府五届第17次常务会议 89
县政府五届第18次常务会议 89
县政府五届第19次常务会议 90
县政府五届第20次常务会议 90
县政府五届第21次常务会议 90
县政府五届第22次常务会议 90
县政府五届第23次常务会议 91
县政府五届第24次常务会议 91
县政府五届第25次常务会议 91
县政府五届第26次常务会议 91
县政府五届第27次常务会议 92
县政府五届第28次常务会议 92
县政府五届第29次常务会议 92
县政府五届第30次常务会议 92
县政府五届第6次常务会议 87
县政府五届第7次常务会议 87
县政府五届第8次常务会议 87
县政府五届第9次常务会议 87
县政府五届第二次全体会议 86
县政府五届第一次全体会议 86
县政协五届第3次常委会议 100
县政协五届第4次常委会议 100
县政协五届第5次常委会议 100
县政协五届第6次常委会议 100
县政协五届第7次常委会议 100
县政协五届二次全体会议 100
县政协主席扩大会议 101
现代零售终端建设 157
现代农业园区建设 141
乡村文化振兴活动 176
乡村振兴 246
乡村振兴实训基地人才服务中心项目 230
向上争取 136
项目建设 215
项目建设和储备 206
项目融资 215
项目审批和备案 206
消防安全专项治理 227
消防监督 237
消防宣传 238
消防知识宣传 227
消费者权益保护 257
小坝镇 282
小额贷款和贷款担保 214
校企合作 195
新材料产业 134
新开发研学项目运营 217
新闻出版与版权 169
新闻宣传 65
信访工作 95
行权清单管理 72
刑事案件审理 123
行政复议应诉 117

行政区划 39
行政区划与历史沿革 39
行政审批 96
行政执法监督 117
宣传思想工作 64
宣传阵地建设 65
漩坪乡 275
选举任免 83
学前教育 192
学校安全管理 190
学校布局调整 191
学校后勤服务监管 191
学校体育 195
学校卫生监督检查 219
学术交流 176
寻龙山风景区 43
“寻找绵阳最美非遗”首站走进北川 172
巡察工作 73
巡察基础建设 74
巡察整改落实 74

Y

压实两个责任 104
烟草专卖 157
羊角花开工程 230
养老项目建设 250
药王谷风景区 42
野生动植物资源 240
依法执政 115
义务教育 192
异地就医登记备案 249
医保改革工作 249
医保基金监管 249
医疗保险转移 249
医疗保障 248
医疗保障基金总额控制 249
医疗技术 197
医疗救助 249
医疗卫生监督检查 219
医院等级能力提升 201
银发生辉·心耀羌山”志愿服务 75
应急管理培训学院建设 77
永安镇 262
永昌福田蓝莓现代农业园区建设 158
永昌镇 260
永庆竹海上榜省级翠竹长廊 269
优抚政策落实 131
优化群众诉讼体验 125
优化营商环境 206
友谊园简介 238
禹里·夏舍民宿完成建设并投入运营 279
禹羌投资集团有限公司 214
禹羌文化普及 178
禹羌文化研究 175
禹羌文化研究成果转化 176
禹泉文旅集团有限公司 217
预防接种 198
元门党员积分制建设 264
园区基础设施项目投资情况 138
园区企业服务中心 136
园区营商环境改善 156
园区综合改革 137
越众·悦府 232
“一中心 多组团”经济指标 135
“银发生辉·心耀羌山”志愿服务 75
“引通济安”工程 147
“园区提质”“企业满园”的行动 137
“悦享北川·游购羌城”2022秋冬文旅推介会 183

Z

招商形式创新 156
招商引资 138
招生考试 193
召开北川科协第五次代表大会 167
镇村便民服务 97
政策奖补工作 208
政策研究 61
政法队伍建设 68
政法改革 67
政法工作 66
政府信息公开 96
政府综合事务 92
政务服务 96
政务网建设与管理 95
政务信息 93
政治建设 73
支持民营企业发展 133
知识产权保护 212
执法规范化建设 119
执行案件办理 124
质量技术监督 212
职工合法权益保障 109
职工文体系列活动 108
职业、放射卫生监督检查 220
职业教育 192
植物检疫 150
志愿服务 257
志愿服务品牌项目 258
志愿者工作 112

智慧城市建设 234
智慧法院建设 126
智慧交通运输管理系统试运行 119
智慧政务建设 97
中共北川羌族自治县第五届纪律委员会第二次全体会议 104
中共北川羌族自治县委第五届委员会第二次全体会议暨县委经济工作会 45
中共北川羌族自治县执政实录（2021）出版 76
中国工商银行北川支行 162
中国共产党历次全国代表大会光辉历程展览 76
中国建设银行北川支行 162
中国联通北川分公司 168
中国人民财产保险有限公司北川分公司 164
中国人寿保险有限公司北川分公司 164
中国移动北川分公司 168
中国银行北川支行 162
中国邮政储蓄银行北川支行 163
中航安盟财产保险有限公司北川支公司 164
中华大熊猫动植物园建设项目视察 102
中考 193
中羌医 199
中羌医药推广 199
中药材种植 144
种植业 143
重大招商活动 157
重点领域改革 71
重点项目建设 136
重点项目推进 242
重点支出情况 207
重复信访治理 95
重要会议 45, 80
重要活动 82
主题文艺活动 176
住房保障 232
住房公积金贷款风险防控工作 233
住房公积金贷款政策调整 233
住房公积金管理 232
住房公积金缴存政策调整 232
住房公积金提取政策调整 233
住房公积金政策法规宣传 233
住户调查大样本轮换 219
助力营造法治化营商环境 121
助企纾困工作 208
专题专栏宣传报道 180
专项审计 207
专项行动 205
装备制造产业 135
卓信·北川智慧农贸广场 232
资金项目管理 246
自然地理 38
自然教育开展 241
自然资源规划管理 213
综合协调 60, 92
综合行政执法监管 220
走北川·赏云朵上的尔玛民俗体验剧 218
组织参加绵阳市第37届青少年科技创新大赛 166
组织工作 62
作风建设 105
做实巡察工作提质增效 73
铸牢中华民族共同体意识教育 189
自然资源保护 213

图表索引

表1 2022年北川羌族自治县文物保护单位名录 170
表2 2022年北川羌族自治县非物质文化遗产代表性项目名录 172
表3 2022年北川羌族自治县星级农家乐（乡村酒店）名录 183
表4 2022年收入情况统计表 209
表5 2022年北川羌族自治县纳税前50名企业名单 210
表6 2022年北川空气自动站监测数据一览表 243
表7 2022年地表水环境质量评价结果统计表 243
表8 2022年北川城乡居民人均可支配收入情况一览表 252
表9 2022年北川城乡居民人均生活消费支出情况一览表 252
表10 2022年主要工业产品产量及其增长速度一览表 297
表11 2022年城乡居民人均可支配收入情况一览表 300
表12 2022年城乡居民人均生活消费支出情况一览表 300
表13 2022年度获厅局级及以上表彰的先进集体一览表 302
表14 2022年度获厅局级及以上表彰与奖励的先进个人统计表 306
表15 2022年县委重要文件目录 313
表16 2022年县政府重要文件目录316